학습의 진화와 교사의 전문성

송재홍 저

'교과지도 전문가'에서
'관계 학습지도 전문가'로
거듭나기 위한 실천 안내서

학지사

머리말

오늘날 지식이 폭발적으로 증가하고 물리적 · 사회적 환경이 변화되면서 학교의 교육 환경도 많이 달라지고 있다. 그러나 빈틈없고 무미건조한 교육과정(nonsense curriculum)으로 말미암아 교사와 학생들은 한숨을 돌릴 만한 조금의 여유도 없이 전개되는 지식 중심의 건조한 교실 환경에 내던져졌다. 그 속에서 그들은 배움과 가르침의 본래적 의미를 찾기보다는 지식 습득과 학업 성취에 대한 외부 압력에 시달리고 있다. 이성과 사고가 인간 생명의 나무를 자라게 하는 양분이라면, 감성과 정서는 그러한 양분을 운반하는 수분과 같다. 아무리 양분이 많아도 수분이 없으면 생명은 말라 버릴 것이다.

분명 정보화 사회에서 지식의 중요성을 부정할 수는 없다. 그러나 생명수와 다름이 없는 정서가 메마른 환경에서는 자아 중심의 독백만이 난무할 뿐이다. 감성을 도외시하는 지식 중심의 교육 환경은 인간의 마음을 메마르게 하고 교실 공동체를 사막화하여 침묵과 갈등으로 얼룩지게 할 수 있다. 따라서 감정과 정서에 대한 이해와 학습은 복잡한 사회 환경에 대처하는 개인의 생활양식을 유연하게 할 뿐만 아니라 교실의 지적 풍토를 저해하는 요인을 차단하고 개선하는 데 기여하게 될 것이다. 오늘날 사회지도자 또는 전문직 종사자들에게 감성적 리더십이 강조되는 이유도 바로 인류 공동체에 '감성'이라는 단비를 내려 인간 정신의 사막화를 방지하기 위함이라고 볼 수 있다.

이 책의 집필은 바로 이런 고민에서 시작되었다. 연구에 의하면, 정서적으로 유능한 사람은 학문적 도전과 사회적 적응에서 성공할 가능성이 높은 반면, 정서유능성의 결함은 낮은 학업 성취 및 부적절한 대인관계는 물론 불안, 우울, 분노와 같은 심리적 장애와도 밀접하게 관련된다. 교실 공동체의 사막화를 차단하고 학생들의 생명력 회복을 도모하기 위해서는 학문 학습뿐만 아니라 사회정서 학습을 촉진하기 위한 진지한 고민이 시작되어야 한다. 이 책이 그 시작을 위한 작은 디딤돌이 되었으면 한다. 다시 말해, 이 책을 통해서 독자들이 학문 학습과 사회정서 학습을 통합하여 진정한 학습의 본질에 대한 이해와 그 실천 방법에 대해 고민하고 교실 환경에 접목하기 위해 노력하는 계기가 되었으면 하는 것이 저자의 바람이다.

우리 시대에는 많은 사람이 여행을 즐긴다. 때로는 개인적으로 여행을 떠나기도 하지만, 때로는 가이드를 동반하여 단체 여행을 즐기기도 한다. 이 경우 가이드와 여행자는 같은 시간과 공간에서 함께 숨을 쉬면서 같은 동선을 따라 움직이지만 그들의 역할은 사뭇 다르다. 가이드는 전문가 지식과 리더십을 발휘하여 여행자의 길을 안내하며, 여행자는 그의 안내에 따라서 각자의 생각과 감상을 전개한다. 여행자의 피드백에 따라 가이드는 새로운 여행자를 위해 실무를 개선한다. 교사들도 전문가 지식과 감성적 리더십을 발휘하여 학생들의 배움을 안내하며 그들의 반응에 따라서 최적의 학습 활동을 안내하기 위해 전문가 지식과 실천 전략을 개선한다.

이 책은 교실 환경의 사막화를 막고 학습 공동체의 부활을 꿈꾸는 교육자들이 한 번쯤 고민해 보아야 할 핵심 주제를 다루고 있다. 모두 5개 장으로 구성되어, 1장에서는 학습의 진화와 교사의 전문성을 논의한다. 이 장은 학습에 대한 심리학적 관점과 학습 사회의 변화에 따른 교실 사태의 변화 양상을 검토하고 배움과 가르침에 대한 다양한 해석을 시도한다. 2장에서는 지식의 구성 과정으로서 학습의 성격을 규명하고 이를 도모하기 위한 교사의 전문가 역량으로서 교수 개발 능력을 논의한다. 전통적인 교과 학습에서 강조하던 지식 구성의 관점에서 교사가 교과를 통해 학생들의 학습 활동을 촉진하기 위해 갖추어야 할 지식 기반으로서 교수 개발의 개념 모형과 적용 방안을 제시한다. 3장에서는 상담학의 관점에서 교과와 학습의 성격을 재해석하고, 대안적인 전문가 역량으로서 자아 탐구와 성찰적 대화 능력을 논의하고, 학생들의 자기 성찰을 촉진하기 위한 창의적인 대화 학습 프로그램의 개발 원리와 적용 방안을 제시한다. 4장에서는 인간 학습의 궁극적인 목적으로서 정신 통합을 위한 학습의 본질을 규명하고 이를 촉진하기 위한 교사의 전문가 역량으로서 가치평가와 이야기 재구성 능력을 논의하고, 학생들의 자아 탐색과 정신 통합을 안내하고 자기가치화 시스템을 점검하기 위한 자기직면 학습의 절차와 적용 방안을 제시한다. 마지막으로 5장에서는 초현대 심리학의 일반적인 흐름을 소개하고 미래 학습이 나아가야 할 방향과 과제를 논의한다. '심리학 3.0'이라는 제하에 연결주의와 분산 인지, 체화된 인지와 정동혁명, 양자 인지와 이야기치료 등 후기과학주의심리학의 지배 담론을 소개하고, 미래 학습의 주요 형태로서 관계 학습의 핵심 요소와 실천 과제를 제시한다.

이 책은 필자가 그동안 전문 학술지에 발표했던 몇 편의 연구논문을 토대로 뼈대를 세우고 살을 붙여 새롭게 집필한 것이다. 또한 일반교육학과 교육심리학에 대한 기초적인 지식을 갖추고 있는 초·중·고등학교 교사와 교육대학 및 사범대학 학생들을 주요 독자층으로 삼고 있다. 따라서 글의 내용이 다소 난해하고 복잡하며 일반교육학과 교육심리학적 지식 기반이 취약한 일반 독자가 읽기에는 약간 까다로울 수 있다. 그러나 일반 독자도 이 책에 제시된 참고문헌과 네이버, 구글 등 인터넷 검색창을 이용하여 관련 지식을 보충하면 충분히 소화할 수 있을 것이다. 글의 구성과 내용에 있어 미흡한 점에 대해서는 앞으로 틈틈이 수정·보완을 할 계획이며, 좋은 책이 될 수 있도록 독자의 애정 어린 관심과 질책을 바라는 바이다.

이 책을 집필하는 과정에서 많은 분이 아낌없는 격려와 도움을 주셨다. 책의 주제에 대해서 오랜 기간 함께 토론하며 생각을 정리하는 데 도움을 준

대학원 학생들과 동료 학자들에게 감사드린다. 무엇보다 거친 원고를 처음부터 끝까지 정독하며 멋지게 다듬어 준 안연선 선생과 정경미 박사에게 각별히 고마움을 전한다.

끝으로 출판계의 어려운 여건에도 불구하고 기꺼이 출판을 허락해 주신 학지사 김진환 사장님과 교정 · 편집을 맡아 졸고를 빛내 주신 박지영 편집자님을 비롯하여 출판사 가족들께 진심으로 감사드린다. 또한 졸고를 집필하는 동안 가족들과 주변 사람들에게 무심히 대한 적이 많고 여러 가지로 마음고생을 떠안긴 점이 적지 않다. 특히 옆에서 묵묵히 지켜봐 주고 틈틈이 거들어 준 아내와 사랑스러운 딸에게 고마운 마음을 전하며 이 책을 바친다.

2021년 5월
별도봉 자락에 위치한 캠퍼스에서
저자 송재홍

차례

5장 | 심리학 3.0과 학습의 미래: 교과 학습에서 관계 학습으로 329

1장

학습의 진화와 교사의 전문성

- 생각의 탄생
- 발달의 세 가지 주제
- 인지 혁명과 학습의 진화
- 교사의 전문성과 교수심리학
- 변화의 물결과 학교 교육 혁신
- 가르침과 배움에 대한 인식의 전환
- 이 책의 구성

학습은 교육심리학의 중심 주제다. 심리학의 학문적 지평이 확장되면서 학습의 개념은 계속 진화되어 왔으며, 그에 따라 교사에게 요구되는 전문성도 함께 변하고 있다. 오늘날 학교 교육과 관련해서 검토해야 할 한 가지 문제는 교육과정의 분과성과 통합성에 대한 논쟁이다. 이러한 논쟁은 학생들의 학습과 발달에 대한 인식의 문제와 연관되어 있다. 이 장에서는 교수심리학에서 학습의 주제를 둘러싸고 전개되는 주요 쟁점을 살펴보고, 학습의 개념이 진화함에 따라 교사에게 요구되는 전문성의 변화 양상을 논의한다. 먼저, 발달의 세 가지 주제로서 행동 형성, 인지 발달, 자아 발달에 대한 학문적 관점과 인지 혁명 전후 심리과학의 학문적 진화에 따른 학습에 대한 인식의 변화 양상을 간단히 검토한다. 이어서 교수심리학의 관점에서 교사의 전문성을 고찰하고, 교육과정 개정을 비롯한 학교 교육의 변화 물결과 그에 따른 가르침과 배움에 대한 인식의 전환을 논의한다. 마지막 부분에서는 이 책의 나머지 장들에서 다루게 될 내용을 간략히 소개한다.

생각의 탄생

오늘날 학교 교육과 관련해서 검토해야 할 한 가지 문제는 교육과정의 분과성과 통합성에 대한 논쟁이다. 21세기 들어와서 학문 간 경계가 모호해지고 지식의 통섭(도정일, 최재천, 2005; 최재천, 주일우, 2007; Wilson, 2005)이 학계의 새로운 화두로 떠오르면서 학교 교육 현장에서도 그 어느 때보다 교육과정 통합과 교과 경계선 허물기의 중요성이 더욱 강조되고 있다(송재홍, 2006a, 2006b, 2007, 2008; Burns, 2001; Fogarty, 1991; Mentis, Dunn-Bernstein, Mentis, & Skuy, 2009). 교육의 궁극적인 목적은 학생들의 전인적인 성장과 발달을 촉진하고 인격 완성과 자기실현을 도모하는 것이다. 루트번스타인과 루트번스타인(Root-Bernstein & Root-Bernstein, 2008)은 저서『생각의 탄생(Spark of Genius: The Thirteen Thinking Tools of the World's Most Creative People)』에서 교육의 목적은 전인을 길러 내는 것, 곧 모든 학생들이 화가이면서 과학자이고 시인이면서 수학자이며 무용수이면서 공학자로서 사고하도록 도와주는 데 있다고 주장하였다. 그들은 전인을 길러 내기 위한 통합교육을 강조하면서 통합교육이 지향해야 할 기본목표를 다음과 같이 여덟 가지로 정리하고 있다(Root-Bernstein & Root-Bernstein, 2008, pp. 416-420).

- (교사는) 학생들이 각 과목의 지식을 획득하도록 하는 일 외에 보편적인 창조의 과정을 가르치는 일에 중점을 두어야 한다. 교육의 목표는 단순한 지식의 습득이 아니라 이해에 있으며, 사실의 수동적 습득보다 능동적인 배움과 창조의 과정에 집중해야 한다.
- (교사는 학생들에게) 이러한 창조의 과정에 필요한 직관적이고 상상적인 기술을 가르쳐야 한다. 생각하는 것은 느끼는 것이고 느끼는 것은 생각하는 것이다. 학생들은 공감각적 이미지를 창조하고 어떤 것을 다른 것으로 변형하는 방법을 터득해야 한다.

- (교사는) 예술과목을 과학과목과 동등한 위치에 놓는 다학문적 교육을 수행해야 한다. 예술 역시 의학이나 수학만큼 엄격한 과목이며 예술에서 활용하는 상상의 도구들은 인문학과 과학에서도 매우 중요하다.
- (교사는) 혁신을 위해 공통의 언어를 사용함으로써 교과목을 통합해야 한다. 같은 언어 또는 용어가 과목들 간에 공유될 때 학생들은 다른 과목과 수업들을 연결 지을 수 있고…… 비로소 과목 간의 경계를 넘는 사고방법을 이해하기 시작할 것이다.
- (교사는 학생들이) 한 과목에서 배운 것을 여러 분야에서 응용할 수 있도록 해야 한다. 창작 과정에서 언어를 공유하는 것만으로는 충분하지 않다. 교사는 지식을 한 과목에만 고립시키는 '예술' '음악' '과학'과 같은 명칭을 무시할 수 있어야 한다.
- (교사는) 과목 간의 경계를 성공적으로 허문 사람들의 경험을 창조성의 본보기로 활용해야 한다. 모든 교과목에서 많은 사람이 혁신적일 수 있었던 이유는 바로 그들이 다양한 분야의 개념과 도구를 융합할 수 있었기 때문이다.
- (교사는 학생들에게) 정신의 영역을 최대한 확장시키기 위해서 모든 과목에서 해당 개념들을 여러 형태로 발표하는 법을 가르쳐야 한다. 학생들이 한 가지 개념을 더 많은 방법으로 생각할수록 더 나은 통찰을 얻게 되며 그 통찰을 표현할 방법이 많을수록 더 높이 평가될 가능성도 높다.
- (교사는) 개척자적인 교육방법을 만들어 내야 한다. 그 목적은 상상력이 풍부한 만능인(generalist)을 양성하는 데 있다.

따라서 교사의 가르침은 학생들에게 단편적인 지식을 습득하도록 훈련하는 것이 아니라 구축된 지식을 토대로 자신의 삶을 성찰하고 조율하도록 안내하는 것이어야 한다. 화이트헤드(Whitehead, 2003, p. 21)는 『교육의 목적(The Aims of Education and Other Essays)』에서 이렇게 역설하고 있다.

교육의 문제는 학생들이 나무를 통해 숲을 보게 하는 일이다. 한 가지 해결방법은 교육과정의 생동감을 말살하는 과목들의 치명적인 단편성을 근절하는 일이다. 교육에서 존재하는 단 한 가지의 내용은 여러 측면에서 드러나는 삶이다.

최근 우리나라에서도 교육과정 개정을 통해 교과 통합과 창의적 체험활동의 중요성을 강조하는 경향이 있다. 하지만 중등 교사 양성기관의 교육과정은 말할 것도 없고 심지어 초등 교사를 양성하는 교육대학의 교육과정을 보면, 여전히 교과 중심의 분과주의에 기초하고 있어 교과의 통합에 걸림돌이 되고 있는 것은 아닌지 깊이 반성할 필요가 있다. 이 책은 교사 양성을 위한 교육 프로그램이 전인을 길러 내기 위한 통합교육 제안을 어느 정도나 충실히 반영하고 있는지에 대한 깊은 반성에서 출발한 것이다.

발달의 세 가지 주제

일부 심리학자들은 인간의 심리적 발달에 관해 다양한 관점에서 거대담론을 구축하였다. 그들은 특히 행동 형성, 인지 발달, 자아 발달을 중심으로 이론을 정립하고 담론을 전개하였다. 이 담론은 아동과 청소년을 지도하는 전문가나 교사들이 아동의 심리적 특성을 이해하고 개입 전략을 모색할 때 견지해야 할 태도에 대해 일반적인 오리엔테이션을 제공한다. 인간 발달에 대한 거대담론을 살펴본다.

행동 형성: 스키너와 반두라

인간은 호모 루덴스(Home Ludence), 즉 유희의 동물이다(Huizinga, 2018). 이 말은 단순히 '놀고 먹는다'는 뜻이 아니라 정신적인 창조 활동의 의미를 내포한다. 일체의 살아 있는 생명체는 외부 환경으로부터 모종의 자극을 추구하는 경향이 있다. 특히 인간은 탄생의 순간부터 끊임없이 외부 자극을 추구한다. 감각 박탈(sensory deprivation)은 지각, 인지, 감정에 큰 영향을 미치며, 극심할 경우 환각을 일으키고 정신분열을 유발하거나 심지어 사망에 이르게 할 수도 있다(Davis, McCourt, & Solomon, 1960; Hebb, 1961; Rosenzweig, 1959; Zubek, 1969). 지속적인 자극은 인간의 성장과 발달에 필수 불가결한 요소이며, 특히 생애 초기의 자극 결핍은 성장기의 원인 모를 신체적 왜소증이나 질병 발생과 깊은 상관을 보인다는 점에서 자극의 중요성을 간과해서는 안 된다(Spitz, 1945, 1949). 충분한 영양 공급과 풍부한 자극 제공은 아동기 성장과 발달에 지대한 영향을 미치는 두 가지 결정적인 요인이다. 아동의 특정 반응과 연결되는 일관된 자극은 아동으로 하여금 미래 상황에 대한 예측과 통제를 가능하게 함으로써 궁극적으로 그가 추구하는 목적에 맞게 자신의 행동을 조율할 수 있는 자기조절학습자가 되게 한다.

스키너(Skinner, 1953, 1957, 1983)의 강화이론과 반두라(Bandura, 1984, 1986)의 사회학습이론은 이와 관련하여 사시하는 바가 크다. 이 두 학자로 대표되는 행동주의 학습이론의 기본 가정은 특정 자극 상황에서 요구하는 행동을 습관화하는 일이다. 즉, 학습은 차별화된 자극 사태에 대한 특정한 반응의 조건화로 정의될 수 있다. 이 이론에서는 특히 자극의 차별화와 수반성에 기초한 지속적인 강화가 중요하다. 자극의 차별화는 복잡한 학습과제를 단순하고 구체적인 자극으로 세분화하는 것이다. 이처럼 세분화된 자극은 비교적 명확한 특정 반응을 요구하기 때문에, 학습은 특별한 전략을 요구하지 않으며 모델링과 연습에 의해서 쉽게 이루어질 수 있다. 자극의 차별화는 교육목표분류학(Bloom, Engelhart, Furst, Hill, & Krathwohl, 1978) 또는 학습 성과의 유형화(Gagné, 1965, 1999)와 밀접한 관련성을 갖는다. 또한 일부 학자는 교수목표를 제시할 때 학습자의 도착점 행동을 명시적으로 진술할 것을 제안하고 있다(Mager, 1961, 1997).

따라서 학습 성과는 특수한 자극 사태에서 요구되는 비교적 단순한 반응을 얼마나 오랫동안 반복적으로 유지할 수 있는가에 달려 있다. 말하자면, 학습 성과는 학습시간, 특히 특정 학습과제에 집중한 시간의 함수다(Carroll, 1963). 만일 학습자가 특정 학습과제를 숙달하는 데 필요한 시간을 충분히 투자한다면, 그는 완전한 성취목표에 도달할 수 있게 된다(Bloom, 1968, 1976). 그러나 동일한 학습과제에 반복적으로 노출되는 것은 학습자에게 자칫 지루함과 무력감을 유발할 수 있다. 이는 학습자에게 때로 감당하기 어려운 인내를 요구할 수도 있다. 따라서 학습 사태에 학습자를 붙들어 매기 위해서는 학습 사태를 좀 더 매력적인 것으로 만들어야 한다. 다시 말해서, 학습 사태에 어울리는 반응에 대해서는 강력한 보상을 제공할 필요가 있다. 동일한 학습 사태에 학습자를 오래 머물도록 하려면 그에게 지속적인 강화가 주어져야 한다.

행동주의 학습이론의 가장 큰 매력은 잘못 형성된 습관을 재학습을 통해서 좀 더 바람직한 행동으로 변화시킬 수 있다는 것이다. 무엇보다도 아동의 장점을 발굴하여 부각시키는 일은 그에게 덧씌워진 낙인을 제거하고 인생을 긍정적으로 인식하도록 지원하는 데 상당히 효과적인 전략이다. 또한 자기효능감(self-efficacy)과 자기조절학습(self-regulated learning)에 대한 강조는 학습이 단지 차별화된 자극 사태에 어울리는 행동을 습득하는 것 그리고 좋은 점수를 받는 것 이상으로 더욱 확대되어야 함을 시사한다(Bandura, 1977; Schunk & Zimmerman, 1994, 2008; Zimmerman & Schunk, 2000). 곧 적응 행동의 습득과 학업 성취의 향상을 통해서 아동이 학습해야 할 좀 더 중요한 것은 자신의 학습 역량에 대한 믿음과 희망 그리고 의지와 인내심이다.

인지 발달: 피아제와 비고츠키

인간은 단순히 주어진 자극 사태에 반응하거나 제시되는 지식을 효과적으로 기억하는 피동적인 존재로 머물러 있는 것만은 아니다. 잘 알고 있는 바와 같이, 피아제(Piaget, 1952, 1985)는 아동이란 세계와 끊임없이 상호작용하면서 자신의 인지구조를 검증하고 개선하는 과학자라고 보았다. 여기서 핵심 생각은 아동 스스로 세계를 이해하고 적응할 수 있는 내적인 자기조절체계를 갖추고 있다는 점이다. 그는 세계를 이해하는 인지구조를 도식(schema)이라고 불렀으며, 동화와 조절의 두 가지 적응 기제를 사용하여 세상과 인지구조의 평형화를 유지하려는 정신적인 적응 과정을 설명하였다. 동화(assimilation)는 자신의 인지구조에 맞춰 세상을 이해하는 것을 말하며, 조절(accommodation)은 불평형 상태에서 세계의 질서를 이해하기 위해 자신의 인지구조를 수정하는 것을 말한다. 아동은 세상을 살아가는 동안 변화하는 욕구와 환경 맥락에 따라 자신의 인지구조를 구성하고 재구성하며, 인지구조는 이러한 불변적인 지적 기능을 통하여 일정한 방향으로 진화한다. 피아제는 아동의 지적 발달이 감각운동기로 시작하고 표상기를 거쳐 형식적 사고기에 도달한다고 제안하였다. 표상기란 인지구조가 감각운동도식에서 벗어나 자신의 경험을 상징적 표상으로 전환하여 인지도식을 형성하는 시기를 말하며, 다시 전조작기와 구체적 조작기로 구분된다. 아동은 초등학교 입학을 전후해서 직관적 사고에 의존하던 전조작기의 특성에서 벗어나 논리적 사고에 기초한 구체적 조작기의 특성을 드러내기 시작한다. 또한 초등학교와 청소년기 아동은 경험적 추상화와 성찰적 추상화의 과정을 통해서 세계에 적응하는 방식을 점차적으로 세련되게 한다. 피아제에 따르면, 성찰(reflection)은 낮은 차원의 지적 상태를 조절하려는 노력을 통해 좀 더 높은 차원의 지식을 창조하는 변증법적 과정이다(Piaget, 1952). 아동은 이러한 변증법적인 지적 발달의 과정을 통해 세계와의 거리감을 좁혀 나갈 수 있으며 불평형으로 인한 내적 구속 상태에서 해방되어 정신적 자유를 만끽할 수 있게 된다. 발달은 곧 정신적 자유를 향한 끊임없는 도전인 것이다. 따라서 아동이 지식을 창조하려면 어느 정도의 성숙과 불확실성에 대한 인내와 지적인 호기심을 갖추어야 한다.

나아가 이러한 변증법적인 지적 발달의 과정은 성숙한 안내자의 도움에 의해 더욱 촉진될 수 있다(Vygotsky, 1985, 1994). 교사의 중재는 학습에 대한 아동의 열망을 믿고 그러한 선천적 경향성을 회복하도록 도와주는 활동이다. 이 중재 활동이 효과를 거두려면 아동이 어느 정도의 발달 상태에 도달하여 간주관성(intersubjectivity)에 기초한 상호작용이 가능해야 한다. 비고츠키(Vygotsky)는 상호작용적 대화가 가능한 아동의 발달 상태를 근접발달영역(zone of proximal development)이라고 명명하였다. 따라서 교사는 아동의 발달 상태를 지속적으로 점검하고 비계설정(scaffolding)을 통해 발달을 촉진할 수 있어야 한다(Wertsch, 1998). 인지적 도제학습(cognitive apprenticeship)은 읽기, 쓰기, 수학 등과 같은 기초학습과제에서 아동의 창조적인 학습을 돕기 위해 개발된 중재학습 전략을 일컫는다(Collins, Brown, & Newman, 1987, 1989; Palinscar & Brown, 1984). 예를 들면, 읽기 학습 상황에서 교사는 아동에게 전문적인 독자로서의 역할행동, 곧 저자와 대화하는 형식의 읽기 기술을 시범하고 상호작용하면서 비판적인 독서 기술을 전수한다. 이 중재학습 경험(Mediated Learning Experience: MLE)을 통해서 아동은 의존적인 학습자에서 독립적인 성인학습자로 거듭날 수 있다. 그러나 인지적 도제학습에서 교사의 도움은 단순히 읽고 쓰거나 수학적 문제를 해결하는 데 효과적인 전략을 시범 보이고 그대로 따라 하도록 하는 것과는 차원이 근본적으로 다르다. 이러한 도움을 통해서 아동이 배워야 하는 것은 단지 글을 잘 읽거나 쓰는 요령을 기술적으로 답습하는 것이 아니라 미지의 세계를 창조하는 예술가의 정신이다. 이처럼 새로운 세계를 창조하는 학습은 다분히 개별적이고 개성적인 과정인 것이다.

따라서 성인학습자 수준의 학습 상태에 도달하려면 사전학습이나 효과적인 학습 전략을 습득하는 것만으로는 충분하지 않고 불확실성에 대한 호기심과 인내심, 그리고 미지의 세계에 대한 탐구정신과 개인적 책임에 기초한 주도적 참여 정신이 함께 요구된다. 유능한 교사는 이를 위해서 직접 코치의 역할을 수행해야 할 뿐만 아니라 때로는 아동의 이질성과 다양성에 기초하여 학습 상황을 디자인하고 협력적인 학습 공동체를 건설함으로써 학습자들이 상호 협력하여 새로운 학습 공동체 문화를 창조하도록 독려할 수 있다(Arends, 2007).

자아 발달: 에릭슨과 로저스

심리치료와 상담에 대한 정신분석 학파 또는 게슈탈트 학파의 공헌은 인간이 인생의 초기에 충족되지 못한 욕구에 사로잡히게 되면 '지금-여기'의 생활이 순조롭게 영위되기 어렵다고 보고 억압된 욕구나 미해결 과제를 해결하는 데 집중해 왔다는 것이다. 아동이 성장 과정에서 불합리한 학대, 폭력, 방임 등에 심하게 노출되어 정상적인 발달 궤도를 이탈하게 되면, 그 아동은 기본적인 욕구를 충족하지 못한 채 상처받은 내면 아이(inner child)로 인해 학습 환경에 적응하는 데 어려움을 겪게 된다(Bradshow, 2004). 따라서 아동을 지도할 때 어떤 아동의 행동이 보편적인 기대 수준에서 빗나간다면, 우리는 그 아동의 상처받은 내면 아이가 좀 더 시급한 어떤 것을 원하고 있는 것은 아닌지를 눈여겨 살펴보아야 한다. 에릭슨(Erikson, 1950, 1988)은 일찍이 인간은 성장 과정에서 사회적 위기를 경험하면서 새로운 자아를 발달시켜 간다고 제안하였다. 그에 따르면, 아동이 학교생활에 전념할 수 있으려면 적어도 이전의 발달 시기에서 삶의 밑천으로 삼을 수 있는 몇 가지 덕목을 성취했어야 한다(Erikson, 1950, 1988). 성장기 아동은 자신이 힘들 때 누군가 곁에서 아무런 조건 없이 자기편이 되어 줄 것이라는 기본 신뢰와 희망을 갖고 있어야 하며, 자율 또는 자유에 대한 의지를 갖고 자기가 선택한 것에 대한 가치를 느낄 수 있어야 한다. 또한 초등학교에 다니는 동안에는 타인과 부당하게 비교당하는 일 없이 경험을 통해 노력의 결과를 충분히 실험할 수 있어야 한다. 이와 같이 아동은 성장 과정에서 희망, 의지, 목적, 노력 등의 덕목을 터득하여 갖추어야 비로소 청소년기 "나는 누구인가?"라는 내면의 질문으로부터 정체성 위기에 직면할 때 모험을 결행하여 자아정체감(ego-identity)을 성취하기 위해 자신이 선택한 일에 전념할 수 있게 된다. 학습은 아동들의 자율성과 주도성에 기초해야 하며, 이는 신뢰성과 호기심 그리고 자신감이 전제될 때 가능하다. 사춘기 청소년은 자의식이 강하기 때문에 우월감이나 열등감에 기초하여 그에게 주어지는 평판이나 낙인은 그의 자아 발달을 심각하게 저해할 수 있다.

또한 아동은 '학습의 자유'(Rogers, 1992)를 최대한 보장받아야 하며, 자기 자신과 자신의 노력에 대해서 긍정적인 인식을 형성할 수 있어야 한다. 인간중심 교육의 관점에서 볼 때, 아동은 선천적으로 자기를 스스로 개발하고 실현할 수 있는 잠재력을 지니고 태어나며, 교사가 아동을 있는 그대로 받아들이는 수용적 태도와 아동의 입장에서 그의 내면세계에 다가서는 공감적 이해는 그 아동이 스스로 성장할 수 있는 주요 원천이 된다(Rogers, 1942, 2007, 2009). 어떤 아동이 기대와 어긋나는 행동을 보일 때, 교사는 일방적으로 평가의 잣대를 들이대고 나무라는 대신, '~구나!'와 '~겠지!'와 같은 긍정적 존중의 언어 공식을 지속적으로 적용하면 아동에게 수용과 공감적 이해의 태도를 좀 더 견지할 수 있고 결과적으로 그에게 진정으로 필요한 것이 무엇인지 알게 될 것이다. 또한 아동은 과거의 삶 속에서 형성되어 현재의 성장을 저해할 수도 있는 고정관념을 극복하는 일이 한결 수월해질 수도 있다. 학습을 위한 개입은 곧 아동의 성장 잠재력을 저해하는 고정관념이나 낙인을 제거하여 내면 아이의 상처를 치유하는 일부터 시작해야 한다(Bradshow, 2004).

인지 혁명과 학습의 진화

행동주의와 인지심리학은 20세기 내내 교수심리학 분야를 지배했던 대표적인 이론적 조망이다. 20세기 전반 동안 행동주의는 과학적 심리학의 주류를 형성하였으나, 제2차 세계대전을 전후하여 등장한 인간정보처리 모형이 컴퓨터 유추에 기초하여 정신 과정에 대한 연구를 촉발하고 그 결과가 축적되면서 도전을 받기 시작하였다. 20세기 후반에 이르러 인지심리학은 과학적 심리학의 새로운 정설로 자리 잡기 시작하였다. 그것은 실험심리학에서 소위 '인지 혁명(cognitive revolution)'(Baars, 1986)을 일으켜 패러다임의 근원적인 변화를 이룩하고 오늘날 교수심리학의 주류로 성장하였다. 교수심리학의 이론적 조망에 있어서 이러한 패러다임의 변화는 학교 교육의 실제에 그대로 반영되어 새로운 형태의 교수·학습으로 나타나기 마련이다. 20세기 교수심리학의 지배적인 패러다임이 행동주의에서 인지심리학으로 대치되면서 학교 교육에서 수업을 설계하고 개발하는 과정에서 논쟁을 일으켰던 중요한 문제와 관련해서 어떤 변화를 초래하였는지 살펴본다.

행동주의 심리학에서 인지심리학으로

20세기 전반 동안 미국을 중심으로 한 교수심리학의 풍조는 전적으로 연합주의의 자극-반응 패러다임에 의해서 지배되었다. 이 패러다임에 의하면, 과학적 심리학의 일반적인 목적은 동물의 행동과 비교적 단순한 학습 상황에 대한 기초적인 법칙을 도출한 다음, 그것을 좀 더 복잡한 학습 상황으로 확장하는 것이었다(Dellarosa, 1988). 특히 초기의 연합주의 심리학자는 단순하고 엄격하게 통제된 실험실 상황에서 학습 및 기억 현상을 연구함으로써 학습과 기억을 지배하는 기본 법칙을 도출하고자 시도하였다(Thorndike, 1931). 그러나 이러한 연구결과를 복잡한 인간 행동과 학교학습 상황에 적용하는 데에는 한계가 있었다. 결국 그들은 보편적인 학습 법칙을 탐색하는 데 실패하였으며, 그들이 밝혀낸 학습 법칙은 '동물학습의 법칙' 또는 '기계적 암기의 법칙'으로 전락하고 말았다.

하지만 그 무렵 스키너에 의해 부활된 급진적 행동주의는 오히려 학교 교육 실제에 강력한 영향력을 행사하게 되었다. 스키너(1938, 1953)는 과학적 심리학의 목적이 행동을 예측하고 통제하는 데 있다고 주장하고, 환경 조건과 학습자 수행의 관련성을 밝히는 일에 관심을 집중하였다. 그에 의하면, 유기체의 행동은 대개 자신이 처해 있는 환경과 자신의 학습 내력의 함수이며, 어떤 행동의 선행 사건과 후속 결과를 관리함으로써 그것에 대한 예측과 통제가 가능하게 된다. 여기서 행동의 후속 결과는 결정적 요인이다. 즉, 어떤 행동에 대해 긍정적인 후속 결과를 제시하고 이러한 결과가 전달되는 계획을 배열하면 행동을 통제하고 조성할 수 있다. 이 급진적 행동주의는 20세기 중반 이후 치료 및 교육 분야에 광범위하고 실제적인 영향력을 행사하였다. 처음에는 정신질환자나 지적장애아를 위한 외래진료 시설에서 적용되어 표준적인 학습 환경과 명시적 행동목표가 다양한 문제를 해결하는 데 효과적인 것으로 밝혀졌다. 이어서 행동주의 학습 원리는 학교 교육 현장으로 유입되어 학습자의 부적응 행동을 개선하기 위한 교실관리와 학습 활동을 촉진하기 위한 교수공학에 적용되었으며, 특히 교수기계(teaching machine)는 즉시 반응, 작은 단계 진행, 행동조성 또는 정적 강화 등과 같은 학습의 핵심 요소를 제공하였다(Skinner, 1968).

행동주의 학습 원리의 적용은 인지 혁명이 출현하기 시작한 1970년대 초까지 계속 확장되었으며, 오늘날까지도 학교 교육 실제에 적지 않은 영향력을 행사하고 있다. 특히 교육목표분류학(Bloom et al., 1978), 학습의 조건(Gagné, 1965, 1999), 완전학습이론(Bloom, 1968, 1976) 등은 학교 교육의 실제에서 반영된 행동주의 심리학의 전형적인 사례다. 명시적인 교수목표 진술(Mager, 1961, 1997)과 학습과제 분석(Gagné, 1965, 1999) 그리고 강화자 활용(Skinner, 1953, 1968)과 같은 친숙한 교수 · 학습 실제에서 행동주의 요소를 쉽게 찾아 볼 수 있다. 이러한 것들은 모두 학습에 대한 행동주의 관점에서 진화한 것이다. 교사는 특정한 교수 사태에서 기대되는 학생들의 반응을 적절히 계열화하고 명백하게 드러내며 적절한 강화를 제공해야 한다. 행동주의 심리학으로부터 파생된 교수 · 학습의 원리는 학습 성과에 기초한 교수목표 설정과 학습과제 분석에 기초한 체계적인 교수 프로그램의 설계 및 개발을 통해서 학교 교육의 실제를 좀 더 효과적이고 책임감 있으며 과학적인 활동으로 만드는 데 기여해 왔으며(Dick & Carey, 1979; Gagné & Briggs, 1974), 이에 대한 정교화 작업은 현재에도 계속되고 있다(송재홍, 2001a,

2001b; Dick & Carey, 2016; Gagné, Wager, Golas, & Keller, 2007).

그러나 20세기 후반에는 행동주의 심리학의 엄격한 자극-반응 이론의 기본 전제와 방법론적 한계에 대한 불만과 좌절이 점점 더 고조되었으며, 이는 연합주의 시대의 종말과 새로운 심리학의 시작을 알리는 일련의 사건으로 이어졌다(Baars, 1986). 기억에 관한 연구자들은 연합주의와 기계적 학습에 대한 실험적 연구를 통해서 인간 기억 및 사고의 복잡성을 설명하는 데 실패하였다. 또한 언어 발달에 대한 언어학 분야의 연구자들은 대화에 있어서 아동과 성인의 질적 차이를 밝힘으로써 언어가 대개 모방과 조성 그리고 강화의 과정을 통해서 획득된다고 주장하는 급진적 환경론자의 견해에 반대되는 이론적 근거를 제공하였다. 이 시점에서 컴퓨터의 출현은 인간의 정보처리에 대해서 믿음직한 은유를 제시하였고 인간의 인지 과정에 대한 모형을 정립하고 설명하는 데 유의미한 도구를 제공하였다.

또한 많은 학자의 개인 업적은 인지심리학의 출현과 발달 과정에서 중추적인 역할을 하였다. 예를 들면, 밀러(Miller, 1956)는 정보처리에 대한 기억 용량의 한계를 탐색하여 기억 용량이 신비의 수 7±2라는 사실을 확인하였으며, 나이서(Neisser, 1967)는 최초로 『인지심리학(Cognitive Psychology)』이라는 제목으로 책을 출간하였다. 앳킨슨과 쉬프린(Atkinson & Shiffrin, 1968)은 인간정보처리 모형을 제안하여 인간의 기억 구조를 단기기억과 장기기억으로 구분하고 그것의 실행통제 과정을 설명하였으며, 크레이크와 록하트(Craik & Lockhart, 1972)는 기억의 구조 대신 기억의 상태를 강조하여 정보처리의 깊이에 따라 기억의 상태가 달라지는 것이라고 제안하였다. 또한 '개념체계(framework)'(Minsky, 1975), '스키마(schema)'(Rumelhart, 1975), '각본(script)'(Schank & Abelson, 1977) 등과 같은 구성개념은 사고와 의사결정에 있어서 정신 구조의 역할을 부각시켰으며, '교수가능언어이해자(TLC)' 모형(Collins & Quillian, 1969), '활성화 확산(ACT-R)' 모형(Anderson, 1983), '병렬분산처리(PDP)' 모형(Rumelhart, McClelland, & PDP Research Group, 1986)은 인간의 기억체계에 대한 이해를 더욱 정교화하는 데 기여하였다. 브라운(Brown, 1980, 1987)이 제시한 '초인지(metacognition)' 개념은 인간의 학습과 기억이 단순한 정보처리 과정 이상으로 지식 구성에 있어서 성찰적인 사고 기능과 자기조절학습 기능이 중요하다는 점을 부각시켰다. 이와 같이 인지심리학은 인지적 조망에 의한 연구 영역을 점차로 확장하여 왔으며, 여기서 밝혀진 인지적 구성개념은 학교 교육의 실제에 좀 더 밀접하게 관련되고 또한 점진적으로 교수 · 학습을 설계하고 실행하는 데 강력한 영향을 미치기 시작하였다.

인지 혁명과 인식론적 패러다임의 변화

1970년대 이후 인지심리학은 교수심리학 분야에서 인간의 학습 현상을 설명하기 위해서 새로운 이론적 관점으로 채택되었다. 인지심리학은 인간의 행동과 지식에 대한 전통적인 가정을 버리고 새로운 인식론적 가정을 채택하여 소위 '인지 혁명'(Baars, 1986)을 이끌었다. 심리학에서 인지 혁명의 물결은 두 차례에 걸쳐 진행되었다(송재홍, 2006a; Bruning, Schraw, & Norby, 2011).

첫 번째 물결은 앎과 학습에 대한 관점에 있어서 근본적인 변화를 이끌었다(Gardner, 1985). 이 관점에 따르면, 지식은 더 이상 외부의 자극에 의해서 피동적으로 받아들여서 집적하거나 저장해야 하는 어떤 것으로 간주되지 않으며 그 대신 유기체가 자신의 물리적 및 사회적 환경과의 상호작용을 통해서 그리고 자기 자신의 정신적 구조의 재조직화를 통해서 능동적으로 구성하는 것으로 인식되고 있다. 최근의 교수 개발자들은 이러한 개념적 변화를 교수 · 학습의 주된 측면으로 인식하고 있으며(Shuell, 1996), 지식의 표상과 습득에 관한 인지심리학의 연구결과는 일련의 학습과제에 대한 지식 맵(knowledge map)을 구성하도록 함으로써 학습자의 지식 습득을 효과적으로 촉진할 수 있을 뿐만 아니라 학습 성과를 구조적으로 평가할 수 있음을 시사한다(Gomez, Hadfield, & Housner, 1996; Mayer, Bove, Bryman, Mars, &

Tapangco, 1996; Stock, Kulhavy, Peterson, Hancock, & Verdi, 1996). 지식 맵의 구성은 속성 정보와 구조적 정보를 모두 포함하는 하나의 이미지로 표상되며, 연합적 연결고리를 통해서 부가적인 인출단서를 제공하거나(Anderson, 1983) 이용 가능한 인지적 자원을 증가시킴으로써(Johnson-Laird, 1983) 정보의 회상을 촉진하는 것으로 알려지고 있다. 이 분야의 연구결과에 따르면, 지식 맵을 이용한 학습의 효과는 객관적인 인지적 성과에만 국한되지 않고 집중력이나 동기유발 같은 정의적 성과에도 긍정적인 영향을 미치고 있다(주호수, 1999; Hall & O'Donnel, 1996). 또한 지식 맵의 능동적 구성을 위한 훈련 효과는 거시적 수준의 정보 학습을 촉진하는 개념주도적 처리 전략을 발달시킴으로써 내면적 구조의 전이를 촉진한다는 사실이 밝혀지고 있다(Chemielewski & Dansereau, 1998).

인지 혁명의 두 번째 물결은 학습에 대한 사회적 맥락의 중요성을 현실화하는 쪽으로 변화를 이끌었다. 첫 번째 물결이 전개되는 동안에는 개별적인 사색가로서 학습자에게 주로 집중하였으며, 정서, 맥락, 문화 및 역사 등은 그다지 강조되지 않았다. 그러나 두 번째 물결이 진행되는 동안에는 인지적 기능을 그것의 사회적 · 문화적 및 역사적 맥락 안에 재배치하려는 시도들이 이루어졌다(Brown, Collins, & Duguid, 1989). 이와 같이 인지 혁명의 물결은 인간의 지능과 발달을 이해하고 촉진하는 방식들에 관해서 중요한 변화를 초래하였다. 최근 교수 개발자들은 지식이 사회적 상황 속에서 구성된다고 하는 상황적 인지의 관점과 수행 역시 물리적으로 특정한 상황 속에서 드러나게 된다고 하는 전이에 대한 연구결과에 기초해서 적실한 작업 활동의 맥락에서 도제식 상호작용을 통한 학습 활동을 새롭게 강조하고 있다(Collins, Brown, & Newman, 1987, 1989; Palinscar & Brown, 1984). 이들은 또한 수업의 성과로서 요망되는 지식 수준이 얼마나 보편적인가 하는 전이의 문제와 상황을 초월하여 개념적 지식의 어떤 측면이 보존해야 할 만큼 중요한가 하는 구조화의 문제를 새로운 쟁점으로 논의하면서 객체 지향의 과제 분석에 기초한 상황적 · 사회적 · 실제적 교수설계 모형을 제안하고 있다(Derry &

Lesgold, 1996).

이와 같이 심리학에서 학습이라는 말은 단순히 '배우고 익힌다'고 하는 사전적 의미를 초월한다. 학습은 행동주의가 등장하여 기억 대신 관찰 가능한 행동을 연구 주제로 전환하면서 등장한 개념이지만, 인지 혁명의 결과로 색다른 의미로 진화하였다. 행동주의자들은 학습이란 "강화된 훈련의 결과로 나타나는 행동 잠재력의 비교적 영속적인 변화"(Kimble, 1961, p. 6)라고 정의하였다. 초기 인지심리학자들은 인간을 단순한 정보처리자로 기술하고 정보의 효과적인 기억과 지식의 체계적인 이해를 위한 학습 전략을 개발하는 데 집중하였으나, 점차로 맥락주의에 기초하여 삶에 대한 이해와 의미를 창출하고 그 과정에서 학습자의 인지구조와 창조적인 구성 활동이 중요하다는 점을 강조하고 인지 발달에서 개인적 신념과 사회적 상호작용의 역할을 탐구하는 데 집중해 왔다. 이는 결국 앎의 본질에 대한 인식론적 관점에 근본적인 변화를 초래하고 인간 잠재력과 학습에 대해서 새로운 비전을 제시하였다. 이 비전은 1990년대부터 오늘날까지 '구성주의'로 알려져 왔다(Jonassen, 1991; Irwin & Bednarz, 1998; von Glasersfeld, 1998). 구성주의자들은 학습이란 "사전학습에 기초하여 지식을 창조하고 재창조하는 구성적 과정"(Bruning, Schraw, & Norby, 2011, p. 37)이라고 정의한다. 구성주의에 의하면, 지식이란 사회 구성원으로서의 개인이 인지 작용을 통해서 경험한 현상에 대한 개별적인 해석과 의미를 부여하는 것이다. 따라서 지식은 어떤 절대적인 가치와 의미를 지니는 것이 아니라 다양성, 개별성, 상대성을 지니게 된다. 그러나 개인이 구성하게 되는 현실이나 지식은 바로 그가 다른 사람과 같이 살아갈 수 있고 살아가는 데 유용하며 공동체로부터 인정을 받거나 허용되는 지식이다. 간단히 말하면, 학습이란 맥락에 기초해서 전개되는 개별적 지식의 집단적 구성인 것이다.

또 하나의 혁명: 인지에서 정서로

이상적인 학습은 단지 경험을 조직하고 지식을 구성하는 것에서 멈추지 않는다. 최근 분산 인지(distributed cognition)의 관점에서 보면, 한 개인은 혼자서 문제해결을 시도하기보다 주변의 인적 · 물적 자원이나 사회 · 문화적 환경으로부터 도움을 받을 때 훨씬 더 지능적으로 생각하고 행동할 수 있다(Pea, 1993; Perkins, 1993; Salomon, 1993). 따라서 한 개인의 유능성은 그 자신의 두뇌에 국한되지 않으며, 네트워킹을 통해서 구축된 물적 및 인적 자원의 적절한 이해와 활용에 의해서 무한정 확대될 수 있는 것이다.

이러한 견해는 사실상 모든 학생이 자신의 노력을 지원할 도구, 상징체계, 사회집단이 있을 때 좀 더 유능하게 생각하고 행동할 수 있음을 시사한다(Karasavvidis, 2002; Sfard, 1998). 협력학습을 통해서 보편적인 삶의 문제해결을 모색하기 위한 학습 공동체의 육성이 더욱 중요시되고 있으며, 개인의 유능성을 극대화하기 위해서 타인과의 협력적인 관계를 형성하고 유지하려는 태도와 기술이 중요한 개인적 역량으로 강조되고 있다. 즉, 유능한 학습자는 학문적인 면에서 지적으로 탁월한 지성(智)을 갖추어야 할 뿐만 아니라 사회정서적인 면에서 자신과 타인을 존중하고 사회적 문제해결에 참여할 수 있는 덕성(仁)과 체성(勇)을 겸비해야 한다.

인간의 동기에 관한 연구자들은 유능성과 관계성 그리고 자율성을 인간의 기본심리욕구로 가정한다(Deci & Ryan, 1985; Ryan & Deci, 2000, 2008). 개인의 기본심리욕구가 충족될 때 스스로 책임질 수 있는 일을 선택하려는 자기결정 동기가 높아진다고 할 수 있다. 유능성과 관계성에 대한 욕구가 균형 있게 충족되고 무엇보다 자기결정의 자율성이 존중되어야 한다. 전통적인 학교 교육이 안고 있었던 심각한 문제 중 한 가지는 유능성에 대한 지나친 강조가 자기결정의 자율성을 억압하고 있다는 것이다. 관계성에 대한 지나친 강조 역시 자기결정의 자율성을 억압하는 것이 되어서는 안 될 것이다. 유능성과 관계성에 대한 강조는 어디까지나 자기결정의 자율성을 지원하기 위해 적절히 균형을 유지할 필요가 있다. 유능성에 대한 욕구와 관계성에 대한 욕구가 균형 있게 충족될 때 자기결정의 자율성에 대한 기본적인 욕구가 충족되며 개인은 물론 집단의 안녕과 행복에 기여할 수 있다.

또한 체화된 인지(embodied cognition)에 관한 연구는 신체 상태 또는 자세의 변화와 그에 따른 정서의 차이가 기억, 판단, 태도 등 인지와 지적 과제 수행에서 차이를 가져온다는 것을 밝혀냈다(이정모, 2010; Glenberg, 2008; Ionescu & Vasc, 2014). 현대 신경인지과학 연구에서 가장 위대한 업적 중 한 가지는 학습을 통해 행복을 증진할 수 있는 신경학적 기제를 발견했다는 점이다. 사람들이 행복과 불행을 느낄 때 뇌에서 서로 다른 부위의 피질 영역이 활성화된다고 하는 데이비슨(Davidson, 1994, 2000)의 발견, 공포를 느낄 때 평소와는 다른 신경 회로가 작동하여 신속하게 정보를 처리하고 반응한다고 하는 르두(LeDoux, 1998, 2000)의 발견, 뇌손상 환자의 정서 기억에 관한 다마시오(Damasio, 1999, 2000, 2007)의 업적은 인간의 정서가 뇌신경망의 특정한 흐름과 밀접하게 연결되어 있음을 시사한다. 나아가 신경가소성(neuroplasticity)에 관한 연구(Ramachandran & Blakeslee, 2007; Sacks, 2005, 2006)는 뇌의 신경회로가 일생을 통해 끊임없이 외부 자극이나 경험에 의해 구조·기능적으로 변화하고 재조직된다는 것을 밝혀냈다. 인간의 사회정서적인 역량이 체계적인 훈련을 통해 변화될 수 있다면 학교 교육에 존중과 갈등해결 능력을 증진하기 위한 창의적 학습 프로그램을 확대해야 한다는 주장이 강한 설득력을 갖게 된다. 이상적인 학습 환경은 학생들이 지적 역량은 물론 사회정서적 역량을 증진하고 자기결정의 자율성을 회복하며 함께 행복의 텃밭을 가꾸어 가는 학습 공동체가 되어야 한다.

교사의 전문성과 교수심리학

교사의 전문적 지위에 대한 논쟁은 오랫동안 교사 교육에 대한 연구에서 부각되어 왔던 핵심적인 주제다(김옥예, 2006). 직업의 전문성은 전문적인 지식과 기술은 물론, 사회봉사, 독점권, 면허와 자격 기준, 전문직 단체, 자율성과 자기규율, 윤리강령 등 일정한 요건을 갖추어야 한다(김영근, 김현령, 이정인, 신재훈, 신동미, 이상민, 2012). 그중에서도 전문가의 전문적인 지식과 기술은 전문직 환경의 변화와 전문가의 연구 및 실천에 의해 지속적으로 진화하게 마련이다. 특히 교수 개발 및 운영을 위한 교사의 역량은 교사의 전문성을 판단하는 핵심적인 기준이다. 심리학적 관점에서 전문성의 의미와 교수심리학의 관점에서 교사의 전문성에 대해 살펴본다(송재홍, 2001a).

전문성의 의미: 심리학적 관점

전문가 수행에 대한 연구는 오랫동안 심리학 영역 밖에서 논의되어 왔다. 고전적인 입장(Liberman, 1956)에 따르면, 전문직은 높은 수준의 지식과 기능을 갖추고 헌신과 신용을 갖춘 구성원들에 의해서 이루어진 직업을 말하며, 전문가는 과학적으로 정당화된 실무적인 지식을 사용하며 그것을 지능적으로 적용하기 위해서 장기간의 준비기간 동안 전문적인 훈련을 받아야 한다. 그러나 다른 견해를 제시하는 학자도 있다. 프라이드슨(Freidson, 1970)은 전문직의 특성을 자율성에서 찾았다. 그는 전문직 종사자들이 반드시 다른 직업의 구성원들보다 도덕적으로 탁월하거나 기술적으로 숙련될 필요는 없으며, 오히려 그 고유 업무에 대한 대부분의 결정을 스스로 통제할 수 있는 범위 안에서 특정 분업에 대해 탁월한 지배력을 향유할 수 있어야 한다고 주장하였다. 전문적 지위의 열쇠는 직업이 자체적으로 주장하는 합법성에 대한 시민의 수용 여부에 달려 있으며, 전문직의 실제적인 기술과 가치 윤리는 다른 부가적인 신념과 함께 지배력을 성취하고 유지하는 데 기여한다. 이처럼 전문가 수행에 대한 연구가 심리학 영역 밖에서 논의되어 온 주된 이유는 전문직의 수행이 뛰어난 개인들이 태어날 때부터 가지고 나온 천부적인 특성에서 비롯되는 것으로 간주되어 왔기 때문이다.

심리학의 관점에서 볼 때, 전문성은 색다른 의미를 내포한다고 볼 수 있다. 초기 심리학자들은 물질세계와 정신세계의 접점, 즉 의식의 본질에 관심을 집중하였다. 그들의 중심 의제는 인간의 의식이 물질세계를 인식하기 위해 필요한 최소한의 조건인 절대역(absolute threshold)과 2개의 유사한 물질세계를 구분하기 위해 필요한 최소한의 조건인 차이역(different threshold)을 규명하고자 하는 것이었다(Fechner, 1966). 어쩌면 이 두 가지 능력은 인간의 생존을 위한 절대적 조건이다. 예를 들어, 식용버섯과 독버섯은 외견상 별다른 차이가 없지만 그 작은 차이를 알면 우리는 다른 선택을 하고 생존을 보장받을 수 있다. 행동주의 심리학이 등장하면서 물리적 자극의 변별 능력은 곧바로 차별적 행동으로 나타나기 때문에 변별학습은 모든 학습의 기초가 되었다. 변별 능력은 정신 능력의 분화를 통한 새로운 지식 창출의 원천이다. 이러한 관점에서 보면, 전문가는 특정 분야에서 자극의 작은 차이에 민감한 사람이다. 이러한 생각은 상식적 견해와도 부합한다. 예를 들면, 소믈리에는 향의 작은 차이에 민감하고 음식 감별사는 맛의 작은 차이에 민감하다. 또한 화가는 색상의 작은 차이에 민감하고 음악가는 소리의 작은 차이에 민감하다. 이들이 전문 분야에서 특정 자극의 차이에 민감한 이유는 좀 더 나은 맛과 향 그리고 다양한 빛깔과 소리를 창조하기 위해서다.

교사의 전문성: 교수심리학적 관점

그렇다면 전문가로서 교사는 어떤 차이에 민감해야 하는가? 교사는 학생들의 삶에 민감해야 하며 그들의 생존 능력을 도모할 수 있어야 한다. 교사는 학생들의 성장과 발달을 촉진하고 그들의 생존 능력을 향상시키기 위해서 행동 관찰을 통해 수집된 정보를 기초로 그들의 정신세계에 민감하게 반응할 수 있어야 한다. 행동주의 심리학에 따르면, 교사는 일종의 피드백 전문가다. 학생의 행동이 건설적인 생존에 기여한다고 판단이 되면 적극적으로 강화하고 그렇지 않을 경우 그 행동을 단념시키거나 좀 더 건설적인 행동으로 대치하도록 격려할 필요가 있다. 이를 위해서 교사는 누구보다 그들의 행동에 민감하고 변별 능력을 확충해야 한다. 교육목표의 명세화는 학습자에게 구체적인 학습과제를 제시하고 그에 따른 특정 반응을 유도함으로써 피드백 전문가로서 교사의 기능을 명료화하는 데 기여한다. 교사는 제시된 학습과제와 학생 반응이 일치할 때에는 정의적 피드백을 통해 그 학생의 반응을 강화하고, 그렇지 않을 때에는 적절한 각성 상태를 회복시킨 후 정보적 피드백을 제공하여 오류를 수정한다.

20세기 후반 인지심리학의 등장은 변별 능력이 지식 확장의 원천임을 확인하였다. 인지심리학 분야에서는 과제 수행에 있어서 초보자와 전문가의 차이에 대한 연구를 중심으로 전문적 능력에 대한 논의가 활발하게 진행되었다. 초기 견해에 따르면, 전문가란 문제해결을 위한 일반적인 발견 전략에서 탁월한 능력을 보이는 사람이라고 가정되었다(Newell & Simon, 1972). 그러나 후기 연구에서는 전문가란 특수 영역에서 탁월한 지식을 소유하고 있으며 그러한 영역에서의 풍부한 지식에 기초해서 전문화된 기억 능력과 추론 패턴을 보이고 있음이 밝혀졌다. 이러한 견해는 서양장기(Chase & Simon, 1973), 수학과 물리학(Chi, Feltovish, & Glaser, 1981; Larkin, McDermott, Simon, & Simon, 1980; Schoenfeld & Herrmann, 1982), 사회과학(Voss, Green, Post, & Penner, 1983) 등 특수한 영역의 문제해결에 있어서 전문가와 초보자의 과제 수행 차이에 대한 연구결과에 근거해서 발전한 것이다. 이어지는 후속 연구에서는 지식 청킹(Laird, Rosenbloom, & Newell, 1986), 지식 편집(Anderson, 1987), 지식 캡슐화(Schmidt & Boshuizen, 1992, 1993) 등의 개념을 기초로 전문성의 성격과 발달을 설명하는 데 많은 관심을 보여 왔다.

이 분야의 연구는 전문가 수행의 일반적인 특징을 일관성 있게 밝혀 주지 못하고 있다는 일부의 비난이 있기는 하지만, 그럼에도 연구자들은 다양한 분야에서 경험적 근거를 바탕으로 전문가가 질적인 측면에서 초보자보다 월등히 우수한 수행을 보이고 있음을 지적하고 있다. 글레이서와 카이(Glaser & Chi, 1988)는 다양한 문제 영역에서 공통적으로 지적되는 전문가 능력의 일반적인 특징을 제시하였다. 전문가는 주로 자기의 해당 영역에서 뛰어난 수행을 보이고 대규모의 의미 있는 패턴 지각 능력을 보이며 수행이 신속하고 정확하다. 그리고 전문가는 특수한 영역에서 초보자보다 우수한 기억 능력과 강력한 자기 모니터링 기능을 가지고 있으며, 문제를 질적으로 분석하는 데 좀 더 많은 시간을 보내고 원리를 중심으로 문제를 심층적으로 표상하는 경향이 있다. 또한 많은 연구자는 나름대로 효율적인 수행을 이끄는 전문가 능력의 본질적인 요소를 제시하고 있다(French & Nevett, 1993; Klien & Hoffman, 1992, 2008; Mayer, 1992, 1998). 그들의 견해를 종합해 보면, 전문가의 우수한 수행은 특수한 영역에서 체계화된 지식 기반, 문제의 표상과 고차적인 해결 전략, 형태재인과 관련해서 전형성이나 독특성을 식별하는 지각 능력, 선행조건들에 의해 결과를 예측하는 능력 등에서 기인하는 것으로 설명될 수 있다. 이처럼 전문가는 특수한 영역에 대하여 풍부한 지식을 구축하고 있으며 그것에 기초하여 문제를 정의하고 해결책을 모색한다.

교육과정 개정과 전문성 강화

우리나라에서는 해방 이후 7차에 걸쳐 주기적으로 교육과정을 개정해 왔으며 2000년대 들어와서는 수시로 부분 개정을 추진하여 교사의 전문성을 강화하려고 시도해 왔다. 이 가운데서도 처음으로 교육이 추구하는 인간상을 제시한 제4차 교육과정(1981~1987)과 교육과정 중심 학교 교육 체제를 표방한 제7차 교육과정(1997~2009) 그리고 창의 · 융합형 인재 양성을 위해 핵심 역량의 개념을 도입한 '2015 개정 교육과정'은 학교 교육의 이념과 실천에 근본적인 변화와 혁신을 요구하여 커다란 파장을 몰고 왔다. 교육이 추구하는 인간상의 경우 '미래지향형 교육과정'을 표방했던 제4차 교육과정에서는 건강한 사람, 심미적인 사람, 능력 있는 사람, 도덕적인 사람, 자주적인 사람 등 다섯 가지로 제시했으나, 제5차 및 제6차 교육과정에서는 건강한 사람, 자주적인 사람, 창의적인 사람, 도덕적인 사람 등 네 가지로 정비되었다.

또한 제7차 교육과정에서는 개성을 추구하는 사람, 창의적인 능력을 발휘하는 사람, 진로를 개척하는 사람, 새로운 가치를 창조하는 사람, 공동체의 발전에 공헌하는 사람 등으로 확장했으며, 가장 최근에 개정된 '2015 개정 교육과정'에서는 자주적인 사람, 창의적인 사람, 교양 있는 사람, 더불어 사는 사람으로 재정비되었다.

지난 20세기 말 교직 사회의 전문성에 대한 논쟁은 한국교육학회 연차학술대회의 단골 메뉴로 등장할 만큼 시급히 해결해야 할 당면 과제로 남아 있었다(김인회, 1995; 진동섭, 1993; 한명희, 1997). 더불어서 우리나라 교사 교육 프로그램이 교직의 전문적 정체성 확립에 필요한 직전교사의 전문적 능력을 신장시키는 데 그다지 기여하지 못하고 있다는 비판이 끊이질 않았다(최의창, 1995). 그 당시 교육부는 『대통령 업무보고』(교육부, 1998)에서 우수 교원을 확보하기 위한 방안의 하나로 직전교사의 우수한 수업 능력을 기를 수 있는 교원양성교육을 유도한다는 방침을 정하고, 신규교원임용교사 선발과정에서 수업의 개발 및 실기 능력을 평가하기 시작하여 오늘날까지 시행하고 있다. 이러한 일련의 사태는 교육 현장에서 교실 수업을 효과적으로 개발·운영할 수 있는 전문적인 지식과 기술이 교사의 전문적인 능력의 핵심에 자리 잡고 있음을 강력히 시사하고 있는 것이다.

1997년 개정되어 2002년부터 전면적으로 시행된 제7차 교육과정은 지난 20세기 말에 줄기차게 전개되었던 교육개혁운동이 반영된 것으로 볼 수 있다. 제7차 교육과정은 학습지도와 생활지도로 이원화되어 있던 학교 교육 체제를 국민공통 기본교육과정과 선택적 교육과정에 기초한 교육과정 중심의 학교 교육 체제로 전환하고, 수준별 교육과정과 수행평가를 도입하여 수요자 중심 학교 교육의 질 개선을 도모하고자 하였다(교육부, 1997). 그러나 교육과정 중심의 학교 교육 체제는 학습지도(앎)과 생활지도(삶)의 연결을 추구하기보다는 교과 학습 위주의 '빈틈없는' 교육과정 운영으로 학문 편중 현상을 초래하였고 청소년 우울증, 자살, 학교폭력 등 다양한 심리문제와 갈등을 야기하였다. 그 결과 제7차 교육과정에 대한 비판이 제기되었고 학교 교육에 대한 반성과 개혁 요구가 끊이질 않았다.

교육과정 중심의 학교 교육 체제에 대한 비판은 읽기와 쓰기 위주의 교과 학습으로는 학교 교육이 추구하는 목표를 제대로 달성할 수 없다고 하는 반성에서 시작되어 존중과 갈등해결을 위한 창의적인 학습 프로그램의 필요성을 인식하는 계기가 되었다(Brown, Jones, LaRusso, & Aber, 2010; Jones, Brown, & Aber, 2011). '2015 개정 교육과정'에서는 자주적인 사람, 창의적인 사람, 교양 있는 사람, 더불어 사는 사람 등으로 교육이 추구하는 인간상을 재정비하고, 미래 사회를 이끌어 갈 새로운 인재상으로 "바른 인성을 갖춘 창의·융합형 인재"를 설정하였다(교육부, 2015). 또한 핵심 역량의 개념을 도입하여 교과와 창의적 체험활동 그리고 학교생활 전반에 걸쳐 학생들의 실질적 삶 속에서 무엇인가 할 줄 아는 실제적인 능력을 기를 수 있도록 하고 있다. 핵심 역량은 사회 공동체의 구성원으로서 역할을 성공적으로 수행하기 위해 학습자에게 요구되는 지식, 기능, 태도의 총체를 말하는 것으로, 초·중등학교 교육을 통해 모든 학습자가 길러야 할 필수적이며 보편적인 능력을 의미한다(이광우 외, 2014). '2015 개정 교육과정'에서 교육을 통해 기르고자 하는 핵심 역량은 자기관리, 지식정보처리, 창의적 사고, 심미적 감성, 의사소통, 공동체 등 여섯 가지 역량으로 구분된다(교육부, 2015). 이처럼 교육과정의 변화는 교사가 단순히 교과에 의존하여 학생들에게 특정 학문의 지식을 구성하도록 안내하는 것 이상으로 앎과 삶을 연결하기 위한 고도의 전문성을 갖추어야 함을 시사한다.

변화의 물결과 학교 교육 혁신

21세기 정보통신공학의 발달은 교수 활동에 많은 변화를 초래하고 있으며, 특히 제4차 산업혁명의 도래와 신종 바이러스에 의한 감염병의 대유행은 이를 더욱 가속화하고 있다. 또한 교과 기반 학문 학습에 대한 비판적 성찰과 더불어 학교 교육에는 새로운 변화의 바람이 일고 있다.

제4차 산업혁명과 그 여파

2016년 다보스에서 개최된 세계경제포럼에서는 2025년을 티핑 포인트(tippin point)로 정하여 체내 삽입형 기기, 웨어러블 인터넷, 유비쿼터스 컴퓨팅, 클라우드, 사물인터넷, 자율주행, 인공지능과 로봇공학, 비트코인과 블록체인 등 21가지 주요 변화를 제시하고, 제4차 산업혁명의 성공적인 정착을 위해서는 정신, 마음, 영혼, 몸을 모아서 지혜를 발휘해야 한다고 역설하였다(Schwab, 2016). 제4차 산업혁명은 물리학(무인운송수단, 3D 프린팅, 첨단 로봇공학, 나노 신소재 등), 디지털(사물인터넷, 빅데이터, 블록체인, 모바일 등), 생물학(합성생물학, 생체유전, 바이오 프린팅 등) 분야의 첨단 기술이 경제・사회 전반에 융합되어 혁신적인 변화가 나타나는 차세대 산업혁명을 말한다(Schwab, 2016). 그것은 세 차례의 산업혁명이 요구해 왔던 기술과는 전혀 다른 독특한 기술을 필요로 하고 있으며, 경제와 기업은 물론 개인, 사회, 국가와 세계 전반에 걸쳐 강력한 영향을 미치면서 변화와 혁신을 주도하고 있다. 인류는 노동력의 위기에 직면하고 기업은 파괴적인 혁신이 요구되며, 개인과 사회는 정체성과 도덕적 윤리의 문제에 직면하고 정부의 역할과 세계의 체제는 새롭게 재편될 것이다. 제4차 산업혁명의 여파로 세계는 점차 초연결과 초지능의 사회로 진화하고 있다. 초연결(hyperconnectivity)이란 정보통신 기술의 발전으로 모든 사물과 인간이 서로 연결되어 새로운 산업과 서비스가 창출되는 것을 의미한다. 초지능(superintelligence)은 다양한 분야에서 인간의 두뇌를 뛰어넘는 총명한 지적 능력을 말한다. 이는 과학 기술의 창조성, 일반적인 분야의 지식, 사회적인 능력에 있어서 인류의 두뇌를 뛰어넘는 기계의 지능을 말하는 것이다. [그림 1-1]은 제4차 산업혁명의 핵심 기술을 도식적으로 나타낸 것이다.

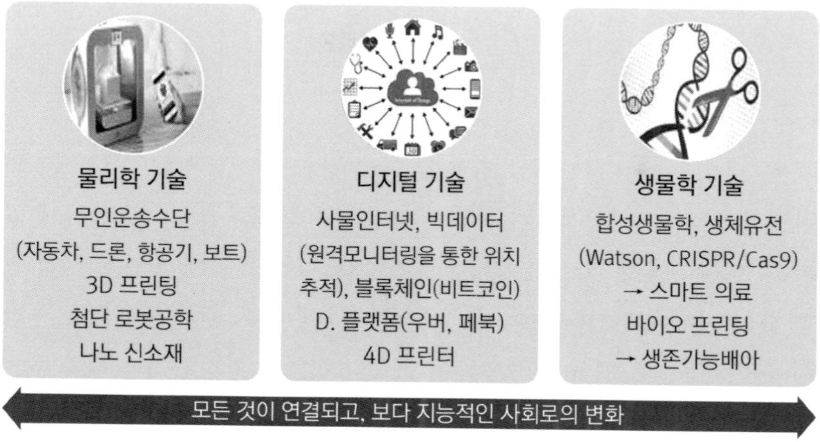

[그림 1-1] 제4차 산업혁명의 핵심 기술

출처: Schwab (2016).

제4차 산업혁명의 여파로 매일 수많은 직업이 사라지고 새로운 직업이 출현하고 있다. 텔레마케터, 세무대리인, 보험설계사, 일반사무원, 비서직과 같은 단순한 지식과 노동 종사자는 사라질 것이고, 정신건강의학과 의사, 사회복지사, 심리학자와 같은 정신건강 종사자와 매니저, 시스템분석가, 전문경영인과 같은 연결 업무 종사자는 늘어날 것이다. 새로운 직업에 도전하고 초연결 및 초지능 사회에 적응하려면 비판적 사고, 인적 관리, 감성리더십, 판단과 협상, 지식의 생산과 관리를 위한 고차적인 능력이 요구된다. 또한 매 순간 새롭게 진화하는 사물인터넷, 모바일, 인공지능 로봇 등은 소비자들에게 끊임없이 학습을 요구하고 있다. 이제 사람들은 예외 없이 학교에서 배운 지식과 기술만으로는 나머지 인생을 버틸 수 없으며 평생 동안 끊임없이 학습해야 한다. 진정한 의미의 평생학습시대가 도래한 것이다.

수업의 해체와 학습 환경의 변화

정보통신공학의 발달과 제4차 산업혁명의 도래 그리고 새로운 감염병의 대유행은 전통적인 교실 수업을 해체하고 학습 환경에 새로운 변화를 초래하고 있다. 이러한 변화의 몇 가지 특징을 정리하면 다음과 같다(송재홍, 2019).

첫째, 수업 공간의 해체다. 한때 교실은 가르치는 유일한 공간이었지만, 인터넷의 등장과 통신 매체의 발달은 가상교육 프로그램의 개발을 촉진함으로써 더 이상 교실은 학생들에게 지식을 가르치는 유일한 수업 공간이 아니며 학습이 이루어지는 다양한 공간 중 하나일 뿐이다. 원래 평생교육은 학교교육의 시·공간적 제약을 극복하여 교육의 영역을 확장하려는 시도였는데, 정보통신공학의 발달은 교실 없는 강의(예: MOOC)와 캠퍼스 없는 학교(예: 미네르바)를 등장시켜 진정한 의미의 평생학습시대를 선도하고 있다(Anand, 2017).

둘째, 수업 방식의 해체다. 정보통신공학의 발달에 기반하고 있는 '혼합학습(blended learning)'(Bersin, 2006; Stein & Graham, 2016; Thorne, 2005)이나 '거꾸로 학습(fliped learning)'(박상준, 2016; 최욱, 2020; 최정빈, 2018; Borgmann & Sams, 2012, 2014, 2015) 같은 새로운 수업 방식이 기존 오프라인 중심의 수업 방식에 근본적인 변화를 가져오고 있다. 예를 들면, 학생들은 교실 수업 전에 온라인이나 클라우드에 접속하여 동영상 강의를 들은 후 교실에서는 토론식 수업을 진행함으로써 비판적 사고를 개발할 수 있다. 뿐만 아니라 구글에서 제공하는 Meet, Zoom 등 가상 회의용 앱을 이용하면 실시간 상호작용도 가능하다. 이제 수업은 더 이상 교과에 의존하여 지식을 획득하는 과정이 아니라 지식을 매개로 삶의 문제를 성찰하고 프로젝트 기반 학습을 통해 집단 지성을 개발하는 진정한 학습의 장이 되어 가고 있다.

셋째, 학습자의 역할 해체다. 전통적인 교실에서 많은 학생은 교사의 강의에 의존해서 지식을 습득하고 시험을 치르는 수동적인 역할에 머물곤 하였다. 그러나 인간의 제한된 지적 능력은 인공지능의 도움으로 즉각적이고 정확하게 극복될 수 있다. 인공지능은 인간이 수십 년 동안 학습해야 축적할 수 있는 지식을 불과 며칠 또는 몇 시간 만에 구축할 수 있다. 이제 학생들은 더 이상 교사의 강의에 의존하여 개인적 성취를 추구하는 수동적인 학습자가 아니며 삶의 문제에 대해 공동의 질문을 공유하고 공동체 복지를 위해 함께 협력하는 적극적인 학습자로 전환해야 한다. 선생님 역시 학생들에게 무엇을 가르치기보다 먼저 무엇을 배우는 자의 모범을 보일 필요가 있다.

끝으로, 학습의 본질 파괴다. 전통적인 교과 학습은 읽기와 쓰기 중심의 지식 획득을 주요 목표로 설정하였다. 그러나 읽기와 쓰기만으로는 교육의 목적을 효과적으로 달성할 수 없으며 개인적인 삶의 문제와 사회 공동체의 복지와 번영을 위해서 새로운 비전과 목표를 개발해야 한다. 『논어(論語)』「위정(爲政)」 편에는 "배우기만 하고 생각하지 않으면 허망하여 견식이 어둡고 생각만 하고 배우지 않으면 확고하지 못하여 위태하고 불편하다(學而不思 卽罔, 思而不學 卽殆)."라고 기록되어 있다(차주환 역, 1964). 새로운 학습은 창의적 체험활동, 자기 성찰, 마음챙김(mindfulness), 정신 통합(psychosynthesis) 등과 같이 심신, 곧 신체 활동과 정신세계를 통합하는 일에 좀 더 집중하고, 나아가 공동체 구성원의 신뢰 회복과 협력적 노력을 위한 관계 학습을 강화해야 한다(송재홍, 2018). 관계 학습의 요체는 구성원 간의 상호 존중과 소통 그리고 화해, 즉 갈등해결이다. 존중은 모든 인간관계의 시작점인 동시에 종착점이다. 자신과 타인을 존중하는 마음이 없으면 진정한 만남이 이루어질 수 없다. 존중에 기초한 소통과 화해를 통해서만 개인의 자아존중감이 향상되고 학습 공동체의 협력 역시 활성화될 수 있다.

학교 교육에 다가오는 변화의 물결

교과 중심의 학문 학습에 대한 편중 현상은 빈틈없는 교육과정으로 건조한 교실 환경을 조장하고 다양한 개인적 문제와 사회적 갈등을 초래할 수 있다. 이러한 비판이 제기되면서 학교 교육에 새로운 변화의 물결이 다가오고 있다.

일부 학자는 읽기(Reading)와 쓰기(wRiting) 중심의 학문 학습 일변도에서 벗어나서 존중(Respect)과 갈등해결(Resolution)을 위한 교육 프로그램을 더욱 확대하여 균형 있는 교실을 만들어야 한다고 주장한다(Brown et al., 2010; Jones, Brown, & Aber, 2011). 읽기와 쓰기가 개인의 지적 성장에 기여하는 핵심 기능이라고 한다면, 존중과 갈등해결은 개인이 사회적 존재로 거듭나기 위해 갖추어야 하는 필수기능인 것이다. 존중은 사람을 대하는 태도(예: 진정성, 수용, 공감, 배려 등)와 언어 사용 패턴에 대한 점검을 요구하며, 갈등해결은 의사소통을 위한 언어적 · 비언어적 대화기술(예: 대화의 차례, 대화의 짝 등)과 관계를 맺고 유지하며 협상을 전개하는 사회적 기술을 요구한다(송재홍, 2013). 최근 창의 · 인성 교육(문용린, 최인수, 2010a, 2010b) 또는 사회정서 학습(Kress & Elias, 2006; Merrell & Gueldner, 2011)에 대한 강조는 학교 교육에 대한 새로운 변화의 요구를 반영한 것으로 볼 수 있다. 예를 들면, 민주주의 원리에 기초한 혁신적인 학교 교육 설계에 의거하여 오전 시간에는 언어, 수학, 사회, 과학 등 주지교과를 중심으로 형식적인 교과 수업을 실시하고 오후 시간에는 다양한 형태의 창의적인 비교과 활동 프로그램을 전개하여 학생들에게 자신들의 학습에 대한 통제력과 책임(responsibility), 존중(respect), 수완(resourcefulness), 반응(responsiveness) 등의 발달을 도모하는 것이다(Evans, Corsini, & Gazda, 1990). 이는 학교 교육의 강조점이 학문 학습에서 사회정서 학습으로 이행되고 있음을 반영한 것이다.

우리나라에서도 이미 교육과정 개정을 통하여 이러한 흐름을 일부 반영하고 있다. 특히 '2015 개정 교육과정'에서는 지능정보화시대에 대비하여 미래 사회를 이끌어 갈 새로운 인재상으로서 "바른 인성을 갖춘 창의 · 융합형 인재"를 설정하고 학교 교육에 새로운 변화를 시도하고 있다(교육부, 2015). 창의 · 융합형 인재란 인문학적 상상력과 과학 기술의 창조력을 갖추고 바른 인성을 겸비하여 새로운 지식을 창조하고 다양한 지식을 융합하여 새로운 가치를 창출할 수 있는 사람을 말한다. '2015 개정 교육과정'에서는 교육과정이 추구하는 인간상을 재정비하여 다음과 같이 제시하고 있다(교육부, 2015).

- 전인적 성장을 바탕으로 자아정체성을 확립하고 자신의 진로와 삶을 개척하는 자주적인 사람
- 기초 능력의 바탕 위에 다양한 발상과 도전으로 새로운 것을 창출하는 창의적인 사람
- 문화적 소양과 다원적 가치에 대한 이해를 바탕으로 인류 문화를 향유하고 발전시키는 교양 있는 사람
- 공동체 의식을 가지고 세계와 소통하는 민주 시민으로서 배려와 나눔을 실천하며 더불어 살아가는 사람

'2015 개정 교육과정'(교육부, 2015)에서는 또한 교육과정이 추구하는 인간상을 구현하고자 학교 교육을 통해 중점적으로 기르고자 하는 여섯 가지 핵심 역량을 제시하고 교과와 창의적 체험활동 그리고 학교생활 전반에 걸쳐 학생들의 실제적 삶 속에서 무언가를 할 줄 아는 실질적인 능력을 기를 수 있도록 하였다. [그림 1-2]는 '2015 개정 교육과정'에서 추구하는 인간상과 핵심 역량의 관계를 구조적으로 나타낸 것이다. 핵심 역량(core competency)이란 원래 시장에서 회사를 구분하는 여러 자원과 기술의 조화로운 조합을 의미하였다(Schilling, 2013). 그것은 사용한다고 소진되는 것이 아니며 학습과 공유를 통해서 향상된다. 교육부(2015)에서는 학생들이 핵심 역량을 개발할 수 있도록 창의적 체험활동을 적극 장려하고 있으며, 교사들에게 각 교과의 실정에 맞춰 핵심 역량을 개발하여 교육과정을 운영하도록 권장하고 있다. '2015 개정 교육과정'에서 제시하고 있는 여섯 가지 핵심 역량은 다음과 같다(교육부, 2015).

- **자기관리 역량**: 자아정체성과 자신감을 가지고 자신의 삶과 진로에 필요한 기초 능력과 자질을 갖추어 자기주도적으로 살아갈 수 있는 역량
- **지식정보처리 역량**: 문제를 합리적으로 해결하기 위하여 다양한 영역의 지식과 정보를 처리하고 활용하는 능력

- **창의적 사고 역량**: 폭넓은 기초 지식을 바탕으로 다양한 전문 분야의 지식, 기술, 경험을 융합적으로 활용하여 새로운 것을 창출하는 능력
- **심미적 감성 역량**: 인간에 대한 공감적 이해와 문화적 감수성을 바탕으로 삶의 의미와 가치를 발견하고 향유하는 능력
- **의사소통 역량**: 다양한 상황에서 자신의 생각과 감정을 효과적으로 표현하고 다른 사람의 의견을 경청하며 존중하는 능력
- **공동체 역량**: 지역 · 국가 · 세계 공동체의 구성원으로서 요구되는 가치와 태도를 가지고 공동체의 발전에 적극적으로 참여할 수 있는 능력

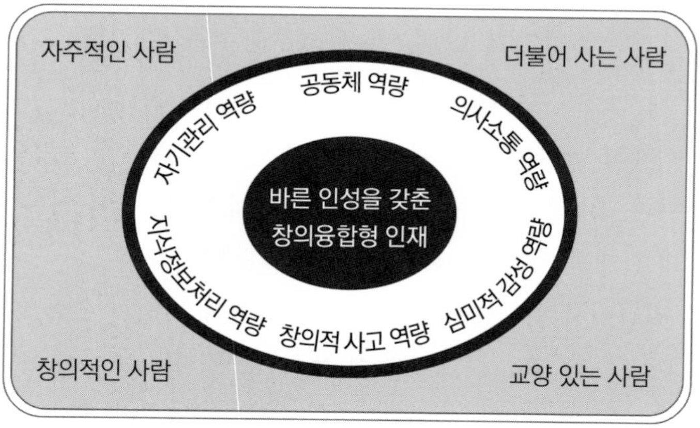

[그림 1-2] 2015 개정 교육과정에서 추구하는 인간상과 핵심 역량의 관계

출처: 교육부(2015), p. 43.

이상적인 교실은 단지 효과적인 수업을 통해 학업 성취도를 향상시키는 데 진력하는 공부벌레를 양산하는 곳이 아니다. 교실은 또한 학생들이 서로 관계를 맺고 우정을 나누며 배려와 돌봄의 정신을 학습하는 배움의 공동체이기도 하다. '2015 개정 교육과정'에서는 또한 학습 경험의 질 개선을 통한 행복한 학습 사회의 구현을 추구한다. 그것은 교육의 패러다임을 '많이 아는 교육'에서 '배움을 즐기는 행복교육'으로 전환하는 것이다(이광우 외, 2015).

오늘날에는 과거 어느 때보다도 학생들의 정신건강 증진과 공동체의 사회복지 구현을 위해서 상호 이해와 협력에 기초한 통합적인 지원 시스템을 구축할 필요성이 증대하고 있으며, 이는 다시 존중과 갈등해결을 위한 지속적인 학습의 필요성을 증대시키고 있다. 학습은 생존의 열쇠로서 한 개인의 내부에 내재된 선물이다(Delors, Mufti, Carneiro, Chung, Geremek, & Nanzhou, 1996). 학습이 없으면 한 개인은 생존을 보장받을 수 없으며 공동체 역시 유지되기 어렵다. 이는 지적인 학습뿐만 아니라 사회정서 학습과 같은 비지적인 학습에도 똑같이 적용된다. 따라서 교사는 학생들의 정신건강 증진과 사회적 갈등해결을 도모할 수 있는 사회정서 학습 프로그램의 개발과 운영에도 지속적인 관심을 기울일 필요가 있다. 이상적인 교실은 학생들이 지적인 역량은 물론 사회정서적인 역량을 증진하고 자기결정의 자율성을 회복하며 함께 행복의 텃밭을 가꾸어 가는 학습 공동체인 것이다.

가르침과 배움에 대한 인식의 전환

학습심리학의 진화와 정보통신공학의 발달 그리고 제4차 산업혁명의 도래와 신종 감염병의 확산은 전통적인 학교 교육의 내용과 형식에 변화와 혁신을 요구할 뿐만 아니라 가르침과 배움에 대한 인식을 근본적으로 전환할 필요성을 강하게 제기하고 있다. 무엇보다 중요한 것은 가르침과 배움의 현상에 대한 다각적인 개념적 사유의 틀을 이해하는 일이다.

유능한 교사에서 행복한 교사로

교사는 학교에서 매우 다양한 역할을 수행한다. 그는 학생들에게는 사회의 대변자요 평가자이자 관리자이고, 지식의 원천이요 학습 조력자이자 지지자이며, 때로는 동일시 대상자요, 부모 대리자이고 때로는 친구이면서 동반자다. 유능한 교사에게는 무엇보다 수업의 전문성, 민주적인 교실 관리, 인간적인 리더십의 세 가지 핵심 역량이 요구된다(Arends, 2007).

일차적으로 교사는 수업 전문가다. 이를 위해서 교과에 대한 지식은 물론 교육학적 지식(예: 교육이론, 교수법 등)과 수업 상황에 대한 지식을 겸비해야 하고, 자동화된 지적 기능과 초인지적 과정을 포함하여 효율적인 정보처리와 창의적인 문제해결 능력을 함께 갖추어야 한다. 또한 교실 행동의 관리자로서 유능한 교사는 교실 규칙을 확립하고 유지하기 위해 일관된 자세를 유지하는 경향이 있다. 학급 규칙이 지나치게 많으면 일관된 자세를 유지하기 어렵고 교사의 생활 철학과 불일치하는 규칙은 교사에게 '인지적 부조화(cognitive dissonance)'(Festinger, 1957)를 초래하여 오래가지 못한다. 따라서 교사는 학생들의 공통된 요구와 자신의 생활 철학을 반영하여 적당한 수의 교실 규칙을 정하도록 안내할 수 있어야 한다.

나아가 교사에게는 감성적이고 변혁적인 리더십이 요구된다. 리더십(leadership)은 주어진 상황에서 목표 달성을 위해 개인 또는 집단의 행동에 영향을 미치는 과정이다(Chermers, 2002). 좀 더 구체적으로 말하면, 집단이 추구하는 구체적인 목표 달성을 위하여 구성원들에게 서로 단결하고 협동하도록 영향력을 행사하는 활동이다. 번즈(Burns, 2006)는 리더십이 지구상에서 가장 많이 언급되지만 가장 이해되지 않는 현상이라고 말하였다. 그만큼 리더십은 정의하기가 쉽지 않다. 이상적인 지도자는 인간에 대한 관심과 과업에 대한 관심을 모두 극대화할 때 기대되지만, 이는 결코 쉬운 일이 아니며 어느 정도 타협을 필요로 한다. 또한 유능한 지도자는 집단 구성원의 자발적인 결정을 유도하고 그들의 자율적인 통제 능력을 신뢰한다. 결국 리더십이란 사람을 이끌고 따르게 하는 기술이다. 지도자는 이를 위해 사람을 사랑하고 심신을 단련하며 힘든 일에 앞장서야 한다. 때로는 목표와 방향을 정하고 박력 있게 추진하며, 세상을 긍정적으로 바라보고 용기와 희망을 고취하며, 쉽게 절망하지 않고 모든 일에 책임을 질 수 있어야 한다. 하늘을 우러러 자신을 바라볼 수 있어야 한다. 그러므로 존중은 리더십의 핵심 기능이다. 지도자로서 교사는 스스로 존중의 모델이 되어야 하며, 존중을 교실 규칙으로 정하고 생활화할 수 있도록 학급을 이끌어 가야 한다.

사람이라면 누구나 존중받기를 원하고 행복을 추구한다. 우리 모두 열심히 공부하려고 하는 이유도 바로 행복을 꿈꾸기 때문일 것이다. 공부로 인해 행복을 느끼지 못한다면 누가 공부를 가까이 하겠는가? 『논어』 「학이(學而)」 편에는 "배우고 제때에 그것을 복습하는 것은 또한 기쁘지 아니한가? 벗들이 먼 곳에서 오는 것은 또한 즐겁지 아니한가?(學而詩習之 不亦說乎, 有朋自遠方來 不亦樂乎)"라고 기록되어 있다(차주환 역, 1964). 공자(孔子)는 깨달은 자로부터 배워서 철저히 익힘으로써 완전히 자기의 것으로 될 때 마음속에서 우러나오는 희열을 행복의 원천으로 삼았던 것이다. 행복한 교사가 된다는 것은 교사 개인이 진정한 학습자로 거듭난다는 것을 의미한다. 학습의 궁극적인 목적은 단순히 지식 구성에 있지 않으며 그것을 통해 내면의 행복을 이루기 위한 토대를 구축하는 것이다.

『맹자(孟子)』 「고자장구(告子章句)」 하편의 주해를 보면, "조씨가 말하기를 '앞서 배우는 선비를 일컬어 선생이라고 이른 것이다'(趙氏 曰 '學士, 年長者, 故謂之先生也')."라고 쓰여 있다(차주환 역, 1964). 교사, 곧 선생(先生)의 진정한 의미는 '앞서가는 학생', 곧 먼저 배움의 과정을 몸소 실천하는 사람인 것이다. 이는 교사의 역할이 학생들에게 이미 완성된 지식을 전달하는 것이 아니라 지식을 완성해 가는 구성 과정을 몸소 실천해 보임으로써 학생들 역시 그들의 지식을 구성하도록 안내하는 것임을 함축한다. 유능한 교사는 수업 전문가로서 잘 가르쳐야 하며, 그러기 위해서는 생산적인 교실 관리 역량을 갖추어야 한다. 하지만 '앞서가는 학생'으로서 교사는 단지 잘 가르치는 사람이 아니라 먼저 배워서 익히는 사람이 되어야 하며, 그가 배워서 익혀야 하는 것은 곧 행복을 추구하고 그것을 구현하는 방법인 것이다. 선생님은 지성(智)은 물론 덕성(仁)과 체성(勇)을 두루 겸비한 감성 리더십을 갖춘 진정한 '행복 전도사'가 되어야 한다.

학교에서 학생들에게 행복한 삶의 모습을 배우고 익히도록 안내하기 위해서는 교사가 먼저 행복한 삶의 모습을 보여 줄 필요가 있다. 즉, 교사는 지(智)로써 행복한 삶의 모습을 궁구하고 인(仁)과 용(勇)으로써 실천하는 방법을 스스로 배우고 익힘으로써 학생들에게 행복한 삶을 어떻게 가꾸어 갈 수 있는지 보여 줄 수 있어야 한다. 어떤 학교를 막론하고 교사가 행복감을 느끼지 못한다면, 그 학교에서 학생들이 행복감을 체험할 수 있으리라고 기대하기는 쉽지 않다. 따라서 교사가 학생들에게 행복한 삶의 모습을 안내하고 행복을 가꾸는 요령을 체득할 기회를 제공하는 '행복 전도사'가 되기 위해서는 무엇보다 교사 자신이 지(智)로써 행복한 삶의 모습을 궁구하고 인(仁)과 용(勇)으로써 실천하는 진정한 '사람됨(humanity)' 또는 '나다움(I-ness)'을 추구하는 학습자의 모범이 되어야 한다.

배움을 바라보는 여러 개의 눈

학습이라는 말은 단순히 '배워서 익힘'이라는 사전적 의미를 초월한다. 그것은 어느 한 가지 형식으로 정의될 수 없으며 매우 다양한 관점으로 이해되고 설명될 수 있다. 한 가지 관점은 학습을 그 결과로 나타나는 습관 형성으로 바라보는 것이다. 학습의 결과는 필연적으로 새로운 습관의 형성을 수반하지만, 자세히 들여다보면 낡은 습관의 파괴를 동반한다. 학습 과정에서 새로운 습관이 올바르게 형성되지 않는다면(즉, 주어진 과제에서 오류를 드러낸다면), 그것은 이전에 형성된 낡은 습관을 제대로 청산하지 못한 결과일 수 있다. 예를 들면, 덧셈을 숙달하고 나서 뺄셈을 배우는 아동이 자꾸 덧셈의 오류를 범한다면, 습관 이탈 과정에서 문제가 있다고 보아야 할 것이다. 이처럼 학습의 과정에는 새로운 것과의 만남 못지않게 익숙한 것과의 결별이 중요하다.

다른 관점은 학습의 과정에서 개인이 경험하는 변화를 바라보는 것이다. 학습은 사람들에게 삶의 불편한 진실을 깨닫고 생각과 행동 양식을 바꾸는 계기를 만들어 준다. 예를 들면, 우리는 맑은 날이면 태양이 아침에 동쪽에서 뜨고 저녁에 서쪽으로 지는 것을 반복적으로 경험할 수 있다. 이 반복적인 경험으로 인하여 우리는 태양이 지구의 주변을 돌고 돈다는 상식적인 관념을 형성하게 된다. 그러나 우주선을 타고 대기권 밖으로 나아간다면 지구가 태양을 중심으로 회전하는 것을 바라볼 수 있고, 우리의 상식적 관념이 잘못되었다는 것을 알 수 있게 된다. 그렇다면 우리는 어떻게 태양이 지구 주변을 돌아다닌다고 하는 잘못된 상식을 갖게 되었는가? 이러한 의문과 사색을 통해 좀 더 일관된 개념 체계에 도달할 수 있다. 학습은 이처럼 일상적인 경험에 의해 형성되었을지도 모르는 잘못된 상식을 바로잡는 것이다.

때로 학습은 관점의 확장을 의미하기도 한다. 피아제(1952)의 인지 발달이론에 따르면, 아동은 초등학교 입학을 전후해서 전조작기에서 구체적 조작기로 이행하며 문제를 해결함에 있어서 직관적 사고에 의존하던 관행을 탈피하여 분석에 기초한 논리적 사고를 적용하기 시작한다. 예를 들면, 액체량 보존 과제를 수행함에 있어서 전조작기 아동은 높이에 집중하여 같은 양의 물임에도 '높이 솟아오른 비커의 물이 양이 더 많다.'라고 결론 내린다. 그러나 이 문제를 바르게 이해하려면 높이에 집중된 관계적 사고에서 탈피하여 '밑면의 크기 또한 액체량의 변화에 관계한다.'는 것을 인식하는 차원적 사고에 도달해야 한다. 이 시기의 학습 활동은 아동들에게 대부분 이러한 사고의 전환을 요구한다(Case, 1985, 2013). 유능한 교사는 아동의 자발성을 손상시키지 않으면서 아동의 사고가 관계적 사고에서 차원적 사고로 이행할 수 있게 도와줄 수 있어야 한다.

나아가서 사람들은 학습을 통해 의사소통의 한계를 인식하고 이를 극복하고자 소통의 도구를 지속적으로 확장한다. 예를 들면, 어린아이들은 이야기를 나누는 과정에서 어떤 공간 위치를 설명할 때에는 대개 앞, 뒤, 오른쪽, 왼쪽, 위, 아래와 같은 방향의 개념을 사용한다. 의사소통 과정에서 화자와 청자가 같은 방향을 지향하고 있을 때에는 이러한 대화법이 별다른 혼란을 초래하지 않는다. 왜냐하면 화자의 앞은 청자의 앞이 되고 화자의 오른쪽은 청자의 오른쪽이 되기 때문이다. 그러나 화자와 청자가 서로 다른 방향을 향하고 있을 경우에는 두 사람 간 의사소통에 상당한 어려움이 드러나게 될 것이다. 이 경우에 화자가 '동' '서' '남' '북'과 같은 방위의 개념을 활용한다면 의사소통의 혼란은 상당히 줄어들게 된다. 방위는 화자의 방향에 관계없이 항상 일정한 위치를 지시하기 때문이다. 학습은 이처럼 소통의 범위를 확장함으로써 불필요한 오해와 갈등을 예방할 수 있다.

학습을 학문하는 과정으로 정의할 때에 그것의 결과는 경험적으로 체득한 상식적 수준의 관념 체계가 논리적으로 검증된 과학적 수준의 개념 체계로 전환되는 것이 된다. 예를 들면, 사물의 모양을 '공' '시계' '창틀'과 같은 전형적인 사물에 의해 분류하던 아동은 도형에 대한 학습을 마치고 나면 '원' '삼각형' '사각형'과 같은 정교한 개념적 분류 체계를 구성한다. 따라서 상식적이고 제한적인 관념은 체계적이고 정형화된 개념을 학습하는 과정에서 좀 더 합리적이고 설득적으로 해체된다고 말할 수 있다. 과학자의 위대한 발견은 당대의 식자들이 지니고 있던 지식 수준의 한계에 대한 분명한 도전으로 시작되며 과학적인 검증에 의한 낡은 상식의 파괴와 새로운 질서의 구축에 의해서 완성되게 마련이다. 그 결과 우리의 인식 체계는 더욱 분화 · 통합되고 지식 체계는 더욱 세련되게 조직화된다.

이상에서 제시한 일련의 사례에서 알 수 있듯이, 학습은 자기 지식의 한계와 그에 따른 불편함에 대한 고도의 자각을 필요로 한다. 이 자각의 방향은 협소하고 자기중심적인 세계관에서 탈피하여 좀 더 개방적이고 확장된 세계관으로 이행하는 것이다. 성숙 성격이론(Schultz, 1984)에 따르면, 개인의 정신적 성숙은 개성화 또는 자기실현에 도달하기 위한 변증법적인 진화의 과정으로 묘사된다. 아들러(Adler)에 의하면, 성숙의 과정은 자기중심성을 탈피하여 사회적 관심을 확장하는 것이다. 자기실현은 자신의 이익 추구에 집중된 사고와 행동에서 탈피하여 자신을 포함한 공동체의 안녕과 행복을 지향하는 것이다. 자기중심적 사고는 우리의 내면세계를 심리적인 기아 상태로 만들어 우리의 삶을 왜곡하고 불편하게 한다. 전체주의, 객관주의, 병리주의, 획일주의로 귀착되는 자기중심적 사고는 맥락주의, 구성주의, 긍정주의,

다원주의로 대변되는 좀 더 유연하고 개방적인 사고로 변모되어야 한다(송재홍, 2019). 이처럼 우리의 삶을 왜곡하고 불편하게 했던 진실이 무엇인지를 찾아서 극복하는 과정이 학습의 진정한 의미에 도달하는 지름길인 것이다.

다른 한편, 지능심리학 또는 최근 인지심리학의 연구결과를 종합하여 검토해 보면, 어떤 의미에서 학습은 곧 질서 부여의 과정으로서 해석될 수도 있다(송재홍, 2001b). 예를 들면, 학습자가 개별적 사건을 범주화하거나 서열화하여 일정한 질서를 부여함으로써 개념과 원리를 발견하는 과정은 하나의 전형적인 예다. 학습자는 얼핏 보면 무질서하게 보이는 자연 현상이나 사회문화 현상에 일정한 질서를 부여함으로써 과학적인 지식을 축적하고 문화적인 식견을 넓혀 간다. 전문가는 전문 영역에서 체험되는 미묘한 현상을 주의깊게 관찰하고 그 결과를 일정한 형식으로 체계화함으로써 그들의 전문가 지식을 계속 확장하며, 학생들은 전문가의 도움을 받아 세상에 대한 경험을 삶의 문제해결을 위한 지적 자원으로 전환할 수 있다. 이 관점에서 보면, 상담자의 도움을 받아서 내담자가 내면세계에 무질서하게 흩어져 있는 무의식적인 경험들을 의식화하고 그것에 의미와 질서를 부여하는 것과 같은 자아발견과 정신 통합의 과정 역시 학습의 중요한 측면으로 해석될 수 있다(송재홍, 2006b, 2007).

이와 같이 학습, 곧 배움 현상을 어떻게 인식하고 규정하느냐에 따라 배우는 과정이나 가르치는 과정은 매우 다른 양상을 띠게 마련이다. 학습에 대한 정의는 시·공간적으로 형성된 역사성을 반영한다. 즉, 학습은 시기와 장소에 따라서 상황적으로 다양하게 이해되고 설명될 수 있다. 예를 들면, 학습의 성격을 정의함에 있어서 그것의 결과로 나타나는 도달점에 초점을 맞추면 학습은 곧 행동의 변화 또는 지식의 축적으로 성격화될 수 있지만, 그러한 결과에 이르는 과정을 놓고 보면 그것은 일방적인 지식의 주입이나 상호작용을 통한 대화의 과정으로 이해될 수도 있다. 그러나 배움의 현상을 좀 더 심층적으로 들여다보면 전혀 색다른 해석이 가능하게 된다. 예를 들면, 학습은 경험의 추상화에 기초한 개념 형성 또는 질서 부여의 과정으로 설명되거나 자기실현 또는 인격 완성에 이르는 자아 탐구와 자기 성찰 그리고 정신 통합의 여정으로 해석될 수 있다(송재홍, 2006b, 2007).

따라서 학습에 대한 정의는 가르치고 배우는 사람의 지적 통찰에 의해 끊임없이 해체되고 새롭게 재구성될 수 있다. 그리고 이는 가르치고 배우는 과정을 근본적으로 변화시킬 것이다. 예를 들면, 학습을 기존에 확립된 지식을 습득하는 체계적인 과정으로 정의한다면 가르치고 배우는 과정은 주입과 암기 활동을 중심으로 전개될 것이고, 반면에 학습을 의미 부여를 통하여 지식을 새롭게 구성하는 과정으로 정의한다면 가르치고 배우는 과정은 안내와 발견 활동을 중심으로 전개될 것이다. 또한 학습을 행동의 변화로 정의한다면 학습의 결과는 변화된 행동의 양적 자료에 의해서 판가름이 나겠지만, 학습을 지식 구조의 변화로 인식한다면 학습의 결과는 학습 과정 중에 일어나는 통찰의 질에 의해서 판가름 날 것이다.

그러나 학습에서 개인의 내적인 성장을 강조한다면, 가르치고 배우는 과정은 색다른 모습으로 전개될 수 있다. 예를 들면, 학습에 대한 집짓기의 비유는 기계론적 은유에 기초한 전통적인 관점과는 근본적으로 다른 학습의 과정과 결과를 요구하는 것이다. 학습의 과정은 단순히 지식을 전달하고 수용하는 과정만도 아니요 경험적 자료를 압축하여 개념을 형성하는 지식 구성의 과정만도 아니다. 학습의 과정은 바로 황무지를 개간하여 터를 고르고 집을 짓는 것처럼 개인이 자신의 두뇌에 마음의 길을 내고 지혜의 숲을 건설하는 인지지도 확장의 과정인 것이다. 학습자가 이 인지지도를 확장하는 과정에서 자신의 두뇌, 곧 정신세계를 들여다볼 수 있는 안목이 곧 학습의 궁극적인 성과인 것이다. 이러한 관점은 오늘날 초인지(metacognition; Brown, 1980, 1987) 또는 자기조절학습(self-regulated learning; Schunk & Zimmerman, 1994, 2008; Zimmerman & Schunk, 2000)과 같은 개념을 통해 분명하게 드러나고 있으며, 마음챙김(mindfulness; Germer, Siegel, & Fulron, 2013; Kabat-Zinn, 2013)이나 수용과 전념(acceptance and commitment; Hayes, Strosahl, & Wilson, 2009) 또는 정신 통합(psychosynthesis; Assagioli, 1965; Firman & Gilla, 2016)

과 같은 치료적 접근에서 더욱 부각되고 있다. 교사는 가르치는 과정에서 특정 교과 영역에 대한 지식뿐만 아니라 학생들의 생각과 행동 변화에 민감할 필요가 있으며, 성찰적인 사고를 통해 학습 성과에 대한 풍부한 지식 기반을 구축할 필요가 있다. 교실 안팎에서 가르침에 대한 새로운 해석과 시도가 가능하고 또한 성공하려면 무엇보다도 배움에 대한 고정된 인식의 틀을 해체하고 의미의 다양성을 회복하는 일이 우선되어야 한다.

한자어 '공부(工夫)'의 은유적 해석

이제까지 배움과 가르침에 대한 전통적인 인식을 해체하고 학습 현상에 다각적인 의미를 부여함으로써 학생들이 학습한다고 할 때 과연 그들의 정신세계와 행동에서 어떤 변화가 일어나는지에 대하여 살펴보았다. 이러한 인식의 변화는 또한 '공부는 왜 하는가?' 그리고 '학생들은 공부를 통해 궁극적으로 무엇을 얻게 되는가?'라는 궁극적인 물음에 대답할 수 있는 대안적인 접근방식을 제공한다.

한자어 공부(工夫)에 내포된 상형들을 해체하여 은유적으로 풀이해 보면 배움과 가르침의 또 다른 의미를 찾을 수 있다. 한자어 '공(工)'은 "하늘과 땅을 연결한다."는 뜻을 내포하고, 한자어 '부(夫)'는 사람(人)과 공(工)이 결합된 형상이니 곧 "사람이 하늘과 대지를 연결한다."는 의미다(신영복, 2015). [그림 1-3]에서 보는 바와 같이 하늘은 이상 또는 꿈으로 상징화되고 대지는 현실로 상징화될 수 있다. 따라서 공부의 요체는 바로 이상과 현실의 간극을 극복하는 일이 되는 것이다. 때로 우리는 실현되지 못한 이상을 버거워하고 괴로워하지만, 실현되지 않은 이상이야말로 우리의 삶을 견인하는 원동력인 것이다. 한 개인의 이상은 때로는 개인적 욕망에서 기인하고 때로는 공동체 복지에서 비롯된다. 그 이상이 어디에서 비롯되는가에 따라 공부와 삶의 양식이 확연히 달라질 수 있다. 이상의 원천이 개인적인 욕망에 기초할 때에는 자칫 지나친 탐욕으로 흐를 수 있으므로 자기를 성찰하는 마음가짐이 요구된다. '농자천하지대본(農者天下之大本)'의 사전적인 의미는 "농사짓는 일을 하는 것이 천하의 사람들이 살아가는 큰 근본"이라는 것이다. 농사를 짓는 일은 하늘의 뜻을 헤아려 땅을 다스림으로써 만물을 소생하게 하려는 삶의 미묘한 양식을 내포한다. 이 명구는 단지 살아 있는 생명체에게 식량을 공급하는 일만을 의미하는 것은 아니다. 우리는 농사짓는 사람을 일컬어 '농부(農夫)'라 말하지만 공장에서 물건을 만드는 사람이나 물건을 팔아서 이윤을 남기는 사람에 대해서는 '장인(匠人)'이나 '상인(商人)'이라고 말하며 '장부(匠夫)'나 '상부(商夫)'라고 말하지 않는다(송재홍, 2019).

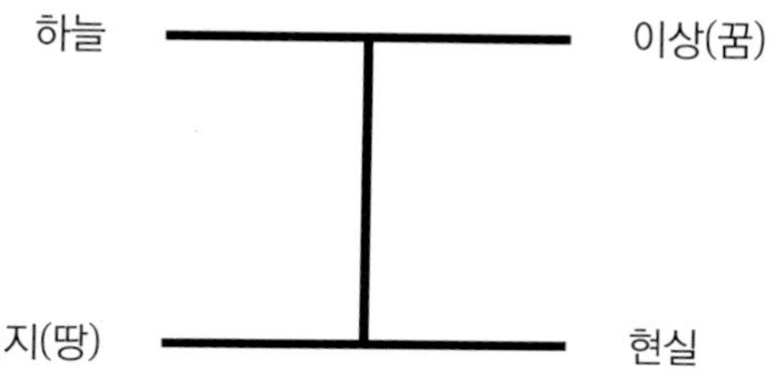

[그림 1-3] 한자어 공(工)의 상징적 해석

따라서 인간이 공부의 본질을 추구하려면 익숙한 사고나 행동으로부터 자유로워질 수 있어야 하고, 낯선 것에 대해 인식론적 호기심을 갖고 개방적으로 접근하려는 성찰적인 삶의 자세를 지녀야 한다. '경험에의 개방성'이야말로 제한된 인식의 한계를 극복할 수 있는 유일한 원천이라 할 수 있다. 그러나 왜곡된 교육은 새로운 경험에 대한 학생들의 개방적인 자세를 처벌함으로써 오히려 자신의 경험으로부터 이익을 얻을 수 있는 기회를 차단한다. 학습은 실수를 통해서만 가능하다. 진정한 교육은 학생들이 모험을 결행하고 실수를 감내할 수 있는 용기를 갖도록 허용적이고 지지적인 공부 환경을 안정적으로 제공할 때 가능하다.

이 책의 구성

이 책은 교실 환경의 사막화를 막고 학습 공동체의 부활을 꿈꾸는 교육자들이 한번쯤 고민해 봐야 할 핵심 주제를 다루고 있다. 이 책에서는 지식 구성을 촉진할 목적으로 개발된 교과 학습은 물론 학습의 의미와 형식을 더욱 확장하여 학생들의 자기 성찰과 정신 통합을 촉진하기 위한 창의적인 학습 모형을 탐구한다. 이 책은 모두 5장으로 구성되어 있다. 1장에서는 학습의 진화와 교사의 전문성을 논의하였다. 이 장에서는 학습에 대한 심리학적 관점은 물론 정보통신기술의 발달, 제4차 산업혁명의 도래 등 학습 환경을 둘러싸고 전개되는 학교 교육 사태의 변화 양상을 검토하고, 이를 토대로 배움과 가르침에 대한 전통적인 인식을 해체하여 다양한 해석을 시도함으로써 변화하는 시대에 공부의 진정한 의미가 무엇이며 교사는 어떤 전문성을 발휘해야 할 것인지 논의하였다.

2장에서는 지식의 구성 과정으로서 학습의 성격을 규명하고 이를 촉진하기 위한 교사의 전문가 역량으로서 교수 개발 능력을 논의한다. 교수 개발 전문가로서 교사가 갖추어야 할 역량을 비롯하여 앎과 교수·학습에 관한 주요 관점을 고찰하고, 지금까지 교과 학습에서 강조해 왔던 지식 구성의 관점에서 교사가 교과를 통해 학생들의 학습 활동을 촉진하기 위해 갖추어야 할 지식 기반으로서 교수 개발의 개념 모형과 적용 방안을 소개한다. 이어서 학교 교육 장면에서 구체적인 적용 사례를 제시하고 성과와 과제를 논의한다.

3장에서는 상담학의 관점에서 교과와 교과 교육의 성격을 재해석하고 대안적인 전문가 역량으로서 자기 성찰과 촉진적 대화 능력을 논의한다. 창의적인 활동의 구성 요건과 창의적인 학습 활동으로서 상담의 특징을 고찰하고, 교실 수업 장면에서 학생들의 자아 탐구와 자기 성찰을 촉진하기 위한 무지개 학습의 개념 모형과 적용 방안을 소개한다. 이어서 학교 교육 장면에서 구체적인 적용 사례를 제시하고 성과와 과제를 논의한다.

4장에서는 인간 학습의 궁극적인 목적으로서 정신 통합을 위한 학습의 본질을 규명하고 이를 촉진하기 위한 교사의 전문가 역량으로서 가치평가와 자기가치화 시스템 점검 능력을 논의한다. 동기화된 이야기꾼으로서 인간의 본성과 가치평가 이론을 고찰하고, 학생들의 자아 탐색 및 정신 통합을 안내하기 위한 자기직면 학습의 개념 모형과 적용 방안을 소개한다. 이어서 학교교육 장면에서 구체적인 적용 사례를 제시하고 성과와 과제를 논의한다.

마지막 5장에서는 초현대심리학의 주요 흐름을 소개하고 미래의 학습이 나아가야 할 방향과 과제를 논의한다. '심리학 3.0'이라는 논제하에서 연결주의와 분산 인지, 체화된 인지와 정동 혁명, 양자 인지와 이야기 치료 등 후기과학주의 심리학의 지배 담론을 소개하고, 미래 학습의 주요 형태로서 관계 학습의 핵심 요소와 실천 과제를 제시한다.

또한 각 장의 마지막에는 사고의 유연성을 테스트하기 위한 연습 과제를 첨부하였다. 학습에 대한 전통적인 생각에서 벗어나 새로운 접근을 시도하려면 무엇보다 사고의 유연성이 필요하다. 독자는 이 연습 과제를 해결하는 과정에서 잠시나마 각자의 사고 양식을 점검하고 사고의 경직성에서 벗어나는 기회를 가질 수 있을 것이다.

참고문헌

교육부(1997). 제7차 교육과정 총론. 서울: 교육부.

교육부(1998). 대통령 업무보고. 서울: 교육부.

교육부(2015). 초·중등학교 교육과정 총론(교육부 고시 제2015-80호 별책1). 세종: 교육부.

김영근, 김현령, 이정인, 신재훈, 신동미, 이상민(2012). 한국 상담사법 제정에 관한 예비연구. 한국심리학회지: 상담 및 심리치료, 24(3), 641-670.

김옥예(2006). 교사 전문성의 재개념화에 관한 연구. 교육행정연구, 24(4), 139-160.

김인회(1995). 한국의 교육: 실상과 개혁. 교육학연구, 33(4), 1-20.

도정일, 최재천(2005). 대담: 인문학과 자연과학이 만나다. 서울: 휴머니스트.

문용린, 최인수(2010a). 창의·인성 교육과정 총론(창의·인성교육 현장적용도 제고 방안 모색을 위한 공청회 자료). 서울: 한국창의과학재단.

문용린, 최인수(2010b). 창의·인성교육의 총론. 인하대학교 교육연구소 심포지엄 자료집, 21-29.

박상준(2016). 거꾸로 교실을 넘어 거꾸로 학습으로. 경기: 교육과학사.

송재홍(2001a). 교사의 전문성 신장을 위한 단원중심 교수 개발 프로그램의 통합적 모형. 초등교육연구, 6, 155-186. 제주교육대학교 초등교육연구소.

송재홍(2001b). 단원중심 교수 개발 프로그램의 실천적 적용을 통한 교사의 전문적 능력 신장에 관한 연구. 교육심리연구, 15(2), 89-118.

송재홍(2006a). 학교 교육의 패러다임 극복을 위한 혁신적 수업 모형. 제주교육대학교 논문집, 35, 339-374.

송재홍(2006b). 가르침과 배움의 여정으로서 자기 성찰: 교과 교육과 상담의 통합 가능성에 대한 검토와 제안. 교육종합연구, 4(2), 1-25.

송재홍(2007). 자기 성찰 학습을 위한 교과 교육의 이해와 개발. 교육종합연구, 5(2), 1-24.

송재홍(2008). 창의적 학습활동으로서의 상담과 교과 통합의 사례. 영재와 영재교육, 7(1), 5-28.

송재홍(2013). 적응행동관리. 한국초등상담학회 편. 초등학교 생활지도와 상담(개정판, pp. 407-447). 서울: 학지사.

송재홍(2016). 정서유능성 증진을 위한 은유 활용 프로그램. 초등상담연구, 15(3), 299-328.

송재홍(2018). 심리학 3.0과 미래 학습: 관계 학습의 원리와 실천 전략. 초등상담연구, 17(3), 347-376.

송재홍(2019). 교육과 심리학. 고전, 김민호, 서명석, 송재홍 공저. 교육학 개론(제2판, pp. 91-192). 서울: 아카데미프레스.

신영복(2015). 담론: 신영복의 마지막 강의. 서울: 돌베개.

이광우, 정영근, 민용성, 이근호, 이주연, 이미숙, 김창선, 박병기, 모경환, 박철웅, 진재관, 박경미, 곽영순, 진의남, 서지영, 이경언, 박소영, 임창빈, 온정덕, 김사훈(2015). 개정 교과 교육과정 시안 개발 연구 I: 국가교육과정 각론 조정 연구(KICE 연구보고 CRC 9). 충북: 한국교육과정평가원.

이광우, 정영근, 서영진, 정창우, 최정순, 박문환, 이봉우, 진의남, 유정애, 이경언, 박소영, 주형미, 백남진, 온정덕, 이근호, 김사훈(2014). 교과 교육과정 개발 방향 설정 연구(KICE 연구보고 CRC 7). 충북: 한국교육과정평가원.

이정모(2010). '체화된 인지(Embodied Cognition)' 접근과 학문간 융합: 인지과학 새 패러다임과 철학의 연결이 주는 시사점. 철학사상, 38, 28-66.

주호수(1999). 개념도를 적용한 구성주의 학습전략이 개념학습과 과학적 태도에 미치는 영향. 전북대학교 대학원 박사학위논문.

진동섭(1993). 교원 교육의 실상과 개혁 방향. 교육학연구, 31(4), 141-157.

차주환 역(1964). 동양의 지혜: 논어 · 맹자 · 중용 · 대학. 서울: 을유문화사.

최욱(2020). 모든 학교를 위한 플립드 러닝 가이드북: 설계, 개발, 실행, 평가. 경기: 교육과학사.

최의창(1995). 교사 전문능력 개발의 합리주의적 관점과 그 대안. 교육학연구, 33(1), 331-348.

최재천, 주일우 편(2007). 지식의 통섭: 학문의 경계를 넘다. 서울: 도서출판 이음.

최정빈(2018). 플립드 러닝: 교수설계와 수업전략. 경기: 성안당.

한명희(1997). 교원양성 교육과정의 전문성 확보. 1997년도 한국교육학회 연차 학술대회 논문집, 1-22.

Anand, B. (2017). 콘텐츠의 미래(*The content trap: A strategist's guide to digital change*). (김인수 역). 서울: 리더스 북. (원서 2016년 출판).

Anderson, J. R. (1983). A spreading activation theory of memory. *Journal of Verbal Learning and Verbal Behavior, 22,* 261-295.

Anderson, J. R. (1987). Skill acquisition: Compilation of weak-method problem solutions. *Psychological Review, 94,* 192-210.

Arends, R. I. (2007). *Learning to teach* (7th ed.). New York: McGraw-Hill.

Assagioli, A. (1965). *Psychosynthesis: A manual of principles and techniques.* New York: The Viking Press.

Atkinson, R. C., & Shiffrin, R. M. (1968). Human memory: A proposed system and its control processes. In K. Spence, & J. Spence (Eds.), *The psychology of learning and motivation (vol. 2)* (pp. 89-195). New York: Academic Press.

Baars, B. J. (1986). *The cognitive revolution in psychology.* New York: The Guilford Press.

Bandura, A. (1977). Self-efficacy: Toward a unifying theory of behavioral change. *Psychological Review, 84,* 191-215.

Bandura, A. (1984). 사회적 학습이론(*Social learning theory*). (변창진, 김경린 공역). 서울: 중앙적성출판부. (원서 1977년 출판).

Bandura, A. (1986). *Social foundations of thought and action: A social cognitive theory.* Englewood Cliffs, NJ: Prentice-Hall.

Bersin, J. (2006). 블랜디드 러닝: 이론과 실제(*The blended learning book: Best practices, proven methodologies, and lesson learned*). (박병호 역). 서울: 아카데미프레스. (원서 2004년 출판).

Bloom, B. S. (1968). Learning for mastery. *Evaluation Comment, 1,* 1-12.

Bloom, B. S. (1976). *Human characteristics and school learning.* New York: McGraw-Hill.

Bloom, B. S., Engelhart, M. B., Furst, E. J., Hill, W. H., & Krathwohl, D. R. (1978). 교육목표분류학 I: 지적 영역(*Taxonomy of educational objectives. Handbook I: Cognitive domain*). (임의도, 고종렬, 신세호 공역). 서울: 중앙적성출판부. (원서 1956년 출판).

Borgmann, J., & Sams, A. (2012). *Flip your classroom: Reach every student in every class every day.* Eugene, OR: International Society for Technology in Education.

Borgmann, J., & Sams, A. (2014). *Flipped learning: Gateway to student engagement.* Eugene, OR: International Society for Technology in Education.

Borgmann, J., & Sams, A. (2015). *Flipped learning for elementary instruction.* Eugene, OR: International Society for Technology in Education.

Bradshow, J. (2004). 상처받은 내면아이 치유(*Home coming: Reclaiming and championing your inner child*). (오제은 역). 서울: 학지사. (원서 1990년 출판).

Brown, A. L. (1980). Metacognitive development and reading. In R. J. Spiro, B. C. Bruce, & W. F. Brewer (Eds.), *Theoretical issues in reading comprehension* (pp. 458-482). Mahwah, NJ: Lawrence Erlbaum Associates.

Brown, A. L. (1987). Metacognition, executive control, self-regulation, and other more mysterious mechanisms. In F. Weinert, & R. Kluwe (Eds.), *Metacognition, motivation, and understanding* (pp. 65-116). Mahwah, NJ: Lawrence Erlbaum Associates.

Brown, J. L., Jones, S. M., LaRusso, M. D., & Aber, J. L. (2010). Improving classroom quality: Teacher influences and experimental impacts of the 4Rs program. *Journal of Educational Psychology, 102,* 153-167.

Brown, J. S., Collins, A., & Duguid, P. (1989). Situated cognition and the culture of learning. *Educational Researcher, 10,* 14-24.

Bruning, R. H., Schraw, G. J., & Norby, M. M. (2011). *Cognitive psychology and instruction* (5th ed.). Boston, MA: Allyn & Bacon.

Burns, J. M. (2006). 역사를 바꾸는 리더십(*Transforming leadership: A new pursuit of happiness*). (조중빈 역). 서울: 지식의 날개(방송대출판문화원). (원서 2003년 출판).

Burns, R. C. (2001). 교과 경계선 허물기(*Dissolving the boundaries*). (김대현, 강태용 공역). 서울: 학지사. (원서 1995년 출판).

Carroll, J. B. (1963). A model of school learning. *Teachers College Record, 64,* 723-733.

Case, R. (1985). *Intellectual development: Birth to adulthood.* New York: Academic press.

Case, R. (2013). *The mind's staircase: Exploring the conceptual underpinnings of children's thought and knowledge*. New York: Psychology Press.

Chase, W. G., & Simon, H. A. (1973). Perception in chess. *Cognitive Psychology, 4,* 55-81.

Chemielewski, T. L., & Dansereau, D. F. (1998). Enhancing the recall of text: Knowledge mapping training promotes implicit transfer. *Journal of Educational Psychology, 90,* 407-413.

Chermers, M. M. (2002). Metacognitive, social, and emotional intelligence of transformational leadership: Efficacy and effectiveness. In R. E. Riggio, S. E. Murphy, & F. J. Pirozzolo (Eds.), *Multiple intelligences and leadership* (pp. 139-160). New Jersey, NJ: Lawrence Erlbaum Associates.

Chi, M. T. H., Feltovish, R., & Glaser, R. (1981). Categorization and representation of physics problems by experts and novices. *Cognitive Science, 5,* 121-152.

Collins, A. M., Brown, J. S., & Newman, S. E. (1987). *Cognitive apprenticeship: Teaching the craft of reading, writing, and mathematics*. Technical Report No. 403. (ERIC 284181).

Collins, A. M., Brown, J. S., & Newman, S. E. (1989). Cognitive apprenticeship: Teaching the craft of reading, writing, and mathematics. In L. B. Resnick (Ed.), *Knowing, learning, and instruction* (pp. 453-494). Hilsdale, NJ: Lawrence Erlbaum Associates.

Collins, A. M., & Quillian, M. R. (1969). Retrieval time from semantic memory. *Journal of Verbal Learning and Verbal Behavior, 8,* 240-248.

Craik, F. I. M., & Lockhart, R. S. (1972). Levels of processing: A framework for memory research. *Journal of Verbal Learning and Verbal Behavior, 11,* 671-684.

Damasio, A. R. (1999). 데카르트의 오류(*Decartes' error: Emotion, reason, and the human brain*). (김린 역). 서울: 중앙문화사. (원서 1995년 출판).

Damasio, A. R. (2000). A second chance for emotions. In R. Lane, & L. Nadel (Eds.), *Cognitive neuroscience for emotion* (pp. 12-23). New York: Oxford Books.

Damasio, A. R. (2007). 스피노자의 뇌: 기쁨, 슬픔, 느낌의 뇌 과학(*Looking for Spinoza: Joy, sorrow, and the feeling brain*). (임지원 역). 서울: 사이언스북스. (원서

2003년 출판).

Davidson, R. J. (1994). Asymmetric brain function, affective style, and psychopathology: The role of early experience and plasticity. *Development and Psychopathology, 6*, 741-758.

Davidson, R. J. (2000). Affective style, psychopathology, and resilience: Brain mechanism and plasticity. *American Psychologist, 55*, 1196-1214.

Davis, J. M., McCourt, W. F., & Solomon, P. (1960). The effect of visual stimulation on hallucinations and other mental experiences during sensory deprivation. *American Journal of Psychiatry, 116*, 889-892.

Deci, E. L., & Ryan, R. M. (1985). *Intrinsic motivation and self-determination in human behaviour*. New York: Plenum Press.

Dellarosa, D. (1988). A history of thinking. In R. J. Sternberg, & E. F. Smith (Eds.), *The psychology of human thought* (pp. 1-18). New York: Cambridge University Press.

Delors, J., Mufti, A., Carneiro, A. R., Chung, F., Geremek, B., & Nanzhou, Z. (1996). Learning: The treasure within. Report to UNESCO of Commission on International Education for the Twenty-first Century. Paris: UNESCO. (Retrieved from http://www.unesco.org/education/pdf/15_62).

Derry, S. J., & Lesgold, A. (1996). Toward a situated social practice model for instructional design. In D. C. Berliner, & R. C. Calfee (Eds.), *Handbook of educational psychology* (pp. 787-806). New York: Simon & Schuster Mac.

Dick, W., & Carey, L. (1979). *The systematic design of instruction*. Glenview, IL: Scott, Foresman.

Dick, W., & Carey, L. (2016). 체제적 교수설계(*The systematic design of instruction*, 8th ed.). (김동식 역). 서울: 아카데미프레스. (원서 2014년 출판).

Erikson, E. H. (1950). *Childhood and society*. New York: Norton.

Erikson, E. H. (1988). 아동기와 사회(*Childhood and society*, 2nd ed.). (윤진, 김인경 공역). 서울: 중앙적성출판사. (원서 1963년 출판).

Evans, T. D., Corsini, R. J., & Gazda, G. M. (1990). Individual education and the 4Rs. *Educational Leadership, 47*, 52-56.

Fechner, G. T. (1966). *Elements of psychophysics*. (Trans. by H. E. Adler). New

York: Holt, Rinehart, & Winston. (Originally printed in 1860).

Festinger, L. A. (1957). *Theory of cognitive dissonance*. London, UK: Tavistock.

Firman, J., & Gilla, A. (2016). 정신통합: 영혼의 심리학(*Psychosynthesis: A psychology of the spirit*). (이정기, 윤영선 공역). 서울: 씨아이알. (원서 2002년 출판).

Fogarty, R. (1991). *The mindful school: How to integrate the curricula*. Palatine, IL: IRI/Skylight Publishing Inc.

Freidson, E. (1970). Encroachment, charlatanism, and the emerging of profession: Psychiatry, sociology, and medicine. *American Sociological Review, 25*, 902-914.

French, K. E., & Nevett, M. E. (1993). The development of expertise in youth sport. *Cognitive Issues in Motor Expertise, 102*, 250-270.

Gagné, R. M. (1965). *The conditions of learning*. New York: Holt, Rinehart & Winston.

Gagné, R. M. (1999). 교수-학습 이론(*The conditions of learning and theory of instruction*, 4th ed.). (전성연, 김수동 공역). 서울: 학지사. (원서 1985년 출판).

Gagné, R. M., & Briggs, L. J. (1974). *Principles of instructional design*. New York: Holt, Rinehart, & Winston.

Gagné, R. M., Wager, W. W., Golas, K. C., & Keller, J. M. (2007). 수업설계의 원리(*Principles of instructional design*, 5th ed.). (송상호, 박인우, 엄우용, 이상수 공역). 서울: 아카데미프레스. (원서 2005년 출판).

Gardner, H. (1985). *The mind's new science: A history of the cognitive revolution*. New York: Basic Books.

Germer, C. K., Siegel, R. D., & Fulron, R. R. (2013). 마음챙김과 심리치료(*Mindfulness and psychotherapy*). (김재성 역). 서울: 학지사. (원서 2005년 출판).

Glaser, R., & Chi, H. M. T. (1988). Overview. In M. Chi, R. Glaser, & M. Farr (Eds.), *The nature of expertise* (pp. 15-28). Mahwah, NJ: Lawrence Erlbaum Associates.

Glenberg, A. M. (2008). Embodiment as a unifying perspective for psychology. *Advanced Review, 1*, 586-596.

Gomez, R. L., Hadfield, O. D., & Housner, L. D. (1996). Conceptual maps and simulated teaching episodes as indicators of competence in teaching elementary mathematics. *Journal of Educational Psychology, 88,* 572-585.

Hall, R. H., & O'Donnell, A. (1996). Cognitive and affective outcomes of learning from knowledge maps. *Contemporary Educational Psychology, 21,* 94-101.

Hayes, S. C., Strosahl, K. D., & Wilson, K. G. (2009). 수용과 참여의 심리치료 (*Acceptance and commitment therapy: An experiential approach to behavior change*). (문성원, 김은성 공역). 서울: 시그마프레스. (원서 1999년 출판).

Hebb, D. O. (1961). Sensory deprivation: Facts in search of a theory. *Journal of Nervous and Mental Disease, 132,* 17-43.

Huizinga, J. (2018). 호모루덴스: 놀이하는 인간(*Homo Ludens: A study of the play element in culture*). (이종인 역). 경기: 연암서가. (원서 1949년 출판).

Ionescu, T., & Vasc, D. (2014). Embodied cognition: Challenges for psychology and education. *Procedia: Social and Behavioral Sciences, 128,* 275-280.

Irwin, A., & Bednarz, N. (1998). Constructivism and education: Beyond epistemological correctness. In M. Larochelle, N. Bednarz, & J. Garrison (Eds.), *Constructivism and education* (pp. 3-20). New York: Cambridge University Press.

Johnson-Laird, P. N. (1983). *Mental models.* Cambridge, MA: Harvard University Press.

Jonassen, D. (1991). Objectivism versus constructivism. *Educational Technology Research & Development, 32,* 5-14.

Jones, S. M., Brown, J. L., & Aber, J. L. (2011). Two-year impacts of a universal school-based social-emotional and literacy intervention: An experiment in translational developmental research. *Child Development, 82*, 533-554.

Kabat-Zinn, J. (2013). 당신이 어디에 가든 당신은 그곳에 있다(*Wherever you go, there you are,* revised ed.). (김언조, 고명선 공역). 서울: 도서출판 물푸레. (원서 2005년 출판).

Karasavvidis, I. (2002). Distributed cognition and educational practice. *Journal of Interactive Learning Research, 13*, 11-29.

Kimble, G. A. (1961). *Hilgard and Marquis's condition and learning* (revised ed.). New York: Appleton-Century-Crofts.

Klien, G. A., & Hoffman, R. R. (1992). Seeing the invisible: Perceptual-cognitive aspects of expertise. In M. Rabinowitz (Ed.), *Cognitive science foundations of instruction* (pp. 203-226). Mahwah, NJ: Lawrence Erlbaum Associates.

Klien, G. A., & Hoffman, R. R. (2008). Macrocognition, mental models, and cognitive task analysis methodology. In J. M. Schraagen, L. G. Militello, T. Ormerod, & R. Lipshitz (Eds.), *Naturalistic decision making and macrocognition* (pp. 57-80). Burlington, VT: Ashgate Publishing Company.

Kress, J. S., & Elias, M. J. (2006). School-based social and emotional learning program. In K. A. Renninger, I. E. Sigel, W. Damon, & R. M. Lerner (Eds.), *Handbook of child psychology (vol. 4): Child psychology in practice* (6th ed.; pp. 592-618). New York: John Wiley & Sons, Inc.

Laird, J. E., Rosenbloom, P. S., & Newell, A. (1986). Chunking in Soar: The anatomy of a general learning mechanism. *Machine Learning, 1,* 11-46.

Larkin, J. H., McDermott, J., Simon, D. P., & Simon, H. A. (1980). Expert and novice performance in solving physics problems. *Science, 208,* 1335-1342.

LeDoux, J. E. (1998). Fear and brain: Where have we been, and where are we going? *Biological Psychiatry, 44,* 1229-1238.

LeDoux, J. E. (2000). Emotion circuits in the brain. *Annual Review of Neuroscience, 23,* 155-184.

Liberman, M. (1956). *Education of profession*. New Jersey, NJ: Prentice-Hall.

Mager, R. F. (1961). *Preparing objectives for programmed instruction*. San Francisco, CA: Fearon Publication.

Mager, R. F. (1997). *Preparing instructional objectives: A critical tool in the development of effective instruction* (3rd ed.). Atlanta, GA: Center for Effective Performance.

Mayer, R. E. (1992). *Thinking, problem solving, cognition* (2nd ed.). New York: Freeman.

Mayer, R. E. (1998). Cognitive, metacognitive, and motivational aspects of problem solving. *Instructional Science, 26,* 49-63.

Mayer, R. E., Bove, W., Bryman, A., Mars, R., & Tapangco, L. (1996). When less is more: Meaningful learning from visual and verbal summaries of science textbook lessons. *Journal of Educational Psychology, 88,* 64-73.

Mentis, M., Dunn-Bernstein, M., Mentis, M., & Skuy, M. (2009). *Bridging learning: Unlocking cognitive potential in and out of the classroom* (2nd ed.). Thousand Oaks, CA: Corwin/Sage Company.

Merrell, K. W., & Gueldner, B. A. (2011). 사회정서학습: 정신건강과 학업적 성공의 증진 (*Social and emotional learning in the classroom: Promoting mental health and academic success*). (신현숙 역). 경기: 교육과학사. (원서 2010년도 출판).

Miller, G. A. (1956). The magical number seven, plus or minus two: Some limits on our capacity for processing information. *Psychological Review, 63,* 81-97.

Minsky, M. (1975). A framework for representing knowledge. In P. H. Winston (Ed.), *The psychology of computer vision* (pp. 211-277). New York: McGraw-Hill.

Neisser, U. (1967). *Cognitive psychology.* New York: Appleton-Century-Crofts.

Newell, A., & Simon, H. A. (1972). *Human problem solving.* Englewood Cliffs, NJ: Prentice-Hall.

Palinscar, A. S., & Brown, A. L. (1984). Reciprocal teaching of comprehension-fostering and comprehension-monitoring activities. *Cognition and Instruction, 1,* 117-175.

Pea, R. D. (1993). Practices of distributed intelligence and designs for education. In G. Salomon (Ed.), *Distributed cognitions: Psychological and educational considerations* (pp. 47-87). New York: Cambridge University Press.

Perkins, D. N. (1993). Person-plus: A distributed view of thinking and learning. In G. Salomon (Ed.), *Distributed cognitions: Psychological and educational considerations* (pp. 88-110). New York: Cambridge University Press.

Piaget, J. (1952). *The origins of intelligence in children.* (Trans. by M. Cook). New York: International Universities Press.

Piaget, J. (1985). 아동의 사고와 언어(인간발달 · 복지연구소 시리즈 7) (*The language and thought of the child,* 3rd ed.). (Trans. by M. Gabain & R. Gabain). (송명자, 이형득 공역). 서울: 중앙적성출판사. (원서 1959년 출판).

Ramachandran, V. S., & Blakeslee, S. (2007). 라마찬드란 박사의 두뇌 실험실: 우리의 두뇌 속에는 무엇이 들어 있는가?(*Phantoms in the brain: Probing the mysteries of the human mind*). (신상규 역). 서울: 바다출판사. (원서 1999년 출판).

Rogers, C. R. (1942). *Counseling and psychotherapy: Newer concepts in practice*. New York: Houghton Mifflin.

Rogers, C. R. (1992). 학습의 자유: 인간 중심 교육(*Freedom to learn for the 80's*). (연문희 역). 서울: 문음사. (원서 1983년 출판).

Rogers, C. R. (2007). 칼 로저스의 사람-중심 상담(*A way of being*, revised ed.). (오제은 역). 서울: 학지사. (원서 1980/1995년 출판).

Rogers, C. R. (2009). 진정한 사람 되기: 칼 로저스 상담의 원리와 실제(*On becoming a person: A therapist's view of psychotherapy*). (주은선 역). 서울: 학지사. (원서 1961/1989년 출판).

Root-Bernstein, R., & Root-Bernstein, M. (2008). 생각의 탄생(*Spark of genius: The thirteen thinking tools of the world's most creative people*). (박종성 역). 서울: 에코의 서재. (원서 1999년 출판).

Rosenzweig, N. (1959). Sensory deprivation and schizophrenia: Some clinical and theoretical similarities. *American Journal of Psychiatry, 116*, 326-329.

Rumelhart, D. E. (1975). Notes on a schema for stories. In D. C. Bobrow, & A. M. Collins (Eds.), *Representation and understanding: Studies in cognitive science* (pp. 268-281). San Diego, CA: Academic Press.

Rumelhart, D. E., McClelland, J. L., & PDP Research Group (Eds.) (1986). *Parallel distributed processing: Explorations in the microstructure of cognition (vol. 1): Foundations*. Cambridge, MA: MIT Press.

Ryan, R. M., & Deci, E. L. (2000). Intrinsic and extrinsic motivations: Classic definitions and new directions. *Contemporary Educational Psychology, 25*, 54-67.

Ryan, R. M., & Deci, E. L. (2008). *Self-determination theory and the role of basic psychological needs in personality and the organization of behavior*. New York: The Guilford Press.

Sacks, O. (2005). 화성의 인류학자(*An anthropologist on Mars: Seven paradoxical tales*). (이은선 역). 서울: 바다출판사. (원서 1995년 출판).

Sacks, O. (2006). 아내를 모자로 착각한 남자(*The man who mistook his wife for a hat*). (조석현 역). 서울: 이마고. (원서 1985년 출판).

Salomon, G. (1993). No distribution without individual's cognition: A dynamic interactive view. In G. Salomon (Ed.), *Distributed cognitions: Psychological and educational considerations* (pp. 111-138). New York: Cambridge University Press.

Schank, R. C., & Abelson, R. (1977). *Scripts, plans, goals, and understanding.* Mahwah, NJ: Lawrence Erlbaum Associates.

Schilling, M. A. (2013). *Strategic management of technological innovation*. New York: McGraw-Hill.

Schmidt, H. G., & Boshuizen, H. P. A. (1992). On the role of biomedical knowledge in clinical reasoning by experts, intermediates, and novices. *Cognitive Science, 16*, 153-184.

Schmidt, H. G., & Boshuizen, H. P. A. (1993). On acquiring expertise in medicine. *Educational Psychology Review, 5*, 205-221.

Schoenfeld, A. H., & Herrmann, D. J. (1982). Problem perception and knowledge structure in expert and novice mathematical problem solvers. *Journal of Experimental Psychology: Learning, Memory, and Cognition, 8*, 484-494.

Schultz, D. (1984). 인간 성격의 이해: 건강한 성격에 관한 제 접근(*Growth psychology: Models of the healthy personality*). (이상우, 정종진 공역). 서울: 중앙적성출판사. (원서 1977년 출판).

Schunk, D. H., & Zimmerman, B. J. (Eds.) (1994). *Self-regulation of learning and performance: Issues and educational applications*. Mahwah, NJ: Lawrence Erlbaum Associates.

Schunk, D. H., & Zimmerman, B. J. (Eds.) (2008). 자기조정학습의 교실 적용(*Self-regulated learning: From teaching to self-reflective practice*). (송재홍 역). 경기: 교육과학사. (원서 1998년 출판).

Schwab, K. (2016). 클라우스 슈밥의 제4차 산업혁명(*The forth industrial revolution*). (송경진 역). 서울: 새로운 현재. (원서 2016년 출판).

Sfard, A. (1998). On two metaphors for learning and the dangers of choosing just one. *Educational Researcher, 27*, 4-13.

Shuell, T. J. (1996). Teaching and learning in a classroom context. In D. C. Berliner, & R. C. Calfee (Eds.), *Handbook of educational psychology* (pp. 726-764). New York: Simon & Schuster Macmillan.

Skinner, B. F. (1938). *The behavior of organisms: An experimental analysis.* New York: Appleton-Century-Crofts.

Skinner, B. F. (1953). *Science and human behavior.* New York: Macmillan.

Skinner, B. F. (1957). *Verbal behavior.* New York: Appleton-Century-Crofts.

Skinner, B. F. (1968). *The technology of teaching.* New York: Appleton-Century-Crofts.

Skinner, B. F. (1983). 행동주의(*About behaviorism*). (김영채 역). 서울: 교육과학사. (원서 1974년 출판).

Spitz, R. A. (1945). Hospitalism: An inquiry into the genesis of psychiatric conditions in early childhood. In A. Freud (Ed.), *The psychoanalytic study of the child (vol. 1)* (pp. 53-57). New York: International Universities Press.

Spitz, R. A. (1949). Motherless infants. *Child Development, 20*, 145-155.

Stein, J., & Graham, C. R. (2016). 블렌디드 러닝: 이론과 실제(*Essentials for blended learning book: A standards-based guide*). (김도훈, 최은실 공역). 서울: 한국문화사. (원서 2014년 출판).

Stock, W. A., Kulhavy, R. W., Peterson, S. E., Hancock, T. E., & Verdi, M. P. (1996). Mental representations of maps and verbal descriptions: Evidence they may affect text memory differently. *Contemporary Educational Psychology, 20,* 237-256.

Thorndike, E. L. (1931). *Human learning.* New York: Appleton-Century-Crofts.

Thorne, K. (2005). 블렌디드 러닝(*Blended learning: How to integrate on-line & traditional learning*). (김성길, 양유정, 임의수, 편은진 공역). 서울: 학지사. (원서 2003년 출판).

von Glasersfeld, E. (1998). Why constructivism must be radical. In M. Larochelle, N. Bednarz, & J. Garrison (Eds.), *Constructivism and education* (pp. 23-28). New York: Cambridge University Press.

Voss, J. F., Green, T. R., Post, T. A., & Penner, B. C. (1983). Problem-solving skill in the social science. *The Psychology of Learning and Motivation, 17*, 165-213.

Vygotsky, L. S. (1985). 사고와 언어(*Thought and language*). (Eds. & Trans. by E. Hanfmann & G. Vakar). (신현정 역). 서울: 성원사. (원서 1962년 출판).

Vygotsky, L. S. (1994). 사회 속의 정신: 고등 심리 과정의 발달(*Mind in society: The development of higher psychological processes*). (Eds. & Trans. by M. Cole, V. John-Steiner, S. Scribner, & E. Souberman). (조희숙, 황해익, 허정선, 김선옥 공역). 서울: 성원사. (원서 1978년 출판).

Wertsch, J. V. (1998). 비고츠키: 마음의 사회적 형성(*Vygotsky and the social formation of mind*). (신건호, 이헌남, 이혜경, 김해준 공역). 서울: 정민사. (원서 1985년 출판).

Whitehead, A. N. (2003). 교육의 목적(*The aims of education and other essays*). (유재덕 역). 서울: 처음. (원서 1929년 출판).

Wilson, E. O. (2005). 통섭: 지식의 대통합(*Consilience: The unity of knowledge*). (최재천, 장대익 공역). 서울: 사이언스북스. (원서 1998년 출판).

Zimmerman, B. J., & Schunk, D. H. (Eds.) (2000). 자기조정학습(*Self-regulation of learning and performance: Issues and educational applications*). (전성연, 김영상, 이차선 공역). 서울: 교육과학사. (원서 1989년 출판).

Zubek, J. P. (1969). *Sensory deprivation: Fifteen years of research*. New York: Appleton-Century-Crofts.

연습 과제 사고의 유연성 테스트 1

사람들은 같은 대상을 바라보면서도 다른 생각을 하는 경우가 있다. 배움은 문제의 정답을 찾는 과정이기보다는 사로 다른 생각을 조율하는 과정인 것이다. 다음 연습 과제를 활용하여 각자 생각의 방향과 삶의 지향성을 점검해 볼 수 있다.

1. 다음 그림에서 가장 먼저 보이는 것을 말해 보시오.

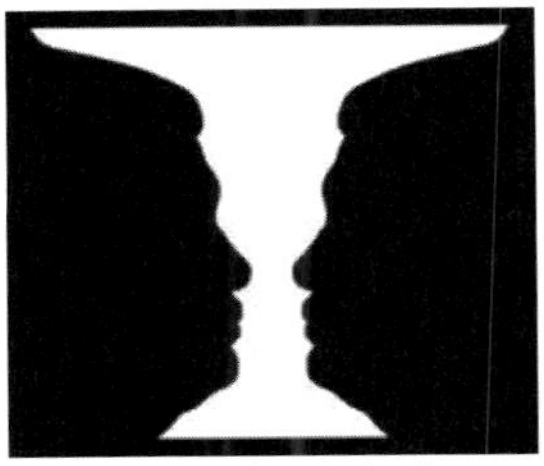

Gleitman의 〈루빈의 컵〉

2. 다음 그림에서 여인의 얼굴 특징을 말해 보시오.

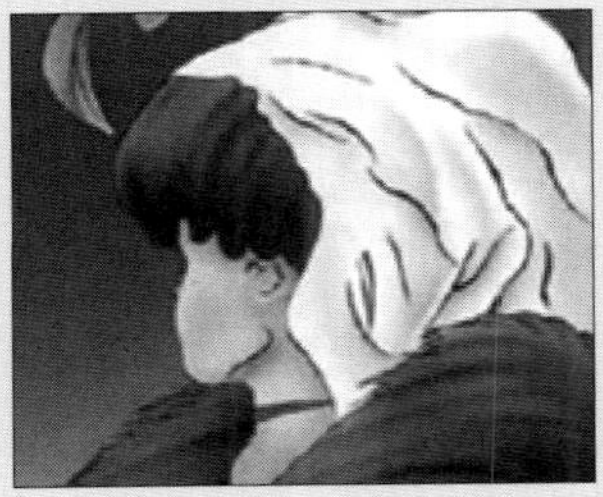

3. 다음 그림에서 떠오르는 동물의 모습을 말해 보시오.

391쪽 '정답 및 해설'을 참조하시오.

2장

지식 구성과 교과 학습 그리고 교수 개발

※ 이 장은 『초등교육연구』(송재홍, 2001c)와 『교육심리연구』(송재홍, 2001b)에 발표된 원고를 토대로 수정 · 보완하여 다시 작성한 것이다.

교사는 일차적으로 수업 전문가다. 교수 · 학습 활동을 설계하고 실행하는 일은 교사 역할 수행의 중추적인 활동으로서 교직의 전문성을 구현하는 기본적 요소인 것이다. 교육심리학과 교육공학의 학문적인 발전은 이 분야의 전문적인 지식과 기술을 구축하고 학교 교육 실제에 변화와 혁신을 요구하고 있다. 특히 교과 교육을 실천하는 과정에서 단원은 교육과정 구성의 기본 단위인 동시에 체계적인 교수의 설계와 개발을 위한 사고 단위로 인식되고 있다. 따라서 어떤 형태로든 이 분야의 학문적인 성과가 학교 교육 실제에 반영되어야 할 필요성이 인정되고 있는 것이다. 이 장에서는 교사의 전문적 능력을 구현하기 위한 기본적인 처방의 하나로서 단원 중심 교수의 개발을 위한 지식 기반과 실천적 모형을 제시한다. 먼저, 교수 개발 전문가로서 교사의 기본 자질을 검토하고 앎과 학습에 관한 주요 관점을 고찰한다. 이어서 체제적인 교수 개발을 위한 지식 기반과 단원 중심 교수 개발의 원리 및 절차를 제시한다. 끝으로, 구체적인 적용 사례를 소개하고 성과와 과제를 논의한다.

교수 개발 전문가

교사가 수행할 임무에 대해서 질문을 받을 때, 대부분의 사람은 교실에서 학생들과 수업을 하거나 학생들이 여러 가지 활동을 수행할 때 이를 지도하는 모습을 떠올리게 될 것이다. 물론 이러한 활동은 교사 업무의 중요한 부분이다. 그러나 교사가 수업을 계획하고 설계하는 일도 수업을 운영하는 일 못지않게 교사 업무의 중요한 부분이다. 이러한 활동은 교사와 학생이 교실 안팎에서 하게 될 활동을 설계하고 개발하는 것이다. 샤블슨(Shavelson, 1983)은 교사가 계획을 세우는 동안에 내리는 결정은 교실에서 교사의 행동은 물론 학생들이 받는 교육의 성격과 결과에 지대한 영향을 미친다고 제안하였다. 분명히 효과적인 교수를 개발하고 운영하는 교사의 역량은 그의 전문적 능력을 반영하는 핵심적인 요소다. 한 연구(Brooks & Kopp, 1990)에 따르면, 교사 교육 프로그램의 주요 연구 주제 가운데서 가장 많이 연구된 주제는 교사가 적절한 교수 기술과 행동을 증명해 보이는 것이었으며, 다음으로 교육과정 계획을 수립하는 데 있어서 목적과 목표를 확인하고 그 확인된 목표에 적절한 교수 전략과 교수 매체를 설계하는 것으로 밝혀졌다. 그리고 세 번째로 많이 연구된 주제는 교수 활동과 전문직의 효과성을 평가하고 개선하려는 의지와 능력을 증명해 보이는 것이었다. 교사 교육 프로그램의 연구 주제가 이 세 가지 핵심 주제에 집중되고 있는 것은 교사의 전문적 능력을 판단하는 기준이 효과적인 교수 개발 및 운영과 관련된 지식과 기술 및 태도 요소와 밀접한 관계가 있음을 시사하고 있다.

실제로 교사 교육에 대한 연구는 교직 사회가 전문직으로서 정체성을 확립하기 위해서 교수 활동을 설계하고 운영하는 일과 관련하여 교사가 갖추어야 할 전문적인 지식과 기술의 핵심 요소를 밝혀내는 데 집중되어 왔다. 리처드슨과 토머스(Richardson & Thomas, 1989)는 교사 준비 기간에 관찰, 분석, 해석 및 의사결정 등 숙고적인 사고 능력을 육성해야 한다고 제안하였다. 전문적으로 훈련받은 교사는 우선적으로 가르치는 일을 면밀하게 탐구하고 자신의 업무에 관해서 비판적으로 사고할 수 있어야 하며, 이를 위해서 개인적인 지식, 유능한 실무자의 숙련된 지식, 교실 연구와 행동과학으로부터 밝혀진 명제적 지식과 같은 전문적인 지식 기반을 갖추어야 한다. 그러나 교직을 준비하는 직전교사들은 단순히 지식과 기술을 아는 것만으로는 충분하지 않다. 이것은 '때때로 많은 형식적인 교사 교육을 받고 풍부한 현장 경험을 가졌음에도 불구하고 결코 전문적이고 효과적인 교수자로 발달하지 못하는 이유가 무엇인가?'라는 현실적인 질문을 제기한다. 이것은 숙련된 교사가 실제로 풍부한 지식을 어떻게 획득하고 그것을 교실 수업에서 어떻게 적절히 활용하는가에 대한 연구가 필요한 이유다.

핀트리치(Pintrich, 1990)는 사범대학 학생들의 학습 활동과 교수 활동에 대한 심리학 연구결과들이 교사 교육에 주는 시사점을 파악하기 위해서 관련 문헌을 체계적으로 검토하였다. 그는 초보적인 사범대학 학생들이 전문적인 교수자로 발달하는 진행 과정을 이해하기 위해서 두 가지 중요한 질문을 제기하였다. 한 질문은 '무엇이 발달하는가?'이고, 다른 질문은 '그러한 발달이 어떻게 일어나는가?'다. 그에 의하면, 사범대학 학생들은 능동적 사색가, 의사결정자, 반성적 실천가, 정보처리자, 문제해결자, 합리적인 존재다. 인지적 측면에서 그들은 교사 교육 프로그램을 통해서 교과 내용, 교육방법, 학급 관리 실무, 아동의 발달과 학습 및 동기에 대한 지식을 축적한다. 그들은 이러한 지식을 교실 수업에서 활용할 수 있도록 사고 및 추리 능력과 문제해결 기술은 물론 인지와 행동에 대한 자기조절 및 초인지적 통제와 같은 인지 기능을 발달시킨다. 또한 사회적 측면에서는 개인내적 갈등이나 대인 갈등을 관리하는 대처 기술은 물론 자기 자신(예: 지식과 기능에 대한 가치와 신념)과 타인(예: 타인의 행동에 대한 귀인 양식)에 대한 지식과 대처 기술을 발달시키고 교사로서 자신의 신념과 동기를 점검하게 된다. 이는 그들의 인지적 지식과 기능이 개인 자신뿐만 아니라 타인과의 상호작용을 포함하는 사회적 맥락으로 둘러싸여 있기 때문이다. 교사의 자신감과 능력에 대한 지각, 가르치는 일에 대한 목표와 가치, 가르치는 일에 대한 정의적 반응에 대한 교사의 신념은 좀 더 많은 인지적 지식 및 기능과 상호작용하면서 영향을 미칠 것이다. 이는 교사 교육 프로그램을 통해서 사범대학 학생들이 무엇을 발달시켜 가는가의 문제를 다룰 때 교사로서의 자기 신념이나 동기 같은 연성 인지가 지식이나 인지 기능 같은 경성 인지와 함께 고려되어야 함을 시사하고 있다.

리빙스턴과 보르코(Livingston & Borko, 1989)는 교수 활동에 대한 인지적 분석이 교사 교육 프로그램에 주는 시사점을 밝혀내는 일에 집중하였다. 그들은 교수 활동을 복잡한 인지 기능과 직접적인 수행의 두 가지로 성격화하고, 숙련된 교사의 교수 활동에는 의식적이고 융통성이 있으면서도 부드럽게 실행되는 '교수 전략' 측면과 일정한 범위의 일상적 또는 기본적 교수 기술로부터 자동으로 도출되는 '경영 전략' 측면이 모두 포함되어 있음을 제안하였다. 그들은 숙련된 교사와 초보 교사를 대상으로 광범위한 관찰과 면담을 실시한 결과, 많은 사범대학 학생이 숙련된 교사가 '즉석에서' 힘들이지 않고 학급 문제를 성공적으로 처리하는 것을 바라볼 때 그다지 열심히 하지 않으면서도 성공하는 것처럼 인식하는 반면에 자신들은 매우 열심히 애쓰지만 그다지 많은 성공을 거두지 못하는 것으로 인식하고 있다는 사실에 주목하였다. 그들은 이러한 인지적 분석에 기초해서 초보 교사에게는 일정 시점까지 전담제 교수 활동의 책임을 제한하여 교수 계획을 수립해야 하는 강좌의 수를 줄이거나 오직 충분한 준비를 갖춘 내용 영역만 가르치도록 하여 서툰 경영 전략을 개선하거나 내용을 학습자들이 이해할 수 있도록 만드는 교수 전략을 개발하는 데 제한된 자원을 사용할 수 있도록 배려할 것을 제안하였다. 또한 그들은 초보 교사에게 같은 내용을 반복해서 가르칠 수 있는 기회를 제공함으로써 복잡한 교수 전략을 '행함으로써 배우며' 자료 제시 전략을 연마할 수 있도록 할 것을 제안하였다. 이러한 경험은 사범대학 학생들에게 교수 활동을 '즉석에서 해치우는 일'로 바라보는 그릇된 시각을 해소할 뿐만 아니라 자신의 교수 활동을 산출 결과로 인식하기보다는 오히려 학습 경험으로 바라보도록 하는 데 도움이 될 것이다.

또한 가네와 동료들(Gagné, Yekovich, & Yekovich, 2005)은 학교 학습과 관련된 인지심리학의 연구결과를 종합하여 전문적인 교사는 다른 분야의 전문적인 문제해결자와 유사하다고 결론지었다. 전문적인 교사는 ① 자신이 가르치는 영역에서 교과 내용, 교수 활동, 교수 · 학습 상황에 대한 지식 등 도식적 형태로 된 고도의 조직적이고 정교화된 개념적 지식망을 지니고 있고, ② 교실을 관리하기 위한 절차를 간소화하여 자동화된 기본적 기술망을 갖고 있어서 인지적 자원을 교수 · 학습에 관련된 측면에 배당할 수 있다. 또한 ③ 효과적인 수업을 위해서 잘 개발된 융통성 있고 적응적인 전략적 지식망을 이용하여 교수 · 학습 계획을 세우고 교육 목적에 맞게 업무를 추진하며 그 과정을 평가하여 자신의 행동을 개선할 수 있다. 일반적으로 전문적인 교사가 학습 활동을 촉진하기 위해서 사용하는 교수 전략에는 수업목표를 전달하고 방향을 제시하는 일, 학습과제를 명료하게 제시하는 일, 학생의 능력 수준과 흥미에 맞추어 교수 활동을 조정하는 일, 학생들이 특정한 자료를 왜 배워야 하는지 설명하는 일, 새로운 내용과 이전에 학습한 개념을 분명하게 연결하는 일, 학생들에게 반응하고 연습하며 문제를 해결할 기회를 제공하는 일, 구체적이고 정보 가치가 있는 피드백을 제공하는 일이 포함된다. 또한 숙련된 교사는 초보 교사에 비해서 수업 중에 수업목표와 관련된 학생 수행에 좀 더 많은 주의를 기울인다. 숙련된 교사가 사용하는 경영 전략과 교수 전략을 사범대학 학생들에게 훈련시키려는 노력은 대체적으로 성공적이었지만 현재로서는 더 많은 연구가 필요하다.

현대 사회는 여러 분야에서 점점 더 고도의 전문적인 지식과 기술을 갖춘 다양한 전문가 집단을 필요로 하고 있다. 이미 학교 교육 분야에서도 각종 교육 전문직을 활성화하여 다양한 분야의 특수한 전문 교사 집단이 좀 더 전문적인 학생 지도 활동에 참여하고 있으며, 교육심리학이나 교육공학을 전공한 교수 개발자와 교수 매체 제작자 그리고 디자이너 등 여러 전문가 집단이 보다 효과적인 교육 프로그램을 개발하는 일에 참여하지 않고서는 교사

단독으로 교실 내에서 수업을 효율적으로 운영하는 일이 점점 더 어렵게 되고 있다. 이처럼 학교 교육에 대한 다양한 전문가 집단의 참여는 곧 교사의 전문적인 능력에 있어서 근본적인 변화와 혁신을 요구한다.

앎과 학습에 관한 세 관점

교수심리학 분야에는 앎과 학습의 본질을 설명하는 다양한 관점이 존재하며, 그것은 다양한 방식으로 조직화될 수 있다(Case, 1991; Greeno, Collins, & Resnick, 1996; Packer, 1985). 한 가지 보편적인 접근방식은 철학자 존 로크(John Locke)와 심리학자 손다이크(Thorndike)의 경험주의, 데카르트(Descartes)와 피아제의 합리주의, 존 듀이(John Dewey)와 비고츠키의 실용주의 또는 사회역사주의의 세 관점으로 구분하는 것이다. 경험주의는 지식과 경험의 일관성을 강조하고, 합리주의는 진리에 대한 개념적 일관성과 형식적 기준을 강조하며, 실용주의와 사회역사주의는 인간 집단이 상호 간에 또는 물리적 환경과 상호작용할 때 그 집단의 실제 활동 과정에서 지식이 구성된다는 점을 강조한다.

이 세 가지 입장은 1장에서 고찰한 교수심리학의 패러다임 변화와 밀접히 연관되어 있음을 쉽게 짐작할 수 있다. 그리노와 동료들(Greeno, Collins, & Resnick, 1996)은 그 각각을 경험론/행동주의 관점, 합리론/인지주의 관점, 상황론/사회역사주의 관점으로 구분하고 있다. 세 번째 관점은 상황적 맥락을 강조한다는 점에서 상황론/맥락주의로 표현을 간소화할 수 있다. 이 세 가지 관점이 취하고 있는 앎의 본질에 대한 기본 가정은 각각 연합으로서의 앎, 개념적 이해로서의 앎, 설득 과정으로서의 앎으로 요약될 수 있다(송재홍, 2001a). 각각의 관점에서 교수 · 학습에 대한 세 가지 이론적 쟁점, 즉 앎의 본질, 학습과 전이의 본질, 동기와 참여의 본질에 대한 견해를 검토하고, 교실 수업의 실제, 곧 교육과정을 편성하고 교수 활동을 설계 · 실행하며 평가를 구성하는 일과 관련된 시사점을 살펴본다.

연합으로서의 앎: 경험론/행동주의 관점

교수심리학에서 하나의 강력한 전통인 경험론/행동주의 관점은 앎의 본질을 정신 요소 또는 행동 단위 사이의 결합에 의해서 체제화된 일련의 집합체를 획득하는 과정으로 규정하고 있다. 이 정신 요소 또는 행동 단위는 조합에 의해서 지각과 개념을 형성하는 기본 성분인 감각 인상이거나 자극-반응 연합 또는 병렬적 분산 네트워크의 추상적인 관념이다. 이 관점에서 보면, 어떤 사람이 무엇을 안다고 하는 것은 종종 그 사람의 경험의 반영이라는 점, 그리고 실제로 어떤 사실을 알아 가는 과정은 그러한 지식을 획득할 수 있는 실제적 경험을 필요로 한다는 점을 강조한다.

초기 연합주의와 행동주의 그리고 최근에 다시 부활한 연결주의로 계승되고 있는 일련의 학설들이 이러한 관점의 형성에 기여해 온 것으로 알려져 있다. 존 로크나 데이비드 흄(David Hume) 같은 경험주의 철학자의 전통을 계승한 연합주의자(associationist)는 앎을 관념의 연합으로 간주하고 학습이란 새로운 연합의 형성 과정이라고 개념화하였다(Thorndike, 1913a, 1913b, 1913c). 20세기 전반기에 미국을 중심으로 교육심리학의 주류를 형성했던 행동주의자(behaviorist)는 오직 자극과 반응의 연합에 의해서만 앎의 성격을 규정할 수 있다고 보고, 학습이란 강화에 의해 연합을 형성 · 강화하거나 소거에 의해 약화 · 소멸시키는 것으로 성격화하였다(Skinner, 1938, 1957, 1983). 또한 최근에 새롭게 제기되고 있는 연결주의자(connectionist)는 지식을 신경 단위와 같은 요소의 결합 패턴으로 간주하고 학습이란 신경 결합의 강화 또는 약화 현상이라고 제안하고 있다(Rumelhart, McClelland, & PDP Research Group, 1986).

이 학설들의 관점에서 보면, 앎은 연합과 기능이라는 구성요소의 조직적인 축적물이다. 학습은 곧 연합과 기능이 획득되는 과정이며, 그 연합은 학습을 통해서 형성되고 강화되며 조정되는 것으로 간주된다. 이 분야의 연구자들은 어떤 상황에서의 반응이 또 다른 상황에 연합되는 상황의 짝짓기에 의한 반사의 조건화(Thorndike, 1913a, 1913b, 1913c), 특수한 연합이 환경의 피드백에 의해서 강화되는 자극-반응 연합의 강화(Skinner, 1953), 일련의 단어를 학습하는 경우처럼 언어 항목의 단위 간 연합이 형성되는 과정(Skinner, 1957) 등을 주로 연구한다. 그리고 전이는 어떤 상황에서 학습된 행동이 또 다른 상황에서 활용되는 정도만큼 매우 제한적으로 발생하는 것으로 가정되고 있다. 다시 말해, 새로운 상황에서의 학습은 그러한 상황에서 요구되는 연합들이 이미 이전 상황에서 얼마나 많이 그리고 어떤 종류의 연합이 획득되었는가에 따라서 달라진다. 따라서 어떤 자극 사태와의 연합에 의해서 학습된 반응은 모든 면에서 그것과 유사한 다른 자극 사태에 대해서는 강하게 일반화되는 반면, 한 차원 이상에서 그것과 상이한 자극 사태에는 일반화 가능성이 낮다.

연합으로서의 앎이라는 관점에서 볼 때, 학습 동기는 학습자가 새로운 연합과 기능의 형성에 호감을 나타내는 상태를 말한다. 이러한 상태는 일차적으로 자극 상황의 관련된 측면에 주의를 기울이고 적절히 반응하는 것에 대해서 유인자극이 존재하는가와 연관되어 있다. 따라서 학습 동기는 보상과 처벌 그리고 긍정적 또는 부정적 유인자극과 같은 외재적 동기로 인해서 유발되는 것으로 가정되고 있다. 학습 환경은 외재적 동기를 유발하는 수많은 상이한 종류의 자극들로 가득 차 있다. 높은 학점, 특별한 관심, 수행에 대한 긍정적 언급, 즐거운 활동의 기회, 미소 · 칭찬 등 교사의 다정하고 촉진적인 반응들은 보상의 실제적인 예다. 반면에 낮은 학점, 방과 후 남아 있기, 부정적인 언급, 학급 활동 배제, 눈총과 체벌 등은 처벌의 전형적인 예다. 이와 같은 학습 동기 요인은 한 개인의 밖으로부터 비롯된다는 의미에서 외재적인 것이다. 그러나 그것의 효과는 개인의 내적 목표와 필요에 의존한다. 말하자면, 어떤 보상은 오직 그것을 원하는 정도만큼만 효과적이며, 처벌 역시 사람들이 그것을 피하기를 원하는 정도만큼만 효과가 있다. 보상과 처벌은 학습 동기에 대한 경험론/행동주의 관점에서 사용되는 전통적인 용어다. 특히 행동주의자들은 정적 강화 또는 부적 강화라는 용어를 채택하여 보상이 특수한 반응 경향을 증강시키는 경향이 있는 반면에, 처벌은 특수한 반응 경향을 약화시키거나 일반적으로 수행을 방해하는 부정적 정서 상태를 야기하는 경향이 있다는 입장을 강조한다. 행동주의자들은 일반적으로 동기를 학습에 중심적인 요소로서 강조한다. 즉, 그들은 학습은 강화에 의존하며 강화가 특정 행동에 직접적으로 단단하게 결합되어야 효과를 볼 수 있다고 주장한다.

앎의 본질에 대한 경험론적 관점은 한때 자극-반응 연합 이론을 중심으로 학교 교육의 실제에 지대한 영향을 미쳤다. 이 관점에 입각해서 학교 교육의 실제를 설계하려는 사람들은 지식이란 흔히 특정한 연합의 집합체라고 보고 교육과정과 교육평가에서 일련의 반응 행동을 중심으로 교육목표 분류체계를 확립하거나(Bloom, Engelhart, Furst, Hill, & Krathwohl, 1978) 학습목표를 명시적인 도착점 행동으로 기술할 것을 제안하였으며(Mager, 1961, 1997), 과제 분석(task analysis)이라는 독특한 기법을 통해서 학습과제를 변별하여 분류하고 반응 계열에 따라 배열하는 등 정교한 분석 시스템을 개발하였다(Gagné, 1965, 1999; Gagné, Wager, Golas, & Keller, 2007).

전통적인 교실에서 학습 환경은 앎과 학습에 대한 행동주의 관점의 원리에 의해서 설계되어 왔다. 학습 환경의 설계는 학생들이 최대한으로 조직화된 정보를 축적하고 절차적 기능을 획득하도록 돕기 위한 일련의 목표를 중심으로 이루어진다. 학습 환경은 교재 읽기, 제시된 자료에 주의하기, 방송 청취하기, 비디오 시청하기 등과 같이 학생들에게 정보를 효과적으로 전달하려고 조직된 환경에서 행해지는 학습 활동에 의해서 지지되며, 교사는 정확한 절차를 제시하고 시연과 연습의 기회를 제공하며 그 결과를 수시로 점검하고 기록한다. 또한 분명한 목표와 피드백 그리고 강화는 이러한 학습 환경을 설계함에 있어서 중요한 요소다. 정보나 절차의 구성요소를 체계적으로 제시하고 상호작용을 배열하는 일, 학생이 이미 알고 있는 것이 무엇인지 파악하여 고려하는 일, 앞으로 나가기 전에 학생이 의도된 구성요소를 습득했는지 점검하는 일은 '학습이란 연합의 획득이다.'라는 가정에 의해서 뒷받침되고 있다. 공학 시스템에 기초한 수업의 개별화는 이 관점에 입각해서 전개되는 학습 환경의 설계에서 중요한 특징이다. 예를 들면, 프로그램수업(PI)이나 컴퓨터기반수업(CBI)과 같은 수업 개별화 시스템은 교수자가 처방한 공부 과정을 통해서 개별적인 학습자의 진보에 민감하게 조직화된 정보와 절차적인 훈련을 제공하고자 설계된 것이다.

앎을 연합으로 가정하는 관점에서 교수 · 학습의 실제는 주로 정형화된 지식의 전달에 초점이 모아진다. 교사는 성인으로서 미리 정해져 있으며, 지식의 일차적인 원천으로 관리자 또는 감독자의 역할을 수행한다. 그는 학생들에게 주어진 시간 안에 과제를 완성하도록 독려하며 그들의 수행 결과를 점검하여 오류를 바로잡는다. 학생들은 수동적인 존재로서 주어지는 정보를 받아들이며, 공부하는 일꾼으로서의 역할을 수행한다. 그들은 교사의 설명을 적극적으로 경청하고 그의 지시에 따라서 정해진 시간 안에 주어진 일을 완성하기 위해서 헌신한다.

앎과 학습에 대한 경험론/행동주의 관점은 교육과정을 편성하고 교육평가를 구성하는 과정에서도 상당한 영향력을 지속적으로 행사하여 왔다. 전통적인 교육과정은 한마디로 연합을 축적하고 조율하기 위한 자료들로 편성된다. 이 관점을 취하는 교수심리학자는 대부분 '알 만한 가치가 있는 것은 무엇인가?'라는 기본적인 물음에 해답을 제시하기보다는 교과를 다소간 확정된 것으로 받아들여서 '어떻게 하면 그것을 가장 효과적으로 습득할 수 있는가?'를 학생들에게 보여 주려고 노력한다. 그들은 학습과제를 요소 기능으로 분석하여 복합 기능으로 계열화한다. 그들은 이러한 교수공학을 훈련용 자습서에서 지능형 컴퓨터 기반 개인교습까지 확장하여 적용한다. 그들은 교사와 학습 그리고 학습 자료 간의 관계에 대해서 유사한 관점을 취하고 그것에 기초해서 유사한 활동 유형을 포함시키며, 학습 활동이 어떻게 계열화되고 통제되어야 하는지에 관해서도 유사한 개념을 공유한다.

경험론/행동주의 관점에서 볼 때, 평가는 교수·학습 과정을 안내하는 기능을 하고 부모와 시민에게 보고한다는 점에서 학교 교육에서 필수적인 요소로 간주된다. 타당하고 신뢰할 수 있는 시험 문항을 작성하기 위해 이론과 기법을 개발하는 일은 교수심리학의 가장 중요한 성과의 한 가지라고 할 수 있다. 이러한 이론과 기법은 거의 전적으로 경험론/행동주의 관점에서만 발달되어 왔으며, 이는 그것이 가정하고 있는 앎과 학습에 대한 독특한 관점에서 비롯된다. 특히 전통적인 행동주의자는 앎과 학습에 대한 양적인 평가를 지지하고 있으며, 이 관점에서 평가는 특정한 영역에서 지식과 기술의 독립적인 표본을 추출하여 학생들이 그 영역에서 연합을 얼마나 획득했는지를 추정하는 일에 집중된다.

개념적 이해로서의 앎: 합리론/인지주의 관점

지식에 대한 합리론/인지주의 관점은 앎이란 정보의 구조를 갖추고 개념을 이해하며 추론과 문제해결 그리고 언어의 이해와 활용 같은 보편적인 능력을 드러내기 위해서 상징들의 패턴을 인식하고 구성하는 정신 작용으로 간주한다. 이 관점은 서로 다른 교과 영역은 물론 추론, 기획, 문제해결, 언어 이해 등 보편적인 인지 영역에서 개념과 원리의 이해를 강조하며, 명세화된 정보 구조에 입각해서 교육과정의 개념과 절차를 분석하기 위한 기반을 제공한다. 이 관점은 또한 인지적 성향을 지닌 교수심리학자와 특수한 교과 영역의 교육과정 및 교수에 관심이 있는 교육 실천가 사이에 하나의 강력한 연결고리를 제공한다.

앎을 개념적 이해의 과정으로 보는 인지주의 관점은 초기의 형태심리학을 비롯하여 상징적 정보처리 이론과 인지적 구성주의가 포함되며, 이것은 최근에 교수·학습의 연구와 실천에 강력한 영향력을 행사하고 있다. 초기의 형태심리학자들은 문제 상황을 구성하는 요소들의 구조적 결합과 통찰 학습의 중요성을 강조하였다(Kohler, 1925; Wertheimer, 1945). 피아제의 인지 발달

이론과 인지적 구성주의는 아동의 인지구조, 특히 개념적 이해 능력의 발달을 규명하는 일에 집중한다(Case, 1985, 1992; Piaget, 1952, 1985). 또한 인간정보처리 모형에 기초하여 발전한 상징적 정보처리 이론(symbolic information processing theory)은 언어 이해, 추리, 의사결정, 문제해결 등의 과정을 규명하는 일에 관심을 집중한다(Anderson, 1983; Chomsky, 1968, 1986; Newell & Simon, 1972; VanLehn, 1989).

이 학설들은 관심 주제에서 유의미한 입장 차이를 보이고 있지만 '학습자는 학습 과정을 통해 개념 체계를 구성한다.'라고 하는 중요한 가정을 공유하고 있다. 그들은 또한 인지 활동에서 조직화된 패턴의 중요성을 강조한다. 특히 구성주의와 상징적 정보처리 이론은 정보를 표상하고 그것에 관해서 추리를 전개하기 위한 절차와 조작에 초점을 두고 있다. 이 관점에 따르면, 학습은 개념적 성장의 구성 과정으로 설명될 수 있으며, 이는 종종 학습자 이해에 있어서 개념의 재구성, 그리고 문제해결 전략이나 초인지적 과정과 같은 보편적인 인지 능력의 발달에 관련된다. 특히 상징적 정보처리 이론은 텍스트 문제를 해결하기 위한 지식의 성격을 규정함에 있어서 정보를 표상하는 일, 목표를 설정하는 일, 상징적 표현을 변환하는 일 등과 같이 핵심 과제를 만족시키는 일련의 절차를 제안한다. 인지주의 관점에서 보면, 전이는 여러 상황에 걸쳐서 일관된 개념 구조를 구성하고 있는 관계들을 나타내는 인지구조의 한 형식으로서 하나의 추상적인 정신적 표상을 획득하는 일에 의존하는 것으로 가정되고 있다. 이는 문제의 해결책을 제시하는 양식이 학습 성과의 보편성에서 주된 차이를 가져올 수 있음을 시사하고 있다.

한편, 학습 동기와 관련해서 볼 때, 인지주의 관점은 흔히 우리 자신이 초기 언어를 학습하는 경우처럼 외부의 유인자극이 없어도 많은 학습이 일어날 수 있다는 점을 강조하며, 외재적 동기유발 대신에 도전, 환상, 호기심 등과 같이 개념에 대한 학습자의 내적 흥미를 조장하는 방식에 좀 더 관심을 기울인다. 또한 인지주의 관점에서 내재적 동기와 외재적 동기의 관계를 탐색한 한 실험연구에서는 사람들이 내적인 이유로 선택해서 행한 일에 대해서 보상을 받게 되면 보상이 철회될 때 오히려 그것을 행하기 주저한다는 사실이 밝혀졌다(Lepper & Greene, 1979).

개념 및 추론의 발달은 오랫동안 인간 발달 분야에서 활발히 연구되고 있는 주제로서, 이에 관련된 연구는 아동이 나이가 들어가면서 보편적 능력과 이해가 어떻게 진화하는가에 대한 성격을 규명한다. 특히 상징적 정보처리 이론에서는 보편적인 인지 능력이란 정보를 조작하기 위한 보편적인 전략을 말하는 것이라고 간주하고 초인지적 과정으로서 이를 탐구하는 방식을 제공한다. 앎과 학습을 개념적 이해와 보편적 사고 능력의 성장으로 바라보는 인지주의 관점은 최근에 학교 교육의 실제에 좀 더 실질적인 영향을 미치고 있다. 그것은 교조적인 학습 환경이 정보를 능률적으로 전달하고 절차적 지식을 성공적으로 훈련할 때조차 의도되지 않은 부정적인 학습 성과를 유발할 수 있다고 우려한다. 예를 들면, 그러한 학습 환경은 학생들에게 수학의 본질에 관해 왜곡된 신념(예: '수학 문제는 대체로 1~2분이면 해결될 수 있다.')을 발달시킬 수 있다. 왜냐하면 교사는 종종 기본적인 정보와 기능을 추론이나 문제해결과 같은 유의미한 활동을 위한 자원으로서보다는 오히려 그것 자체를 목적으로 가르치기 때문이다. 더욱이 보편적인 개념적 이해와 사고력을 강조하는 구성주의자는 교조적인 학습 환경에 대해서 더욱 배타적인 입장을 취한다. 교조적인 교수 활동에서는 학생들이 보편적인 개념을 이해하도록 하려는 목적을 가지고 상당한 노력을 집중해 왔으나, 그것의 결과는 오히려 대다수의 학생에게서 그러한 이해를 드러내지 못하고 있다. 앎과 학습에 대한 인지주의 관점에서 볼 때, 학습 환경은 개념적 이해와 추론을 위해 문제에 대한 탐구와 해결을 촉진할 수 있도록 설계되어야 하며, 바람직한 학습 환경은 학습자로 하여금 그들의 흥미와 초기 이해력 그리고 보편적인 추론 및 문제해결 능력을 활용하여 개념과 원리에 대한 이해를 구성하도록 조장하는 상호작용 환경이라고 할 수 있다.

앎을 개념적 이해의 과정으로 가정하는 관점에서 교수·학습의 실제는 탐구과제에 도전하고 개념적으로 좀 더 완전한 이해에 도달하기 위한 사고 과정을 안내하는 일에 집중한다. 교사는 전문성에서 좀 더 앞서 있으며, 학생, 자료, 환경 등과 마찬가지로 지식의 한 원천으로서 촉진자 내지는 안내자의 역할을 수행한다. 그는 학생들에게 의미 있는 아이디어, 학습 자료, 타인과 상호작용할 수 있는 기회를 만들어 주고 그들의 생각과 개념적 오해를 면밀히 들여다본다. 학생들 또한 지식의 또 다른 원천으로서 마음속에서 지식을 능동적으로 구성하며, 지식의 생성자 또는 구성자 역할을 수행한다. 그들은 능동적으로 생각하고 설명하며 적극적으로 해석하고 질문을 던지면서 주어진 현상을 개념적으로 좀 더 완전하게 이해하기 위해서 노력한다.

발견 학습(Bruner, 1966) 또는 유의미 학습(Ausubel, 1968)과 같이 개념적 이해를 강조하는 인지주의 관점은 개념의 조직 체계를 확인하는 일과 어떻게 하면 학생들이 그것을 가장 잘 이해할 수 있는가를 연구하면서 오랫동안 교수심리학에서 주류를 형성해 오던 경험론/행동주의 관점과 긴장 관계를 유지하여 왔다. 지각적 체계화의 원리를 탐구하던 형태심리학자들은 종종 개인이 각자 생물학적으로 결정된 방식에 따라 물리적 환경을 조율한다고 보았으며, 특정 연합의 획득보다는 오히려 인지구조를 체계화하는 일이 교육과정 구성의 중심이 되어야 한다고 제안한다. 개념적 이해와 보편적 사고 능력을 육성하기 위한 교육과정을 구성하는 일과 관련해서, 인지주의 관점은 개념적 이해의 수준을 계열화하고 보편성에 분명하게 주의를 기울이는 일에 집중한다. 학습 활동은 학생의 기존 이해와 추론 능력으로 도달할 수 있는 쟁점과 문제로 시작해서 그의 직관적 역량을 좀 더 크게 확장하도록 요구하는 쟁점과 문제로 나아가도록 계열화된다. 또한 어떤 교과 영역의 교육과정은 학생들이 그 영역의 주된 통일 원리(unifying principle)를 이해할 수 있도록 조직되어야 하며, 문제에 대한 정보와 해결책을 제시하고 논의하는 과정에서 그것의 보편적인 유의미성과 유용성이 드러나도록 해야 한다.

평가와 관련해서 인지주의 관점은 학습자가 어떤 교과 영역의 보편적 원리를 이해하고 있으며 그 영역에서 문제를 해결하는 데 유용한 방법과 전략을 사용하고 있는지에 관련된 질문을 강조한다. 인지주의 관점에서 볼 때,

평가는 이해와 추론 능력의 발달에 초점을 두고 있으며, 확장 프로젝트에 대한 학생들의 업적이나 비교적 오랜 기간에 걸쳐 준비한 수행을 평가한다. 이것은 학생들이 지니고 있는 지적 능력이나 개념적 이해와 같은 유의미한 측면에 대해서 단답형 시험으로는 파악하기 어려운 정보를 제공하고 교실 수업 실제에서 그러한 측면의 학습 활동에 집중하도록 할 수 있다. 또한 평가는 다양한 배경과 능력을 지닌 학생들이 나름대로 학습 공동체에 기여하고 각자 공로와 성취를 인정받을 수 있도록 격려함으로써 그들에게 수월성의 다양한 원천을 심어 주어야 한다.

설득 과정으로서의 앎: 상황론/맥락주의 관점

앎에 대한 상황론/맥락주의 관점은 지식을 사람과 사물, 인공물, 도구, 책, 그리고 이러한 것들로 구성된 공동체를 포함하여 그들의 환경 사이에 분산되어 있다고 보고, 지식이 그러한 세계에 분산되어 있는 방식을 탐구하는 일에 관심을 집중한다(Gillespie, 1992). 다시 말해서, 지식은 그 자체로서는 어떤 의미도 지니고 있지 않으며 그것이 상황적 또는 사회역사적 맥락 속에서 어떤 방식으로 공유되고 있는가에 의해서 그것의 의미와 가치가 규정된다. 따라서 이 관점에서는 개개인이 다른 사람이나 물리적·공학적 시스템과 상호작용하는 과정에 초점을 두고 그들의 활동을 분석하고자 시도한다. '상호작용적(interactive)'이라는 말은 또한 '상황적(situative)'이라는 말과 거의 같은 의미로 해석될 수 있다.

상황적 관점을 발전시키는 데 기여한 학설은 민족지학과 생태심리학 그리고 논리학과 마음 및 언어의 철학에서 발달한 상황 이론 등이다. 민족지학(ethnography)은 활동 이론, 사회언어학, 인류학, 사회학 등에서 행해지고 있는 담론 및 담화 분석은 물론이고 문화 실제와 사회적 상호작용 패턴에 대한 연구를 포함한다(Goetz & LeCompte, 1982). 생태심리학(echo-psychology)은 사람을 포함해서 동물들이 물리적·공학적 시스템에 참여하는 물리적 상호작용으로서의 행동을 연구한다(Turvey, 1990, 1992). 또한 상황 이론(situation theory)에서는 관계 시스템으로서의 의미와 행위를 분석하고 이 관계 분석을 지지할 만한 논리를 새롭게 공식화한다(Barwise & Perry, 1983).

이 관점에서 보면, 앎이란 협력적인 활동을 수행하는 집단의 속성과 공동체에 참여하는 구성원 개개인의 속성을 모두 포함하는 하나의 설득 과정이다. 지식을 공유하는 집단이나 개인은 상호작용을 위한 활동 규칙에 동화되어 가며, 여기에는 사회적 실제와 물리적 · 공학적 환경 시스템의 제약과 혜택이 모두 포함된다. 집단 또는 개인의 학습 활동은 그들이 상호작용하는 물리적 · 사회적 시스템의 제약과 혜택에 동조되어 가는 일과 밀접하게 연관되어 있다. 이 관점에서 학습 동기를 논의할 때에는 흔히 학습 공동체의 목표와 기능에 대한 개개인의 적극적인 참여가 강조되며, 또한 논의의 과정에는 대인관계 헌신과 개인적인 참여에 의해서 그들의 정체성이 어떻게 달라지는가에 대한 것도 포함된다.

이와 같이 앎과 학습에 대한 상황적 관점은 활동 시스템의 제약과 혜택에 동조하는 일에 연관되어 있으며, 이는 학습과제를 분석하는 방식의 근본적인 변화를 시사하고 있다. 그것은 하위과제를 분석하는 일에서 탈피하여 성공적인 활동 규칙을 분석하는 일로 나아가는 것이다. 상황적 관점에서 이상적인 학습 환경은 학생들이 탐구와 의미를 추구하는 사회의 실제에 참여하는 것을 배울 수 있도록 설계되어야 한다. 그것은 탐구와 학습의 실제에 대한 학생들의 참여를 조장하는 학습 활동을 조직하는 것이다. 학습 활동은 의미 추구 및 학습의 사회적 실제의 한 측면으로서 질문, 추측, 논증, 설명 등을 구성하고 평가하는 활동을 포함한다. 이 활동에는 개인의 응축된 능력과 다양한 사회적 · 물질적 자원을 학습에 활용하고 사회적으로 조직된 학습 활동에 기여하는 능력이 관여한다. 또한 학습 환경은 학생들이 유능하고 자신 있는 학습자요 식자(knowers)로서 긍정적인 자아정체감을 발달시킬 수 있도록 조직되어야 한다. 이것은 문화적 배경과 사회적 상호작용 패턴을 달리하는 학생들이 갖고 있는 전문성의 차이점을 보완하고 강화할 수 있도록 학습 활동을 조직하는 것을 암시하고 있다.

학교 교육에서 학습 환경은 두 가지 측면에서 이해될 수 있다. 한 가지는 학생들이 습득하는 교과 지식과 기능에 대해서 그것이 갖는 효과성이고, 다른 한 가지는 학생들이 어떤 유형의 학습자가 되는가에 대해서 그것이 갖는 효과성이다. 학생들은 교수 · 학습 상황에 긍정적 또는 부정적으로 적응해 가며, 일정한 임무를 갖고 교실의 교수 · 학습 실제를 구성하는 일에 참여하는 것을 배우게 된다. 그들은 교실 활동이나 숙제를 통해서 교수 · 학습 실제를 구성하지만, 그것은 교사, 학교 또는 사회가 의도하거나 중시하는 것이 아닐 수도 있다. 교수 · 학습 실제는 학생 개개인이 학습 공동체의 활동에 참여할 때 전개된다. 그것은 통일되어 있지 않다. 학습 공동체의 구성원으로서 학생들은 서로 다른 방식으로 행동하며 어느 누구든 상황이 달라지면 다르게 행하게 마련이다. 그러나 학생들은 각자 다른 사람과 상호작용하면서 학습 공동체에서 인정되고 중시되는 활동의 유의미한 측면을 학습한다. 이것은 학생들이 자신의 행동과 타인의 것을 통합하는 과정을 배운다는 것을 뜻한다.

앎을 설득 과정으로 가정하는 관점에서 볼 때, 교수 · 학습의 실제는 교사와 학생들이 공동으로 지식을 구성하는 일에 참여함으로써 선택의 폭을 확장하는 일에 집중한다. 교사는 인지주의 관점에서와 마찬가지로 전문성에서 좀 더 앞서 있으며, 여전히 타인들, 학습 자료, 사회적 인공물, 환경 등과 마찬가지로 지식의 한 원천으로서 촉진자 또는 안내자로서의 역할을 수행한다. 그는 또한 공동 참여자로서 학생들과 더불어서 의미 있는 생각, 학습 자료, 타인들과 상호작용할 수 있는 기회를 만들어 가고 지식에 대해서 서로 다른 해석을 구성하며 사회적으로 구성된 개념 체계에 귀를 기울인다. 학생들은 타인들과 함께 지식을 능동적으로 구성하며 지식의 한 원천으로서 집단 및 집단 내 구성원과 더불어서 지식의 공동 생성자요, 구성자로서의 역할을 수행한다. 그들은 인지주의 관점에서와 마찬가지로 능동적으로 사고하고 설명하며 적극적으로 해석하고 질문을 던지면서 주어진 현상을 개념적으로 좀 더 완전하게 이해하기 위해서 노력한다. 아울러 그들은 사회적 맥락 속에서 교사 및 동료 학생과 함께 지식을 구성하고 해석한다.

상황적 관점에 따르면, 교육과정은 학습자가 배워야 하는 교과 내용은 물론 그가 참여하는 것을 배워야 하는 활동 유형에 대한 일련의 헌신을 반영해야 한다. 학습 활동을 계열화할 때 포함해야 할 교과 내용은 물론 학습, 추론, 협력, 의사소통 등의 다양한 실제에서 학생들의 진보에 주의를 기울일 수 있다. 학생들이 예정된 형식의 담론과 표상을 정확하게 따르기보다는 오히려 이러한 연습의 독특한 가치와 한계에 초점을 두고서 어떤 영역에서 독특한 담론에 참여하고 그 영역의 표상 체계와 도구를 사용하는 것을 배울 수 있다. 또한 학습 활동은 현실적인 문제를 공식화하고 해결하는 연습을 포함할 수 있다. 이것은 학생들의 경험에 비추어 유의미하며 또 교과 내용의 개념과 방법을 포함하고 있는 문제 상황에 초점을 맞출 수 있다. 사회 활동 체계의 참다운 프로젝트와 장기적인 모의실험을 통해서 지식 탐구와 유의미 학습에 기여할 수 있다.

맥락주의 관점에서 평가는 교수 · 학습의 실제에 대한 학생들의 참여에 집중한다. 그것은 탐구와 의미를 추구하는 활동에서 학생 참여의 질에 관한 질문을 강조하며, 평가 연습을 일반적인 활동 체계의 필수불가결한 구성요소로 간주한다. 학생들이 평가 과정을 구성하고 수행하는 데 참여할 기회를 갖는 것은 평가의 공정성을 확보하는 데 중요한 요소이며, 학생의 개별적인 지적 성취와 집단 성취에 대한 기여도에 대해서 도덕적 판단과 책임감의 발달을 촉진할 수 있다. 또한 평가는 학습 환경과 교수 상호작용에 대한 평가의 효과를 고려하고 학생들의 진보를 타당하게 평가하는 데 필요한 요구사항을 떠받치는 시스템으로 설계될 수 있다.

논평

지난 한 세기 동안 교수심리학은 앎과 학습의 본질에 관한 기본 관점에서

극적인 변화를 이룩하였으며, 지식 관점의 차이는 학습, 전이, 동기 등과 같은 이론적 개념의 형성은 물론 학습 환경을 설계하고 교수 · 학습을 전개하거나 교육과정을 편성하고 교육평가를 구성하는 학교 교육의 실제에 대해서 서로 다른 입장을 취하고 있는 것으로 이해되고 있다. 이 지식 관점의 변화에 대한 이해는 학교 교육의 실제에서 어떠한 변화가 진행되고 있는가를 파악하는 데 도움이 된다. 새로운 학문 세대가 자신과 다른 가정을 소유하고 있는 이전 세대의 학문적 전통을 계승하는 일은 자연스럽게 이루어질 수 없다. 이전 세대의 가정과 주요 문제가 새로운 안목에서 바라보았을 때에는 전혀 무의미하고 무가치하며 사소한 문제로 여겨질 수 있기 때문이다.

하지만 이러한 태도에 대한 지나친 옹호는 사회문화의 단절을 부추길 수도 있으며 자칫 자기부정의 모순을 잉태할 수도 있다. 더욱이 비판받는 학문적 성과가 나름대로 시대적 정당성을 지니고 사회적 유용성과 성실성을 유지하여 사회의 구성원들에게 설득력을 갖는다면 그만큼 그 구성원이 겪게 되는 문화적 단절감과 이질감은 더욱 커질 것이다. 따라서 학문적 연구 성과에 대한 인식의 차단이 반드시 바람직한 결과를 초래하는 것만은 아닐 수도 있다. 학문의 전통을 체계적으로 이해하려면 현재와 과거의 끊임없는 대화를 통해서 전통의 단절로 인한 충격을 최소화할 필요가 있다(Carr, 1970). 교수심리학 분야에서 패러다임의 변화로 인한 전통의 단절을 극복하기 위해서는 학문 세대 간의 공통된 관심 영역과 소재를 발견하여 개발할 필요가 있으며, 좀 더 근본적인 접근방식은 이전의 학문적 업적을 하나의 독자적인 영역으로 인정함으로써 패러다임의 확장을 시도하는 일이다. 이런 주장은 새로운 학문 세대에게 새로운 도전적인 과제를 제시한다. 즉, 그들은 학문적 전통과 기본 가정을 달리하는 다양한 형태의 학교 교육 실제를 동시에 경험하고 접근하며 또 하나의 조화로운 세계로 통합해야 할 의무를 갖게 되는 것이다. 하지만 앎과 학습의 본질에 관하여 이전의 관점을 새로운 관점보다 낡고 쓸모없는 것으로 바라보게 된다면, 그러한 과제는 무의미한 것이 되어 버릴 것이다.

오늘날 우리 사회는 매우 다양한 형태의 학교 교육 실제를 경험하고 있는 셈이며, 각각의 실제를 올바르게 이해하려면 각각의 관점에서 실제에 접근하려는 노력이 필요하다. 소위 '교육받은 인간상'을 정립하는 과정에서 실제적 지식과 기능의 변화에 못지않게 현상을 바라보는 안목의 변화에 집중해야 한다. 말하자면, 삶의 기술로서의 지력을 향상시키는 일만큼이나 삶의 자세로서의 지혜를 육성하는 일이 학교 교육의 중요한 과제인 것만은 분명하다. 그러나 학교 교육의 결과로 삶의 자세에서 어떠한 변화가 이루어졌는지를 밝히고자 할 때, 그것은 다시 교육받은 사람이 삶의 기술에 있어서 무엇을 알고 행할 줄 알게 되었는가에 대한 질문으로 환원되게 마련이다. 이러한 순환 논리는 학습의 궁극적인 과제로서 자신이 무엇을 알고 행할 줄 알게 되는가에 대한 반성적인 질문을 통해 극복될 수 있다. 이 개방적인 접근 자세는 학교 교육의 실제를 좀 더 풍부하게 하고 그것에 대한 우리의 안목을 향상시키는 계기가 될 것이다.

앎과 학습의 본질에 관한 세 가지 관점은 나름대로 교수 · 학습 실제에 중요한 통찰을 제공하며 유의미한 영향을 미치고 있다. 각각의 관점은 교수 · 학습의 이론적 · 실제적 쟁점들에 대하여 독특하고 보완적인 방식으로 개념 체계를 구성한다. 이는 어쩌면 물리학, 화학, 생물학이 유전자 복제와 같은 쟁점에 대해서 서로 다르지만 상호 보완적으로 개념 체계를 구성하는 것과 같은 맥락에서 이해될 수 있다. 따라서 교수 · 학습 실제를 검토함에 있어서 이 세 가지 관점이 갖고 있는 장점과 자원을 다각적으로 활용하는 것은 가치 있고 중요한 일이다.

교수 개발을 위한 지식 기반

교수 개발의 첫 단계는 계획을 수립하는 일이다. 훌륭한 교수 활동은 좋은 계획에서 시작된다. 교수 계획은 교수 · 학습 활동과 관련해서 교사가 행하는 거의 모든 것을 망라하는 다면적이고 지속적인 과정이다(Arends, 2007). 그것은 또한 전반적인 수업 회로의 한 부분이기도 하다. 교사는 수업 전 계획은 물론 수업을 진행하는 동안과 수업 후에도 다양한 의사결정에 참여한다. 교수 계획은 시간과 자료를 어떻게 학생들을 위한 활동으로 전환할 것인가를 결정한다. 수업 전에는 내용과 접근방법을 선택하고 시간과 공간을 배정하며 구조와 동기를 결정한다. 수업을 진행하는 동안에는 자료를 제시하고 질문을 하며 학습 활동을 지원하고 연습 문제를 제공하고 교실 관리와 훈육을 실시한다. 그리고 수업 후에는 학습 결과를 평가하여 이해도를 점검하고 피드백을 제공하며 성적을 부여하고 보고서를 작성한다. 하지만 교수 계획의 전체 과정은 순환적이다. 평가 정보는 후속 수업의 계획과 실천에 영향을 미친다. 더욱이 교수 계획의 정신적 과정은 국면마다 다양하다. 예를 들면, 내용을 선정하는 일은 학생들의 사전 지식, 교사의 교과 이해, 교과 자체의 본질에 대한 세심한 분석을 요구한다. 여기서는 교수 개발을 위한 지식 기반을 살펴본다.

교수 개발의 기본 단위: 레슨 대 단원

교사가 교실 장면에서 전개할 수업을 계획할 때에는 주로 개별적인 수업을 겨냥하여 가르칠 방법에 대해서 생각하게 된다. 흔히 레슨 계획 또는 단위수업 계획이라고 불리는 이러한 계획은 교사가 교수를 개발할 때 행하는 활동의 커다란 부분이다. 그러나 교사는 연간 계획, 학기 계획, 단원 계획, 주간 계획, 일일 계획 등 여러 수준의 계획 수립에 참여한다(송재홍, 2019). 모든 수준은 조화롭게 균형을 유지해야 한다. 교사는 연간 계획을 달성하기 위해서 업무를 학기별로 나누어야 하며, 학기는 단원으로, 단원은 다시 주간 및 일일 계획으로 세분화하여야 한다.

일반적으로 교수를 설계하고 개발하는 과정은 거시적 수준과 미시적 수준으로 나누어 생각할 수 있다(변영계, 김영환, 1996). 거시적 수준의 교수 개발에서는 한 학기 또는 한 단원에서 가르칠 목표와 내용을 선정하고 그 목표와 내용을 전달 순서에 따라서 효과적으로 배열하기 위한 절차를 선정하는 데 집중하며, 이를 위해서 교사는 가르칠 목표와 내용을 계열화하고 종합하고 요약하기 위한 전략을 주로 결정한다. 반면에 미시적 수준의 교수 개발에서는 교사가 한 시간 동안 가르칠 내용을 선정하고 그것을 효과적으로 전달하기 위해서 동기유발 전략과 자료 제시 전략 그리고 연습과 피드백을 통한 강화 전략을 사용한다. 교수 개발은 거시적 수준의 교수 개발과 미시적 수준의 교수 개발이 적절히 균형을 유지하도록 전개되어야 한다. 대다수 교수 개발 이론에서 교수 개발의 수준에 대한 논의를 생략한 채 하나의 포괄적인 절차를 제시하고 있다. 단원은 유사한 형식의 지식 구조를 공유하는 일련의 학습과제들로 구성된다. 단원은 대개 거시적 수준에서 개발되는 교수 설계의 기본 단위를 말하고, 레슨은 한 차시 동안 전개되는 개별 수업의 단위를 말한다.

교사가 교수를 설계하고 개발할 때에는 미시적 수준의 교수 개발뿐만 아니라 거시적 수준의 교수 개발에도 관심을 기울여야 한다. 단원의 수업목표와 내용에 대한 종합적이고 체계적인 이해를 돕기 위해서는 거시적 수준의 교수 개발이 선행되어야 한다. 그러나 학교 교육 현장에서 효과적인 교수 프로그램을 개발할 때 거시적 수준의 교수 개발은 형식적으로 이루어질 뿐 체제적 접근에 의한 교수 체제 설계의 개념이 적용되고 있지 못한 것이 사실이다. 그 이유는 거시적 수준의 교수 개발이나 교수 체제 설계가 주로 교육과정이나 교과목의 개발을 전제하고 있다는 것이다. 교육과정이나 교과목의 개발은 현장 교사에게는 아직은 낯설게 느껴지는 영역이다. 그러나 거시적 수준의 교수 개발이 반드시 교과목의 개발을 전제로 할 필요는 없다. 교과목은 표현 양식의 일관성에 의해서 다양한 주제를 묶어 놓은 것이기 때문에 반드시 학습 방법이나 탐구 양식의 일관성을 반영하지 않는다. 예를 들면, 국어 과목에서 문학과 문법은 서로 다른 학습 방법과 탐구 양식을 필요로 한다. 수학 과목에서 연산 문제와 도형 문제도 마찬가지다. 현장 교사들이 거시적 수준의 교수 활동을 설계하고 개발할 때에는 동일한 학습 방법과 탐구 양식을 반영하는 교과의 내용들을 하나로 묶고 이를 설계의 기본 단위로 삼는 것이 좀 더 현실적이고 유용할 것이다. 단원 중심의 교수 개발은 바로 이러한 요구를 충족하는 대안적인 접근방법이 될 수 있다.

교수목표의 개발과 진술

교수 개발에는 단지 한 가지 모델만 존재하는 것은 아니며, 모든 계획은 융통성 있게 수립되어야 한다. 하지만 교수 계획은 대부분 교수목표를 포함한다. 교수목표(instructional objectives)는 학생들에 대한 교사의 교육적 의도를 분명하고 명확하게 기술한 내용을 말한다. 그론런드와 동료들(Gronlund, 1976; Gronlund & Tro, 2004; Linn & Gronlund, 1995)은 교사가 먼저 하나의 일반적인 목표를 진술하고 다음에 학생들이 그 목표에 도달했다는 증거를 제공할 표본 행동을 열거함으로써 명료화해야 한다고 제안하였다. 블룸과 동료들(Bloom et al., 1978; Krathwohl, Bloom, & Masia, 1978)은 인지, 정의 및 심체운동 영역에서 교육을 통해 드러내야 할 기본적인 행동들을 범주화하여 교육목표분류학을 개발하였다. 예를 들면, 인지적 영역의 교육목표는 기억, 이해, 분석, 적용, 종합, 평가의 여섯 가지 범주로 분류된다. 이것은 특정 단원에 관련된 교육목표와 그것에 연관된 행동을 평가하는 방법에 관해서 체계적으로 사고하고 접근할 수 있도록 지원한다. 한 단원에 포함된 교육목표는 세 영역 간 균형을 유지할 필요가 있다. 실제 학습 상황에서는 세 가지 영역의 행동들이 동시에 나타나는 경우가 많다.

한때 행동주의의 영향을 받은 교수 개발자들은 단위수업의 종결 시점에서 드러나야 할 학생의 행동을 중심으로 교수목표를 진술해야 한다고 제안하였다. 매거(Mager, 1984, 1997)는 교수목표의 ABCD 원칙을 제시하였다. 즉, 교수목표는 교수 활동 종료 시점에서 학습자(Audience)가 드러내야 하는 관찰 가능한 행동(Behavior)으로 진술되어야 하고 그 행동이 드러나야 할 구체적인 조건(Condition)과 목표 달성 여부를 판단할 수 있는 정도(Degree)를 포함해야 한다. 예를 들면, '학생들은 두 자릿수 덧셈 문제 10개 중에서 8개 이상 풀 수 있다.'와 같은 교수목표에서 '두 자릿수 덧셈 문제'는 조건이고 '10개 중 8개 이상'은 정도이며 '풀 수 있다'는 행동이다.

또한 가네(Gagné, 1965, 1999)는 교수목표를 진술할 때 학습 유형을 중심으로 조건 또는 상황, 행동 대상, 도구 또는 제약, 행위 동사를 포함해야 한다고 제안하였다. 일반적으로 교수목표 진술은 '(상황)을 제시했을 때 (대상)을 이용하여 (행위 동사)함으로써 (학습 유형)할 수 있다.'와 같은 형식을 따른다. 학습 유형은 학생들이 학습해야 하는 능력으로 언어 정보, 지적 기능, 인지 전략, 운동 기능, 태도 등으로 분류되고, 지적 기능은 다시 변별, 구체적 개념, 추상적 개념, 법칙 및 원리, 문제해결 등으로 세분화된다. 그는 특히 교수목표를 진술할 때 표준 동사를 사용하여 학습 능력을 구분할 것을 제안하였다. 표준 동사의 예를 들면, 언어 정보는 '진술한다', 변별은 '식별한다', 구체적 개념은 '파악한다', 추상적 개념은 '정의한다', 법칙이나 원리는 '증명한다', 문제해결은 '생성한다', 인지 전략은 '착안한다', 운동 기술은 '실행한다', 태도는 '선택한다' 등이다(Gagné & Driscoll, 1993).

한편, 메릴(Merrill, 1993, 1994)은 인지적 영역의 학습 결과를 내용과 수행의 두 차원으로 구분하여 단위수업의 교수목표를 진술할 것을 제안하고 있다. 내용 차원은 사실, 개념, 원리, 절차 등이고, 수행 차원은 기억, 발견, 활용 등이다. 다만 사실적 내용은 기억에만 적용될 뿐 발견이나 활용에는 적용되지 않는다. 따라서 교수목표는 모두 10개의 단위요소로 구분될 수 있다. 예를 들면, '삼각형의 개념을 말할 수 있다.'와 같은 교수목표는 개념의 기억에 해당하고, '근의 공식을 이용하여 이차방정식의 해를 구할 수 있다.'와 같은 교수목표는 원리의 활용에 해당한다.

최근에 블룸의 제자들이 개정한 인지적 영역의 교육목표 분류 체계(Anderson et al., 2005)에서는 일부 유목의 명칭과 순서를 바꾸어 인지 과정의 차원으로 명명했으며, 분류 체계의 인지 과정들이 무엇을 처리하는가를 확인하기 위해 새로운 차원을 추가하여 지식 차원이라고 명명하였다. 따라서 개정된 분류학에서는 [그림 2-1]과 같이 지식과 인지 과정의 두 차원으로 이루어진 이차원적 교육목표 분류 체계를 제안하고 있다.

지식 차원 (명사)	인지 과정 차원(동사)					
	1 기억하기	2 이해하기	3 적용하기	4 분석하기	5 평가하기	6 창조하기
사실적 지식						
개념적 지식						
절차적 지식			×			
초인지적 지식						

(교육목표)
학생들은 절약-재활용-재순환 접근을 자연보호에 적용할 수 있다.

[그림 2-1] 앤더슨과 크래스월의 개정된 교육목표 분류 체계

출처: Anderson et al. (2005), p. 37.

지식 차원은 사실적 지식, 개념적 지식, 절차적 지식, 초인지적 지식 등 네 가지 범주로 구분되는 서로 다른 종류의 지식을 기술하고 있다. 사실적 지식은 학습자가 어떤 주제에 익숙해지기 위해 알아야만 하는 기본 요소들을 포함한다. 개념적 지식은 기본 요소들 사이의 상호 관련성에 관한 지식이고, 절차적 지식은 어떤 일을 행하는 방법에 관한 지식을 말한다. 그리고 초인지적 지식은 특수한 개념적 또는 절차적 지식을 언제 사용해야 하는지 아는 일과 자기 자신의 인지에 관한 지식을 말한다. 이러한 지식은 매우 구체적인 것(사실적 지식)부터 좀 더 추상적인 것(초인지적 지식)까지 연속적으로 놓여 있다.

인지 과정 차원에는 기억하기, 이해하기, 적용하기, 분석하기, 평가하기, 창조하기 등 특정한 형태의 사고방식을 나타내는 여섯 가지 기본적인 범주가 포함되어 있다. 기억하기는 장기기억으로부터 관련 정보를 인출하는 것

을 의미하고, 이해하기는 수업 자료의 메시지로부터 의미를 구성하는 것을 의미한다. 적용하기는 어떤 절차를 수행하거나 사용하는 것을 의미하고, 분석하기는 자료를 그것의 부분들로 나누고 그것들이 서로 어떻게 관계되는지를 결정하는 것을 뜻한다. 그리고 평가하기와 창조하기는 각각 어떤 준거에 비추어서 판단을 내리는 것과 요소들을 모아서 하나의 새로운 패턴이나 구조를 형성하는 것을 의미한다. 각각의 인지 과정은 고유한 동사를 갖고 있으며 앞에서 열거한 네 가지 유형의 지식에 작용할 수 있다. 지식 차원과 마찬가지로 인지 과정의 범주 역시 인지적 복잡성의 연속선을 따라서 위치하는 것으로 가정된다. 어떤 것을 이해하는 것은 단순히 기억하는 것보다 더 복잡하고, 어떤 아이디어를 적용하고 분석하는 것은 그것을 이해하는 것보다 더 복잡하며, 평가하기와 창조하기는 연속선에서 가장 복잡한 끝부분에 위치한다.

이와 같이 수정된 교육목표분류학(Anderson et al., 2005)에 따르면, 교수목표는 지식과 인지 과정의 두 차원으로 진술될 수 있다. 예를 들면, '학생들은 절약-재활용-재순환 접근을 자연보호에 적용할 수 있다.'라는 교수목표는 절차적 지식으로 분류되고 적용하기의 인지 과정을 요구한다. 이 이차원적 교수목표 진술은 단위수업의 교수목표는 물론 그것에 따른 교수 전략과 평가 방법을 이해하는 데 유용하다. 교수목표를 개발하고 진술하는 교사의 능력은 학생들에게 교수목표를 제시할 수 있는 다양한 대안을 고려하도록 자극한다. 유능한 교사는 학생들이 학습할 단원에서 다루게 될 일련의 교수목표가 일관성을 유지하고 있는지, 그리고 효과적인 평가 방법이 무엇인지를 체계적으로 검토할 수 있다.

수업: 교사 중심 접근 대 학생 중심 접근

교수 개발자들은 교수 · 학습 활동에 대한 다양한 접근방법에 대해서 논의하였다(Ausubel, 1968; Bruner, 1966; Gagné, 1965). 교수의 개발과 운영 실제에서 중요한 쟁점 중 하나는 교수·학습 활동에 대한 교사 중심 접근 대 학생 중심 접근이다(송재홍, 2019). 교사 중심 접근(teacher-centered approach)에서는 교사가 학습목표를 선정하고 학생들이 그 목표에 도달하도록 안내할 방법을 계획한다. 교사는 학습의 '내용'과 '방법'을 통제한다. 반면에 학생 중심 접근(student-centered approach)에서는 학생 스스로 이해를 구성하기 때문에 흔히 구성주의(constructionism)라고도 부른다(Jordan & Porath, 2008). 교사와 학생들이 계획 세우는 일을 공유하고 협상을 벌이며, 공동으로 내용과 활동 및 접근에 관해서 의사를 결정한다. 교사는 특정한 학습 행동을 목표로 정하기보다는 오히려 전반적인 목표나 '큰 주제'를 갖고 계획 수립을 안내한다. 통합된 내용과 주제별 교수 활동이 계획 수립의 주된 부분이다. 학습평가 역시 교사와 학생들이 서로 공유하면서 계속적으로 진행한다.

계획을 수립하고 나면 실제로 교수 활동이 이어진다. 몇 년 동안 연구자들은 교실 관찰, 사례 연구, 면담, 실험 연구 등 다양한 방법을 사용하여 효과적인 교수 활동을 통달하기 위한 비법을 규명하려고 시도해 왔다. 특히 교사의 특징과 관련하여 보면 교과에 대한 철저하고 전문적인 지식, 자료 제시의 조직화와 명료성, 교사의 온정과 열정이 효과적인 교수 활동에서 중요한 역할을 하는 것으로 알려지고 있다(Hoy & Hoy, 2009). 박식한 교사는 학습 자료를 좀 더 분명하고 좀 더 조직적으로 제시할 수 있다. 효과적인 교수 활동을 위해서는 교과에 대한 해박한 지식이 필요하지만 그것만으로는 충분하지 않다. 자료 제시의 조직화와 명료성은 훌륭한 교수 활동의 중요한 특징이다. 분명한 자료 제시와 설명을 제공하는 교사는 학생들에게 더 많은 것을 학습하게 하고 그들로부터 더 긍정적인 평가를 받는 경향이 있다. 명료성은 계획을 수립하는 과정에서 시작된다. 교사는 학생들에게 그들이 무엇을 학습하게 될 것인지, 그들이 어떻게 그것에 접근할 수 있을 것인지 분명하게 제시하여야 한다. 수업하는 동안에는 가급적 애매한 언어 사용을 피해야 하고, '왜냐하면' '만일 ~한다면' '따라서'와 같은 설명 고리(explanatory links)를 사용하여 사실이나 개념들 간의 연결 관계를 분명하게 제시해야 한다. 끝으로,

교사의 온정과 친절 그리고 이해심은 학생들에게 긍정적인 태도를 갖게 하는 중요한 특성으로 인식되고 있다.

교사 중심 접근의 대표적인 교수 전략은 직접 교수다. 직접 교수(direct instruction)에서는 교사가 잘 조직된 자료 제시, 명료한 설명, 주도면밀하게 고안된 촉진 자극, 적절한 피드백과 비계설정을 포함하는 안내된 발견을 제시한다(Hunter, 1982; Rosenshine & Stevens, 1986). 이러한 실천은 학생들이 이해를 구성할 때 지지 자원으로 활용될 수 있다. 예를 들면, 교사가 학습 자료를 위계적으로 조직하거나 어떤 과제를 제시할 때 다양한 형태의 표현 방식을 사용하면 학생들은 좀 더 쉽게 과제에 접근할 수 있으며(Bower, Clark, Lesgold, & Winzenz, 1969; Schwartz & Riedesel, 1994), 교사가 효과적인 노트 정리법을 소개하고 시범을 보인다면 학생들은 정보를 좀 더 쉽게 요약할 수 있다.

학생 중심 접근에서 교사는 학생들의 다양성과 학습 환경의 복잡성을 수용하고 사회적 상호작용을 통한 학습을 강조하며 심리학적 원리를 사용하여 수업을 구조화한다. 또한 참된 과제를 고안하고 학생들의 사고 과정을 점검하며 그들에게 질문을 던지고 탐구를 자극하여 의미 있는 학습이 일어나도록 지원한다. 학생 중심 접근의 대표적인 교수 전략은 상호 교수와 협동 학습이다. 상호 교수(reciprocal teaching)에서는 학생들이 독해력을 향상시키는 질문 전략을 학습하기 위해 교사와 끊임없이 상호작용한다(Palinscar & Brown, 1984). 협동학습(cooperative learning)은 보통 3~5명의 구조화된 학생 집단을 통하여 개인 상호 간의 학습과 발달을 증진시키기 위한 구체적인 전략을 사용한다(Slavin, 1995).

또한 과학 교실에서 구성주의 접근은 단순 암기보다는 개념적 이해, 토론과 설명, 학생들의 암묵적 이해에 대한 탐구를 강조한다(Bruning, Schraw, & Norby, 2011; Eggen & Kauchak, 2011). 많은 교사가 과학에 대한 이해의 핵심은 학생들이 자신들의 이론을 직접 검토해서 약점을 보완하는 것이라고 지적하고 있다. 학습 과정에서 학생들에게 변화가 일어나려면 몇몇 단계를 거쳐야 한다. 처음에는 각자의 생각이나 신념에 대해 불편을 느끼고, 자신들의 이론과 그들에게 제시된 근거 간의 모순을 해명하고 개인적 이론에 맞추어서 측정과 관찰 사실을 조정하려고 시도해야 한다. 또한 자신들의 생각과 신념에 의심을 갖고 동요를 불러일으켜야 개념적 변화에 도달할 수 있다(Nissani & Hoefler-Nissani, 1992). 교사는 학생들에게 서로 생각을 교환하고 의견을 조율하도록 안내함으로써 협력적인 대화 학습을 촉진할 수 있다. 한 가지 효과적인 방법은 T-P-S, 즉 'Think-Pair-Share'의 원리를 따르는 것이다. 학생들은 먼저 주어진 학습과제에 대해서 각자의 생각을 정리하고(Think), 이어서 단짝 대화를 전개하여 생각을 교환하고 의견을 조율한다(Pair). 마지막으로, 모둠 활동 또는 전체 학급 활동을 통해서 학습과제에 대하여 단짝 대화의 내용을 공유하고 토론을 전개하여 합의된 결과를 바탕으로 학습 성과를 정리한다(Share). 때로는 학생들에게 텍스트를 읽고 이해한 것을 바탕으로 개념도(conceptual map)와 같은 지식 맵(knowledge map)을 작성하도록 요구하면 단순히 교사가 설명하는 것보다 더 쉽게 이해를 촉진할 수 있다(Novak & Musonda, 1991).

많은 교사는 직접 교수법을 주의 깊게 사용하면 학생들이 이해를 구성할 때 자원으로 활용할 수 있다고 생각한다. 하지만 모든 학습 사태에서 항상 효과적인 접근이 존재하는 것은 아니며, 두 가지 접근의 교수 활동은 각기 다른 학습 상황에서 좀 더 적절할 수도 있다. 어느 경우에서든 교사는 학습 상황에 맞는 교수 전략을 찾아내야 한다. 많은 연구자는 직접 교수가 구성주의 접근보다 더 효과적이라는 연구결과를 내놓고 있지만, 학생 중심의 교수 활동 모형으로부터 생성된 구성주의 원리를 받아들이는 것이 좀 더 현명할 수 있다. 새로운 접근을 평가하려면, 그것이 학습 및 동기의 원리에 어울리는지 주의 깊게 검토해야 한다.

교수 개발에 대한 체제적 접근

교수 활동을 설계하고 계획하는 일은 분명히 효과적인 교수 활동은 물론 학생들의 학습 성과에도 결정적인 역할을 한다. 교사의 교수 전략에 집중되었던 초기의 연구는 교수 · 학습 과정의 제반 요소를 통합하는 포괄적인 교수 설계 이론으로 발전하였으며, 최근에는 특정 교수 · 학습 상황에서 발견되는 문제를 해결할 수 있는 포괄적인 방안을 구축하기 위한 교수 체제 설계로 발전하였다.

교수 설계 이론은 전통적인 집단 교수의 효과적인 전개를 위한 교수 형태를 초월하여 교수 · 학습 과정의 중요한 요소들에 대하여 효과적인 설계를 지향하는 이론이라고 할 수 있다. 대표적인 이론은 포괄적 처방 이론(Gagné & Briggs, 1974, 1989), 내용요소 제시 이론(Merrill, 1993, 1994), 정교화 이론(Reigeluth, 1993), 동기설계 이론(Keller, 1993, 2013) 등이다. 교수 설계 이론의 개척자인 가네(1965, 1999)는 반복적인 과제 분석에 기초해서 교수 활동에 대한 접근방식을 제안하였다. 그의 기본적인 생각은 단순한 지식이 협응을 이루거나 구조를 더함으로써 좀 더 복잡한 능력이 구축된다는 것이다. 따라서 효과적인 수업을 설계하려면 요구되는 학습의 양을 한번에 다룰 수 있을 만큼 작은 단위로 만들어야 한다. 이렇게 특정 영역의 지식을 학습과제의 위계로 분석하고 그것을 계열화한 다음, 그 계열에 따라서 각각의 학습과제에 대해서 수업을 위한 접근방식을 설계하게 된다. 이와 같이 학습 위계에 의한 과제 분석과 수업의 계열화는 학습 능력의 유형에 따른 교수 전략의 처방과 더불어 정통 교수 설계 이론으로 광범위하게 인정받고 있는 교수 체제 설계의 발달에 결정적인 영향을 미쳤다.

교수 체제 설계(Instructional Systemic Development: ISD)는 교수 · 학습 과정을 하나의 체제로 보고 복잡한 과제를 학습 위계에 따라서 합리적으로 분석하기 위한 지침과 절차 그리고 학습 위계에 기초해서 교수 · 학습 프로그램을 설계하기 위한 상세한 처방들로 이루어진다(송재홍, 2019). 교수 체제 설계는 다양한 교수·학습 상황에서 발생하는 문제를 해결하기 위해 요구되는 포괄적인 방안을 구축하는 과정으로서 대개 하나의 체제 접근 모형을 통해서 전개된다. 딕과 동료들(Dick & Carey, 1979, 2016; Dick & Reiser, 1989; Reiser & Dick, 1998)에 따르면, 교수 설계에 대한 체제적 접근은 진단, 설계, 절차, 산출, 수정의 다섯 국면을 거쳐 진행되며, 각각의 국면은 보다 구체적인 하위 단계로 세분화된다. 한나핀과 펙(Hannafin & Peck, 1988)이 정리한 교수 체제 설계의 단계에는 최종 목적과 하위목표의 명세화, 학습과제와 하위기능의 분석, 필요한 선수학습 능력의 결정, 교수 설계에 따른 제약의 검토, 수업 대안의 설정, 적절한 수업 대안의 선택, 교수 내용의 계열화, 교수 개발, 교수 프로그램의 정확성 검사, 수업의 평가 및 수정·보완 등이 포함되어 있다. 김신자(1998)는 딕과 캐리가 고안한 교수 체제 설계 모형에 기초해서 체제적 교수 설계의 절차를 교수목적 설정, 학습과제 분석, 학습자 특성 분석, 학습목표 진술, 평가문항 개발, 교수 전략 개발, 교수 개발 및 선정, 평가, 교수 프로그램의 수정 등 아홉 단계로 구분하여 제시하고 있다.

그러나 교수 체제 설계의 단계는 고정되어 있지 않다. 체제적 접근에 의해 교수를 설계하기 위해서는 무엇보다 '체제' 개념에 대한 이해가 중요하다. 체제(system)란 상호작용하는 요소들의 통합된 집합체를 의미하며, 이 체제의 각 요소는 역동적이며 서로 영향을 주고받는다(Gustafson, 1991). 따라서 교수 체제 설계의 과정에서는 목표, 방법, 평가의 세 가지 요소가 통합된 전체로서 조화 있게 설계되어야 한다. 교수 설계를 위한 체제적 접근은 각 단계가 순서적으로 이루어지지만 매우 융통성이 있으며 새로운 관점이나 발견된 정보에 의해서 언제든지 수정되고 이전 단계로 되돌아갈 수 있다.

이 체제적 접근에 의한 교수 설계의 가치와 효과는 교수 활동의 혁신에 대한 연구를 검토하는 과정에서 많은 근거가 드러나고 있다. 교수 개발의 가치는 주어진 교수 조건하에서 최적의 교수 전략을 처방함으로써 최대한 교수의 효과성을 산출하는 데 있다고 할 수 있다. 라이겔루스(Reigeluth, 1993)는 교수 효과를 수업의 효과성, 효율성, 매력성의 세 가지 측면으로 나누어 제시하고 있다. 브리그스와 동료들(Briggs, Gustafson, & Tillman, 1991)은 교수 개발에 있어서 체제적 접근의 이점을 효과성, 효율성, 매력성, 관련성, 일관성 등 다섯 가지로 정리하고 있다. 교수 프로그램을 개발하기 위하여 체제적 접근을 적용하면 수업이 끝났을 때 학습자가 알아야 하거나 할 수 있어야 하는 것이 무엇인가에 우선적으로 집중하게 되고, 각 구성요소들, 특히 교수 전략과 기대하는 학습 성과의 관계를 주의 깊게 연결시키며, 평가 결과에 의거하여 일정한 학습 성과에 도달할 때까지 반복 수정이 가능하다(Dick & Carey, 1979, 2016). 박성익(1997)은 교수 개발의 체제적 접근이 네 가지 측면에서 교수 · 학습의 효과를 증진하는 데 기여할 수 있다고 제안하고 있다.

첫째, 교수목표를 구체화함으로써 교수 · 학습 상황에서 간과하기 쉬운 관련변인들을 효과적으로 통제하고 조정할 수 있으므로 교수 · 학습의 효과를 극대화하게 된다.

둘째, 교수목표와 학습과제의 분석을 통해서 효과적인 교수 · 학습 전략을 구안해 낼 수 있으므로 수업 진행의 효율성을 기하게 된다.

셋째, 교수 개발의 과정이 경험적으로 검증될 수 있고 반복될 수 있으며 또 평가를 통한 피드백을 제공함으로써 교수 프로그램을 수정 · 보완할 수 있는 기회를 마련해 준다.

넷째, 교수 · 학습 상황에서 학습 성과의 증진에 도움이 되지 않는 변인들을 개선시켜 줌으로써 교수 · 학습의 매력성을 향상시켜 준다.

구성주의와 상황적 대화 학습의 촉진

오늘날 교수심리학에서 인지적 조망은 더 이상 혁명적인 것으로 간주되지 않고 있다. 인지심리학자들은 과학적 심리학의 주된 목적이 개인의 외적 반응 행동에 기저하고 있는 정신 과정을 추론하기 위해서 그 반응 행동을 관찰하는 것이라고 주장한다. 이들은 그러한 관찰 자료를 활용해서 사고, 언어, 의미, 상상력과 같은 요인에 관해서 추리를 전개하며, 정신 과정의 본질과 기능에 관해서 형식적이고 체계적으로 설명하고자 시도한다.

인지심리학 분야의 연구결과에 의해서 영향을 받은 교수심리학자들은 학습에 관하여 두 가지 주된 신념을 갖고 교수·학습의 실제에 접근한다(송재홍, 2001a, 2001b; Bruning, Schraw, & Norby, 2011; Shuell, 1996). 한 가지 신념은 학습이란 재생산적인 활동이 아니며 오히려 능동적이고 구성적이며 자기조절적인 활동이라는 것이다. 인지심리학자들은 학습이란 정보의 수용 과정보다는 지식의 구성 과정이라고 보며, 경험을 의미화하는 일이 중요하다는 점을 강조한다(Anderson, 1985). 학생들은 주도적이고 전략적이며 숙고적인 존재로 인식되고 있으며, 그의 동기와 신념이 학습의 방향을 안내하는 것으로 생각되고 있다. 특히 초인지에 대한 연구는 인지에 대한 자기 인식 및 자기조절의 중요성을 강조한다(Brown, 1980, 1987).

또 다른 신념은 학습이란 일차적으로 인지적 요인에 의해서 좌우되는 만큼이나 사회적·상황적 요인에 의해서 지배받는 사회·문화적 인간관계의 과정이라는 것이다. 이러한 신념은 특히 학습의 사회언어학적 본질을 강조한 비고츠키의 영향을 받은 사회구성주의자들에 의해 더욱 부각되었다(Wertsch, 1998). 그들은 정신 과정을 기계론적 관점보다는 오히려 맥락주의 관점에서 하나의 역사적 사건으로 이해하고자 노력하였으며, 인지 발달에서 사회적 상호작용의 역할을 이해하는 데 중요한 진전을 이룩하였다. 그들은 특히 정신 과정이란 본래 상황적인 것으로서 여러 사건을 포함하는 맥락 속에서 발생하며 그러한 맥락에 의해서만 그것의 의미를 부여할 수 있다고 인식함으로써 지식과 전략 및 전문성의 맥락적 성질을 강조하고 있다.

교수·학습에 대한 구성주의 접근은 교사의 전문성 신장과 관련하여 효과적인 교수의 개발 및 운영에 중요한 시사점을 제공한다(Borko & Putnam, 1996). 교사의 인지, 동기 및 행동 사이의 보편적인 법칙을 탐구하는 일에 초점을 두는 것뿐만 아니라 이러한 법칙에서 개인차를 밝혀내는 것도 흥미로운 일이다. 예를 들면, 견해가 다른 교사는 자신이 직면한 교수·학습의 문제나 동기 문제를 어떻게 해석하는가? 그들이 문제를 달리 인식하고 해석한다면, 그러한 문제를 해결하기 위해서 어떤 목표를 세우고 어떤 지식과 전략을 활성화하는가? 이처럼 인지와 동기 그리고 의미 창조의 과정에서 교사의 능동적이고 구성적인 역할을 강조하게 된다면, 교사 교육 및 전문가 개발 프로그램은 교사를 준비하는 과정에서 경험하는 과제에 능동적으로 참여하도록 조장하는 교수 전략을 새롭게 개발해야 한다. 가르치는 일을 위해서 제안된 일반적인 전략들은 교사 교육 프로그램의 맥락과 내용에서 재구성되어야 한다. 이 분야에서 교육과정과 교수 활동을 개발하기 위해 수행해야 할 과제가 많이 있지만, 단순히 정보를 전달하고 교사를 수동적인 위치에 머물러 있게 하는 강의, 워크숍 등은 학습 과정에 능동적인 참여를 유도하는 다른 접근방법보다 덜 유용할 것이다. 물론 이러한 노력이 상당히 진전을 보이고 있기는 하지만 교직을 준비하는 과정에서 학생들의 능동적인 참여를 유도하는 일은 대단히 중요한 의미를 지닌다.

최근에는 인지심리학에 기초하여 수행된 유능한 교사의 교수 활동에 대한 연구결과와 정보통신공학에서부터 제4차 산업혁명에 이르기까지 다방면의 창조적인 진보 과정에서 얻은 통찰을 통합함으로써 교수 개발을 위한 체계적이고 창조적인 과정을 안내할 실천적 모형을 개발하는 일이 새로운 과제로 등장하고 있다. 현대의 교수 개발 프로그램은 흔히 전통적인 교수 체제 설계의 기본 관점과 인지적 관점에서 밝혀진 새로운 연구결과를 결합함으로써 좀 더 진화된 형태로 나타나고 있다(Derry & Lesgold, 1996).

단원 중심 교수 개발의 원리와 절차

수업 전문가로서 교사는 교수 · 학습 활동을 개발하고 전개하기 위해 체제적 사고를 전개할 수 있어야 한다. 체제적 교수 개발은 크게 준비, 실행, 평가의 과정으로 구성되며 평가 결과를 바탕으로 수정 · 보완이 이루어진다. 그러나 체제적 교수 개발의 절차는 고정되어 있지 않으며, 교사는 융통성을 갖고 유연하게 접근할 필요가 있다. 이 절에서 단원 중심의 교수 개발을 위한 원리와 절차를 살펴본다.

교수 개발의 원리

이 장에서 제시하는 단원 중심 교수 개발을 위한 실천적 모형은 기본적으로 전통적인 교수 체제 설계 모형과 인지심리학에서 밝혀진 지식 구성 이론 그리고 상황적 맥락에 기초한 사회적 상호작용 이론을 통합하여 체제적이면서도 융통성 있는 상황 중심 교수 프로그램의 개발 절차를 안내하기 위한 것이다. 더욱이 학교에서 전개되는 교수·학습 프로그램은 학생들이 평생학습 사회에서 기초적인 학습 역량을 개발하여 개방적이고 자기주도적인 학습자로 성장할 수 있도록 안내하고 조장할 수 있어야 한다. 이러한 의도를 구현하기 위해서 교사가 교수 활동을 개발하는 과정에서 기본적으로 지향해야 할 몇 가지 원리를 제시하면 다음과 같다(송재홍, 2001a, 2001b).

⦿ 지식 전수를 위한 설계에서 지식 창출을 위한 설계로

단원 중심의 교수 개발 모형에서는 교수 설계의 과정이 특정 학습 주제에 대해서 체계화된 지식을 전수하는 데 초점을 두고 있는 객관주의적 입장에서 벗어나 학생들의 고차적인 정신 기능을 배양하는 일에 관심을 두고 있는 인지심리학과 학생들의 지식 창출을 강조하는 구성주의적 입장을 적극적으로 반영한다. 객관주의 전통에 기초한 교수·학습 활동은 교사의 일방적인 가르침에 의존해서 특정 학습 주제와 관련된 체계화된 지식을 전수하는 집적회로 형태를 취하는 경향이 강하다. 그러나 구성주의적 입장에서 교수·학습 활동은 교사가 일방적으로 체계화된 지식을 전수하는 것이 아니라 학생들이 경험을 능동적으로 탐구하고 스스로 지식을 창출하도록 자극하는 것이어야 한다. 교사의 역할도 강의를 통한 지식의 전달자에서 벗어나 학생들의 학습 과정을 촉진하는 안내자와 격려자로서 주된 임무를 삼게 된다.

◉ 교수자 중심 설계에서 학습자 중심 설계로

전통적인 교수 개발에서는 교사가 자신의 교수 활동을 안내하는 전달 위주의 학습지도안을 작성하는 데 초점을 두었다. 단원 중심의 교수 개발 모형에서는 교사와 학생들이 대화 중심 상호작용을 통해서 교수·학습 활동을 촉진하기 위한 지침을 마련하는 데 집중한다. 교수 개발 과정에서 교사는 개별 레슨을 위해 명시적인 교수목표를 일방적으로 제시하기보다 단원 학습을 통해서 다루고자 하는 수업 초점과 수업목표를 설정하고 그것을 성공적으로 구현하기 위해 교수·학습 활동을 설계하고 전개하는 데 지적 역량을 집중한다. 교수 개발자로서 교사는 단원의 학습 내용을 구성하는 핵심 아이디어를 중심으로 지식 맵을 구축하여 교실 수업 실제에서 학생들과 공유할 수 있도록 수업 각본을 구성한다. 지식 맵은 교수·학습 과정에서 교사와 학생의 상호작용을 매개하는 중요한 수단으로 활용되며, 수업 각본 역시 학생들의 주도적인 지식 창출을 촉진함으로써 지식 맵을 확장하도록 안내하는 지침으로 작용한다.

◉ 정량적 결과 중심 설계에서 정성적 과정 중심 설계로

단원 중심의 교수 개발 모형에서는 진단과 형성을 목적으로 하는 평가를 교수·학습 과정에 통합해야 한다는 주장에 기본적으로 동의한다. 그러나 정량적 평가가 중심이 되는 종래의 입장은 개선되어야 한다. 교수 활동을 설계하고 실행하는 과정에서 학생들의 학습 진전 상태와 목표 달성 여부에 대한 판단을 목적으로 개발된 양적 평가의 절차를 필수적인 요소로 간주하지 않으며, 그 대신에 교사와 학생의 상호작용이 교수·학습 활동의 중심을 이루어야 한다는 입장을 훨씬 더 강조한다. 진단과 형성을 목적으로 하는 일체의 양적인 평가 절차는 교수·학습을 위한 상호작용 과정에서 자발적으로 이루어지는 질적인 분석과 만족에 의한 자기 점검 및 자기조절의 과정으로 대치되어야 한다. 이러한 요구가 현실적으로 충족되기 위해서는 교사의 전문적인 능력에 기초한 직관적인 통찰이 요구되지만 우선적으로 교수 개발에 이러한 통찰을 촉진할 수 있는 전략이 좀 더 적극적으로 반영되어야 한다.

◉ 매체 의존적인 설계에서 사회적 상호작용을 위한 설계로

대부분 교수 개발 모형에서는 학생들의 학습 진전 상태와 목표 달성 여부를 파악하기 위한 평가 절차를 포함하여 교수·학습 활동의 상당한 부분을 교수 매체에 의존하도록 계획되고 실행되는 경향이 있다. 이는 특히 학생들의 선수학습 기능에 대한 진단과 학습목표 달성 여부에 대한 평가를 위해서 객관적이고 양적인 데이터를 요구하는 설계에서 두드러지게 나타나는 현상이다. 컴퓨터를 이용한 신속한 정보처리가 여러 측면에서 교사의 부담을 덜어 줄 수 있을 것이라는 소박한 기대가 이러한 경향을 촉진하기도 한다. 단원 중심의 교수 개발 모형에서는 교수·학습 활동이 교수 매체에 지나치게 의존적일 필요가 없다. 교수 매체의 적절한 활용을 부정하는 것은 아니지만 그것이 교수·학습 활동의 중심이 되어서는 안 된다. 그 대신 교사와 학생들의 사고 기능을 자극하는 사회적 상호작용의 촉진 가능성을 증대하는 일이 좀 더 강조되어야 한다. 인간적인 상호작용이 고려되지 않은 채 지나치게 매체 의존적인 교수 설계와 개발은 자칫 교수·학습 활동을 획일적이고 기계적으로 만들 수 있다. 단원 중심 교수 개발의 초점은 교사와 학생들의 사회적인 접촉을 강화하기 위해서 개방적인 의사소통 기능을 활성화하는 데 있으며, 교수 매체의 활용은 이러한 기능을 활성화함으로써 교사와 학생들의 상호작용을 촉진하도록 기여하는 수단적 기능으로서 작용하게 된다.

◉ 획일화된 집단 과정 설계에서 융통성 있는 협동 과정 설계로

단원 중심의 교수 개발 모형에서는 단원 학습을 위한 교수목표의 설정과 지식 맵의 구성을 강조하지만 지식 맵의 구성과 제시 양식에서는 좀 더 융통적인 접근을 강조한다. 교수 개발의 과정에서는 학생들이 학습해야 할 지식 세계의 핵심 아이디어를 의미적으로 결합함으로써 학습과제를 일목요연하게 파악할 수 있도록 돕기 위한 하나의 지식 맵을 구성하는 일에 집중한다.

그러나 지식 맵을 구성하고 제시할 때는 학생들의 발달 특성과 문화적 다양성을 반영해야 한다. 예를 들면, 발단 단계를 고려하여 초등학교에서는 시각화를 적극적으로 반영할 수 있어야 하고 중고등학교에서는 의미화를 적극적으로 도입할 필요가 있다. 또한 교수・학습 실제에서 교사는 학생들의 자기구성적인 지식 창조와 자발적인 표현 과정을 중시하며 학생들의 상호작용을 촉진하기 위해서 제시하는 지식 맵과 수업 각본 역시 그들의 상호작용 결과로 언제든지 수정 가능하도록 잠정적인 가설의 형태를 취하게 된다. 이러한 일련의 시도는 교과의 단원을 학습하기 위한 교수목표의 설정과 지식 맵의 구성 및 제시 방식에서 융통성 있는 접근을 강조함으로써 교수・학습 활동의 경직성을 탈피하기 위한 노력을 반영하기 위한 것이다.

교수 개발의 절차

단원 중심의 교수 개발 모형은 거시적 수준의 단원 설계와 미시적 수준의 레슨 설계를 통합하여 교과의 특정 단원을 중심으로 전개되는 일련의 교수・학습 활동에 통일성과 균형성을 유지하도록 안내하기 위한 것이다. 교수 개발을 위한 기본 단위로서 단원은 탐구 주제와 탐구 방법이 일관된 교과 내용들로 구성되어 있으며, 일련의 교수・학습 활동을 통해 도달하고자 하는 학생들의 다양한 지적 능력을 포괄하고 있다. 교수 개발 전문가로서 교사는 단원 중심의 교수・학습 활동을 설계하고 전개하는 과정에서 요구되는 지식과 기술 그리고 태도 요소를 파악하고 이를 체제적으로 통합할 수 있어야 한다. 단원 중심의 교수 개발 절차는 [그림 2-2]에 제시된 바와 같이 아홉 단계로 나누어 설명할 수 있다. 그러나 단계는 고정된 것이 아니며 융통성을 갖고 접근할 필요가 있다(송재홍, 2001b).

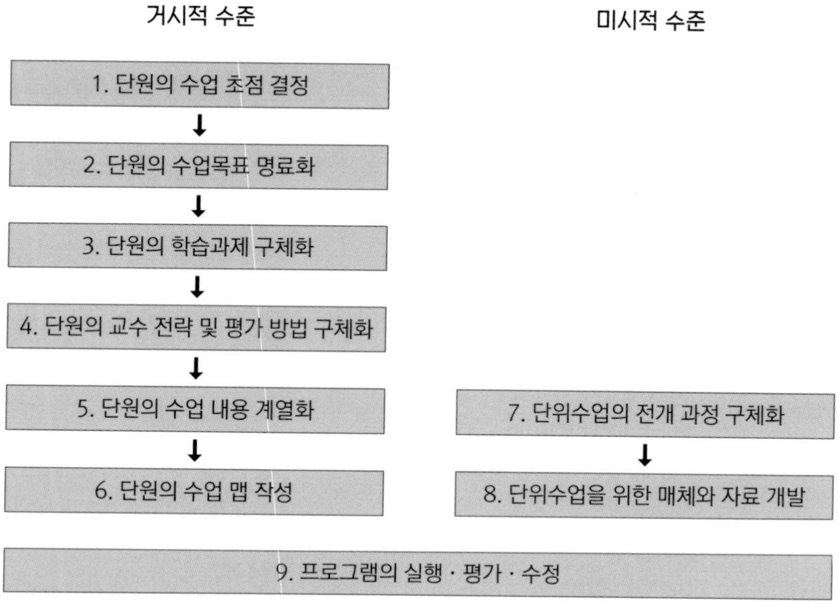

[그림 2-2] 단원 중심 교수 개발의 일반적 절차

◉ 단계 1: 단원의 수업 초점 결정

단원 중심의 교수 개발을 위해서 가장 먼저 착수해야 하는 과제는 바로 단원의 수업 초점을 확인하는 일이다. 그것은 요구 분석에 기초해서 교육적 필요를 조사하고 교육목표를 설정하는 것과 비슷하다. 요구 분석(need assessment)이란 요구 또는 현재 상태와 원하는 상태 간의 격차를 결정하는 체계적인 과정을 말한다. 요구란 현재 수행을 개선하거나 결함을 수정하려는 바람일 수 있다. 개인 또는 집단의 요구를 조사하여 학습이 필요한 부분을 찾아야 한다. 학생들이 이미 알고 있거나 자연스럽게 알 수 있는 요구에 대해서는 교수 활동을 계획할 필요가 없을 것이다.

단원의 수업 초점을 결정할 때에는 단원의 내용에 대한 핵심 아이디어와 그 아이디어 간의 관계 그리고 아이디어를 학습하기 위한 방법에 대한 포괄적인 사고가 이루어져야 하며, 이러한 사고에 기초해서 단원의 내용에 대한 핵심 질문을 제시하고 단원의 교육목표가 가설적인 형태로나마 진술되어야 한다. 핵심 질문은 학습의 결과로써 다양한 작업 상황에서 나타나는 어떤 물음에 대답할 수 있어야 하는가를 밝힘으로써 단원의 내용을 학습해야 하는 이유를 분명히 밝히기 위한 것이다. 교수 · 학습에 관한 교사의 신념과 동기는 그의 지식 및 인지 기능에 못지않게 수업 초점을 결정하는 데 중요한 영향을 미친다(Pintrich, 1990). 또한 이 단계에서는 라이겔루스(1993)가 제안한 수업의 '정수'가 드러나게 된다. 정수(epitome)란 교수 내용을 대표하는 소수의 일반적인 아이디어나 원리를 말한다.

단원의 수업 초점은 학생들의 발달 특징과 사회 · 문화의 요구 그리고 교과 내용의 가치에 비추어서 적절하게 교육목표로 재편집된다. 결국 단원의 수업 초점을 결정함에 있어서 가장 중요한 일은 학생들의 발달 특징과 사회 · 문화의 요구를 고려하여 단원의 학습 범위를 조절하고 지적인 탐구 과정을 반영하여 일관된 학습 전략을 규명함으로써 단원의 교육목표를 포괄적인 수준에서 진술하는 일이다.

⦿ 단계 2: 단원의 수업목표 명료화

교사는 학생들에게 무엇을 하라고 가르치기 전에 가르치고자 하는 목표가 무엇인지에 대해서 분명한 생각을 지니고 있어야 한다. 교사가 학생들을 위해 어떤 목표를 가지고 있는지에 대해서 분명한 아이디어를 가지고 있지 않다면 그들을 위한 수업을 잘 계획할 수 없다. 이 단계에서 교사는 단원의 수업 초점 또는 교육목표를 단위수업의 교수목표로 정교화하고 구조화된 형식으로 진술한다. 수업목표는 학습위계에 따라 최종 목표와 중간 목표로 구분되며, 최종 목표는 학습 능력의 분류 형식에 의해서 표준화된 형식으로 진술되어야 한다. 이 단계에서 교사는 학습 능력의 유형화(Gagné, 1965, 1999)에 따른 교수목표 진술을 활용하거나 내용요소 제시 이론(Merrill, 1993, 1994)에 의한 구성요소의 교수목표 진술 또는 수정된 교육목표 분류 체계(Anderson et al., 2005)에 의한 교수목표 진술을 융통성 있게 응용할 수 있다.

학습 능력은 지적 영역과 비지적 영역으로 분류되며, 그 각각은 다시 기능 영역과 비기능 영역의 분류될 수 있다. 지적 영역은 개념, 원리, 절차 등으로 세분화될 수 있다. 비지적 영역 중에서 기능 영역은 운동 기능을 말하고 비기능 영역은 태도를 말한다. 한 단원 내에서 수업목표는 지적 영역과 비지적 영역 간에는 물론 기능 영역과 비기능 영역 간에도 균형과 조화를 유지하도록 충분히 개발되어야 한다.

단원 중심의 교수 개발에서 수업목표는 도달하고자 하는 학습 능력을 중심으로 진술되며 개별 수업의 기본 단위를 형성한다. 단위수업, 곧 레슨은 하나의 수업목표를 중심으로 전개된다. 레슨의 길이는 차시로 고정되어 있지 않으며 수업목표의 복잡성과 난이도에 따라서 달라질 수 있다. 따라서 단원의 레슨은 수업목표의 수와 일치하도록 재구성되어야 한다. 그 밖에 수업목표를 진술할 때 유의해야 할 점은 다음과 같다.

첫째, 수업목표는 단위수업의 최종 목표로 진술되어야 한다. 즉, 한 시간의 단위수업은 하나의 수업목표를 중심으로 전개되어야 한다. 또한 수업목표에 도달하기 위해서 요구되는 중간 목표 또는 과정 목표로서 익혀야 할 학습과제, 학습 기능, 학습 태도 등을 함께 제시할 수 있다.

둘째, 수업목표는 수업 전·후 학습자의 변화 상태를 구체적으로 파악할 수 있도록 진술되어야 한다. 즉, 단위수업에서 도달하고자 하는 학습 능력을 중심으로 학습자의 발달 수준에 맞는 문제해결 사태에서 학습자의 수행력이 드러날 수 있도록 제시되어야 한다.

셋째, 수업목표는 학습과제와 수업 사태가 분명하게 드러날 수 있도록 진술되어야 한다. 즉, 단위수업에서 다루어야 할 학습과제가 분명하게 드러나고 그것을 다루기 위한 구체적인 교수 전략과 평가 방법 등을 명확하게 안내할 수 있도록 제시되어야 한다.

⊙ 단계 3: 단원의 학습과제 구체화

단계 2에서 설정된 수업목표를 달성하기 위해서는 그것을 달성하는 데 요구되는 지식과 기술 및 태도와 같은 구성요소를 확인하고, 이러한 구성요소를 일관되고 포괄적으로 반영하는 학습과제와 하위기능을 분석하여 단원에서 다루어야 할 학습과제를 구체화해야 한다. 이 단계에서는 학습 위계에 의한 과제 분석 절차(Gagné, 1965, 1999)와 단원의 정수에 대한 정교화 절차(Reigeluth, 1993)가 유용한 지침으로 적용될 수 있다.

가네(1965, 1999)는 학습 능력을 언어 정보, 지적 기능, 인지 방략, 운동 기능, 태도 등으로 분류하고, 지적 기능을 다시 학습 위계에 따라 변별, 개념, 원리, 문제해결 등으로 세분하였다. 이에 따르면, 문제해결을 위해서는 적용되는 원리를 먼저 학습해야 하고, 원리를 학습하려면 구성개념을 먼저 학습해야 한다. 따라서 교사가 상위의 학습과제를 구성하는 하위기능을 분석하고 그 하위기능의 숙달 정도를 파악할 수 있으면 학생들과 해당 학습과제를 다루기 위해서 어떤 기능을 먼저 다루어야 하는지 결정할 수 있다.

라이겔루스(1993)는 줌 렌즈(zoom lens)를 통해 '정수'라 불리는 수업의 전체적 윤곽을 개념적, 절차적, 이론적으로 정교화하여 세부적인 학습과제를 확인할 것을 제안하였다. 개념적 정교화에서는 상위개념, 등위개념, 하위개념의 조직도를 고안하고, 개념 조직도에서 가장 중요하고 포괄적인 내용을 선정한 다음, 좀 더 구체적인 개념 요소의 상세한 내용을 탐색한다. 절차적 정교화에서는 먼저 가장 단순한 형태의 단계적 절차를 제시하고, 각 단계에 좀 더 세부적인 하위 절차를 포함시킨다. 마지막 이론적 정교화에서는 가장 기초적이고 단순한 원리를 먼저 제시하고, 점차 세부적이고 복잡한 원리들을 부연한다.

단원 중심의 교수 개발에서 학습과제의 제시는 보통 문제의 형식을 취한다. 그러나 지식이 사회적 상황 속에서 의미를 구성한다는 상황 인지의 관점에서 학습과제의 형식은 도달하고자 하는 학습 능력의 유형에 따라 달라질 수 있다. 예를 들면, 개념학습 상황에서 학습과제는 특정한 개념의 명칭과 속성 그리고 전형적 · 비전형적 사례와 대응 비사례로 구성된다. 학생들은 다양한 사례를 통해 공통된 속성을 발견하고 합당한 명칭을 찾아서 새로운 개념을 발견하거나, 범주적 개념의 명칭과 속성을 활용하여 경험되는 사례가 어떤 개념에 속하는 것인지 탐구한다. 또한 문제 중심의 학습 상황에서 학습과제는 문제 공간의 형식으로 제시될 수 있다. 문제 공간(problem space)은 현재 상태와 목표 상태 그리고 해결책을 안내하는 통로로 구성된다(Hayes, 1988). 학생들은 문제 공간에서 현재 상태와 목표 상태를 정의하고 그것들의 간극을 좁히기 위해서 여러 가지 해결 방략을 탐구하고 평가한다. 학습 장면을 구성하는 문제 사태와 이를 해결하는 과정에서 드러나게 될 지식, 기술, 태도 등의 구성요소는 단위수업의 수업목표를 중심으로 구체화되어 수업 맵을 구성하기 위한 주요 원천을 제공하게 된다.

⦿ 단계 4: 단원의 교수 전략 및 평가 방법 구체화

단원 중심의 교수 개발의 네 번째 단계는 단원의 수업목표와 학습과제를 중심으로 교수·학습 활동을 안내하기 위한 교수 전략을 개발하고 수업목표의 달성 여부와 부수적인 학습 성과를 확인하기 위한 평가 방법을 구체화하는 것이다. 교수 전략은 단원의 수업목표와 학습과제의 유형에 따라서 교사 중심 접근이나 학생 중심 접근을 채택할 수 있다. 교사 중심 접근에서는 교사가 교수목표를 설정하여 학습 자료와 함께 제시하고 설명하거나 직접 시범을 보이고 따라 하게 한다. 반면에 학생 중심 접근에서는 교사와 학생들 간의 교수적 대화는 물론 학생들 상호 간의 토론이나 협력 과정을 통하여 경험을 조직하고 개념을 구성하거나 문제해결의 원리를 탐색하여 적용한다. 때로는 장기간의 프로젝트 학습을 전개할 수도 있다.

전통적인 교수 체제 설계에서 강조되었던 객관적인 평가와 상대적인 비교를 위한 양적 측정도구를 개발하는 것은 단원 중심의 교수 개발에서 필수적인 요건이 아니다. 그 대신 개념적 발달과 문제해결 능력에서 학생들의 진전 상태를 점검하고 새로운 학습의 목표와 방향을 조정하기 위한 목적으로 질적 평가를 수행한다. 의도된 학습 성과는 물론 부수적인 학습 성과를 함께 확인한다. 학생들의 근접발달영역(Vygotsky, 1994)을 확인하기 위해서 역동적 평가를 도입하고 과정 중심 평가를 통하여 학습 결과는 물론 학습 중에 일어나는 변화도 함께 점검한다. 단계 6에서 개발한 수업 맵을 활용하면 교수·학습 과정을 통해서 형성된 학생들의 개념적 발달과 문제해결 능력의 진전 상태를 효과적으로 파악할 수 있다.

◉ 단계 5: 단원의 수업 내용 계열화

단원 중심의 교수 개발의 다섯 번째 단계는 단계 2~3에서 개발한 수업목표와 학습과제를 중심으로 단원의 수업 내용을 하나의 일관되고 실행 가능한 수업계획안으로 조직하고 계열화하는 것이다. 한 가지 방법은 가네(1965, 1999)가 제시한 학습 위계에 의한 과제 분석에 기초해서 수업목표를 중심으로 구조화하는 것이다. 또 다른 접근은 라이겔루스(1993)가 제시한 정교화 이론에 따라 각각의 정교화 수준에 배치된 조직 내용과 보조 내용을 개별 수업에 배치하는 것이다. 여기서 계열화된 수업목표와 학습과제는 미시적 수준의 교수 설계 과정에서 단위수업의 교수·학습 활동을 중심으로 다시 조직될 수 있다. 이 단계에서는 또한 메릴(Merrill, 1993, 1994)이 제시한 내용×수행 단위요소에 따라서 교수·학습 활동의 소요 시간과 자료 제시 방식이 주요 수업 장면과 함께 포괄적인 수준에서 정의될 수 있다.

단원 중심의 교수 개발에서는 단원의 수업 내용을 조직하고 계열화할 때 다음의 몇 가지 원칙을 적용할 수 있다.

첫째, 물리적 속성의 원리다. 단원의 수업 내용이 구체적인 사물이나 대상을 중심으로 구성되어 있는 경우에는 색상, 크기, 방향, 결, 온도, 밀도, 속도 등 물리적 속성에 따라 배열할 수 있다. 예를 들면, 규모가 작은 학습과제를 먼저 배치하고 큰 학습과제를 나중에 배치하거나, 세계의 기후 분포에 관한 학습과제를 배열할 때 뜨거운 기후대부터 시작해서 점차 차가운 기후대로 전개하는 것이다.

둘째, 경험적 순서의 원리다. 단원의 수업 내용이 특정 작업 과제 또는 기능적 절차와 관련되어 있는 경우에는 경험적 순서에 따라 조직하여 계열화할 수 있다. 예를 들면, 요리 과제를 다룰 때 작업 순서에 따라 재료 구하기,

재료 다듬기, 조립하기, 정리하기와 같은 순서로 배열하거나, 글쓰기 과제에서 주제 선정하기, 아이디어 생성하기, 아이디어 조직하기, 번역하기, 검토 및 수정하기 순서로 배치하는 것이다.

셋째, 논리적 순서의 원리다. 단원의 수업 내용이 개념적 위계 또는 복잡성의 원칙에 따라 구성되어 있는 경우 논리적 순서에 따라 조직하여 계열화할 수 있다. 예를 들면, 과학적 개념이나 수학적 원리를 다룰 때 복잡성 또는 학습 위계에 따라 단순 개념 또는 하위기능의 학습과제를 먼저 배치하고 복합 개념 또는 상위기능의 학습과제를 나중에 배치하거나, 문제해결 학습에서 문제 확인하기, 문제 정의하기, 대안 탐색하기, 대안 실행하기, 결과 평가하기 등의 순서로 배열하는 것이다.

넷째, 시간과 공간의 원리다. 역사적 사건의 경우 고대 사회로부터 현대 사회로 이동하거나 그 반대 방향으로 거슬러 가면서 시간의 전개 순서에 따라 학습과제를 배열할 수 있으며, 지리 탐구의 경우 가까운 장소로부터 먼 장소로 이동하거나 그 반대 방향으로 거슬러 가면서 공간의 전개 순서에 따라 학습과제를 배열할 수 있다. 사회문화 탐구의 경우 물리적 거리보다는 사회적 교류가 빈번한 심리적 거리에 따라 수업 내용을 조직하거나 계열화할 수 있다.

이 밖에도 경험의 원칙에 따라 친숙하고 쉬운 과제부터 배치하거나 학습자의 흥미를 중심으로 도전감, 놀라움, 호기심 등을 유발할 수 있는 학습과제를 먼저 배치할 수도 있다. 이 단계에서는 또한 단원에 포함된 각 수업목표를 달성하는 데 필요한 학습 시간을 산출하고 단원에 배정된 수업 시수를 고려하여 단원의 시간 사용 계획을 함께 마련해야 한다. 그러나 단위수업의 시간은 학교의 공식적인 수업 시간(40분 또는 45분)에 맞춰 고정할 필요는 없으며, 수업목표 또는 학습과제의 복잡성과 난이도에 따라 최소 30분에서 최대 80분 또는 90분까지 융통성 있게 배정될 수 있다. 따라서 교사는 각 단위수업의 교수·학습 활동에 필요한 시간을 중심으로 단원의 수업 계획을 전반적으로 재구성해야 하며, 단원에서 산출된 학습 시간과 배정된 수업 시간이 불일치할 경우 단계 2와 단계 3으로 돌아가서 수업목표와 학습과제를 조정할 수 있어야 한다.

◉ 단계 6: 단원의 수업 맵 작성

거시적 수준에서 단원 중심 교수 개발의 마지막 단계는 단원의 교수·학습 활동을 전반적으로 안내할 단원의 수업 맵을 개발하는 것이다. 이 단계의 중심 과제는 단계 2와 단계 3에서 확인된 단위수업의 수업목표와 학습과제를 중심으로 개념도 또는 지식 맵을 작성하고 단계 5에서 계열화된 수업의 흐름에 따라 단위수업의 개념도 또는 지식 맵을 배치하여 전체 단원의 수업 맵을 완성하는 것이다. 수업에서 개념도나 지식 맵을 구성하여 활용하는 것이 교수·학습 활동에서 상호작용을 촉진하고 교수의 효과성을 높이며 학생들의 지식 구조를 파악하는 데 긍정적으로 기여한다는 연구결과가 많이 보고되고 있다(Horton, McConney, Gallo, Woods, Senn, & Hamelin, 1993; Wiegmann, Dansereau, McCagg, Rewey, & Pitre, 1992).

수업 맵(instructional map)이란 교사와 학생, 교수와 학습, 내용과 과정 간의 상호 연결성을 구상하기 위한 개념 틀을 말하며, 교사가 수업 계획을 수립하고 교수 전략과 학습 자료를 개발하며 학생들과 상호작용하면서 이룩한 학습 성과는 물론 학습의 진행 상태와 미해결 과제를 성찰하는 데 도움이 된다(Timpson, 1999). 수업 맵은 선행조직자(Ausubel, 1968)처럼 학생들의 유의미 수용학습을 촉진하거나, 단원 종합자/요약자(Reigeluth, 1993)처럼 교수 활동을 정리하고 학습 성과를 점검하는 것과 비슷한 기능을 한다. 그러나 단원 중심의 교수 개발에서 의도하는 수업 맵은 교수·학습 실제에서 교사와 학생들이 공유하고 교수·학습을 전개하는 과정에서 상호작용하면서 서로의 아이디어와 사고 과정을 교환하는 학습 도구로 활용되며 단원 수업의 전반적인 진행 과정을 이해하고 학습의 진전 상태를 파악하기 위한 평가 도구로 활용될 수 있도록 이전의 생각을 한 단계 진척시킨 형태를 취한다.

단원 중심의 교수 개발에서는 각 단위수업의 수업목표와 학습과제를 중심으로 핵심 학습 요소를 추출하여 요약자/종합자 형태의 지식 맵을 작성하고, 이를 단원의 수업 흐름에 따라 배치하여 전체적인 수업 맵을 완성한다. 이때 단위수업의 지식 맵에는 관련된 학습 주제와 교수 전략을 간단히 병기할 수 있다. 좋은 수업 맵은 교사와 학생들의 상호작용을 촉진하고 학습 효과를 극대화할 수 있을 뿐만 아니라 학습 성과를 파악하기 위해 새로운 평가 방법을 개발하는 데 기여할 수 있다. 이러한 목적을 효과적으로 달성하려면 수업 맵은 다음과 같은 특징을 갖추어야 한다.

첫째, 수업 맵은 수업목표 설정과 학습과제 분석을 통해서 밝혀진 단원의 주요 아이디어를 충분히 포괄해야 한다.

둘째, 수업 맵은 경제적으로 조직되어야 한다. 원칙적으로 하나의 아이디어는 하나의 표상 공간만을 허용하여 중복되지 않도록 해야 한다.

셋째, 수업 맵은 학생들의 학습을 조장할 수 있도록 이해 가능하고 응집성과 사실성 그리고 수사학적 설득력을 갖춘 메시지를 포함해야 한다.

넷째, 수업 맵은 단위수업의 경계를 분명하게 구분하고 단원의 흐름과 전개 과정을 적절히 안내할 수 있어야 한다.

⦿ 단계 7: 단위수업의 전개 과정 구체화

거시적 수준에서 단원 중심의 교수 설계가 어느 정도 완성되면 미시적 수준에서 단위수업을 위한 교수 · 학습 활동을 설계한다. 교사는 먼저 교수 · 학습 활동의 기본 구성요소를 파악하여 단위수업의 전개 과정을 구체화해야 한다. 이 단계는 엄밀한 의미에서는 단원 중심의 교수 설계가 완성된 후에 진행되는 추수 활동이라고 할 수 있지만, 좀 더 적실한 의미에서는 전통적인 교실에서 교사가 수업을 계획할 때 가장 많은 시간과 노력을 투입할 정도로 교수 개발의 중요한 과정이다.

단위수업을 설계할 때 교사는 먼저 수업목표와 학습과제를 포괄하는 학습 주제를 정하고, 주어진 시간 범위 안에서 다룰 수 있는 소수의 표준 학습과제를 선정하여 주요 수업 사태와 교수 전략, 교수 매체와 학습 자료, 수업의 주안점 및 유의사항 등을 제시한다. 그런 다음, 수업목표를 달성하기 위한 표준 학습과제를 중심으로 채택된 교수 전략을 일관되게 반영하는 일련의 수업 사태를 따라서 교수·학습 활동의 전개 과정을 구체적으로 기술한다. 이 작업을 수행할 때 교사는 학생들에게 교수·학습 활동을 좀 더 매력적인 것으로 만들기 위해 숙고해야 한다. 동기설계 이론(Keller, 1993, 2013)의 관점에서 볼 때, 매력적인 수업 활동은 학생들의 흥미와 주의를 끌고 그들의 요구와 목표에 적합해야 한다. 또한 교사는 학생들에게 자신감을 고취하여 학습과제에 성공할 수 있다고 믿음을 갖도록 돕고 적절한 보상과 강화를 제공하여 만족감을 느낄 수 있도록 안내한다. 이를 위해서 교사는 수업 활동을 설계할 때 다음의 몇 가지 성찰적인 질문을 하고 가능한 전략을 모색할 수 있다(켈러, 송상호, 1999; Keller, 2013).

- 주의집중(Attention): 학생들의 주의를 환기하고 유지하기 위해서 어떻게 하면 학습 경험을 좀 더 자극적이고 재미있게 할 수 있는가? (가능한 전략) 수업 자료를 다양하게 제시하기, 추상적 개념을 제시할 때 구체적인 예를 사용하기, 신기함과 불일치로 학생들의 관심을 유도하기 등
- 적합성(Relevance): 학습 경험은 어떤 측면에서 학생들의 요구와 목표에 적합하며 그들에게 가치를 지니고 있는가? (가능한 전략) 새로운 학습과제에 친숙하게 하기, 학습 내용의 현재 가치를 설명하기, 현재 학습하는 내용이 가치 있는 미래 활동에 유용하다는 점을 확인시키기 등
- 자신감(Confidence): 학생들이 자신감을 갖고 학습과제에서 스스로 성공을 경험하게 하려면 어떤 도움이 필요한가? (가능한 전략) 명료한 학습목표를 전달하기, 난이도의 증가에 따라 학습과제를 계열화하기, 학생들 스스로 학습 진도를 조정하도록 맡기기 등
- 만족감(Satisfaction): 학생들이 학습 결과에 만족감을 느끼고 학습 경험을 계속하게 하려면 어떤 도움이 필요한가? (가능한 전략) 수행에 대한 피드백을 통해 강화를 촉진하기, 다양한 실제 상황에 성공적으로 일반화하기 등

또한 교사는 포괄적인 수업처방 이론(Gagné & Briggs, 1989) 또는 상황 학습 이론(Lave & Wenger, 1991)의 관점에서 제안된 다양한 접근방식을 참고하여 단위수업의 전개 과정을 구체화할 수 있다. 포괄적 수업처방 이론에서는 단위수업에서 학생들의 학습 과정을 촉진하기 위해 아홉 가지 수업 사태를 계열화하여 제시하고 있다. 그것은 주의를 집중시키기, 학습목표를 고지하여 동기를 유발하기, 선행지식의 재생을 자극하기, 자극 자료를 제시하기, 학습 안내를 제공하기, 수행을 유도하기, 피드백을 제공하기, 수행을 측정하기, 파지와 전이를 촉진하기 등이다(Gagné & Driscoll, 1993). 반면, 상황 학습 이론에서는 학습을 정신 과정보다는 사회적 관계로 인식하기 때문에 교실에서의 내용 전달보다는 현장에서의 지식 생성과 업무 추진 과정에 관심을 둔다(Fox, 1997).

단원 중심의 교수 개발에서는 단위수업의 전개 과정을 도입 활동, 전개 활동, 정리 활동으로 구분하여 구체화할 수 있으며, 각 활동에서 수업 맵의 활용 계획을 함께 제시해야 한다. 도입 활동에서는 단원의 수업 맵을 중심으로 사전학습 내용을 상기시키며 본시의 수업목표와 학습 주제를 제시하고 표준 학습과제를 중심으로 개략적인 활동을 소개한다. 전개 활동에서는 수업 맵을 기반으로 개발된 학습 자료를 제시하고 선정된 교수 전략에 따라 학습 활동을 안내하고 전개한다. 한 가지 유용한 접근은 학습자의 학습 전 초기 상태와 학습 결과 도달하게 될 목표 상태를 정의하는 각각의 학습 맵을 개발하여 활용하는 것이다. 학습 맵(learning map)이란 학습 활동 전과 후 학생들의 지식 상태를 나타내는 일종의 개념도를 말하며 단위수업에서 학생들의 학습 활동을 촉진할 목적으로 개발되어 사용된다. 초기 상태의 학습 맵은 학습 활동에서 다루게 될 표준 학습과제 또는 사실 중심의 경험 자료를 중심으로 작성되며, 목표 상태의 학습 맵은 학습 결과로 기대되는 학습자의 지식 구조가 개념도의 형식으로 작성된다. 교사는 초기 상태의 학습 맵을 제시하여 학습 과제 또는 학습 경험을 정의하고, 학생들에게 일련의 학습 활동을 전개하여 학습과제를 수행하거나 학습 경험을 조직하도록 안내한다. 마지막 정리 활동에서는 학습 활동을 통해 도달한 학습자의 지식 상태를 바탕으로 목표 상태의 학습 맵을 완성하여 학습 성과를 점검하고 수업 초점에 비추어서 학습 활동에 새로운 의미와 가치를 부여한다.

이 단계에서 교사는 또한 학습 활동을 설계하고 실행하는 연출가의 역할을 수행한다. 교사는 선정된 표준 학습과제를 소재로 주요 학습 장면에서 학생들의 배역을 정하고 수업 각본을 구성하고 연출한다는 점에서 전통적인 접근방식들보다 좀 더 서사적인 작가 겸 감독자의 역할을 수행한다. 교사는 단순한 지식 구성의 안내자 또는 촉진자를 넘어 학습 공간을 설계하고 학습 활동을 연출하는 학습 건축가가 되어야 한다.

◉ 단계 8: 단위수업을 위한 매체와 자료 제작

미시적 수준에서 단위수업의 전개 과정을 구체화하는 일이 마무리되면, 실제 교수·학습 활동을 전개하는 과정에서 활용할 수업 자료를 개발하는 작업이 뒤따르게 된다. 켈러의 동기설계 이론(Keller, 1993, 2013)의 관점에서 수업 자료 역시 학생들에게 좀 더 매력적인 것으로 설계되고 개발되어야 한다.

이 단계에서 교사는 또한 ASSURE 모형(Heinrich, Molenda, Russell, & Smaldino, 1996; Smaldino, Lowther, & Russell, 2011)에서와 같이 그 자체가 하나의 체제적 접근을 채택할 수도 있다. 이 모형은 학습자 분석(Analyze learners), 수업목표 진술(State objectives), 교수 전략·매체·자료 선정(Select methods, media, and materials), 매체와 자료의 활용(Utilize media and materials), 학습자 참여 유도(Require learner's participation), 평가와 수정(Evaluate and revise) 등 여섯 단계를 포함한다. 교사는 수업목표와 학습과제 그리고 교수 전략 및 평가 방법을 고려하여 적합한 매체와 자료를 선정하거나 개발하고 적절한 활용 계획과 학습자 참여 유도 방법을 강구하는 일에 집중할 필요가 있다.

단원 중심의 교수 개발에서는 단원의 수업 맵을 기반으로 단위수업의 수업 자료를 개발한다. 라이겔루스(1993)가 제안한 종합자/요약자는 하나의 홀륭한 수업 자료가 될 수 있다. 이 시각 자료는 핵심 학습 내용에 대한 진술을 포함하고 있어 판서 계획을 대신할 수 있다는 이점이 있다. 그러나 단위수업의 수업 자료는 학습 전 초기 상태의 학습 맵과 학습 결과 도달하게 될 목표 상태의 학습 맵 그리고 이러한 학습 맵의 변화 과정을 안내할 교수 전략과 학습 활동의 개요를 포함해야 한다. 초기 상태의 학습 맵은 학습 활동에서 다루게 될 표준 학습과제 또는 사실 중심의 경험 자료를 중심으로 작성되며, 목표 상태의 학습 맵은 학습 결과로 기대되는 학습자의 지식 구조를 개념도의 형식으로 작성된다. 교사는 단원의 수업 맵을 기반으로 단위수업의 수업목표와 학습과제 그리고 교수 전략을 고려하여 교수 · 학습 활동에 맞게 수업 자료를 조직한다. 예를 들면, '합하면 10 이상이 나오는 한 자리 수 더하기' 과제의 경우 교수 · 학습 과정에서 다룰 표준 학습과제(예: 5+7=?, 8+5=? 등)를 중심으로 초기 상태의 학습 맵을 작성하고 표준 학습과제의 공통 구조를 하나의 통일된 상징체계(예: □+□=10+□…1□ 또는 a+b=c)로 전환하여 목표 상태의 학습 맵을 작성할 수 있다.

수업 자료를 개발할 때 교사는 이미 개발되어 있는 것 중에서 선정하여 수정하거나 새롭게 제작할 수 있다. 어느 경우든 시각 디자인의 원리를 고려해야 한다. ABC-DEFGH의 원리에 따르면, 자료를 개발할 때 배열(Arrange), 균형(Balance), 색상(Color)을 잘 사용하면 역동성(Dynamism), 강조(Emphasis), 사실성(Fidelity), 조화(Graphic Harmony)를 높일 수 있다. 새로운 자료를 개발할 때에는 학생들의 발달 수준을 적절히 고려해야 하며, 특히 이미 개발된 자료를 활용할 때에는 저작권에 저촉되지 않도록 각별히 유념할 필요가 있다.

◉ 단계 9: 프로그램의 실행 · 평가 · 수정

단원 중심의 교수 개발에서 마지막 단계는 체제적인 접근에 의해서 개발된 교수 프로그램을 교수 · 학습 실제에서 실행하고 평가하여 드러난 문제점을 개선하기 위해서 프로그램의 일부 또는 전체 과정을 수정하는 일이다. 개발된 교수 프로그램의 실행 단계에서는 단원의 수업 맵을 중심으로 단원의 수업 흐름을 유지하고 단위수업의 위치와 의미를 확인한다. 단위수업을 전개할 때 확장된 학습 맵을 중심으로 수업 자료를 활용하여 표준 학습과제를 수행하고 목표 상태의 학습 맵을 완성하여 학습의 진전 상태와 학습 성과를 점검한다.

교수 프로그램에 대한 평가는 1:1의 개별적인 평가, 소집단 평가, 대집단 평가를 통해서 가능하며, 어떤 경우든 학생들의 교육적 필요가 어느 정도 반영되고 충족되었는지에 대한 전반적인 검토와 함께 교수 프로그램의 효과성, 효율성, 매력성이라는 측면에서 질적인 분석을 토대로 한 프로그램의 개선점을 확인하는 일에 초점이 맞추어져야 한다. 또한 동기설계 이론(Keller, 1993, 2013)의 관점에서 학생들에 대한 프로그램의 매력성, 관련성, 유능성, 만족도에 대한 평가가 함께 이루어져야 하며, 의도된 학습 성과는 물론 의도하지 않은 학습 성과도 확인하여 차기 교수 개발에 반영할 필요가 있다. 이 과정에서 드러난 문제점을 개선하는 과정에서는 교사의 성찰적인 노력이 요구되며 성숙한 교사의 원조를 받을 수 있는 기회를 마련하는 일이 중요하다.

이상에서 제시한 단원 중심의 교수 프로그램을 개발하기 위한 아홉 단계는 구체적인 교수 개발의 실행 과정에서 좀 더 세분화되거나 융통성 있게 변형될 수 있을 것이다. 뿐만 아니라 이 모형을 교사 교육 프로그램에 적용하는 과정에서는 학생들의 창조적인 지식 구성을 융통성 있게 반영할 수 있어야 한다. 최근에 활발하게 논의되고 있는 구성주의 학습 이론은 이 과정에서 중요한 이론적 기반을 제공하고 있다.

적용 사례

이 절에서는 단원 중심 교수 개발을 실제 교과에 적용한 사례를 제시한다. 초등학교 사회과의 '제주도의 내력' 단원과 초등학교 과학과의 '식물의 세계:

숲과 정원' 단원을 중심으로 개발된 단원 중심 교수 프로그램이다. 이 절에서 제시되는 단원 중심 교수 프로그램은 교육대학교에 재학 중인 학생들이 팀 프로젝트 학습을 통하여 개발한 것이다. 해당 교과와 관련된 심화과정을 전공하는 학생들이 하나의 팀을 구성하여 기존의 교육과정을 분석하며, 단원의 수업 초점과 수업목표를 결정하고 학습과제와 교수 전략 그리고 평가 방법을 구체화하여 수업 내용을 계열화한 다음, 이를 기반으로 단원의 수업 맵을 작성하였다. 또한 단위수업을 전개하는 과정에서 교수 · 학습 활동을 안내하기 위해 사용할 목적으로 개발된 학습 맵의 예도 함께 제시한다.

사례 1 사회과의 교수 개발

초등학교 사회과의 '제주도의 내력' 단원은 학생들에게 지역사회에 대한 이해를 높이기 위해 개발된 지역 교육과정이다. 이 단원은 초등학교 5학년을 대상으로 총 7차시(280분)에 걸쳐 전개하도록 구성되어 있다. 단원의 내용과 구조를 분석하여 단원 중심의 교수 개발을 적용한 결과, 3개 수업 초점과 6개 수업목표를 확인하였다. 따라서 7차시로 되어 있는 전체 단원을 6개의 단위수업으로 재편하여 학습과제와 교수 전략 그리고 평가 방법을 구체화하고 수업 내용을 조직하고 계열화하였으며, 이를 기반으로 단원의 수업 맵을 완성하였다. 이어서 각 수업목표와 학습과제를 중심으로 단위수업의 시나리오를 구성하고 수업 자료를 제작하였다. 전체 단원의 수업 초점, 단원의 수업목표와 학습과제/교수 전략/평가 방법, 단원의 수업 맵([그림 2-3] 참조), 수업목표4와 연관된 단위수업의 수업 자료를 제시하면 다음과 같다. 단위수업의 수업 자료에는 [그림 2-4]에 제시된 것과 같은 학습 맵이 포함되어 있다.

- 단원명
  - 제주도의 내력

• 단원의 수업 초점

- 우리 고장의 역사를 올바른 방식으로 이해하고 있는가?
- 역사적 사건과 문화유산을 바라보는 자세가 변하고 있는가?
- 합리적인 생활습관을 계획하여 실천하고 있는가?

• 단원의 수업목표와 학습과제/교수 전략/평가 방법

1 제주도의 탄생 설화를 이해한다.**【40분】**

- 교사는 삼성 신화의 텍스트를 제시하고, 학생들은 [역할극]을 활용하여 제주도의 탄생 설화를 시연한다.

2 시대별로 제주도의 명칭과 행정구역의 변천 과정을 진술한다.**【40분】**

- 교사는 제주도의 주요 행정 연대표를 제시하고, 학생들은 [협동학습]을 전개하여 제주도의 시대별 명칭과 행정구역을 중심으로 역사적 변천지도를 작성하여 발표한다.

3 시대별로 제주도에서 발생한 주요 사건과 인물을 관련지어 진술한다.**【40분】**

- 교사는 제주도의 주요 사건 연대표를 제시하고, 학생들은 [협동학습]을 전개하여 주요 역사적 사건에 대해서 관련 인물을 중심으로 사건일지를 작성하여 발표한다.

4 제주도의 주요 문화재를 유형별로 분류한다.**【40분】**

- 교사는 문화재가 표기된 제주도 지도를 제시하고, 학생들은 [협동학습]을 전개하여 제주도 문화재의 개념도를 작성하여 발표한다.

5 제주도의 문화재 속에서 선조들의 생활모습을 이해한다.**【60분】**

- 교사는 제주도 민속박물관에 비치된 사진 자료를 제시하고, 학생들은 [토론학습]을 전개하여 사진 자료를 바탕으로 제주도에 살았던 선조들의 생활모습을 정리하여 발표한다.

6 제주인의 생활의식 속에서 합리적 생활습관을 재현할 수 있다.**【60분】**

- 교사는 단원의 학습 결과를 정리하여 제시하고,
  학생들은 [토론학습]을 전개하여 선조들의 생활 지혜를 실천할 수 있는 구체적인 방법을 정리하여 발표한다.

• 단원의 수업 맵(6목표, 7차시 280분)

- 이 수업 맵은 6개 수업목표를 중심으로 7차시(280분) 분량의 단원을 6개 단위수업으로 재편한 것이다. 각 단위수업의 학습 주제와 교수 전략을 함께 제시한다.

【단원명】 제주도의 내력

1 기원[역할극]

설문대할망

삼성설화

2 시대적 변천[협동학습]			3 사건과 인물[협동학습]	
1,000년 전		삼국 시대 (탐라국)	고후/고청/고계	신라 입조
600년 전		고려 시대 (탐라군)	○○○ 김통정/김방경 ○○○	고려 복속 항몽(삼별초) 탐라총관부 설치
300년 전		조선 시대 (제주목)	이형상/김남길 ○○○ 김정희 외 이재수	탐라순력도 제작 빈민구휼 유배문화(세한도) 신축민란

100년 전		일제 강점기 (濟州島)	○○○ 김장환 김시범/김시은 ○○○	기유항일의병 3·1독립운동 민족교육운동 해녀항일운동
75년 전 (1946. 8.~ 1955. 8.)		미군정 시대 (濟州道)	○○○ ○○○ 김달삼/이덕구	제주도 승격 3·1만세운동 4·3사건 발생
25년 전 (1955. 9.~ 2006. 6.)		대한민국 (제주도)	이중섭 맥그리치 신부 ○○○ ○○○	6·25피란(흰 소) 농촌계몽운동 한·소 정상회담 4·3사건법 제정
2006. 7.~ 현재		대한민국 (제주특별 자치도)	○○○ 김방언/양방언 서명숙 ○○○	세계평화의 섬 문화예술활동 제주올레길 개척 4·3 추념일 지정

	4 문화재 [협동학습]	5 생활모습 [토론학습]	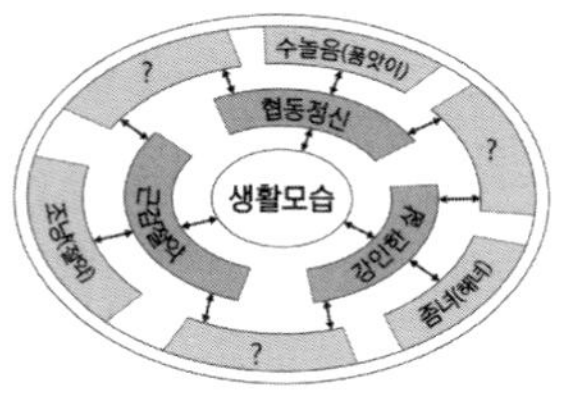

6 합리적인 생활습관[토론학습]
제주 역사 알기
자긍심 함양
생활 문화 알기

[그림 2-3] 사회과 단원의 수업 맵

출처: 송재홍(2001b).

- 수업목표[4]와 연관된 단위수업의 수업 자료
  - 수업목표[4]: 제주도의 주요 문화재를 유형별로 분류한다.**【40분】**
  - 교사는 문화재가 표기된 제주도 지도를 제시하고,
    학생들은 [협동학습]을 전개하여 제주도 문화재의 개념도를 작성하여 발표한다.

초기 상태

제주도 문화재 | 협동학습 [T-P-S]

목표 상태

[그림 2-4] 수업목표[4]와 연관된 단위수업의 학습 맵

출처: 송재홍(2001b).

- 수업목표④와 연관된 교수 · 학습 활동
  - 단위수업은 대체로 도입-전개-정리의 세 단계로 진행된다.
  - 도입 단계에서는 교사가 단원의 수업 맵을 활용하여 학생들에게 사전 학습을 상기시키고 학습 주제와 학습 활동을 안내한다.
  - 전개 단계에서 교사는 초기 상태의 학습 맵을 제시하면서 제주도 전역에 분포된 문화재를 설명하고, 학생들은 협동학습을 통해 학습과제를 수행한다. 한 가지 접근방식은 T-P-S, 즉 'Think-Pair-Share'의 원칙을 따르는 것이다. 먼저, 문화재의 의미와 종류에 대해 각자의 생각을 정리하고(T), 이어서 단짝 대화로 생각을 교환한다(P). 끝으로, 모둠 활동을 통하여 문화재 유형에 대한 개념도를 작성한다(S).
  - 정리 단계에서는 전체 학생이 모여서 모둠별로 작성한 개념도의 내용을 발표하고, 교사는 목표 상태의 학습 맵을 활용하여 학생들의 발표 내용을 정리하고 단원의 수업 맵을 활용하여 차기 수업의 학습 주제와 학습 활동을 안내한다.

◉ 논평

초등학교 사회과의 '제주도의 내력' 단원에 대해서 개발된 단원 중심 교수 프로그램의 구성 내용에는 해당 단원의 수업 초점, 수업목표와 학습과제/교수 전략/평가 방법, 수업 맵 등이 포함되어 있으며, 수업목표④와 연관된 단위수업의 수업 자료와 교수 · 학습 활동이 함께 제시되어 있다. 단원의 수업 초점은 초등학교 4학년 사회과의 '제주도의 내력'이라는 단원을 통해서 학생들의 삶이 어떻게 변화하기를 기대하는지에 대한 교사의 의도를 반영하고 있으며, 수업목표는 단위수업을 통해서 달성하고자 하는 최종 목표로서 학습 능력과 학습과제, 교수 전략 등을 함께 기술하고 있다. 또한 수업 맵은 수업목표를 중심으로 단위수업을 통해 도달하고자 하는 학생들의 지식 구조를 개념도 또는 지식 맵의 형태로 일목요연하게 제시하고 있으며, 단원의 수업 흐름을 쉽게 파악할 수 있도록 계열적으로 조직되어 있다. 따라서 교사와 학생들은 단원의 수업 맵을 통해서 수업 흐름을 정확하게 파악할 수 있고 단위수업의 학습 주제와 교수·학습 활동을 쉽게 이해할 수 있다. 예를 들면, '제주도의 탄생 설화를 이해한다.'라고 하는 수업목표[1]에서는 제주도에 전해 내려오는 〈설문대할망 신화〉와 〈삼성 설화〉를 중심으로 학생들이 관련된 텍스트를 읽고 간단한 대본을 구성하여 역할극을 재연해 보고 오늘날 제주도의 인구 분포 또는 산업 구조와 어떤 관련성이 있는지를 추론할 수 있다.

한편, 단위수업의 수업 자료는 수업목표를 중심으로 학습과제와 교수·학습 활동을 포괄적이고 간결하게 구조화하고 있다. 초기 상태의 학습 맵과 목표 상태의 학습 맵을 제시하여 단위수업에서 학생들에게 기대되는 지적 구조의 변화를 잘 나타내고 있으며, 그러한 변화를 위해서 시도해야 할 교수·학습 활동을 명시하고 있다. 단위수업은 대체로 도입-전개-정리의 세 단계로 진행된다. 수업목표[4]와 관련하여 전개 단계에서 교사는 초기 상태의 학습 맵을 제시하면서 제주도 전역에 분포된 문화재를 설명하고, 학생들은 'Think-Pair-Share'의 원칙에 따라 협동학습을 전개하고 학습과제를 수행한다. 먼저, 문화재의 의미와 종류에 대해 각자의 생각을 정리하고(T), 이어서 단짝 대화로 생각을 교환한다(P). 끝으로, 모둠 활동을 통하여 문화재 유형에 대한 개념도를 작성한다(S). 이 과정에서 교사는 또한 수업 맵을 역동적 평가 도구로 활용하여 학생들의 학습 성과와 진전 상태를 점검하고 교수 활동을 조율할 수 있다.

사례 2 과학과의 교수 개발

'2015 개정 교육과정'(교육부, 2015)에 따르면, 초등학교에서는 3~4학년군과 5~6학년군으로 구분하여 교육과정을 편성·운영하도록 하고 있다. 과학과의 경우, 학생들은 3~4학년군에서는 '식물의 한살이'(4-1)와 '식물의 생활'(4-2)을 학습하고, 5~6학년군에서는 '생물과 환경'(5-2)과 '식물의 구조와 기능'(6-1)을 학습한다. 이러한 일련의 단원은 학생들에게 숲 생태계를 구성하고 있는 다양한 식물의 특징과 종류를 이해하고 그들의 구조와 기능을 탐색하며 각종 산림자원의 활용과 보전을 위한 올바른 태도를 형성하도록 안내하기 위한 것이다. 여기서는 초등학교 4학년 또는 5학년 학생을 대상으로 총 9차시 분량(360분)의 학습 내용을 중심으로 교수 · 학습 활동을 전개하기 위한 단원 중심의 교수 프로그램이 제시되어 있다. 단원명은 '식물의 세계: 숲과 정원'으로 정하고 단원의 내용과 구조를 분석하여 단원 중심의 교수 개발을 적용한 결과, 3개 수업 초점과 6개 수업목표가 확인되었다. 따라서 전체 단원은 6개의 단위수업으로 재편되어 학습과제와 교수 전략 그리고 평가 방법을 구체화하고 수업 내용을 조직하고 계열화하였다. 이를 기반으로 단원의 수업 맵이 완성되었으며, 각 수업목표와 학습과제를 중심으로 단위수업의 시나리오를 구성하고 수업 자료를 제작하였다. 전체 단원의 수업 초점, 단원의 수업목표와 학습과제/교수 전략/평가 방법, 단원의 수업 맵([그림 2-5] 참조), 수업목표[1]과 연관된 단위수업의 수업 자료를 제시하면 다음과 같다. 단위수업의 수업 자료에는 [그림 2-6]에 제시된 것과 같은 학습 맵이 포함되어 있다.

- 단원명
  - 식물의 세계: 숲과 정원

- 단원의 수업 초점
  - 식물(나무)의 생김새와 특성을 이해하고 있는가?
  - 식물(나무)의 생명 현상과 성장 과정을 이해하고 있는가?
  - 산림자원의 다양한 용도와 보호 방안을 이해하고 있는가?

- 단원의 수업목표와 학습과제/교수 전략/평가 방법
  [1] 식물의 다양한 모습을 진술한다.**【40분】**
    - 교사는 다양한 식물 생태계의 사진을 제시하고,
      학생들은 [협동학습]을 전개하여 식물의 특징을 파악한다.

2 식물의 생김새(구조)를 확인하여 설명한다.【40분】

- 교사는 생태계에서 수집한 다양한 식물의 사진을 제시하고,
  학생들은 [협동학습]을 전개하여 식물의 구조를 탐구하여 정리한다.

3 식물의 생명 현상으로서 증산작용과 광합성 원리를 증명한다.【80분】

- 교사는 식물을 재배하는 화분과 실험도구(비닐봉지)를 제시하고,
  학생들은 [실험도구]를 활용하여 증산작용과 광합성 원리를 시연한다.

4 식물(나무)의 성장 과정과 계절 변화에 따른 생태계 변화를 설명한다.【80분】

- 교사는 성장 단계와 계절 변화에 따른 식물의 다양한 모습을 제시하고,
  학생들은 [토론학습]을 전개하여 나무의 한살이 과정을 탐색하여 정리한다.

5 다양한 형태의 산림자원과 그것의 주요 용도를 진술할 수 있다.【80분】

- 교사는 산림자원의 개발 및 활용에 관련된 동영상 자료를 제시하고,
  학생들은 [토론학습]을 전개하여 산림자원의 종류와 용도를 정리하여 발표한다.

6 산림자원과 생태계를 보존하기 위해 올바른 생활습관을 실천할 수 있다.【40분】

- 단원의 학습 결과를 정리하여 제시하고,
  학생들은 [토론학습]을 전개하여 산림자원과 생태계의 보전을 위해 올바른 생활습관을 실천할 수 있는 구체적인 방법을 정리하여 발표한다.

- 단원의 수업 맵(6목표, 9차시 360분)
  - 이 수업 맵은 6개 수업목표를 중심으로 9차시(360분) 분량의 학습 내

용을 6개의 단위수업으로 재편한 것이다. 각 단위수업의 학습 주제와 교수 전략이 함께 제시되어 있다.

【단원명】 식물의 세계: 숲과 정원

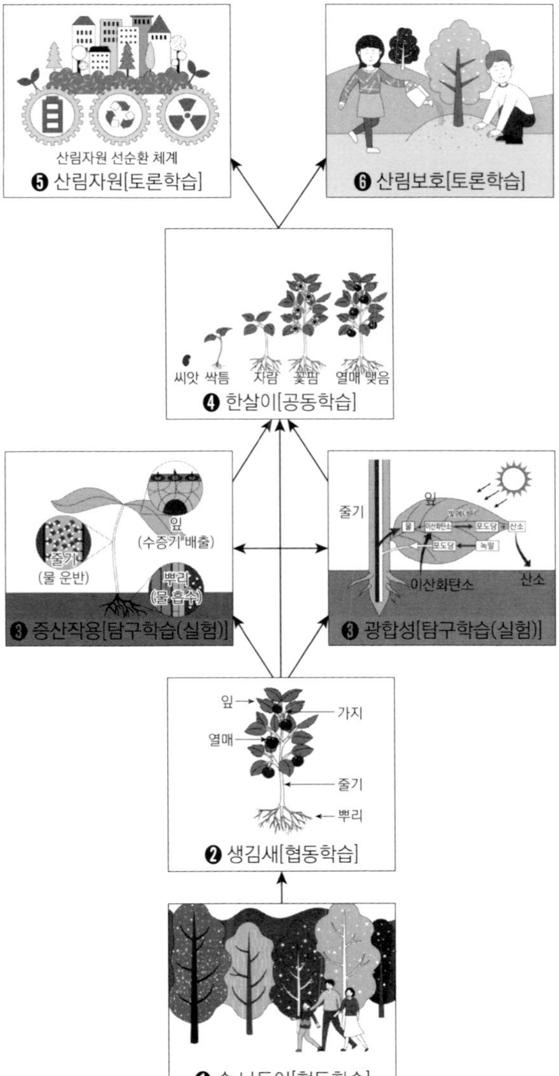

[그림 2-5] 과학과 단원의 수업 맵

• 수업목표[1]과 연관된 단위수업의의 수업 자료
  - 수업목표[1]: 식물의 다양한 모습을 진술한다.**【40분】**
  - 교사는 다양한 식물 생태계의 사진을 제시하고,
    학생들은 [협동학습]을 전개하여 식물의 특징을 파악한다.

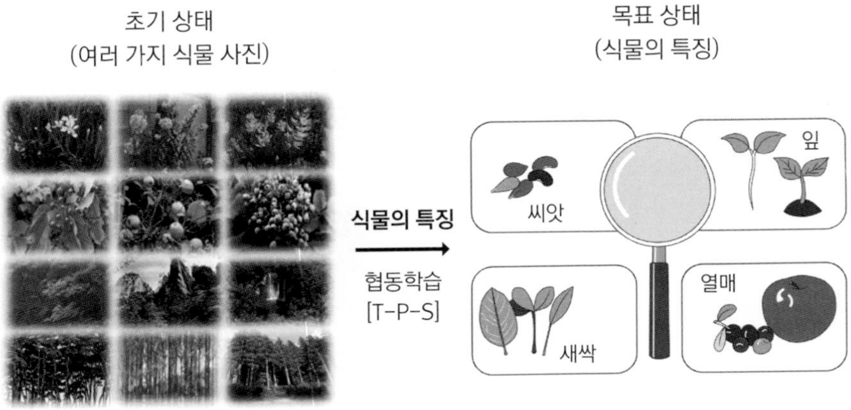

[그림 2-6] 수업목표[1]과 연관된 단위수업의 학습 맵

• 수업목표[1]과 연관된 교수 · 학습 활동
  - 단위수업은 대체로 도입-전개-정리의 세 단계로 진행된다.
  - 도입 단계에서 교사는 이전 학기에서 학습한 관련 단원을 중심으로 학생들에게 사전학습을 상기시키고, 단원의 수업 맵을 활용하여 단원의 흐름을 소개하고 수업목표[1]과 관련된 단위수업의 학습 주제와 학습 활동을 안내한다.
  - 전개 단계에서는 교사가 초기 상태의 학습 맵을 제시하면서 다양한 종류의 나무와 식물을 소개하고, 학생들은 협동학습을 통해 학습과제를 수행한다. 앞에서 소개한 T-P-S, 즉 'Think-Pair-Share'의 원칙에 따라서, 먼저 식물의 구조와 씨앗, 떡잎 모양, 잎새와 껍질 등 여러 가지 특징을 파악하여 각자의 생각을 정리하고(T), 이어서 단짝 대화로

생각을 교환한다(P). 끝으로, 모둠 학습을 통하여 식물의 특징을 나타내는 도표를 작성한다(S).

- 정리 단계에서는 전체 학생이 모여서 모둠별로 작성한 내용을 발표하고, 교사는 목표 상태의 학습 맵을 활용하여 학생들이 발표한 내용을 정리하고 단원의 수업 맵을 활용하여 차기 수업의 학습 주제와 학습 활동을 안내한다.

◉ 논평

과학과의 경우 단원을 통해 도달하고자 하는 학생들의 지식 구조가 개념의 위계 또는 탐구의 절차에 따라 구조적으로 표현될 수 있고 단원의 수업 흐름이 비교적 명확하기 때문에 교사는 단원의 수업목표와 학습과제를 좀 더 명료하게 제시할 수 있고 단원의 수업 맵을 좀 더 체계적으로 작성할 수 있다. 초등학교 4학년 과학과 '식물의 세계: 숲과 정원'이라는 주제 중심 단원의 수업 초점에는 나무와 식물을 소재로 한 일련의 학습 활동을 통해서 식물의 생태계에 대한 학생들의 지적 구조와 태도가 어떻게 변하기를 기대하는지에 대한 교사의 의도가 잘 드러나고 있으며, 수업목표에서는 단위수업을 통해서 달성하고자 하는 학습 능력이 학습과제, 교수 전략 등과 함께 잘 제시되어 있다. 또한 단원의 수업 맵은 6개의 수업목표를 중심으로 9차시(360분) 동안 전개할 단원의 흐름에 따라 단위수업의 학습 주제와 학습 활동 그리고 교수 사태를 구조적으로 잘 표현하고 있다.

단위수업의 수업 자료 역시 수업목표를 중심으로 학습과제와 교수 · 학습 활동을 포괄적이고 간결하게 구조화하고 있다. 초기 상태의 학습 맵과 목표 상태의 학습 맵을 제시하여 단위수업에서 학생들에게 기대되는 지적 구조의 변화를 잘 나타내고 있으며, 그러한 변화를 이룩하기 위해서 시도해야 할 교수 · 학습 활동을 명시하고 있다.

일반적으로 단위수업의 전개 과정은 도입-전개-정리의 세 단계로 이루어진다. 수업목표[1]과 관련하여 전개 단계에서 교사는 초기 상태의 학습 맵을 제시하면서 숲의 생태계를 이루고 있는 다양한 식물의 모습을 소개하고, 학생들은 'Think-Pair-Share'의 원칙에 따라 협동학습을 전개하고 학습과제를 수행한다. 먼저, 씨앗, 떡잎 모양, 잎새와 껍질 등 식물의 특징을 파악하여 각자의 생각을 정리하고(T), 이어서 단짝 대화로 생각을 교환한다(P). 끝으로, 모둠 학습을 통하여 식물의 특징을 나타내는 도표를 작성한다(S). 이 과정에서 교사는 또한 수업 맵을 역동적 평가 도구로 활용하여 학생들의 학습 성과와 진전 상태를 점검하고 교수 활동을 조율할 수 있다.

성과와 과제

이 장에서는 교수 개발 전문가로서 교사가 갖추어야 할 전문적 역량에 대해 고찰하고, 앎에 대한 세 가지 관점과 교수 개발의 주요 쟁점을 논의하였으며, 단원 중심 교수 개발의 원리와 절차를 제시하고 구체적인 적용 사례를 소개하였다. 마지막 절에서는 단원 중심 교수 개발의 성과와 한계를 살펴보고 교사의 전문적 역량 개발에 주는 시사점을 논의한다.

성과와 한계

20세기에 교수공학 및 교수 설계 이론의 발달과 교직 사회에 불었던 전문성 논쟁 그리고 제7차 교육과정에서 강조했던 교육과정 중심 학교 교육 체제와 교육의 질 개선을 위한 수요자 중심 교육의 실천 방안(예: 수준별 교육과정, 수행평가 등)은 교사에게 수업 전문가로서 교수 개발 역량을 더욱 강화할 것을 요구하고 있다. 나아가 '2015 개정 교육과정'에서는 교과 영역의 균형 학습을 가능하게 하는 교과목 편재를 개발하고 교과 교육과정에서 단편 지식보다 핵심 원리를 이해시키며 특히 학습 내용을 엄선하여 유기적으로 조직할 것을 요구하고 있다(이상수, 2017). 이를 통하여 학생들은 세부 학습 영역

사이의 상호 관련성과 교과 간 학습 내용의 연계성을 통합적으로 이해하여 융합적인 사고를 함양할 수 있어야 한다.

단원 중심의 교수 개발은 이러한 요구에 어느 정도 부합하며, 교수 개발 전문가로서 교사의 전문적 역량을 강화하는 데 일정 부분 기여할 수 있다. 교사는 단원 중심의 교수 개발을 통해 학생들에게 단편적인 지식의 암기를 지양하고 핵심 개념과 원리에 대한 심층적인 이해를 촉진하며 교수 · 학습 과정에 대한 능동적인 참여와 융합적인 사고 그리고 협력적인 문제해결을 안내할 수 있다. 단위수업을 전개할 때 교사는 단원의 수업 맵을 활용하여 세부 학습 주제 간의 상호 관련성을 이해시키고, 세부적인 학습 맵을 활용하여 단위수업의 학습과제를 안내하고 교사와 학생들 또는 학생들 상호 간에 협력적인 대화 학습과 문제해결을 촉진할 수 있다.

또한 단원 중심의 교수 개발은 과정 중심 평가를 통한 교수 · 학습의 질 개선에 기여할 수 있다. 과정 중심 평가는 결과 중심 평가와 대비되는 개념으로, 본래 창의 · 융합형 인재를 양성하기 위해서는 지식 암기, 정답 찾기 등 결과 중심 평가에서 문제해결 과정을 중시하는 평가로 전환해야 한다는 것을 의미하였다(김순남 외, 2013). '2015 개정 교육과정'에서 과정 중심 평가는 미래의 사회 변화에 대응할 수 있는 창의 · 융합형 인재를 양성하기 위해서는 학교 교육의 근본적인 변화가 필요하다는 인식에서 출발한 것이다. 과정 중심 평가는 학습의 과정을 중시하는 평가를 말한다. '2015 개정 교육과정 총론'(교육부 고시 제2015-80호, 2015. 12. 1.)의 '교육과정 구성의 중점'에는 "라. 학습의 과정을 중시하는 평가를 강화하여 학생이 자신의 학습을 성찰하도록 하고, 평가 결과를 활용하여 교수 · 학습의 질을 개선한다."라고 명시하고 있다. 따라서 과정 중심 평가는 학생이 배운 것을 평가하는 학습 결과에 대한 평가(assessment of learning)를 넘어 학습을 위한 평가(assessment for learning)와 학습으로서의 평가(assessment as learning)로 평가의 패러다임을 확장한 것이다(임은영, 2017). 과정 중심 평가는 또한 교육과정-교수 · 학습-교육평가를 구분하지 않고 밀접하게 연계시켜야 한다. '2015 개정 교육과정'(교육부, 2015)에서는 성취 기준을 제시하여 이를 기반으로 평가 계획을 수립하여 교수 개발의 제반 요소를 연계하고 교육평가를 교수 · 학습의 질을 개선하는 데 활용하도록 하고 있다. 단원 중심의 교수 개발을 통하여 교사는 수업 맵을 중심으로 학생들과 상호작용하면서 학습과제와 교수 · 학습 활동 그리고 교육평가를 통합하여 교수 · 학습 과정에서 지속적으로 학생들의 학습 진전 상태와 학습 성과를 점검하고 설명, 시범, 지지 등 비계설정과 질문, 토론, 협력 등 상호작용 학습을 통하여 학생들의 문제해결 능력을 개선할 수 있다.

단원 중심의 교수 개발은 직전교사를 대상으로 한 교사 교육 프로그램에서 부분적으로 그 효과가 입증되었다. 송재홍(2001b)은 교육대학교 4학년 학생을 대상으로 단원 중심의 교수 개발을 위한 교사 교육 프로그램을 운용하여 몇 가지 긍정적인 결과를 확인하였다.

첫째, 교사 교육 프로그램은 직전교사의 개인적 교수효능감 발달에 긍정적으로 기여하였다. 교사 교육 프로그램에 참여한 직전교사는 학습자의 학습과 변화가 학습자 개인의 특성이나 외적 환경보다 교사의 역량과 노력 여하에 따라서 건설적으로 개선될 수 있다고 믿게 되었다.

둘째, 교사 교육 프로그램에 참여한 직전교사는 수업목표의 개발과 활용에 대하여 자신감을 나타냈다. 그들은 자신들이 완성한 교수 프로그램과 관련하여 단위수업의 교수목표에 대해서 긍정적인 평가를 하였으며, 수업목표를 중심으로 단위수업의 학습과제를 구성하고 교수 전략과 평가 방법을 개발하는 것이 교수 개발의 효율성과 교수 활동의 효과성을 높이는 데 기여한다고 보았다.

셋째, 교사 교육 프로그램은 전통적인 교수 활동에 대한 직전교사의 태도와 인식에 부분적인 변화를 초래하였다. 교사 교육 프로그램에 참여한 후 직전교사는 교과 수업의 실제에서 지식 맵에 기초하여 수업 맵을 개발 · 활용하는 일이 중요하다는 점을 좀 더 깊이 인식하였으며 학습 성과에 대한 질적 평가 방법을 활용하여 교실 수업 과정에서 정량적 평가가 반드시 필수적인 요소는 아니라는 것에 대해서 좀 더 확신을 갖게 되었다.

끝으로, 교사 교육 프로그램에 참여한 직전교사는 단원의 수업목표와 수업 맵, 수업 각본 등 교수 자료를 개발하는 일이 지속적인 노력과 연습을 요하는 과제라는 점에 대해서 인식을 공유하였다. 단원의 수업목표는 단순히 학생들이 학습 후에 드러내야 하는 행동을 명시적으로 기술하는 것이 아니라 단위수업을 통해 도달해야 할 지식 상태를 검증 가능한 형태로 표현하는 것은 물론이고 학습과제, 교수 전략, 평가 방법 등 그러한 지식 상태에 도달하기 위해 고려해야 할 다양한 측면을 반영해야 한다. 또한 수업 맵과 수업 각본 역시 학습과제를 중심으로 핵심 개념과 원리를 찾아서 일목요연하게 설계하여 학생들과 충분히 공유할 수 있도록 제작되어야 한다. 이는 직전교사를 위한 교사 교육 프로그램을 개발하거나 초보 교사에게 업무를 배정할 때 성숙한 경력 교사와는 차별화할 필요성이 있음을 강하게 시사하고 있다. 즉, 직전교사 또는 초보 교사들이 단원 중심의 교수 개발에 필요한 역량을 충분히 갖출 때까지는 일정 기간 전담제 교수 활동의 책임을 제한하여 계획을 수립해야 하는 교과의 수를 줄이거나 오직 충분한 준비를 갖춘 내용 영역에 대해서만 가르칠 수 있도록 함으로써 제한된 자원을 체계적인 교수 프로그램을 개발하는 데 사용할 수 있도록 배려할 필요가 있다(Livingston & Borko, 1989).

교사 교육, 특히 가르치기 위한 학습에 대한 연구에서 지식과 학습을 고려하는 일은 가치 있는 일이다(Carter, 1990). 지식과 학습은 상호 의존적이다. 가르치기 위한 학습에 대한 물음을 구조화하는 방식은 무엇이 학습되고 또 그러한 학습이 어떻게 일어나는가에 대해서 어떤 생각을 갖고 있느냐에 상당히 의존한다. 동시에 교사의 지식에 대한 이해는 그러한 지식이 시간이 지나면서 어떻게 획득되고 변화되는가의 문제를 좀 더 심층적으로 검증함으로써 강화된다. 따라서 지식과 학습은 함께 발달하게 되는 것이다. 지식과 학습에 대한 쟁점을 좀 더 명료화하기 위해서는 가르치기 위한 학습에 대한 생산적인 연구가 요구된다. 교사는 단편적인 지식 내용이나 학습과제에 집중하기보다는 지식의 구조와 교육방법 및 교실 관리 그리고 지식이 조직되는 방식에 대해서 자신이 실제로 알고 있거나 알고자 하는 것에 대해서 좀 더 많은 관심을 기울여야 할 것이다.

지식 구성을 넘어서

지식 구성에 집중된 교수 개발 프로그램은 존중 또는 갈등해결과 같은 새로운 교육목표를 구현하는 데에는 일정한 한계가 있다. 이는 교수 개발이 지식 구성이라는 교육목표를 넘어서 새로운 교육목표를 추구할 수 있도록 더욱 확장되어야 함을 시사한다. 제7차 교육과정에서 표방했던 '교육과정 중심 학교 교육 체제'가 교과 학습 위주의 '빈틈없는' 교육과정 운영으로 학문 편중 현상을 초래하고 상대적으로 생활지도가 소홀해지면서 우울증, 자살, 학교폭력 등 다양한 문제가 수면 위로 떠올랐다. 최근에 존중, 갈등해결 등 관계 증진을 새로운 교육목표로 추가하고 이를 달성하기 위한 창의적 프로그램에 대한 요구가 증대하고 있다(Brown, Jones, LaRusso, & Aber, 2010; Jones, Brown, & Aber, 2011; Kress & Elias, 2006; Merrell & Gueldner, 2011).

본래 교육과정 중심의 학교 교육 체제는 학교 교육의 중심이 학문적 성과를 바탕으로 교육 내용을 체계화한 교과서에서 교사와 학생들의 다양한 경험을 포괄하는 교육과정으로 전환되어야 함을 의미하였다(이경환, 1999). 이러한 학교 교육 체제에서 바람직한 교사상은 '교육 내용의 주인'이 되어 교수목표와 학습과제에 대한 분명한 인식을 갖고 학생들을 이해하려고 노력하는 것이며, 교사는 학생들 개개인을 자세히 들여다보면서 교육해야 한다(교육인적자원부, 2001). 즉, 교과 교육을 실행하는 교사는 단지 교과 내용만을 다루는 교수 활동에 머물러서는 안 되고 교육과정 내에서 교과 내용을 학생들의 삶과 연결하여 생활지도와 상담을 병행할 수 있어야 한다. 따라서 교육과정 중심의 학교 교육 체제가 성공적으로 정착하려면 교사는 가르치고 배우는 과정에서 교수 활동은 물론 상담 활동의 전문가가 되어야 한다.

그러나 교육과정 중심의 학교 교육 체제는 점점 더 교과 편중 현상을 초래하였고, 소위 '빈틈없는' 교육과정 운영과 교수공학에 기초한 수업 개선 운동으로 학습 생태계를 비인간적이고 몰개성적인 공간으로 만들어 심리적 문제와 갈등을 야기하였다. 많은 교사는 교수 개발 전문가를 표방하면서 생활지도를 고유 업무에서 분리시켜 생각하는 경향을 점차 노골화하고 상담 활동을 학교 안팎의 다른 전문가에게 의존하는 경향이 날로 증가하였다. 학생들 사이에서 우울증, 자살, 중독, 학교폭력 등 다양한 심리 문제가 수면 위로 떠오르자 외부 전문가들이 학교 교육 프로그램에 참여하였고, 전문상담교사와 같은 전담인력이 배치되면서 학생들의 심리 문제를 조력하기 위한 상담 활동이 다시 학교 교육의 중심 주제로 등장하였다.

'2015 개정 교육과정'(교육부, 2015)에서는 지능정보화 시대에 대비하여 미래 사회를 이끌어 갈 새로운 인재상으로 '바른 인성을 갖춘 창의 · 융합형 인재'를 설정하고 자주적이고 창의적이며 교양 있고 더불어 사는 사람을 교육과정을 통해 추구하는 인간상으로 재정비하였다. 새로운 교육과정에서는 교과는 물론 창의적 체험활동과 학교 교육 전반에 걸쳐서 자기관리, 지식정보처리, 창의적 사고, 심미적 감성, 의사소통, 공동체 등 여섯 가지 핵심 역량을 개발하고 교수 · 학습의 질 개선을 통하여 행복한 학습 사회를 구현하기 위한 프로그램을 중점적으로 추진하고 있다. 이는 학생들이 교육과정을 통해서 단지 많이 아는 사람이 되기보다는 배움을 즐기는 행복한 사람이 될 수 있도록 교육 프로그램을 개선할 것을 요구한다. 학교 교육을 받은 학생들은 교과를 중심으로 읽고 쓸 줄 아는 지적 역량뿐만 아니라 협력적인 학습과 공동체 복지에 참여하기 위해 자신과 타인을 존중하고 갈등을 해결할 수 있는 감성적인 리더십 역량을 함께 갖추어야 한다. 따라서 학생들을 대상으로 전개하는 교육 프로그램은 교과지도(수업)와 생활지도(상담)의 균형을 유지해야 할 뿐만 아니라 더 나아가서는 양자를 접목하여 창의적인 학습 프로그램을 더욱 활성화할 필요성이 점점 더 증대하고 있다. 미래의 교육 프로그램은 교과지도(수업)와 생활지도(상담)의 경계가 모호해지고 좀 더 통합적인 형태로 진화하게 될 것이다.

참고문헌

교육부(2015). 초·중등학교 교육과정 총론(교육부 고시 제2015-80호 별책1). 세종: 교육부.

교육인적자원부(2001). 학교 교육과정 편성·운영의 실제(초등학교 교육과정 편성·운영 자료 II). 서울: 교육인적자원부.

김순남, 강이희, 김병찬, 박삼철, 유진은, 이은송, 전명남, 조훈희(2013). 창의인재 육성을 위한 학생평가 정책 연구: 국제 사례를 중심으로(KEDI 연구보고서 OR 2013-09). 충북: 한국교육개발원.

김신자(1998). 효과적 교수설계. 서울: 문음사.

박성익(1997). 교수·학습방법의 이론과 실제(II). 서울: 교육과학사.

변영계, 김영환(1996). 교육과정과 교육방법. 서울: 학지사.

송재홍(2001a). 교사의 전문성 신장을 위한 단원 중심 교수 개발 프로그램의 통합적 모형. 초등교육연구, 6, 155-186. 제주교육대학교 초등교육연구소.

송재홍(2001b). 단원 중심 교수 개발 프로그램의 실천적 적용을 통한 교사의 전문적 능력 신장에 관한 연구. 교육심리연구, 15(2), 89-118.

송재홍(2001c). 지식관의 변천과 학교교육의 전개양상: 교수심리학의 관점. 제주교육대학교 논문집, 30, 35-63.

송재홍(2019). 교육과 심리학. 고전, 김민호, 서명석, 송재홍 편저. 교육학의 이해(제2판, pp. 89-192). 서울: 아카데미프레스.

이경환(1999). 제7차 교육과정의 구성 방향. 김재복, 이경환, 허경철 편저. 제7차 초등학교 교육과정 해설(pp. 37-68). 경기: 교육과학사.

이상수(2017). 2015 개정 교육과정의 핵심내용과 방향. 서울교육, 226, 봄호. 서울특별시교육청교육연구정보원(http://webzine-serii.re.kr/2015-%ea%b0%9c%ec%a0%95-%ea%b5%90%ec%9c%a1%ea%b3%bc%ec%a0%95%ec%9d%98-%ed%95%b5%ec%8b%ac%eb%82%b4%ec%9a%a9%ea%b3%bc-%eb%b0%a9%ed%96%a5/)에서 2020. 6. 25. 인출.

임은영(2017). 과정 중심 평가의 개념과 의미. 행복한 교육. 교육부(https://happyedu.

moe.go.kr/happy/bbs/selectHappyArticleImg.do?bbsId=BBSMSTR_000000000192&nttId=7238)에서 2020. 6. 25. 인출.

켈러, J. M., 송상호(1999). 매력적인 수업설계: 주의집중, 관련성, 자신감 그리고 만족감. 서울: 교육과학사.

Anderson, J. R. (1983). *The architecture of cognition*. Cambridge, MA: Harvard University Press.

Anderson, J. R. (1985). *Cognitive psychology and its implications*. New York: Worth Publishing.

Anderson, L. W., Krathwohl, D. R., Airasian, P. W., Cruikshank, K. A., Mayer, R. E., Pintrich, P. R., Raths, J., & Wittrock, M. C. (Eds.) (2005). 교육과정 수업 평가를 위한 새로운 분류학: Bloom 교육목표분류학의 개정(*A taxonomy for learning, teaching, and assessing: A revision of Bloom's taxonomy of educational objectives*). (강현석, 강이철, 권대훈, 박영무, 이원희, 조영남, 주동범, 최호성 공역). 서울: 아카데미프레스. (원서 2001년 출판).

Arends, R. I. (2007). *Learning to teach* (7th ed.). New York: McGraw-Hill.

Ausubel, D. P. (1968). *Educational psychology: A cognitive view*. New York: Holt, Rinehart, & Winston.

Barwise, J., & Perry, J. (1983). *Situations and attitudes*. Cambridge, MA: MIT Press.

Bloom, B. S., Engelhart, M. B., Furst, E. J., Hill, W. H., & Krathwohl, D. R. (1978). 교육목표분류학 I: 지적 영역(*Taxonomy of educational objectives. Handbook I: Cognitive domain*). (임의도, 고종렬, 신세호 공역). 서울: 중앙적성출판부. (원서 1956년 출판).

Borko, H., & Putnam, R. T. (1996). Learning to teach. In D. C. Berliner, & R. C. Calfee (Eds.), *Handbook of educational psychology* (pp. 673-708). New York: Simon & Schuster Macmillan.

Bower, G. H., Clark, M. C., Lesgold, A. M., & Winzenz, D. (1969). Hierarchical retrieval schemes in recall of categorized word lists. *Journal of Verval Learning and Verbal Behavior, 8*, 323-343.

Briggs, L. J., Gustafson, K. L., & Tillman, M. H. (Eds.) (1991). *Instructional design: Principles and applications* (2nd ed.). Englewood Cliffs, NJ: ETP.

Brooks, D. M., & Kopp, T. W. (1990). Technology and teacher education. In W. R. Houston (Ed.), *Handbook of research on teacher education: A project of the association of teacher educators* (pp. 498-513). New York: Macmillan.

Brown, A. L. (1980). Metacognitive development and reading. In R. J. Spiro, B. C. Bruce, & W. F. Brewer (Eds.), *Theoretical issues in reading comprehension* (pp. 458-482). Mahwah, NJ: Lawrence Erlbaum Associates.

Brown, A. L. (1987). Metacognition, executive control, self-regulation, and other more mysterious mechanisms. In F. Weinert, & R. Kluwe (Eds.), *Metacognition, motivation, and understanding* (pp. 65-116). Mahwah, NJ: Lawrence Erlbaum Associates.

Brown, J. L., Jones, S. M., LaRusso, M. D., & Aber, J. L. (2010). Improving classroom quality: Teacher influences and experimental impacts of the 4Rs program. *Journal of Educational Psychology, 102*, 153-167.

Bruner, J. S. (1966). *Toward a theory of instruction*. New York: W. W. Norton.

Bruning, R. H., Schraw, G. J., & Norby, M. M. (2011). *Cognitive psychology and instruction* (5th ed.). Boston, MA: Allyn & Bacon.

Carr, E. H. (1970). *What is history*. New York: Penguin Books.

Carter, K. (1990). Teachers' knowledge and learning to teach. In W. R. Houston (Ed.), *Handbook of research on teacher education: A project of the association of teacher educators* (pp. 291-310). New York: Macmillan.

Case, R. (1985). *Intellectual development: Birth to adulthood*. Orlando, FL: Academic Press.

Case, R. (1991). A developmental approach to remedial instruction. In A. McKeough, & J. L. Luppart (Eds.), *Toward the practice of theory-based instruction* (pp. 114-147). Hillsdale, NJ: Lawrance Erlbaum Associates.

Case, R. (1992). Neo-Piagetian theories of child development. In R. J. Sternberg, & C. A. Berg (Eds.), *Intellectual development* (pp. 161-196). New York: Cambridge University Press.

Chomsky, N. (1968). *Language and mind*. San Diego, CA: Harcourt Brace & World.

Chomsky, N. (1986). *Knowledge of language*. New York: Praeger Publishers.

Derry, S. J., & Lesgold, A. (1996). Toward a situated social practice model for instructional design. In D. C. Berliner, & R. C. Calfee (Eds.), *Handbook of educational psychology* (pp. 787-806). New York: Simon & Schuster Macmillan.

Dick, W., & Carey, L. (1979). *The systematic design of instruction*. Glenview, IL: Scott, Foresman.

Dick, W., & Carey, L. (2016). 체제적 교수설계(*The systematic design of instruction,* 8th ed.). (김동식 역). 서울: 아카데미프레스. (원서 2014년 출판).

Dick, W., & Reiser, R. A. (1989). *Planning effective instruction*. Englewood Cliffs, NJ: Prentice-Hall.

Eggen, P., & Kauchak, D. (2011). 교육심리학: 교육 실제를 여는 창(제8판) (*Educational psychology: Windows on classroom,* 8th ed.). (신종호, 김동민, 김정섭, 김종백, 도승이, 김지현, 서영석 공역). 서울: 학지사. (원서 2010년 출판).

Fox, S. (1997). Situated learning theory versus traditional cognitive learning theory: Why management education should not ignore management learning. *Systems Practice, 10,* 727-747.

Gagné, E. D., Yekovich, C. W., & Yekovich, F. R. (2005). 인지심리와 학교학습(*The cognitive psychology of school learning,* 2nd ed.). (이용남 외 공역). 경기: 교육과학사. (원서 1993년 출판).

Gagné, R. M. (1965). *The conditions of learning*. New York: Holt, Rinehart & Winston.

Gagné, R. M. (1999). 교수-학습 이론(*The conditions of learning and theory of instruction,* 4th ed.). (전성연, 김수동 공역). 서울: 학지사. (원서 1985년 출판).

Gagné, R. M., & Briggs, L. J. (1974). *Principles of instructional design*. New York: Holt, Rinehart, & Winston.

Gagné, R. M., & Briggs, L. J. (1989). 수업설계의 원리: 교육방법 및 공학(*Principles of instructional design,* 2nd ed.). (김인식, 권요한 공역). 서울: 교육과학사. (원서 1979년 출판).

Gagné, R. M., & Driscoll, M. P. (1993). 효과적인 교수-학습의 기본(*Essentials of learning for instruction,* 2nd ed.). (홍성윤, 김유미 공역). 서울: 교육과학사. (원서 1988년 출판).

Gagné, R. M., Wager, W. W., Golas, K. C., & Keller, J. M. (2007). 수업설계의 원리(*Principles of instructional design,* 5th ed.). (송상호, 박인우, 엄우용, 이상수

공역). 서울: 아카데미프레스. (원서 2005년 출판).

Gillespie, D. (1992). *The mind's we: Contextualism in cognitive psychology.* Carbondale, IL: Southern Illinois University Press.

Goetz, J. P., & LeCompte, M. D. (Eds.) (1982). *Ethnography and qualitative design in educational research.* London, UK: Academic Press.

Greeno, J. G., Collins, A. M., & Resnick, L. B. (1996). Cognition and learning. In D. C. Berliner, & R. C. Calfee (Eds.), *Handbook of Educational Psychology* (pp. 15-46). New York: Simon & Schuster Macmillan.

Gronlund, N. E. (1976). *Measurement and evaluation in teaching* (3rd ed.). New York: Macmillan Publishing Co., Inc.

Gronlund, N. E., & Tro, N. J. (2004). *Writing instructional objectives for teaching and assessment.* Columbus, OH: Pearson/Merrill/Prentice Hall.

Gustafson, K. (1991). *Survey of instructional development* (2nd ed.). Syracuse, New York: ERIC CHIR.

Hannafin, M. J., & Peck, K. C. (1988). *The design, development and evaluation of instructional software.* New York: Macmillan.

Hayes, R. (1988). *The complete problem solver* (2nd ed.). Mahwah, NJ: Lawrence Erlbaum Associates.

Heinrich, R., Molenda, M., Russell, J. D., & Smaldino, S. E. (1996). *Instructional media and technologies for learning* (5th ed.). Columbus, OH: Merrill.

Horton, P. B., McConney, A. A., Gallo, M., Woods, A. L., Senn, G. J., & Hamelin, D. (1993). An investigation of the effectiveness of conceptual mapping as an instructional tool. *Science Education, 77,* 95-111.

Hoy, A. W., & Hoy, W. K. (2009). *Instructional leadership: A research-based guide to learning in schools* (3rd ed.). New York: Pearson.

Hunter, M. C. (1982). *Mastery teaching.* El Segundo, CA: TIP Publications.

Jones, S. M., Brown, J. L., & Aber, J. L. (2011). Two-year impacts of a universal school-based social-emotional and literacy intervention: An experiment in translational developmental research. *Child Development, 82,* 533-554.

Jordan, E. A., & Porath, M. J. (2008). 교육심리학: 문제중심접근(*Educational psychology: A problem-based approach*). (강영하, 김유미, 김혜숙, 문은식, 이

명숙, 정종진 공역). 서울: 아카데미프레스. (원서 2006년 출판).

Keller, J. M. (1993). 학습동기 유발을 위한 교수설계 원리(Motivational design of instruction). In C. M. Reigeluth (Ed.), 교수설계의 이론과 모형(*Instructional design theories and models: An overview of their current status*) (박성익, 임정훈 공역). (pp. 543-616). 서울: 교육과학사. (원서 1983년 출판).

Keller, J. M. (2013). 학습과 수행을 위한 동기설계: ARCS모형접근(제5판) (*Motivational design for learning and performance: The ARCS model approach,* 5th ed.). (조일현, 김찬민, 허희옥, 서순식 공역). 서울: 아카데미프레스. (원서 2010년 출판).

Kohler, W. (1925). *The mentality of apes*. New York: Harcourt Brace Jovanovich.

Krathwohl, D. R., Bloom, B. S., & Masia, B. B. (1978). 교육목표분류학 II: 정의적 영역(*Taxonomy of educational objectives. Handbook II: Affective domain*). (임의도, 진위교, 고종렬, 신세호 공역). 서울: 중앙적성출판부. (원서 1964년 출판).

Kress, J. S., & Elias, M. J. (2006). School-based social and emotional learning program. In K. A. Renninger, I. E. Sigel, W. Damon, & R. M. Lerner (Eds.), *Handbook of child psychology (vol. 4): Child psychology in practice* (6th ed.; pp. 592-618). New York: John Wiley & Sons, Inc.

Lave, J., & Wenger, E. (1991). *Situated Learning: Legitimate Peripheral Participation*. Cambridge, England: Cambridge University Press.

Lepper, M. R., & Greene, D. (1979). *The hidden costs of reward*. Hillsdale, NJ: Lawrance Erlbaum Associates.

Linn, R. L., & Gronlund, N. E. (1995). *Measurement and evaluation in teaching* (7th ed.). Englewood Criffs, NJ: Merrill/Prentice-Hall, Inc.

Livingston, C., & Borko, H. (1989). Expert-novice differences in teaching: A cognitive analysis and implications for teacher education. *Reading Research Quarterly, 17,* 44-57.

Mager, R. F. (1961). *Preparing objectives for programmed instruction*. San Francisco, CA: Fearon Publication.

Mager, R. F. (1984). *Preparing objectives for programmed instruction* (2nd ed.). San Francisco, CA: Fearon Publication.

Mager, R. F. (1997). *Preparing instructional objectives: A critical tool in the development of effective instruction* (3rd ed.). Atlanta, GA: Center for Effective

Performance.

Merrell, K. W., & Gueldner, B. A. (2011). 사회정서학습: 정신건강과 학업적 성공의 증진 (*Social and emotional learning in the classroom: Promoting mental health and academic success*). (신현숙 역). 경기: 교육과학사. (원서 2010년도 출판).

Merrill, M. D. (1993). 내용요소 제시 이론(Component display theory). In C. M. Reigeluth (Ed.), 교수설계의 이론과 모형(*Instructional design theories and models: An overview of their current status*). (박성익, 임정훈 공역) (pp. 395-473). 서울: 교육과학사. (원서 1983년 출판).

Merrill, M. D. (1994). The descriptive component display theory. In M. D. Merrill, & D. Twitchell (Eds.), *Instructional design theory* (pp. 111-157). Englewood Cliffs, NJ: Educational Technology Publications, Inc.

Newell, A., & Simon, H. A. (1972). *Human problem solving*. Englewood Cliffs, NJ: Prentice-Hall.

Nissani, M., & Hoefler-Nissani, D. M. (1992). Experimental studies of belief dependence of observations and of resistance to conceptual change. *Cognition and Instruction, 9*, 97-111.

Novak, J. D., & Musonda, D. (1991). A twelve-year longitudinal study of science concept learning. *American Educational Research Journal, 28*, 117-154.

Packer, M. J. (1985). Hermeneutic inquiry in the study of human conduct. *American Psychologist, 40*, 1081-1093.

Palinscar, A. S., & Brown, A. L. (1984). Reciprocal teaching of comprehension-fostering and comprehension-monitoring activities. *Cognition and Instruction, 1,* 117-175.

Piaget, J. (1952). *The origins of intelligence in children*. (Trans. by M. Cook). New York: International Universities Press.

Piaget, J. (1985). 아동의 사고와 언어(인간발달·복지연구소 시리즈 7) (*The language and thought of the child,* 3rd ed.). (Trans. by M. Gabain & R. Gabain). (송명자, 이형득 공역). 서울: 중앙적성출판사. (원서 1959년 출판).

Pintrich, P. R. (1990). Implications of psychological research on student learning and college teaching for teacher education. In W. R. Houston (Ed.), *Handbook of research on teacher education* (pp. 826-857). New York: Macmillan.

Reigeluth, C. M. (1993). 정교화 이론(The elaborative theory of instruction). In C. M. Reigeluth (Ed.), 교수설계의 이론과 모형(*Instructional design theories and models: An overview of their current status*). (박성익, 임정훈 공역). (pp. 475-541). 서울: 교육과학사. (원서 1983년 출판).

Reiser, R. A., & Dick, W. (1998). 교사를 위한 체제적 수업설계(*Instructional planning: A guide for teachers*, 2nd ed.). (양영선 역). 서울: 교육과학사. (원서 1996년 출판).

Richardson, A. G., & Thomas, A. A. (1989). Characteristics of the effective teacher as perceived by pupils and teachers: A Caribbean case study. Paper presented at the Annual Meeting of the American Educational Research Association(San Francisco, CA, March 27-31, 1989). ERIC ED311031.

Rosenshine, B., & Stevens, R. (1986). Teaching functions. In M. C. Wittrock (Ed.), *Handbook of research on teaching* (3rd ed.; pp. 376-391). New York: Macmillan.

Rumelhart, D. E., McClelland, J. L., & PDP Research Group (Eds.) (1986). *Parallel distributed processing: Explorations in the microstructure of cognition (vol. 1): Foundations*. Cambridge, MA: MIT Press.

Schwartz, J. E., & Riedesel, C. A. (1994). *Essentials of classroom teaching: Elementary mathematics*. Boston, MA: Allyn & Bacon.

Shavelson, R. J. (1983). On quagmires, philosophical and otherwise: A reply to Phillips. *Educational Psychologist, 18,* 81-87.

Shuell, T. J. (1996). Teaching and learning in a classroom context. In D. C. Berliner, & R. C. Calfee (Eds.), *Handbook of educational psychology* (pp. 726-764). New York: Simon & Schuster Macmillan.

Skinner, B. F. (1938). *The behavior of organisms: An experimental analysis*. New York: Appleton-Century-Crofts.

Skinner, B. F. (1957). *Verbal behavior*. New York: Appleton-Century- Crofts.

Skinner, B. F. (1983). 행동주의(*About behaviorism*). (김영채 역). 서울: 교육과학사. (원서 1974년 출판).

Slavin, R. E. (1995). *Cooperative learning: Theory, research, and practice* (2nd ed.). Boston, MA: Allyn & Bacon.

Smaldino, S. E., Lowther, D. L., & Russell, J. D. (2011). 교수공학과 교수매체

(*Instructional technology and media for learning,* 10th ed.). (이미자, 권혁일, 김도현, 박인우, 설양환, 손미, 송상호, 이수영, 최욱, 홍기칠 공역). 서울: 아카데미프레스. (원서 2011년 출판).

Thorndike, E. L. (1913a). *Educational psychology (vol. 1): The original nature of man*. New York: Teachers College, Columbia University.

Thorndike, E. L. (1913b). *Educational psychology (vol. 2): The psychology of learning*. New York: Teachers College, Columbia University.

Thorndike, E. L. (1913c). *Educational psychology (vol. 3): Individual differences and their causes*. New York: Teachers College, Columbia University.

Timpson, W. M. (1999). *Metateaching and the instructional map(Teaching techniques/strategies series, vol. 1)*. Madison, WI: Atwood Publishing.

Turvey, M. (1990). Coordination. *American Psychologist, 45*, 938-953.

Turvey, M. (1992). Ecological foundations of cognition: Invariants of perception and action. In H. L. Pick, Jr., P. van den Broek, & D. C. Knill (Eds.), *Cognition: Conceptual and methodological issues* (pp. 85-117). Washington, DC: American Psychological Association.

VanLehn, K. (1989). Problem solving and cognitive skill acquisition. In M. Posner (Ed.), *Foundations of cognitive science* (pp. 527-580). Cambridge, MA: MIT Press.

Vygotsky, L. S. (1994). 사회 속의 정신: 고등 심리 과정의 발달(*Mind in society: The development of higher psychological processes*). (Eds. & Trans. by M. Cole, V. John-steiner, S. Scribner, & E. Souberman). (조희숙, 황해익, 허정선, 김선옥 공역). 서울: 성원사. (원서 1978년 출판).

Wertheimer, M. (1945). *Productive thinking*. London, UK: Tavistock.

Wertsch, J. V. (1998). 비고츠키: 마음의 사회적 형성(*Vygotsky and the social formation of mind*). (신건호, 이헌남, 이혜경, 김해준 공역). 서울: 정민사. (원서 1985년 출판).

Wiegmann, D. A., Dansereau, D. F., McCagg, E. C., Rewey, K. L., & Pitre, U. (1992). Effects of knowledge map characteristics on information processing. *Contemporary Educational Psychology, 17*, 136-155.

연습 과제 사고의 유연성 테스트 2

학습에 대한 전통적인 생각에서 벗어나 새로운 접근을 하려면 무엇보다 사고의 유연성이 중요하다. 다음 연습 과제를 활용하여 각자의 사고 유연성을 점검해 볼 수 있다.

1. 4개의 직선을 그어 그림에 제시된 9개의 점을 모두 연결하시오.
   단, 임의의 한 점에서 시작하며, 점을 이어 가는 동안에는 필기구가 지면에서 절대 떨어지지 않아야 한다. 필기구가 지면에서 떨어지면 곧바로 수행을 중단한다.

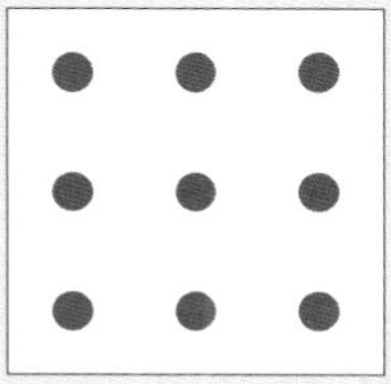

2. 다음 덧셈 문제에서 D=5이고, 각 문자는 0~9 중 어느 하나의 숫자를 나타낸다. 각 문자에 해당하는 숫자를 찾아서 옳은 산술식을 만드시오. 단, 각 문자에는 각각 다른 숫자가 부여되어야 한다.

	D	O	N	A	L	D
+	G	E	R	A	L	D
	R	O	B	E	R	T

3. 다음과 같이 막대 A에 놓여 있는 3개의 원반을 똑같은 형태로 막대 C에 옮기시오.
   단, 한 번에 원반을 1개씩만 옮겨야 하며, 큰 원반이 작은 원반 위에 위치하지 않아야 한다. 이 조건을 어기게 되면 곧바로 수행을 중단한다.

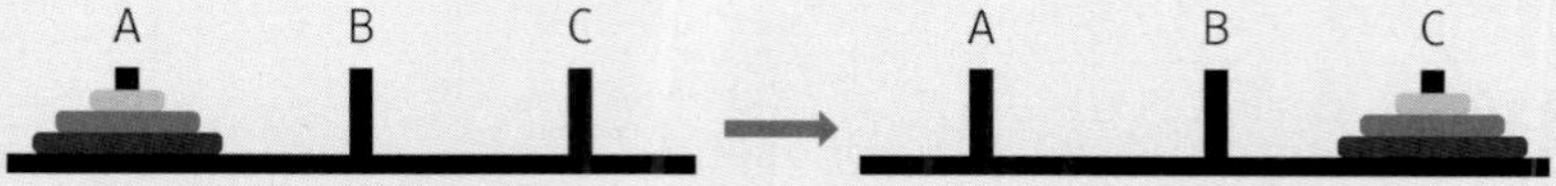

초기 상태 목표 상태

391~392쪽 '정답 및 해설'을 참조하시오.

3장

자아 탐구와 무지개 학습 그리고 성찰적 대화

- 배움과 가르침의 여정으로서 자아 탐구
- 창의적 학습 활동으로서 상담과 성찰적 대화
- 무지개 학습: 교과 기반 성찰적 대화 학습 모형
- 무지개 학습 프로그램의 개발과 전개
- 적용 사례
- 성과와 과제

※ 이 장은 『교육종합연구』(송재홍, 2006b, 2007)와 『영재와 영재교육』(송재홍, 2008)에 발표된 원고를 토대로 수정 · 보완하여 다시 작성한 것이다.

이제 우리는 교과 학습과 상담 활동의 경계 허물기를 좀 더 적극적으로 모색하지 않으면 안 될 시점에 와 있다. 무엇보다도 교사는 학교 교육에 대한 낡은 사유 체계를 해체하여 성과주의와 지식 체계의 구성에 지나치게 몰입하고 있는 교과 중심의 학습관을 극복하고, 끊임없이 가르침과 배움의 본질을 탐구하여 창의적 학습 활동을 전개할 수 있어야 한다. 이 장에서는 이러한 요구에 부응하기 위해 교과 학습과 상담 활동의 접목 가능성을 탐색하고 구체적인 전략을 개발한다. 먼저, 하나의 기본 전제로서 배움과 가르침의 기본 성격을 자기실현 또는 인격 완성에 도달하기 위한 자아 탐구와 자기 성찰의 여정으로 가정한다. 이어서 창의적 학습 활동으로서 상담의 본질에 대해 고찰하고, 자기 성찰을 촉진하기 위한 교실 수업의 실천적 대안으로서 무지개 학습의 개념적 원리와 실천 전략을 제시한다. 끝으로, 교실 수업 사태에서 무지개 학습의 구체적인 적용 사례를 소개하고 성과와 과제를 논의한다.

배움과 가르침의 여정으로서 자아 탐구

학교 교육의 실제를 변화시키려는 일련의 노력에서 배움과 가르침의 현상에 대한 다각적인 개념적 사유의 틀을 검토하는 것은 중요하다. 이러한 논의는 학교 교육의 본질과 실천에 대해 통찰력 있는 해석을 가능하게 한다. 학습의 궁극적인 목적은 자기실현 또는 자기완성에 있으며, 학생들은 지속적인 자아 탐구와 자기 성찰을 통해서 이러한 목적을 추구하고 달성한다.

배움과 가르침의 양 날개

앞으로 나아가는 것에는 양 날개가 있다. 날고 있는 새와 곤충은 양 날개를 번갈아 가면서 끊임없이 날갯짓을 한다. 마찬가지로 사람들은 걷는 동안 양팔과 양다리를 번갈아 가면서 움직이며, 호수에서 뱃놀이를 하거나 하늘을 나는 비행기를 조종할 때 양 날개를 이용하여 방향을 전환하거나 그것의 균형을 유지하여 똑바로 나아간다. 양 날개는 시소처럼 반대성과 균형성의 원리에 따라 한쪽 날개가 내려가면 다른 쪽 날개는 올라가며, 공시성과 통합성이라는 특징을 갖고서 언제나 동시적으로 움직이면서 동체가 앞으로 나아가도록 한다. 한쪽 날개를 상실하거나 양 날개가 함께 움직이지 않는다면 새나 비행기는 더 이상 비상할 수 없다.

교과지도(수업)와 생활지도(상담)는 학교 교육을 떠받치고 있는 2개의 기둥으로서 학생들의 학습을 떠받치는 활동 체계를 구축한다. 교과지도(수업)는 읽기와 쓰기를 중심 목표로 하는 학문 학습에 초점을 맞추고 있는 반면, 생활지도(상담)는 존중과 갈등해결을 위한 관계 학습에 집중한다(송재홍, 2018). 이 두 가지 형태의 지도 체계는 반대 방향으로 작용하면서 서로 균형을 유지해야 하며, 동시적으로 함께 움직이면서 상호 보완적으로 기능해야 한다. 양자가 균형과 조화를 이루고 동시에 함께 움직일 때 가르침은 이상적으로 전개될 수 있으며 학생들의 전인적인 발달을 도모할 수 있다.

배움과 가르침을 견인하는 양 날개는 지성과 감성이다. 읽기(Reading)와 쓰기(wRiting) 중심의 교과 학습이 지성의 힘, 곧 지적 역량을 기르기 위한 배움의 한쪽 날개라면, 존중(Respect)과 갈등해결(Resolution) 중심의 관계 학습은 감성의 힘, 곧 감성적 리더십을 배양하기 위한 배움의 또 다른 날개인 것이다. 전통적으로 학교 교육은 문해와 지식 구성을 위한 교육과정을 중심으로 읽기와 쓰기에 집중해 왔으며, 존중 또는 갈등해결과 같은 관계 학습의 주제는 주로 비형식적 프로그램에 의존해 왔다. 그 결과 학교는 건강한 배움을 추구하는 생태적 공간이기보다는 낮 동안 머물러 있는 물리적 공간으로 전락하고 고립, 자살, 괴롭힘 등 각종 심리사회적 문제로 교사와 학생들의 안전을 크게 위협하고 있다.

심층심리학자 융(Jung, 1961)은 한 인간의 내면에는 두 가지 본능이 투쟁과 화합이라는 상반된 원리로 작용한다고 제안하였다. 때로 이 원리는 한 그루의 나무에 공존하는 향일성(가지의 상향운동)과 배일성(뿌리의 하향운동)에 비유되기도 한다. 나무의 가지는 빛을 향하고 그 뿌리는 어둠을 향하고 있다. 가지 많은 나무는 바람 잘 날 없고 뿌리 깊은 나무는 잘 참고 견디는 것처럼 나무의 본질은 뿌리 쪽에 더 근접해 있다. 뿌리는 겉으로는 잘 드러나지 않지만 나무의 생명력을 지탱하고 있는 근원적인 요소다. 마찬가지로 한 인간의 변화와 성장에서도 보이지 않는 감성적 측면이 배움과 가르침의 본질적인 부분에 좀 더 근접할 수도 있다.

최근 읽기와 쓰기 중심의 교과 학습 일변도에서 벗어나서 존중과 갈등해결을 위한 창의적 학습프로그램을 더욱 확대하여 균형 있는 교실을 만들어야 한다는 주장이 제기되어 왔다(Brown, Jones, LaRusso, & Aber, 2010; Jones, Brown, & Aber, 2011). 읽기와 쓰기가 개인의 지적 성장에 기여하는 필수 기능이라고 한다면, 존중과 갈등해결은 개인이 사회적 존재로 거듭나기 위해 갖추어야 하는 핵심 역량인 것이다. 정서지능(Mayer & Salovey, 1997)과 분산인지(Pea, 1993)의 개념화는 감성 계발과 관계 증진을 위한 체계적인 학습 프로그램의 중요성을 부각시켜 왔으며, 일부 학자들은 사회정서 학습(신현숙, 2011; Kress & Elias, 2006; Merrell & Gueldner, 2011) 또는 창의 · 인성 교육(문용린, 최인수, 2010a, 2010b)을 촉진하기 위한 창의적인 교육과정을 개발하여 학교 교육의 변화와 혁신을 시도하고 있다.

오래전 슈타이너(Steiner, 2001)는 『교육은 치료다(Heilpädagogischer Kurs)』에서 "교육은 소위 건강한 사람을 위한 치료인 것이고, 치료는 소위 장애를 가진 사람을 위한 특수 사례에 지나지 않는다."(p. 266)라고 역설하였다. 또한 교육의 본질은 극단의 치우침에 대한 균형을 바로잡는 데 있다고도 역설하였다. 또한 알렌(Allen, 2003, pp. 29-30)은 『생각의 법칙(As a Man Thinketh)』에서 조화와 균형의 중요성을 이렇게 피력하였다.

> 불행의 양극단을 이루는 것은 결핍과 과잉이다. 두 가지 모두 자연의 이치에 어긋난 것이며, 정신적 무질서의 결과다. 행복, 건강, 번영은 내면과 외부, 사람과 그의 환경이 조화를 이룬 결과이기 때문이다.

마찬가지로 학교 교육 실제에서도 교과 지식의 숙달과 구성을 강조하는 교수 활동이 더 이상 교육과정을 독점해서는 안 되며, 교과지도(수업)와 생활지도(상담)의 조화와 균형을 회복하고 양자의 통합을 적극적으로 모색할 필요가 있다. 화이트헤드(2003)가 역설하였듯이, 교육의 문제는 교육과정의 생동감을 말살하는 과목들의 치명적인 단편성을 근절하고 나무를 통해 숲을 바라보도록 안내하는 것이다. 교실 활동은 단편적인 지식의 획득이나 구성에 집중하는 교과 학습에 머물러서는 안 되고 학생들에게 삶의 다양한 측면을 들여다볼 수 있도록 확대 · 심화되어야 한다.

오늘날 학교 교육의 실제에서는 생활지도의 중핵 활동인 상담과 교과지도의 중추 활동인 수업의 경계가 점점 희미해지고 있다. 학생들의 심리적 적응을 조력하는 상담 교사에게는 체계적인 교육과정을 개발하는 일을 점점 더 중요한 책무로 요구하고 있는 반면(ASCA, 1999; Goodnough, Perusse, &

Erford, 2003), 전통적으로 교육과정을 독점해 왔던 교과 담당 교사에게는 분과주의에 기초한 단편적인 지식 중심의 교수 활동을 반성하고 학생들의 생활 적응 문제와 연결된 통합적 접근을 좀 더 적극적으로 모색할 것을 요구하고 있다(McCann, Johannessen, Kahn, Smagorinsky, & Smith, 2005). '2015 개정 교육과정'(교육부, 2015)에서도 "바른 인성을 갖춘 창의 · 융합형 인재"를 바람직한 인재상으로 설정하고 핵심 역량의 개념을 도입하여 교과와 창의적 체험활동 그리고 학교생활 전반에 걸쳐 자기 관리, 지식정보처리, 창의적 사고, 심미적 감성, 의사소통, 공동체 등 사회 공동체 구성원으로서 역할을 성공적으로 수행하는 데 필요한 실천적 역량을 육성하는 데 주안점을 두고 있다. 교수 프로그램 개발에서도 기술공학적 접근보다는 대화적 접근을 채택할 필요가 있는 것이다.

이제 더 이상 교육과정은 교과 지식의 습득이나 구성에 집중하는 교수 활동의 전유물이 아니다. 우리는 교과 학습과 비교과 학습의 경계를 허무는 일에 좀 더 적극적으로 동참할 필요가 있다. 한 가지 대안은 교실 수업의 실제에 교과 교육을 담당하는 일반 교사와 상담 교사가 공동으로 참여하여 서로 협력하는 것이다. 예를 들면, 미술 교실에서 미술 교사와 상담 교사가 협력하면 학생들은 작품 활동을 통해서 학교생활에 대한 초기 감정을 좀 더 효과적으로 표현할 수 있다(Sink, 2005). 또 다른 대안은 상담 교사가 재량활동 시간을 활용하여 학생들의 자아존중감이나 의사소통 기술을 향상시키기 위한 별도의 교육과정을 운영하는 것이다(은혁기, 2004). 그러나 좀 더 현실적이고 실현가능한 대안은 교과 교육을 담당하는 교사가 전문적 자질의 한 영역으로서 상담의 개념과 원리를 이해하여 교수 활동에 접목하는 것이다(박성희, 2006). 정규 수업 시간에 적절한 상담 활동을 도입하는 것이 이미 진행되고 있는 교육과정을 어떻게 증폭시킬 수 있는지를 이해하는 일은 교실 수업의 실제에서 닫혀 있던 창의적 학습 활동의 문을 여는 하나의 열쇠가 될 수 있다.

자아 탐구: 배움과 가르침의 여정에 대한 하나의 통찰

교육이 추구하는 목적을 내재적 측면과 외재적 측면으로 나누어 논의하는 것은 가르침과 배움의 본질과 현상을 이해하고 학교 교육의 현실과 여건을 개선하기 위해서 균형 잡힌 사고를 요구하는 양 날개의 또 다른 차원이다. 교육 목적의 외재적 측면은 국가발전이나 경제발전 또는 직업적 성공과 같이 교육이라는 활동을 이용해서 구체적으로 달성하고자 하는 어떤 것을 일컫는다. 그러나 교육 목적의 외재적 측면을 지나치게 강조하면 수단으로서의 의미가 부각되어 교육 목적의 내재적 측면을 도외시하고 교육 본연의 모습을 상실할 우려가 있다(황정규, 이돈희, 김신일, 1998).

교육 목적의 내재적 측면은 한 개인의 성장잠재력에 기초해서 교육적 행위를 정당화하려는 것이다. 성장잠재력이란 인간의 성장가능성 속에 내재하는 성장욕구 또는 스스로 자라고자 하는 충동을 뜻한다(김종서, 이영덕, 정원식, 1993). 진정한 의미의 교육은 개개인의 성장가능성을 가치 있는 방향으로 최대한 신장시킴으로써 건강하고 지적이며 사회적으로 성숙한 삶을 영위하도록 하는 것이다. 장상호(1997)는 배움과 가르침의 세계는 다른 것을 위한 수단으로 성립되는 것이 아니라 그 자체의 고유한 가치를 지닌 세계라고 주장하고, 교육이 내재적 자율성을 확보하고 인간의 교육적 역량을 신장하기 위해서는 인간의 삶에서 이루어지는 배움과 가르침에 대한 교육을 이해하고 실천하는 것이 매우 중요하다고 보았다. 그는 특히 '메타교육'의 중요성을 제안하였다. 이는 교육 그 자체의 반성적 과정에 의해 상구(上求)와 하화(下化)의 정신을 새롭게 발전시킴으로써 교육의 기능적 자율성을 신장하고, 자신이 경험한 교육의 과정을 회고하고 성찰하며 평가하여 개선의 여지를 검토하는 계기를 마련하고, 인간의 잠재력을 실현하는 데 절대적인 기능을 한다.

『논어』「헌문(憲問)」 편에서 주자는 공자의 말씀에 대하여 "옛날의 학자는 자기를 찾기 위해 공부하여 마침내 물성에 이르렀으나 작금의 학자는 세상을 알기 위해 공부하여 마침내 자기를 잃어버리고 말았다(古之學者爲己 基終

至於成物, 今之學者爲人 基終至於喪已).”라고 주석을 달았다(차주환 역, 1964). 또한 『대학(大學)』의 첫머리에는 학문적 도리의 으뜸은 “밝은 덕을 밝히는 데 있다(在明明德).”라고 하였는데, 양명학에서는 이에 대해 밝은 본연의 자아로 회귀함으로써 인격 완성에 이르는 길로 정진하는 것을 일컫는다고 해석하고 있다(정인보, 1972). 말하자면, 학문의 도는 인간 본연의 모습을 회복함으로써 최대한 자기를 실현하는 것으로 인격 완성을 추구하는 데 있다고 본 것이다. 이와 같이 최대한 자기실현을 도모함으로써 성숙한 인격을 키우는 것이 교육의 본질이요 목적이라고 한다면 여타의 수단이나 기능은 부차적인 것이 된다.

인격 완성 또는 자기실현이라는 말은 잠재된 가능성으로서의 자기를 전제로 하는 개념이다. 인간주의 교육자에 의하면, 모든 인간은 선천적으로 자기실현 경향성을 타고난다고 가정된다(Rogers, 2009). 다시 말해서, 자기는 타고날 때부터 개인의 내면세계에 가능성으로서 잠재되어 있으며, 개인의 삶은 바로 이러한 가능성으로서의 자기를 발견하고 그것을 개발하여 현실 속에서 구체화시키는 자기 확장의 연속이라고 할 수 있다. 동양의 고전에 회자되는 중(中)은 잠재력의 또 다른 표현이다. 『중용(中庸)』에서 주희는 전해지는 말을 인용하여 중(中)을 천하의 대본으로 삼고 “희로애락이 발하지 않은 상태를 중이라 하고, 발하여 모두 절도에 맞는 것을 화라고 한다(喜怒哀樂之未發, 謂之中, 發而皆中節 謂之和).”라고 하였다(차주환 역, 1964). 『맹자』 「진심장구(盡心章句)」에서 호색불해가 “즐겁고 올바른 이는 어떤 사람인가?(樂正子, 何人也)”라고 묻자 맹자는 “선한 사람이요, 믿음직한 사람이다(善人也 信人也).”라고 답하고 있다(차주환 역, 1964). 이는 잠재력으로서의 중(中)이 발현될 때 드러나는 사람의 모습을 일컫는 것으로 해석될 수 있다. 또한 율곡 이이(李珥)는 『율곡집(栗谷集)』에서 “미발은 성의 본연이요, 태극의 묘함이요, 중이요, 대본이다(未發者, 性之本然也, 太極之妙也, 中也, 大本也).”라고 하여 모든 인간은 성인이 될 수 있는 가능성을 타고나는 것으로 보았다(정종복 역, 1978). 이와 같이 교육은 성장가능성을 전제로 하며, 개인으로 하여금 성장

가능성으로서 내재된 자기를 발견하고 실현하도록 북돋우는 활동인 것이다.

따라서 잠재력으로서 중(中)은 측정학적 의미에서 중간을 의미하는 것이 아니라 판단할 수 없는 상태 또는 판단 이전의 상태를 말하는 것이다. 중(中)은 드러나지 않은 상태로서 헤아리기 어렵고 크고 작음을 견주기도 쉽지 않다. 그러나 이 드러나지 않은 부분이야말로 사물의 본질을 이해하는 데 근원적인 요소로 작용한다. 움직이는 상황에서는 드러나는 것은 유한하며 시간이 지나면 드러나지 않았던 것에 의해 대체된다. 예를 들면, 달리는 차 안에서 창문을 통해 외부 세계를 바라보고 있으면 끊임없이 풍경이 달라지는 것을 볼 수 있다. 드러난 것은 사라지고 드러나지 않던 것이 새롭게 등장하는 것이다. 성장이 무엇을 향해 끊임없이 나아가는 것이라면 잠재력을 눈여겨볼 수 있어야 한다. 드러나지 않는 부분을 들여다볼 수 있을 때 변화가 가능하다. 그것은 학습의 원동력인 셈이다. 교사는 학생들의 드러나지 않은 잠재력을 전제로 가정하며 가르침을 통해 그것을 드러내고자 시도한다. 자기학습이 가능하려면 자신의 드러나지 않은 부분을 바라볼 수 있어야 한다.

이와 같이 인격 완성 또는 자기실현을 추구하는 개인의 삶은 자기주도적이고 능동적인 자아 탐구를 요구한다고 볼 수 있다. 삶은 곧 배움의 연속적인 과정인 것이다. 이렇게 볼 때, 학습의 과정은 개인이 가능성으로서 잠재된 자기를 발견하고 이를 구체적인 모습으로 드러냄으로써 자기완성에 도달하기 위한 체계적인 자아 탐구의 여정인 것이다. 또한 교육의 내재적 목적에 비추어 볼 때, 학교 교육은 본질적으로 학생들 개개인의 자아 탐구를 안내하는 체계적인 지도 활동이라고 성격화될 수 있다.

변화와 성장을 위한 전제조건으로서 자각과 자기 성찰

자아 탐구는 또한 자기에 대한 합리적인 인식과 성찰을 요구한다. 학습은 인간의 정신세계와 행동에서 모종의 변화를 수반하지만 그러한 변화가 가능하기 위해서는 자각이 선행되어야 한다. 그것은 단지 외부 자극에 의해서만 촉발되는 것은 아니다. 변화의 필요성을 자각하지 못하면 결코 학습은 이루어질 수 없다. 자기 성찰은 결과에 대한 반성 그 이상이다. 그것은 변화와 성장을 위해서 자기의 내면을 체계적으로 탐색하는 능동적인 자각 현상이다. 자각은 책임, 존중, 수완, 반응에 대한 인식과 판단을 수반한다. 예를 들면, 나의 선택에 대해 책임을 다하고 있는가? 나 자신과 타인을 존중하고 있는가? 자원을 충분히 활용하고 있는가? 주변 세계에 능동적으로 반응하고 있는가? 인식과 판단이 바르게 서면 계속 나아갈 것이고, 뭔가 모순과 한계를 자각하면 멈추고 모종의 변화를 모색할 것이다. 랜(Lan, 2008)은 자기 성찰 학습자를 산출하는 것을 교육의 궁극적인 목표로 설정하고 이를 위해서 체계적인 자기 점검의 중요성을 간과해서는 안 된다고 역설하였다.

배움과 가르침의 여정으로서 자아 탐구와 자기 성찰에 대한 학자들의 관심은 끊임없이 되풀이되어 왔다. 일찍이 듀이(Dewey, 1979)는 『사고하는 방법(How We Think)』에서 성찰적 사고(reflective thinking)의 중요성을 역설하였고, 배런(Baron, 1985)은 성찰적 사고가 문제해결을 합리적으로 수행하기 위한 지적 능력의 중요한 지표라고 보았다. 앞에서 언급했듯이, 학습은 자기 지식의 모순 또는 한계와 그에 따른 불편함에 대한 고도의 자각을 필요로 한다. 피아제(1980)에 따르면, 성찰은 낮은 차원의 지식 요소들을 조정하려는 노력을 통해서 고차적인 지식을 창조하는 변증법적 과정이다. 인간은 자각을 통해 협소한 자기중심의 세계에서 탈피하여 좀 더 개방적이고 확장된 세계로 이행하는 것이다. 좀 더 나중에 힐록(Hillock, 1995, p. 211)은 가르치는 일에서 성찰 연습의 주요 형태로 글쓰기를 제안하면서 이렇게 피력하였다.

> 교육이 우리의 주변 세계와 그 속에서 행동하는 방식을 이해해 가는 과정이라면, 그리고 우리의 주변 세계가 항상 변하는 상태에 있다면, 그것은 학생들이 전에는 다루지 않았던 것을 다룰 수 있도록 준비시키는 데 목적을 두어야 한다.

또한 개인의 성공적인 학습을 위해서 자신의 인지 과정을 점검하고 조정하는 초인지 능력이 강조되고 있다. 초인지(metacognition)란 자신의 인지 장치와 그 장치가 어떻게 작동하는지에 대해 갖는 인식이다(Meichenbaum, Burland, Gruson, & Cameron, 1985). 그것은 대체로 자기 인식과 자기조절로 구분된다(Brown, 1978, 1987). 자기 인식(self-awareness)은 인지에 대한 인지를 말하며, 한 개인이 그 자신과 과제 그리고 전략이 학습에 어떻게 영향을 미치는지에 대해서 알고 있는지 여부를 나타낸다. 자기조절(self-regulation)은 자신의 인지 과정을 통제할 줄 아는 것을 말하며, 한 개인이 자신의 인지 활동을 어떻게 통제하고 계획하며 점검하는가를 나타낸다. 초자아는 자아 탐구 또는 자기 성찰의 색다른 표현인 것이다.

자기조절학습 이론(Zimmerman, 2008)에 따르면, 학습은 학습 전 사고→수행 및 의지 통제→자기 성찰의 세 국면으로 이루어지는 순환적이고 개방적인 과정이다. 학습 전 사고(pre-learning thinking) 국면은 목표 설정(Locke & Latham, 1990)과 전략적 계획 수립(Zimmerman & Marinez-Pons, 1992)을 포함하며, 이 과정에서 자기효능감(곧 '나는 해낼 수 있어.'; Bandura, 1977), 학습목표 지향성(곧 '배우는 것 자체가 중요해.'; Ames, 1992), 내적 흥미(곧 '배움은 즐거워.'; Deci, 1975)와 같은 학습자의 신념 체계가 관여한다. 수행 및 의지 통제(performance and will-control) 국면에서 학습자는 학습과제에 주의(Kuhl, 1985)를 집중하고 자기 교시(Meichenbaum, 1995), 심상(Pressley, 1977) 등 효과적인 학습 전략을 구사하며 자기 점검(Carver & Scheier, 1981)을 통해 학업 수행을 점검한다. 또한 자기 성찰(self-reflection) 국면은 학습을 위한 노력을 기울인 후에 그러한 경험에 대한 학습자의 반응에 영향을 미치는 과정을 말하며, 이는 자기 평가(Festinger, 1954)를 비롯하여 귀인(Weiner, 1979), 자기 반응(Zimmerman & Kitsantas, 1988), 적응(Zimmerman & Marinez-Pons, 1992) 등을 포함한다. 유능한 학습자의 자기 성찰적 사고는 또다시 높은 자기효능감, 학습목표 지향성, 과제에 대한 내적 흥미와 같은 학습 전 사고의 신념 체계를 강화 또는 유지시킨다. 자기 성찰은 그 용어의 다양성에도 불구하고 심리학자의 공통된 관심 주제인 것은 분명하며, 자기 성찰을 배제하고 배움과 가르침의 본질과 의미를 논의하기는 쉽지 않다.

가르치고 배우는 과정에서 자아 탐구와 자기 성찰의 중요성은 교사 교육 분야에서 내러티브 탐구의 발달과도 밀접한 연관성을 지닌다. 내러티브(narrative)란 인간의 기본적인 사고 양식이자 지식을 조직하는 양식을 말한다. 내러티브 탐구의 핵심 가정은 인간이 자신의 경험을 이야기하려는 보편적인 경향을 지니고 있다는 것이다(소경희, 2004; 한승희, 1997). 지식은 개인이 자신의 경험을 다른 사람과 이야기하는 가운데 형성되며, 이는 지속적으로 재구성될 수 있다. 따라서 내러티브 탐구는 개인의 사적 경험을 이야기하도록 되어 있으며 필연적으로 자서전적인 요소를 포함하게 된다.

이 점에서 내러티브 탐구는 교육과정을 자서전적이고 전기적인 텍스트로 이해하려고 시도한 교육과정 재개념화 운동과도 깊은 연관성을 유지하고 있다. 이 운동을 주도한 파이너(Pinar, 1981, 1988)는 오늘날 교육과정 이론이 인간의 실존적 문제를 망각하고 있다고 비판하고, 교육과정이 '전달되어야 할 산출물'로서가 아니라 '경험하다'라는 의미의 쿠레레(currere)로 재개념화되어야 한다고 주장하였다. 쿠레레는 학생들에게 자사전적 방법을 통하여 자신의 내적 경험과 살아 있는 경험을 반성하고 보다 깊은 의식에 도달할 수 있도록 한다. 이러한 접근은 자기 성찰의 과정을 기초로 한다. 그는 교육과정의 관심이 당연히 '개인'에게 있어야 하며 각 개인이 교육 속에서 갖는 내적 경험을 탐구하는 일을 교육과정 탐구의 새로운 출발점으로 삼아야 한다고 주장하였다. 즉, 교육과정 탐구자는 우선 자기 자신이 처한 생활 세계에 대해 깊이 성찰함으로써 자신의 행동을 당연하게 여겼던 무의식적 가정을 살펴보고 그 속에서 참된 자아의 모습을 발견할 수 있어야 한다는 것이다. 이러한 주장은 학생들의 삶과 분리되었던 교과 지식을 새롭게 해석할 여지를 남겨 주고 교사들에게는 지식 전달자로서가 아니라 학생들과 함께 의미를 구성해 나가는 연구자로서 인간 정신의 실존적 해방을 위한 이론적 기반을 제공한다. 최근 이야기 치료자들은 드러나지 않은 예외적 경험사실을 찾아서 이야기 줄거리로 엮어 미래의 인생 각본을 재구성하도록 안내한다(White & Epston, 1992).

이와 같이 배움과 가르침의 본질을 자아 탐구와 자기 성찰로 성격화하는 관점에서 보면 자기 성찰의 수준에 따라 자기 인식의 초점이 달라질 수 있다. 표면 수준의 자기 성찰은 학업 수행 또는 직업 선택과 같이 외부 요구에 반응하여 자기를 인식하는 것이고, 반면에 좀 더 깊은 수준의 자기 성찰은 내적 욕구에 귀를 기울임으로써 자기를 인식하는 것이다. 때로 외부 현실에 대한 개인의 집착은 그의 내면세계에 대한 탐구와 자기 성찰을 방해하고 스스로를 개성화 또는 자기실현의 길에서 더욱 멀어지게 할 수도 있다. 따라서 개인은 생애의 모든 과정에서 환경과의 상호작용을 통해 외부 현실과 내면세계를 번갈아 들여다보고 변증법적으로 통합할 수 있어야 한다.

현실적으로 자아 탐구와 자기 성찰은 다양한 측면에서 전개될 수 있다. 인지치료의 창시자인 아론 벡(Beck, 1967, 2017)은 인지삼제라 하여 자기, 미래, 세계를 인식하는 방식이 개인의 정서와 행동을 결정한다고 주장하였다. 자기 성찰은 이러한 인식의 세 가지 측면을 포함한다.

자기 성찰의 첫 번째 측면은 개인의 정서와 욕구다. 인간은 누구나 심리적인 안녕과 행복을 추구한다. '나는 심리적으로 안정되어 있는가?' '나는 행복한가?'와 같은 질문은 결국 한 인간의 기본 욕구와 직결되어 있다. 생리적 욕구와 안전 욕구 그리고 유능성, 관계성, 자율성 등의 기본심리욕구가 적절히 충족될 때 인간은 심리적인 안녕과 행복을 느낀다. 이러한 욕구가 좌절될 때 인간은 불안, 우울, 분노와 같은 부정적 정서를 경험하게 되고 앞으로 나아가는 것을 머뭇거리게 된다. 이러한 개인은 '나는 자유로운가?'라는 질문으로부터 자유롭지 못하게 된다. 취약한 자율성은 '지금-여기'에서의 삶을 방해한다.

자기 성찰의 두 번째 측면은 삶의 목표와 진로다. '나는 누구인가?' '나의 꿈과 비전은 무엇인가?'와 같은 질문은 한 인간의 자아정체성과 직결된다. 자아정체성을 확립할 때 인간은 자신의 인생에 전념할 수 있다. 정체감의 혼미는 삶의 목표와 자신감을 상실하고 인생을 방황하게 만든다. 이러한 인간은 '나는 원하는 목표를 성취할 수 있는가?'라는 질문으로부터 자유롭지 못하게 된다. 학습된 무기력과 같은 취약한 유능성은 도전적이고 생산적인 활동을 방해한다.

자기 성찰의 세 번째 측면은 사회적 관계와 책임이다. '나는 타인이나 세상과 좋은 관계를 유지하고 있는가?' '나는 의견을 당당하게 드러내고 그 결과에 대해 책임을 지는가?'와 같은 질문은 한 인간의 사회적 책임성과 직결된다. 자신의 선택에 대한 사회적 책임을 가정할 수 있을 때 인간은 의존적인 삶에서 벗어나고 선택의 문제에서 자유를 만끽할 수 있다. 책임감의 상실은 필요 이상으로 타인의 인정에 매달려 자신의 삶을 구속하거나 사회적 위축과 고립을 초래한다. 이러한 개인은 '내가 살아가는 세상은 믿고 의지할 만한가?'라는 질문으로부터 자유롭지 못하게 된다. 지나치게 타인의 인정에 매달리는 취약한 관계성은 개방적이고 실존적인 삶의 자세를 방해한다.

창의적 학습 활동으로서 상담과 성찰적 대화

오늘날 학교 교육 현장에서는 교사에게 그 어느 때보다도 창의적인 사고와 활동을 요구하고 있다. 학교 교육은 물론 학교 밖에서조차 창의성에 대한 관심은 매우 고조되고 있다. 상담은 대화를 통해 자기 성찰을 촉진하는 창의적 학습 활동이다. 창의성과 창의적 학습 활동으로서 상담의 본질에 대해 살펴본다.

창의성에 대하여

창의성 개발을 위한 프로그램이 봇물처럼 쏟아져 나오고 있지만, 그 대부분은 학문적인 배경이나 과학적인 검증에 의해 체계적으로 뒷받침되지 못한 채 프로그램 개발자의 사적인 경험에 크게 의존하거나 상업적인 목적으로 개발된 것이다(김춘일, 2000; 전경원, 2002; 정혜승, 정지영, 박나현, 채인옥, 하수민, 2006). 최근까지도 창의성에 대한 학문적 접근은 매우 제한적으로 이루어져 온 것이 사실이다. 이는 부분적으로 창의성에 대한 개념적 이해의 다의성과 그에 따른 측정의 어려움에서 기인한다고 볼 수 있다.

심리학에서 창의성에 대한 개념은 접근하는 관점에 따라 다양한 방식으로 정의되고 측정된다. 일반적으로 창의성은 새롭고 가치 있는 그 무엇을 생성해 내는 인간 능력을 일컫는 심리학적 개념이다(Sternberg & Lubart, 1996). 그러나 '창의적'이란 말은 여러 맥락에서 다양한 의미로 사용되고 있다(Taylor & Getzels, 2009; Treffinger, 1996; Wehner, Csikszentmihalyi, & Magyari-Beck, 1991). 그것은 때로는 어떤 사람에 의해 새롭게 산출된 작품을 지칭하기도 하고(Csikszentmihalyi, 2003), 때로는 어떤 사람이 창의적인 작품을 산출할 수 있는 능력이나 성향을 기술할 때 사용되기도 한다(Guilford, 1968; Sternberg, 2004). 또한 사람들은 새로운 문제해결에 이르게 하는 개인의 사고 과정을 지칭하거나 무엇인가 색다르게 전개되는 일상적인 행위를 기술할 때 '창의적'이라는 말을 사용하기도 한다(Osborn, 1963; Wallas, 1926; Weisberg, 1986, 1999).

로도스(Rhodes, 1961)는 창의성에 대한 40가지 정의와 상상력에 대한 16가지 정의를 수집하여 그러한 정의들이 서로 겹치고 얽혀 있음을 발견하였다. 그는 이러한 정의들을 사람(Person), 과정(Process), 압력(Press), 산물(Products) 등 네 부분으로 범주화하여 영문자의 첫 글자를 따서 창의성의 4P 모형을 제안하였고, 그 내용은 다음과 같다.

- 사람(Person)은 성격, 지능, 기질, 체형, 특성, 습관, 태도, 자아개념, 가치체계, 방어기제, 행동 등에 관한 정보를 포함한다. 사람은 창의적인 노력의 중심에 위치하며, 자신의 기술과 환경(또는 압력) 그리고 창의적인 능력과 동기를 사용하여 산물을 창조한다. 창의적인 사람은 문제에 민감하

고 정신적 유연성을 지니며 확산적으로 사고하고 기존의 대상과 개념을 재정의할 수 있으며 복합적인 기질을 지니고 있다.

- 과정(Process)은 사람이 산물을 개발하기 위해 사용하는 절차를 말하며 동기, 지각, 학습, 사고, 의사소통 등에 적용된다. 그것은 방법론이라기보다는 오히려 사고 과정을 말한다. 다시 말하면, 사람이 어떤 문제를 해결하거나 새로운 해결책을 얻으려고 시도할 때 사고를 전개하는 방식이다. 창의적 사고 과정은 준비, 부화, 조명, 증명의 네 단계를 거치며 가르침을 통해 개발될 수 있다(Osborn, 1963; Wallas, 1926).
- 압력(Press)은 인간과 환경의 관계를 말한다. 그것은 사람이 산물을 창조하기 위해서 조작하고 기능하는 풍토를 말하며, 조직 문화, 자원, 모범 사례 등을 포함한다. 이것들은 창의성을 전도하거나 억제하는 조건이다. 사람은 자신의 주변 환경을 각자 독특한 방식으로 인식하며 이는 결국 그의 생각과 행동을 형성하는 방식에 반영되어 나타난다.
- 산물(Products)은 어떤 생각이 명백한 형태로 구체화될 때 창조되는 것이다. 그것은 사람에 의해 창조되며 창의적 과정의 결과다. 창의적 산물은 새로운 혁신이며 참신하고 유용해야 한다. 만일 어떤 산물을 점검하여 영감을 얻는 순간까지 거꾸로 거슬러 올라갈 수 있다면, 그러한 생각을 이끄는 사상과 사건을 추적할 수 있다. 하지만 창의적 과정에 대한 객관적인 탐구는 오직 한쪽 방향으로만, 말하자면 산물에서 사람으로 그리고 과정과 압력으로만 진행될 수 있다.

퍼킨스(Perkins, 1981)는 창의성의 눈꽃송이 모형(snowflake model of creativity)을 제안하였다. 이 모형은 창의적인 사람과 다른 사람을 구분하는 특징을 정확하게 묘사하고 있으며 눈꽃송이 구조를 시각적 은유로 사용하여 기억하거나 이해하기 쉽다. 이 모형은 다음의 여섯 가지 요소를 포함한다.

- **개인적 미학에 대한 강한 헌신**: 창의적인 사람은 복잡성, 해산, 비대칭에 대

해서 높은 포용력을 지니고 있으며 즐거운 마음으로 혼돈을 뚫고 해결과 종합을 얻기 위해 진력한다.

- **문제를 찾아내는 데 탁월한 능력**: 창의적인 과학자들은 훌륭한 질문을 중요시한다. 그것은 발견과 창의적인 해결책을 이끌어 내고 훌륭한 대답을 얻는 데 기여한다.
- **정신적 이동성**: 창의적인 사람은 반대로 생각하려는 경향성이 강하며 종종 은유나 비유를 사용하여 생각하고 당연히 가정에 도전한다. 이 정신적 이동성은 문제에 대해 새로운 조망과 접근을 가능하게 한다.
- **위험을 감수할 의지와 실패를 수용할 능력**: 이는 창의적인 탐구의 일부다. 창의적인 사람은 실패로부터 학습하는 능력이 탁월하며 실패 위협이 도사리고 있는 역량의 가장자리에서 작업한다. 이 정신적 모험은 창의적 결과를 산출할 가능성이 더 높다.
- **객관성**: 창의적인 사람은 자신의 생각이나 프로젝트를 면밀히 조사하고 판단할 뿐만 아니라 건설적인 비판을 추구한다. 객관성은 행운 또는 재능 그 이상이며 자아를 버리고 신뢰하는 동료의 조언을 구하며 자신의 생각을 검증하고 재검증하는 것을 의미한다. 특히 작업 또는 창조에 관해서 개인적 객관성과 자기 성찰 행동은 잘 수행하기가 매우 어려우며 스스로 거리를 두고 창조물과 어느 정도 떨어져 있어야 한다. 따라서 객관성은 성취하기가 매우 어려운 것일 수도 있다.
- **내적 동기**: 창의적인 사람은 학교 성적이나 월급을 얻기 위해서가 아니라 그 자체를 위해서 공부 또는 기업에 참여한다. 그것의 촉매제는 일 자체에 내재된 즐거움, 만족감, 도전 등이다.

많은 학자는 창의적 활동이 다양한 종류의 문제해결이고 또한 일상적인 문제해결 행동에도 관여하는 보편적인 인지 과정이라는 것에 동의한다 (Hayes, 1989; Newell, Shaw, & Simon, 1958; Weisberg, 1986, 1999). 이러한 견해에 따르면, 창의적인 활동은 ① 새롭고 독특하며 가치 있는 어떤 것을 산출해야 하고, ② 전형적인 비구조적 문제해결의 과정으로서 개인이 어떤 결정을 내리거나 자신의 정보를 추가하지 않는 한 해결책에 도달할 수 없으며, ③ 기존의 구조나 질서에 대한 파괴를 의미하는 것으로 어느 정도 고통과 희열을 동시에 수반한다.

그러나 창의성에 대한 학문적 접근을 제약하는 현실은 또한 창의성에 대한 대중의 잘못된 인식과 학교 교육 현장에서 편협한 접근을 초래하는 주된 요인이 되고 있다. 창의성에 대한 편협한 접근의 한 가지 예는 창의성 교육의 대상을 과학, 수학 등 지적 영재나 예술 분야에서 특수한 재능을 지닌 아동으로 한정하여 프로그램을 개발하는 것이다. 이는 자칫 창의성 교육이 영재교육이나 예능교육과 같은 소수의 특수한 집단을 대상으로 하는 특별한 교육활동이라는 인식을 초래할 우려가 있다. 이러한 인식은 또한 창의성 교육이 학교 교육과는 무관하게 개발된 독립형 프로그램에 의해서 전개될 수밖에 없다는 편협한 인식을 조장하고, 대다수의 학생을 대상으로 하는 학교 교육, 특히 특정 교과를 중심으로 전개되는 교실 수업에서 창의적 학습의 중요성을 간과하기 쉽다. 따라서 이처럼 창의적 학습에 대한 왜곡된 인식과 실천을 극복할 수 있는 합리적인 대안을 모색하는 것이 필요하다.

창의적 학습 활동으로서 상담

학교 교육에서 생활지도의 중추적인 활동 영역으로서 상담은 학생들의 전인적 성장과 발달을 도모하는 실천적 조력 활동으로 간주되어 왔다. 상담은 진정한 인간관계에 기초한 모종의 학습 활동이다. 구체적으로 말하면, 상담은 일반적으로 "도움을 필요로 하는 사람(내담자)과 도움을 줄 수 있는 사람(상담자) 사이의 개별적인 관계를 통하여 새로운 학습이 이루어지는 과정"(김형태, 2003, p. 25)이라고 정의된다. 상담은 또한 심리학의 한 전공분야로서, 상담자는 개인의 고통을 완화시키고 복지와 안녕을 도모하며 문제해결과 의사결정의 능력을 증진하도록 조력한다(Fretz, 1982). 학교 교육 현장에서 학생들은 상담을 통해서 일상적인 갈등이나 심리적 문제를 집중적으로 탐구하고 독창적인 해결책을 모색하며 자신의 인생에서 가치 있는 변화를 시도한다(송재홍, 2008).

상담은 인간 행동에 대한 심리학적 연구에서 도출된 여러 가지 방법에 의해 전개될 수 있다. 그러나 상담의 과정에서는 접근방법의 다양성에도 불구하고 내담자를 변화시키고 성장시킨다고 하는 하나의 공통된 목표를 지향하며, 매우 친밀하고 정서적인 관계 속에서 내담자와 상담자가 상호작용한다. 유능한 상담자는 자발성과 의도성 그리고 전문가 지식에 기초해서 내담자와 생산적으로 상호작용하며 융통성과 자신감을 갖고 독특한 방식으로 상담 과정에 개입하여 내담자를 이해하고 건설적인 변화를 도모한다. 성공적인 개입은 내담자에게 자존감 향상, 자율성과 책임감 증대, 현명한 의사결정과 효과적인 문제해결, 부적응 행동 감소와 적응 행동 증가 등 매우 다양하고 생산적인 결과를 가져올 수 있다(박성희, 2006). 이처럼 겉으로 드러나는 현상이나 결과의 측면에서 볼 때, 상담 활동은 인격적인 만남과 개별적인 의사소통 그리고 공감적 이해를 매개로 하는 특수한 종류의 문제해결 과정으로서 내담자의 생각과 감정 그리고 실제 행동에서 모종의 변화를 가져오는 능동적인 학습의 과정이라고 정의할 수 있다.

상담은 또한 창의적인 학습 활동의 핵심적인 영역으로 간주될 수 있다. 상담이 창의적 학습 활동의 중요한 영역이라는 것을 뒷받침하는 한 가지 근거로는 요인분석에 기초하여 일반적인 수준에서 창의성의 영역을 범주화하려고 시도한 경험적 연구결과를 들 수 있다. 카우프만과 동료들(Kaufman & Baer, 2004; Oral, Kaufman, & Agars, 2007)은 대학생을 대상으로 몇몇 주제 영역에 대하여 자신들의 창의성을 평정하도록 하고 반응에 대한 요인분석을 실시하였다. 그 결과 그들은 일반적 주제 영역에서 공감/의사소통 창의성(대인관계, 의사소통, 인간 문제해결), 수공/예술 창의성(미술, 기술), 수학/과학 창의성(수학, 과학)의 세 가지 요인을 산출하였다. 이러한 요인은 아머바일과 동료들(Amabile, 1989; Runco, Whitney, & Amabile, 1998)이 학생들의 동기에서 밝혀낸 쓰기, 예술, 문제해결의 세 가지 요인과 대체로 일치하고 있다. 의사소통의 측면에서 볼 때, 상담은 가장 고차적인 수준의 의사소통 문제를 다룬다(Powell, 1969). 상담에서 이루어지는 의사소통의 과정은 사적인 감정에 초점을 맞추고 그것을 적극적으로 표출하도록 조력할 뿐만 아니라 궁극적으로 공감과 이심전심으로 통하는 대화의 통로를 지향한다. 이 과정에서 상담자는 공감적 이해와 진실성의 자세를 견지하면서 내담자와 함께 창조적인 의사소통에 기초한 인간적인 문제의 해결 가능성을 탐색한다. 이처럼 상담은 공감과 의사소통에 기초한 대인관계 및 개인적인 문제해결과 불가분의 관계가 있다. 따라서 상담은 공감/의사소통의 일반적 주제 영역에서 창의성을 탐구할 수 있는 생산적인 무대가 될 수 있다.

그러나 어떤 활동을 창의적인 것으로 인정하려면 그러한 활동에서 일련의 창의적인 특징을 확인할 수 있어야 한다. 앞에서 언급했듯이, 창의적인 활동은 ① 새롭고 독특하며 가치 있는 어떤 것을 산출해야 하고, ② 전형적인 비구조적 문제해결의 과정으로서 개인이 어떤 결정을 내리거나 자신의 정보를 추가하지 않는 한 해결책에 도달할 수 없으며, ③ 기존의 구조나 질서에 대한 파괴를 의미하는 것으로 어느 정도 고통과 희열을 동시에 수반한다. 상담을 창의적인 학습 활동의 한 영역으로 간주하는 근본적인 이유는 그것이 바로 이러한 창의적 활동의 특징을 내포하고 있기 때문이다(송재홍, 2008).

첫째, 상담은 그것이 추구하는 목표가 새롭고 독창적이며, 개입이 성공적으로 이루어질 경우 내담자와 상담자 모두에게 매우 가치 있고 유익한 결과를 가져다줄 수 있다. 비록 상담의 다양한 접근방식은 내담자를 변화시킨다고 하는 하나의 공통된 목표를 가지고 있지만, 상담의 목표는 개별적인 사례마다 매우 새롭고 특이하다(Hermans & Hermans-Jansen, 1995). 다시 말해서, 상담을 통해서 추구하는 목표는 상담자가 지향하는 접근방식은 물론 내담자의 요구와 그가 처한 상황에 따라 천차만별일 수 있다. 상담은 내담자와 상담자가 만나서 작업동맹을 맺고 상호작용하는 하나의 특수한 인간관계다. 내담자와 상담자의 관계는 사례마다 독특하고 개별적인 의사소통 패턴을 창조한다. 따라서 상담 과정은 매우 복잡하고 가능한 변화의 방향도 다양하며, 때로는 변화의 결과 역시 일정한 기준에 따라 평가하기도 어렵다. 그러나 상담의 결과라는 측면에서 볼 때, 상담 과정에서 성공적인 개입은 내담자에게 긍정적인 변화를 초래하여 행복감과 문제해결 능력을 증진함은 물론, 삶의 유연성 회복과 개방적이고 협력적이며 생산적인 대인관계를 촉진할 수 있다. 뿐만 아니라 상담자 역시 상담 과정에서 새로운 통찰을 얻을 수 있다. 성공적인 상담 과정은 마치 형형색색의 실을 뽑아서 새로운 천을 짜내는 연속적인 직조 과정과 유사하다고 할 수 있다.

또한 상담의 과정에는 상담자와 내담자의 마음이 잘 반영된다. 효과적인 상담을 하려면 상담자는 풍부한 전문적 지식 기반과 자신감, 새로운 정보에 대한 개방성, 자신의 경험에 대한 수용성, 심리적 및 신체적 안녕을 유지하고 치료 과정에 헌신할 수 있어야 한다(Heppner & Fitzgerald, 1987). 또한 상담의 과정에서 내담자는 상담자에게 자신의 경험과 그러한 경험에 관련된 고민과 갈등을 전달하려고 시도하며, 상담자는 성격의 발달과 역동, 인간 문제해결과 대처, 의사소통에 관한 풍부한 지식을 활용하여 성격의 역동을 탐색하고 내담자의 경험세계를 이해하려고 노력한다(Heppner, Fitzgerald, & Jones, 1989). 상담에서 이루어지는 문제해결은 결코 우연히 이루어지는 것이 아니며, 개인적 문제에 대한 상담자와 내담자의 강한 호기심과 인내력, 공감적 이해와 의사소통에 대한 해박한 지식과 기술, 특이하고 독창적인 지적 경험과 통찰에 크게 의존한다. 창의적인 상담자는 또한 창의적 행위에 필요한 풍부한 지식 기반을 구축하고 있으며, 그들의 창의적 사고는 개념적 통찰, 개념의 확장과 조합, 최근 활성화된 지식, 창의적 상상력과 같은 다양한 형태의 생성 및 탐구 과정을 어떻게 채택하고 결합하느냐에 따라서 독특하고 다양한 특징을 연출할 수 있다(Ward, Smith, & Finke, 1999).

둘째, 상담은 일종의 문제해결을 통한 학습 활동이며, 개인의 일상생활에서 빈번하게 발생하는 불분명한 문제들을 다룬다. 말하자면, 상담에서 전형적으로 다루어지는 문제는 내담자가 대인관계, 의사소통, 개인적 문제를 해결하는 과정에서 어떤 결정을 내리거나 자신의 정보를 추가하지 않는 한 결코 해결될 수 없는 것들이다. 문제의 표상은 문제 공간 안에서 현재 상태와 목표 상태 그리고 두 가지 상태를 연결하는 해결통로의 세 가지 요소로 구성된다(Hayes, 1989; Newell & Simon, 1972). 불분명한 문제는 문제 공간을 구성하는 세 가지 요소 가운데 어느 한 가지 또는 두 가지 요소가 생략되어 있다. 따라서 문제를 해결하려면 먼저 문제 공간에서 생략된 부분을 찾아서 채워 넣어야 한다. 상담 과정을 창의적으로 전개하기 위해서는 상담자와 내담자가 서로 협력하여 불분명한 문제 상황에서 문제를 효과적으로 표상하고 분명하게 정의할 수 있어야 하며, 또한 내담자가 지니고 있는 생각이나 행동양식의 취약점을 정확하게 평가하고 그러한 취약점을 개선하는 데 효과적인 행동을 선택하는 일이 중요하다.

상담자와 내담자는 최소한 문제해결의 두 국면에서 창의적 인지를 사용하는 것으로 알려져 왔다(Heppner, Fitzgerald, & Jones, 1989). 첫 번째 국면은 내담자가 안고 있는 문제의 본질을 이해하는 것이고, 두 번째 국면은 내담자에게 바람직한 변화를 촉진하기 위해 효과적인 개입 전략을 개발하는 것이다.

내담자 문제의 본질을 이해한다는 것은 내담자의 내력 또는 성격 역동의 맥락에서 그의 문제를 정확하게 표상하는 것을 말한다. 상담자는 흔히 내담자의 경험세계에서 서로 관계없는 것처럼 보이는 측면들의 연결 관계를 인식해야 한다. 경험이 풍부하고 유능한 상담자는 단지 몇 차례의 면담만으로도 별다른 문제없이 내담자 문제의 본질을 정확하게 이해할 수 있다. 그러나 내담자가 일련의 장황한 정보를 제시하는 경우 상담의 과정은 난처한 상황에 빠져들 수도 있다. 이러한 경우에 상담자는 종종 궁지에 몰렸다거나 뭔가 빠진 듯하고 앞뒤가 맞지 않는다는 느낌을 받는다. 때로는 내담자가 까닭없이 저항하는 것처럼 보일 수도 있고 때로는 내담자-상담자 상호작용이 부자연스럽거나 비생산적인 것으로 보일 수도 있다. 이처럼 난처한 상황에서 돌파구를 마련하려면 상담자의 창의적 생각과 행동이 요구된다. 유능한 상담자는 때로 더 많은 정보를 얻기 위해서 특정한 감각 체계(Assagioli, 1965; Bandler & Grinder, 2013)에 집중해서 내담자에게 주의를 기울이며, 이렇게 얻은 정보를 이용하여 문제의 본질을 이해하기도 한다.

상담자와 내담자가 문제의 본질을 이해하고 상담 목표를 설정하고 나면 다음 단계에서는 개입을 위한 전략을 개발한다. 이 국면에서 상담자는 개입 전략에 관한 지식 기반을 인출하여 내담자의 문제에 적용하고 일련의 평가 활동을 통해 내담자로부터 개입의 효과성에 대한 피드백을 얻을 수 있다. 여기서도 노련하고 유능한 상담자는 내담자에게 개입 전략을 효과적으로 적용하여 바람직한 변화를 가져올 수 있다. 그러나 상담자와 내담자는 때로 좌절을 경험하며 더 능동적이고 창의적인 사고와 행동을 요구할 수 있다. 상담자는 때로 내담자의 내력에서 예외적 사실 또는 독특한 성과를 찾아서 삶에 대한 스토리를 재구성하도록 조력하거나(White & Epston, 1992) 환상 여행, 기적 질문 등과 같은 상상적 기법을 활용하여 새로운 돌파구를 마련할 수도 있다(Thompson & Rudolph, 2001).

셋째, 상담 과정에서 상담자와 내담자는 창의적 행위에서 수반되는 것과 비슷한 형태의 정서적인 고통과 희열을 경험한다. 상담의 목표는 내담자의 자발적인 변화를 촉진하는 것이며, 이는 내담자가 지니고 있는 기존의 정신 구조와 행동 양식을 어느 정도 해체하고 새로운 구조와 질서를 창조하는 것을 의미한다. 이 과정에서 내담자는 은연중에 고통을 느끼고 심리적으로 저항하게 되며 상담자는 내담자의 저항에 당황하고 인내의 한계를 느낄 수도 있다. 대부분의 창의적 행위가 그렇듯이, 많은 경우 상담은 내담자가 어떤 종류의 고민거리를 안고 있을 때 이루어진다. 때로 내담자는 문제를 자각하거나 개입 과정에서 정서적 고통을 경험하고 그것을 피하려고 저항하며, 상담자 역시 내담자의 강한 저항에 좌절을 경험한다. 그러나 창의적인 상담자는 그러한 고민거리가 자신의 삶을 위협하는 요소라고 인식하지 않고 오히려 현재의 상황을 개선하거나 향상시킬 수 있는 기회로 인식하며, 내담자가 새로운 목표를 설정하고 그것을 달성하기 위한 활동을 주도하도록 안내한다. 칙센트미하이(Csikszentmihalyi, 2003)는 창의적인 사람이란 그의 사상이나 행동이 한 영역을 변화시키거나 새로운 영역을 개척해 내는 사람이라고 정의하고, 창의적인 인물이 창의적인 노력의 과정에서 경험하는 기쁨과 위기 그리고 고생을 함께 기술하고 있다. 정범모(2001)는 이러한 위기를 창의의 관건인 전적 집중과 전적 이완으로 설명하고 있다. 전적 집중이란 어떤 일에 강한 보람과 재미와 뜻을 느끼며 그 일에 흠뻑 매료되어 특정 시간 그 일에 전심전력하는 상황을 말하고, 전적 이완이란 다 잊고 쉬는 전적 멈춤과 그 후에 전광석화처럼 이어지는 돈오의 과정으로 부화와 조명의 단계에 해당한다. 그는 이러한 과정에서 창조자가 경험하는 기쁨과 고생을 각각 창의의 희열과 창의자의 고난으로 명명하고 있다. 상담자와 내담자는 때로는 저항을 극복하고 문제해결을 시도하는 과정에서 의식적 · 무의식적 반항, 신의 노여움, 찾아가는 고행, 창조하는 용기 등 창의자의 고난을 겪기도 하고, 때로는 무엇인가 새롭고 경이로운 것을 찾아가는 과정에서 경험하는 기쁨, 내적 동기, 절정 경험 등 창의의 희열을 경험하기도 한다.

이렇게 볼 때, 상담은 학교 교육에서 전개되는 어떠한 교육 활동보다도 창의적인 활동이라는 사실이 분명하다. 그것은 무엇보다 인간의 불분명한 문제해결을 돕는 활동이라는 점에서 창의적 인지의 한 영역으로 간주될 수 있다. 창의적 학습 활동으로서 상담은 공감적 이해와 의사소통에 관한 전문적인 지식과 기술에 기초하여 인간적인 문제해결을 중심 주제로 다룬다.

창의성의 영역은 수학이나 과학과 같이 고차적인 지식 체계를 요구하는 영재 영역이나 미술, 창작 활동과 같이 고도의 예술적 영감을 요구하는 재능 영역에 국한되지 않으며, 공감적 이해와 의사소통 기술을 필요로 하는 인간 문제해결 영역을 포함한다(Kaufman & Baer, 2004; Oral, Kaufman, & Agars, 2007). 더욱이 오늘날 학교 교육 현장에서 많은 교사가 현실적으로 당면하고 있는 고민거리는 영재 교육이나 재능 교육이 아니라 공감적 이해와 의사소통에 기초한 인간적인 문제해결이다. 왜냐하면 그들이 가르치는 대상은 바로 인간이며, 따라서 인간적인 문제의 원만한 해결은 학습의 효과를 극대화할 수 있기 때문이다. 그럼에도 불구하고 창의성에 대한 학문적인 연구와 학교 교육 실제에서는 공감적 이해와 의사소통 능력에 기초한 인간적인 문제해결을 덜 강조하는 경향이 있었다.

교사가 잘 가르친다는 것은 단순히 가르치는 내용을 학생들에게 전달하는 일에 그치는 것이 아니며 그 내용을 가지고 학생들과 충분히 의사소통하는 것이다(Seng, Parsons, Hinson, & Brown, 2006). 유능한 교사가 되려면 자신이 가르치는 내용을 잘 아는 것만으로는 충분하지 않으며 그것을 가지고 학생들과 창의적으로 의사소통할 수 있어야 한다. 이는 교사가 수업 전문가로서 수업에 관한 책임을 지는 것은 물론이고 학습 환경을 관리하는 관리자의 역할과 학생의 개인적 문제해결을 돕는 상담자의 역할을 함께 수행해야 한다는 것을 시사한다. 상담은 공감적 이해와 의사소통에 관한 전문적 지식과 기술을 필요로 하는 창의적 활동의 중심 영역이다. 이렇게 볼 때, 학교 교육 현장에서 모든 교사는 인간적인 문제해결을 위해 필요한 공감적 이해와 의사소통 기술을 갖추고 창의적인 상담자의 역할을 수행할 필요가 있다.

상담: 자아 탐구와 자기 성찰을 촉진하는 창조적 대화 학습

본래 상담이란 용어는 다양한 의미를 복합적으로 내포하고 있기 때문에 이해하기가 쉽지 않다. 상담은 겉으로 드러나는 현상을 놓고 보면 조력전문가와 피조력자의 인격적인 만남 과정으로 이해될 수 있으며, 그것의 성과에 근거하면 자존감 향상, 자율성과 책임감 증대, 현명한 의사결정과 효과적인 문제해결, 부적응 행동 감소와 적응 행동 증가 등 매우 다양한 의미를 부여할 수 있다(박성희, 2006). 이처럼 겉으로 드러나는 현상이나 결과의 측면에서 볼 때, 상담 활동은 일종의 학습 과정으로서 내담자의 생각과 감정 그리고 실제 행동에서 모종의 변화를 가져오게 된다. 하지만 내담자가 자신의 욕구와 행동에 대한 내면의 자각, 곧 자기 성찰을 결여한다면 이러한 변화를 기대하기는 어렵다. 따라서 그 심층을 들여다보면 상담의 참된 의미는 개인으로 하여금 자아 탐구와 자기 성찰을 통해 자기의 참 모습을 발견하여 적극적으로 드러내도록 안내하는 체계적인 조력 활동이라는 것이 분명해진다.

개인이 상담 과정에서 진정한 인간관계를 경험하고 이를 통해 자기의 참 모습을 발견하게 된다면 그는 자기를 있는 그대로 받아들이고 자기의 선택을 자랑스럽게 여길 것이다. 이러한 과정이 계속될 때 개인은 자율감과 행복감을 증대시킬 수 있고 심오한 혜안을 지닌 성자의 모습을 갖추게 될 것이다. 어떤 개인이 자신이 처해 있는 상황에 어울리는 상담의 도움을 받아서 자신의 주관적인 세계를 체계적으로 정리하고 자신의 삶을 보다 지혜롭게 선택하며 자율감과 행복감을 경험할 수 있다면 그는 참다운 학습에 참여하고 있는 것이다. 이처럼 한 개인의 삶은 참된 자기의 모습을 찾아 나서는 끝없는 구도의 여정이며, 상담자는 이러한 여정에 잠시 동행하는 벗이 될 수 있다.

임상적으로 많은 상담자는 내담자를 조력하는 과정에서 그의 요구와 행동에 대한 자각을 도모하고 자기 성찰을 촉진하기 위해 다양한 전략을 개발하여 적용한다. 예를 들면, 게슈탈트 상담자는 여러 가지 알아차림 기법을 활용하여 개인의 신체적 감각은 물론 내적 욕구를 자각시켜서 전경으로 떠올리고 이를 적극적으로 추구하도록 독려함으로써 게슈탈트를 완성하도록 돕는다(Perls, 2013). 또한 현실 상담에서는 개인의 욕구와 바람을 분명하게 자각하고 그것을 충족하기 위해서 채택한 행동의 유용성을 평가하도록 조력하여 좀 더 현실적인 목표와 더 많은 책임감을 갖도록 조력하며(Glasser, 2017), 인지 상담에서도 개인이 어떤 사태에 직면할 때 자신의 머릿속을 강타하는 자동적 사고를 포착하여 이를 근거로 왜곡된 인지를 찾아서 바로잡도록 조력한다(Beck, 2017). 나아가 신경언어학적 프로그래밍의 이미지 유도법(Bandler & Grinder, 2013)이나 수용전념치료의 마음챙김(Hayes, Strosahl, & Wilson, 2009) 또는 마음공부(권도갑, 2000), 동사섭(용타, 2001) 등의 동양적 접근 역시 체계적인 자기 성찰을 통해 자기의 내면세계를 심층적으로 들여다보도록 안내한다. 이렇게 볼 때, 상담의 참된 의미는 개인으로 하여금 자기 성찰을 통해 자기의 참 모습을 발견하고 적극적으로 드러내도록 안내하는 체계적인 조력 활동인 것이다.

이러한 시도는 인간의 정보처리 현상에 관한 인지심리학의 연구결과와도 일치한다. 인지심리학에서는 한 개인의 인지 세계가 근본적으로 변화되기 위해서는 현상학적 지각이나 내면적인 자각을 통해 관련된 정보들이 의식 세계 안으로 들어와서 적절한 수정과 통합에 의해 재구성되어야 한다는 사실을 다양한 측면에서 입증해 왔다(Anderson, 1998). 자기 성찰의 형태가 어떤 방식으로 전개되든 간에 그것의 결과는 참된 자기의 발견, 자신감과 자존감의 증대, 지식의 습득과 구성 등 다방면에서 다각적으로 나타날 수 있다. 이렇게 볼 때, 상담은 학생들 개인의 자기 성찰을 촉진하는 체계적인 지도 활동이라는 점에서 학교 교육의 기본 성격과 정확히 일치한다고 볼 수 있다(송재홍, 2006b).

학교 교육 장면에서 상담은 교육 목적의 내재적 측면, 곧 학생들 개개인의 성장잠재력을 최대한 드러낼 수 있도록 자아 탐구를 안내하고 자기 성찰을 촉진하는 실천적 조력 활동이 되어야 한다. 화이트헤드(2003)가 지적했듯이, 교육의 과제는 교육과정의 생동감을 말살하는 과목들의 치명적인 단편성을 근절하고 학생들이 교과를 통해 다양한 측면으로 드러나는 삶의 의미를 바라볼 수 있도록 안내하는 것이다. 이는 학교 교육 실제에서 교과 교육을 실행하는 과정에서 반드시 자아 탐구를 안내하고 자기 성찰을 촉진하기 위한 학습 활동을 포함해야 한다는 것을 시사한다. 따라서 이는 학교 교육을 대부분 점유하고 있는 교과 활동의 궁극적인 목표와도 일치하며, 교육과정에 기초한 학교 교육이 그 목적을 효과적으로 달성하기 위해서는 교과 학습과 상담 활동의 접목 가능성을 적극적으로 모색할 필요가 있다. 창의적 학습 활동으로서 상담은 공감적 이해와 의사소통을 매개로 개인적인 삶의 문제를 다루며 개인의 자아세계에 대한 탐구를 안내하고 성찰을 촉진한다. 상담의 원리와 기법은 교과의 통합을 위해 논리적으로 타당한 지식 기반을 제공할 수 있다.

무지개 학습: 교과 기반 성찰적 대화 학습 모형

학교 교육의 주류를 구성하고 있는 교과 교육은 단지 교과에 내재된 지식의 획득 또는 구성에만 머물러서는 안 되며, 학생들 개개인의 자아 탐구를 안내하고 자기 성찰을 촉진하기 위한 체계적인 지도 활동으로 연계되고 확장되어야 한다. 이 절에서는 교과 학습과 상담 활동을 접목하여 학생들의 자아 탐구를 안내하고 자기 성찰을 촉진하기 위한 창조적인 대화 학습의 개념 모형으로서 무지개 학습을 제안한다. 교과의 기본 성격에 대하여 새로운 의미를 부여하고 교과 기반 상담 활동을 전개하기 위한 무지개 학습의 특징과 원리를 제시한다.

교과: 자아 탐구와 자기 성찰 안내를 위해 엄선된 심리적 도구

교과 학습과 상담 활동을 성공적으로 접목하기 위해서는 교과와 그것에 기초한 교과 교육에 대한 인식을 근원적으로 해체하여 새롭게 재구성할 필요가 있다. 전통적으로 교과 교육은 지적인 성취 결과를 중시하는 수업 활동이 중심이 되었다. 그러나 학생들은 교과를 학습하는 과정에서 단지 지식만을 습득하는 것은 아니며 고차원적인 학습에서는 오히려 내면의 자각이 뒤따를 수밖에 없다. 우리가 지식을 습득하는 진정한 목적은 그것을 활용하여 능력을 드러내는 것이다. 화이트헤드(2003)는 사용되지 않는 지식은 쓸모가 없으며 지식의 진정한 가치는 그것의 활용 가능성에 있다고 역설하였다. 그에 의하면, 우리가 지식을 습득하는 진정한 목적은 그것을 활용하여 힘(power)을 드러내는 데에 있다. 또한 제임스(James, 1978)는 “아이디어가 유용한 것은 참이기 때문이고, 그것이 참인 것은 유용하기 때문이다.”(p. 98)라고 진술하고 두 구절의 의미를 정확히 같은 것으로 해석하였다. 말하자면, 개인이 실제 살고 있는 삶의 맥락에서 아이디어의 유용성이야말로 그것의 진리를 판단하는 가장 중요한 기준이라는 것이다. 따라서 교육은 지식의 습득이나 구성 그 자체를 목적으로 삼아서는 안 되고 그 지식을 사용하는 기술을 획득하는 일에 좀 더 집중해야 한다.

한 인간의 진정한 능력은 지식의 양에 의해서가 아니라 지식의 전문적인 활용을 통해서 드러나야 한다. 그러면 '지식을 어디에 어떻게 활용할 것인가?'가 문제가 된다. 우리는 여러 가지 차원에서 지식의 활용 가능성을 검토할 수 있다. 지식은 때로는 시험이나 경쟁의 도구가 되기도 하고 때로는 차기 학습을 위한 기초지식이나 좀 더 고차적인 문제해결을 위한 자원으로 활용되기도 한다. 다시 말하면, 학생들이 공부하는 이유의 한 가지는 특정 교과 영역의 지식을 평가하는 입학시험이나 취업시험과 같이 경쟁과 선발을 위해 거쳐야 할 중요한 관문을 통과하는 것이다. 또한 특정 교과에서 다루어지는 기본적인 지식은 좀 더 복잡한 지식을 구성하기 위한 도구적 기능을 할 수도 있고, 공학적 기술이나 문화적 전통을 산출하기 위한 생산적 기능을 할 수도 있다. 그러나 잘 구성된 지식은 학생들에게 개인적인 삶을 지배하는 신념 체계를 점검하고 체계적으로 관리하도록 안내하는 자기 성찰의 도구가 된다(송재홍, 2006b, 2007). 이렇게 볼 때, 교과 학습의 궁극적인 목적은 바로 체계적인 자기 성찰을 통해 자기와 타인 그리고 세계에 대한 인식을 새롭게 하고 자기의 경계를 확장해 가는 것이다. 따라서 학생들이 교과 학습을 통해 습득하게 되는 지식은 그 자체가 목적이 되어서는 안 되고 자아 탐구를 안내하고 성찰을 촉진하는 심리적 도구로 확장되어야 한다. 이러한 관점에서 보면 지식의 습득은 자아 탐구와 자기 성찰을 위한 방편에 불과한 것일 수도 있다.

또한 자기 인식에는 두 가지 측면이 존재한다(송재홍, 2005). 한 가지 측면은 자신의 지식 습득 정도에 대한 인식이고, 다른 측면은 그러한 지식을 통해서 행동을 안내하는 자신의 생각과 감정 등 정신기제에 대한 인식이다. 이 두 가지 측면 중에서 어느 쪽을 강조하느냐에 따라서 교실 수업은 단순한 교수 활동이 되거나 아니면 상담 활동이 될 수도 있다. 교수 활동에서는 교과에 내재된 지식의 습득을 궁극적인 목표로 삼는 경우가 많다. 그러나 이러한 교수 활동은 소위 '빈틈없는' 교육과정을 통해 지적 성취에 집중한 나머지 오히려 진정한 자기 성찰의 기회를 박탈할 수도 있다. 한 가지 대안은 교과 학습의 궁극적인 목적을 지식의 습득 내지 구성에 머물지 않고 자아 탐구와 자기 성찰을 통한 생활양식의 변화에 두는 것이다. 이 관점에서 보면, 학생들이 교과 학습을 통해 최종적으로 도달해야 하는 것은 교과의 내용에 기초한 지식 구성이 아니며, 교과는 단지 학생들의 자아 탐구를 안내하고 자기 성찰을 촉진하기 위한 심리적 도구로서 유용하게 활용될 수 있도록 정제되고 엄선된 학습 자료다. 학생들은 이 교과를 도구로 활용해서 자신의 행동과 생활양식을 안내하는 생각과 감정을 체계적으로 검토하고 수정하는 자기 성찰을 통해 참다운 내적 변화를 이루어야 진정한 의미의 학습을 경험할 수 있다.

이처럼 교과의 기본 성격을 자아 탐구와 자기 성찰을 안내하는 엄선된 심리적 도구라고 이해하는 관점에서 접근할 때, 교실 수업의 기본 성격과 전개 방향은 근본적으로 달라질 수밖에 없다. 즉, 교실 수업은 본질적으로 학생들이 삶의 주체로서 교과 학습을 통해 습득한 지식을 매개로 능동적으로 자아를 탐구하고 성찰하여 자기실현과 인격 완성을 도모하도록 안내하는 체계적인 조력 활동이다. 모든 교과는 자아 탐구를 안내하고 자기 성찰을 촉진하기 위한 창의적인 학습 활동의 도구가 될 수 있다. 예를 들면, 문학, 음악, 미술, 무용, 놀이, 요리 등 다양한 표현예술 활동은 인간의 원초적인 감각을 활성화시키는 데 탁월한 기능을 발휘하며 개인의 내면세계를 효과적으로 표출할 수 있는 기회를 제공하여 일정부분 치료적인 성격을 내포한다. 이러한 이유로 해서 표현예술 활동은 전통적인 상담 장면에서 보조도구로 활용되어 왔으며, 교실 수업 장면에서도 학생들의 자아 탐구를 안내하고 자기 성찰을 촉진하는 상담 활동의 훌륭한 보조도구로 활용될 수 있다.

얼핏 보면, 국어, 수학, 과학, 사회과 등 전통적인 주지교과는 논리-수학적인 사고와 문제해결에 초점을 맞추고 있어 개인의 사적 경험세계를 다루는 상담 활동과는 무관한 것으로 여겨질 수도 있다. 그러나 약간만 관점을 달리하면 이러한 교과도 상담 활동과 쉽게 접목될 수 있다. 예를 들면, 수학 교실에서 분수나 비율을 다룰 때 학생들 각자가 일주일 또는 하루 동안에 참여하는 학습 활동을 몇 가지 유형으로 분류하고 각각의 활동에 소비하는 시간을 산출하여 분수나 비율로 나타내고 자신의 시간 사용 구조를 점검하도록 안내하면 그들의 자기 성찰을 촉진할 수 있다. 따라서 모든 교과는 자기 성찰을 촉진하기 위한 상담 활동의 도구가 될 수 있으며 무엇보다도 학생들의 외부 현실과 내면세계를 매개하는 상담 활동의 정제된 학습도구인 것이다. 교사는 교실 수업 중 교과 학습에 싫증을 느낀 학생들의 심리적 갈등을 다루어야 하는 현실을 마냥 외면할 수 없다. 교사가 교과를 이용하여 학생들의 자아 탐구를 안내하고 자기 성찰을 촉진할 수 있다면 이러한 고민은 상당 부분 해소될 수 있을 것이다.

무지개 학습: 교과 기반 상담 활동을 통한 자아 탐구와 자기 성찰 촉진

실제 학교 교육 현장에서 교과를 지도하는 교사의 중요한 관심은 학생들이 학습의 성과를 얼마나 오래도록 간직할 수 있느냐 하는 파지의 문제와 그러한 성과를 학습된 맥락에 국한하지 않고 다른 영역으로 얼마나 확대하여 적용할 수 있느냐 하는 전이의 문제에 집중된다. 특히 전이의 문제는 새로운 교육과정을 도입할 때마다 논쟁의 중심에 놓여 있으며, 교육과정 전문가들은 전이가가 높은 학습 경험에 기초해서 교육과정을 선정하고 조직해야 한다고 제안해 왔다. 전통적으로 전이(transfer)는 특정 교과에서 학습한 결과를 동일 교과 내에 또는 상이한 교과 간에 관련 학습과제의 해결에 확대하여 적용하는 것을 의미한다. 이러한 전이의 개념에 대한 인식은 해체되고 재구성되어야 한다. 학생들이 배운 지식은 해당 교과나 관련 교과의 영역은 물론 개인적인 삶의 영역으로 확장될 필요가 있다. 무지개 학습은 바로 교과 학습을 통해 습득한 지식 체계를 활용하여 학생들의 자아 탐구를 안내하고 자기 성찰을 촉진하기 위한 교실 수업의 실천적 전략이다. 무지개 학습의 특징을 좀 더 구체적으로 살펴본다(송재홍, 2006b).

◉ 전이의 다차원성에 대한 이해와 무지개 학습

교과 교육의 실제에 있어서 학습 성과의 적용 한계를 극복하고 다른 영역으로 확대하여 적용하는 문제는 매우 중요하다. 그러나 그 과정은 자동적으로 도달될 수 있는 것이 아니며 몇 가지 선결 과제가 가로놓여 있다. 한 가지는 교과 학습과 생활 경험의 불일치를 극복하는 일이다. 한 가지 대안은 탈교과 내지는 범교과적인 교육 프로그램을 이용하여 학생들에게 체계적인 지적 기능을 학습하도록 훈련하는 것이다(Segal, Chipman, & Glaser, 1985). 대표적인 프로그램으로는 '도구심화(Instrument Enrichment)'(Feuerstein, 1980), '아동을 위한 철학(Philosophy for Children)'(Lipman, 1976), '오디세이(Oddyssey)'(Adams, 1986) 등이 있다.

퓨어슈타인(Feuerstein, 1980)은 학교 교육에 적응하지 못하는 청소년들의 지적 능력을 향상시키기 위해서 탈교과적인 도구심화 프로그램을 개발하였다. 그런데 이 프로그램이 안고 있는 한 가지 문제점은 학습 성과가 곧바로 교과 중심으로 전개되는 교실 수업에 전이되지 않는다는 것이었다. 퓨어슈타인은 이러한 문제점을 해결하기 위해서 '브리징'이라는 개념을 채택하였다(Mentis, Dunn-Bernstein, Mentis, & Skuy, 2009). 브리징(bridging)의 사전적 의미는 다리를 놓아 육지와 육지를 연결하는 것이다. 그러나 이 개념은 학습 맥락에서 전이의 독특한 형태를 가리킨다. 교육이 공부 방법을 아는 학생들을 기르는 것이라면 브리징은 성공적인 교육의 본질적인 척도가 된다(Tribus, 2001). 교육받은 사람은 서로 다른 영역의 지식을 연결하여 그것들 간에 하나의 통일성을 알 수 있어야 한다. 학습의 전이는 단지 교과의 경계를 뛰어넘는 것에 국한되지 않으며 학생들의 개인적인 삶 내지 정신적인 영역으로 확장되어야 한다.

한때 교과 간 경계 허물기와 교육과정 통합에 대한 요구가 강하게 제기되어 왔다(Burns, 2001; Fogarty, 1991). 무지개 학습은 단순히 교과 교육의 차원에서 학습 결과를 확대 적용하는 것 이상의 의미를 갖는다. 이는 인간 학습의 본질적인 모습을 회복함에 있어서 중요한 전제조건이다. 무지개 학습의 원리에 기초한 교실 수업의 목표는 학생들이 인격 완성 또는 자기실현에 도달할 수 있도록 자아 탐구를 안내하고 자기 성찰을 촉진하는 것이다. 그리고 교과 학습은 이 목표를 달성하는 데 필요한 합리적인 지식 기반을 구축하기 위한 구체적인 실천 활동으로 간주된다. 따라서 교육과정 중심의 학교 교육이 그 본연의 목적에 충실하려면 교과 교육의 실천적 행위로서 교실 수업은 단순히 교과 지식의 차원에 머물러서는 안 되며, 그 이상의 보이지 않은 다리를 건너야 한다. 무지개 학습은 바로 이러한 가시적인 교과 영역과 비가시적인 비교과 영역의 경계를 넘나드는 학습 활동을 분명히 지칭하려 할 때 좀 더 유용하게 채택될 수 있는 가설적인 개념이다. 무지개 학습에서 '무지개'의 의미는 퓨어슈타인의 '브리징'과 유사한 성격을 내포하고 있다. 그러나 브리징은 교과 간 경계와 교과-비교과 경계를 구분하지 않고 있다. 가시세계를 다루는 교과 간 경계는 물리적으로 다리를 놓아 연결할 수 있지만, 가시세계와 비가시계를 연결하는 것은 약간 다르다. 가시세계의 경험에 기초하여 구성된 교과 지식을 활용하여 개인의 내면세계에 대한 이해와 성찰을 안내하고 촉진하려면 '무지개'와 같은 상징적인 교량을 설정하는 것이 좀 더 유용할 수 있다.

◉ 질서 체계 간의 구조적인 연결고리로서의 무지개 학습

1장에서 언급했듯이, 어떤 면에서 학습은 경험되는 현상에 질서를 찾고 의미를 부여하는 과정이다. 무지개 학습은 다양한 질서 체계 간의 구조적인 연결고리를 설명하기 위해 채택된 구성개념이다. 외견상으로 볼 때 상당한 정도의 다양성을 보이는 일련의 자연 현상으로부터 일정한 규칙성을 찾아서 질서를 부여하는 과정이 과학적 지식의 발견이라고 한다면, 일련의 동시다발적인 사회적 사건으로부터 일정한 의미를 발견하고 의식을 형성하는 과정은 곧 문화적 전통의 창조인 것이다. 또한 내면의 무질서한 무의식적 충동으로부터 통찰과 해석을 통해 삶의 의미를 자각하고 정체성을 확립하는 과정은 인격 완성 또는 자기실현의 여정이라고 할 수 있다. 일부 정신과학에서는 이와 같은 여정을 개성화, 자기실현 또는 게슈탈트의 형성 과정으로 설명하기도 한다. 무지개 학습은 이와 같이 학습의 과정에 연관된 질서 찾기와 의미 부여라는 다양한 차원의 구조적 연결성을 전제로 한다.

무지개 학습의 의미를 제대로 이해하려면 인간의 학습 활동에 관여하고 있는 세 가지 차원의 질서 체계를 이해할 필요가 있다(송재홍, 2006b). 자연 현상의 질서, 사회문화의 질서, 내면적 자기 인식의 질서가 그것이다. 자연과학은 변화무쌍한 자연 현상에 질서를 부여하고 조직화하는 지식 기반을 제공하며, 사회과학은 다채로운 사회문화 사건에 의미를 부여하고 조직화하는 지식 기반을 제공한다. 인간은 교과를 매개로 하는 학습 활동을 통해 일정 부분 자연 현상과 사회문화 사건의 변화를 지배하고 있는 일련의 질서를 학문적으로 탐구하여 각 분야에서 고유한 지식 기반을 확충해 간다. 하지만 이러한 질서 체계가 꼭 자연과학과 사회과학 영역으로만 제한될 필요는 없다. 그것은 생명 현상이나 창작 예술과 같이 다른 영역으로 확대·적용될 수 있다. 그러나 인간은 누구를 막론하고 '자기'라고 하는 내면세계의 질서를 탐색하여 회복하는 일이 중요한 학습과제로 남게 된다. 최근 인지과학의 연구 결과는 한 인간의 외현적인 다채로움을 표출하는 내면의 자기를 체계적으로 탐색하고 이해하는 데 중요한 지식 기반을 제공한다. 인지는 바로 '자기'라고 하는 내면의 질서 체계를 탐구하고 조직하는 지식 기반을 통칭하기 위해 채택될 수 있는 간명한 구성개념이다.

'과학' '문화' '인지'로 표현되는 세 차원의 질서 체계는 상호 간에 구조적인 유사성과 유기적인 연관성을 지닌다고 볼 수 있다. '과학'과 '문화'의 차원은 다양한 학문 분야에서 비교적 잘 체계화된 지식 기반을 형성하고 있으며, 교과 교육은 이 지식 기반을 통해 학생들이 특수한 영역의 경험을 체계적으로 탐구하고 이해할 수 있도록 안내한다. 하지만 가르침과 배움의 여정은 단순히 두 차원의 질서 체계와 연관된 경험 탐구와 지식 구성으로 완성되는 것이 아니다. 그 여정은 내면의 질서 체계에 대한 탐구로 연결될 때 비로소 완성될 수 있다. 무지개 학습은 교과 학습을 통해 축적된 두 차원의 질서 체계에 대한 지식 기반을 인지, 곧 자기 내면의 질서 체계에 대한 성찰로 확장하는 것을 가리킨다.

오늘날에는 전통적으로 엄격하게 구획되었던 학문의 고유한 방법론이 무너지고 학문 간 소통이 활발해지면서 지식의 대통합에 대한 논의가 본격적으로 전개되고 있다(최재천, 주일우, 2007; Wilson, 2005). 또한 한때 강력한 검증력을 바탕으로 확산되었던 자연과학의 방법론이 몰락하고 인문학의 탐구 방법인 해석학이 그 자리를 대신하게 되면서 학문 간 경계도 모호해지고 있다. 로티(Rorty, 1979)는 "진리란 인간 정신의 외부에 있을 수도 없고 독립적으로 존재할 수도 없다."(p. 5)라고 주장하고 자연과학 역시 자연을 대상으로 하는 학문적 체험을 표현하는 영역이라는 점에서 정신과학의 영역에 속한다고 보았다. 그는 또한 자연과학과 사회과학의 차이는 물론 과학과 인문학, 나아가 예술의 구분은 있을 수 없다고 보았다. 장상호(1997)는 인식론의 영역을 확장하여 세계와 자신에 대한 이해를 가능하게 하는 것들을 메타인식으로 규정하였다. 엄밀히 말하면, 자연과학은 자연을 소재로 하는 사유 작용이며, 그 사유는 자연의 경우처럼 이미 실재하고 있는 것이 아니라 우리의 사유 체험이 점차 발전하면서 끊임없이 생성하고 발전하는 인위적인 체계다. 결국 그것은 자연을 대상으로 학문적 체험을 구축하고 그 체험을 표현하는 영역이며, 이 점에서 정신과학의 영역에 속한다. 이렇게 볼 때, 적어도 방법론적으로는 자연과학과 정신과학 또는 인문과학을 구획하는 기준이 무너지고 있으며, 학문 간 의사소통을 위한 다양한 대안을 모색할 수 있게 된다.

따라서 교과 학습은 학생들에게 논리-수학적인 문제해결이나 과학적 내지는 사회적 지식 체계를 탐구하도록 안내하는 것에 머물러서는 안 되고, 이 지식 체계를 바탕으로 다양한 측면에서 개인적인 삶의 문제를 성찰하고 체계적으로 관리할 수 있는 역량을 축적할 수 있도록 확장되고 심화되어야 한다. 루트번스타인과 루트번스타인(2008)이 『생각의 탄생』에서 역설한 것처럼, 교육의 목적은 학생이 화가이면서 과학자이고 시인이면서 수학자로서 사고하도록 도와주는 데 있으며, 이를 위해서 교사는 지식을 특정 과목에 예속시키는 '예술' '음악' '과학'과 같은 명칭을 무시할 수 있어야 하는 것이다. 그렇다면 교사가 교과 학습을 통해서 추구해야 하는 궁극적인 목적은 학생들에게 개인과 사회가 처한 삶의 문제를 다각적으로 이해하고 합리적인 해결 방안을 모색하도록 안내하는 것이다. 이는 창의적 학습 활동으로서 상담이 추구하는 목표와 별로 차이가 없다. 더욱이 1명의 담임교사가 여러 개의 교과목을 담당해야 하는 초등학교 교육의 현실적 여건을 감안할 때, 교사의 창의적인 교과 통합은 학생들의 학습 부담을 줄이고 그들의 인생에서 앎과 삶의 연결고리를 강화하는 부수적인 효과를 낳을 수 있다.

◉ 무지개 학습에 대한 개념적 사유의 틀

교실 수업은 학생들에게 교과를 매개로 자연 현상이나 사회문화 사건 같은 외부 세계의 질서를 탐구하도록 안내하는 것에 머물러서는 안 되며, 그들이 이러한 외부 세계의 질서에 대한 통찰과 이해를 바탕으로 자기의 내면세계를 좀 더 심층적으로 탐색하고 이해하며 나아가 지속적인 자기 성찰을 통해 효율적으로 관리할 수 있는 역량을 축적할 수 있도록 확장되고 심화되어야 한다. 이것은 교사의 철학적인 안목과 창의적인 노력을 통해 얼마든지 실현가능한 목표이지만 왜곡된 학문중심주의의 틀에 갇힌 교과 교육의 실제에서는 쉽게 도외시되는 경향이 있다. 그러나 우리는 '교육과정 중심의 학교교육 체제'를 통하여 학생들이 자신들의 내면세계에 대한 자각과 성찰에 이르도록 어떻게 도와줄 수 있는지를 고민하지 않으면 안 된다. 무지개 학습은 교사가 형식적인 학교 교육의 주류를 형성하고 있는 교과지도를 통해 교육목적의 내재적 측면으로서 자기 성찰과 자기실현 또는 인격 완성을 어떻게 구현할 수 있는지를 탐구함에 있어서 중심적인 테제가 되어야 한다. 학생들은 교과 학습을 통해서 사물의 골격이나 사회문화의 질서를 탐구하여 일정한 지식 체계를 구축하고 이것을 토대로 자기의 내면세계를 성찰하여 마음의 질서를 바로 세우고 신체 행동을 조율할 수 있어야 한다. [그림 3-1]은 무지개 학습에 대한 개념적 사유의 틀을 도식화하여 제시한 것이다.

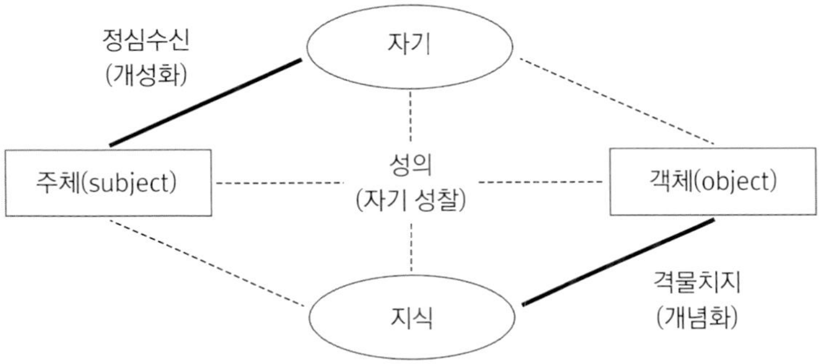

[그림 3-1] 무지개 학습에 대한 개념적 사유의 틀

출처: 송재홍(2006b).

[그림 3-1]에서 보면, 무지개 학습의 과정에서 학생들은 외부의 감각 작용을 통해 들어오는 사물의 골격에 대한 인식에 기초하여 사물의 이치를 깨우치고 의미와 질서를 부여하는 개념화 작용을 통해서 지식(knowledge)을 형성한다. 이어서 그들은 이러한 앎을 매개로 자아의 주관적인 경험을 성찰하고 참된 자기를 드러나게 하여 의미와 가치를 부여하는 개성화 작용을 통하여 자기(self)를 완성해 간다. 이 과정에서 교사는 주로 은유(metaphor)를 활용하여 지식과 자기를 연결하는 통로를 제공한다. 과학 또는 사회 탐구 교실에서 구축하게 되는 지식 체계는 학생들의 자아 탐구와 자기 성찰을 위한 소재로 작용할 수 있다. 예를 들면, 과학 교실에서 화재의 원인과 소화 방법을 학습하였다면, 학생들은 이 지식 체계를 기반으로 가족, 친구 등 타인과 갈등의 원인을 이해하고 해결 방법을 모색할 수 있다. 이와 같이 은유는 지식 체계와 자기를 연결하는 자기 성찰의 중심 기제가 된다.

이 배움의 과정을 『대학』에서는 팔조목(八條目)으로 간명하게 제시하고 있다. 우선, 『대학』에서는 밝은 덕을 밝히는 것(明明德)을 학문하는 도리의 으뜸으로 제시하여 인간 본연의 모습이라 할 수 있는 이성을 회복함으로써 최대한 자기를 실현하는 것으로 인격 완성을 추구하는 데 있다고 하였는데, 양명학에서는 대학의 도를 완성한 대인을 천지만물로써 일체를 삼는 자라고 해석하고 있다(정인보, 1972).

이 명덕을 밝히는 과정은 팔조목 가운데 격물(格物), 치지(致知), 성의(誠意), 정심(正心), 수신(修身)의 5개 조목으로 설명될 수 있다. 주자학에서는 격물과 치지란 사물의 이치를 깨달아 지식을 완성하는 것을 뜻한다고 해석하여 앎의 기원이 사물의 이치를 깨우치는 데 있음을 내포하고 있다. 또한 성의는 올바른 본연의 자기를 기만하지 않고 유쾌한 자기 만족을 얻는 것을 일컬으며, 정심과 수신은 마음을 바로잡고 행실을 바르게 하여 몸을 갈고닦는 것을 뜻함이다. 양명학에서는 격물치지(格物致知)를 자신의 잘못을 알아서 바로잡는다는 뜻으로 해석하고 있다(정인보, 1972). 이는 격물치지와 정심수신(正心修身)이 유기적인 관계를 맺고 있음을 시사한다. 또한 『대학』에 이르기를, "이른바 자기의 몸을 닦기 위해서는 먼저 그 마음을 바르게 해야 한다(所爲修身在正其心者)."라고 하였다(차주환 역, 1964). 그러므로 사람이면 누구나 가지고 있는 노여움, 두려움, 좋아함, 걱정됨 같은 것을 알맞게 절제할 수 있어야 마음이 바르게 될 수 있는 것이다. 따라서 성의는 자기의 심적 의지를 비추어 보는 자기 성찰의 과정으로 해석할 수 있으며, 정심수신은 자기조절 능력을 기르는 것을 일컫는다고 해석할 수 있다.

이렇게 볼 때, 모름지기 배움의 과정은 사물의 이치를 깨달아 지식을 완성하는 격물치지에 머물러서는 안 되고, 이를 토대로 성의(誠意), 곧 진솔한 자기 성찰을 통하여 자신의 마음과 행동을 바로 세우는 정심수신, 곧 자기조절 능력의 향상으로 나아갈 수 있어야 한다는 교훈을 찾을 수 있다. 『대학』의 팔조목 가운데 나머지 부분인 '제가치국평천하(齊家治國平天下)'는 인간이 관계를 맺고 자기를 표현해야 하는 전형적인 맥락으로, 이 맥락에서 타인들과 원만한 관계를 유지하려면 자기를 효과적으로 관리할 수 있어야 한다. 따라서 격물치지와 정심수신은 자아의 확장을 통한 자기실현 또는 인격 완성의 바탕이 됨은 자명한 이치일 것이다. 이는 한마디로 교과 학습과 자기 성찰 그리고 자기실현 또는 인격 완성이 어떻게 상호 유기적인 연관성을 갖고 전개되어야 하는지를 간명하게 전달한다고 볼 수 있다.

무지개 학습 프로그램의 개발과 전개

자기 성찰을 촉진하는 무지개 학습의 원리에 기초한 교실 활동은 지식 중심의 수업이 주가 되는 전통적인 교과 활동과는 뚜렷하게 구분되는 몇 가지 특징을 가진다. 지식 중심의 교과 활동에서는 전통적인 객관주의에서 현대의 구성주의에 이르기까지 공통적으로 교과의 구조와 지식 형성에 집중하고 있으며 여전히 지적 성취에 대한 평가가 학습 성과의 주요 기준으로 작용한다. 반면에 무지개 학습의 원리에 기초한 교실 활동에서는 교과의 구조를 학생들의 주관적 경험세계에 연결하여 자아 탐구를 안내하고 자기 성찰을 촉진하는 것을 주요 목표로 설정하고 있기 때문에, 학습 성과도 자아 탐구와 자기 성찰의 수준을 심화하고 그에 따른 실천적 의지를 공고화하며 학습 경험을 다른 학생들과 공유하는 정도에 의해서 평가된다.

자기 성찰 학습목표와 학습과제의 개발

무지개 학습의 원리에 기초한 교실 활동을 효과적으로 전개하기 위해서는 교과의 본질과 기능에 대한 새로운 인식이 요구되며, 이를 바탕으로 교사는 교육과정을 재구성하고 교실 활동을 개발하여 실제에 적용하는 과정에서 자발적이고 창의적인 노력을 기울여야 한다. 이러한 노력은 일차적으로 교과 학습의 목표를 재검토하고 자기 성찰을 촉진하기 위한 학습목표와 그것을 달성하기 위한 학습과제를 개발하는 일부터 시작해야 한다. '화재의 이해와 예방' 단원을 예로 들면, 과학 교실에서 인화물질, 발화 열, 산소 등 화재의 3요소와 이에 기초하여 인화물질 제거, 열 차단, 산소공급 억제와 같은 소화 방법을 학습하였다면, 학생들은 이 지식 체계를 기반으로 가족, 친구 등 타인과 갈등의 원인을 이해하고 해결 방법을 모색할 수 있다. 즉, 갈등을 야기한 문제, 감정조절 실패, 갈등을 조장하는 분위기 등 갈등의 3요소를 찾고 문제해결하기, 감정 다스리기, 분위기 개선하기 등을 통해 갈등을 극복할 수 있다.

그러나 특정 교과의 모든 단원이 똑같은 수준에서 학생들의 자기 성찰을 안내하고 촉진하지는 않는다. 그것은 교과의 특정 단원에 내포된 지식의 성질에 따라 달라질 수 있다. 따라서 특정 교과가 자기 성찰을 위한 심리적 도구로서 유용성을 갖기 위해서 갖추어야 할 일정한 준거를 개발할 필요가 있다. 송재홍(2007)은 다음의 다섯 가지 준거를 제시하고 있다.

- 학습자 개인의 주관적인 경험세계를 쉽게 상기시키며 그것과 사실적 또는 논리적으로 관련지을 수 있어야 한다.
- 학습자의 역사성과 관계성에 기초한 이야기의 구성을 통해 주도적인 자아 탐색과 자기 성찰을 촉진할 수 있어야 한다.
- 학습자 상호 간에 공유된 인식을 바탕으로 협력적인 작업동맹을 이루고 생각과 느낌을 개방하도록 촉진할 수 있어야 한다.
- 학습자로 하여금 객관적 실재에 대한 의미 부여는 물론 자신의 주관적 세계에 대한 인식 전환을 함께 촉진할 수 있어야 한다.
- 학습 활동 중에 드러난 감정과 변화된 인식을 공유함으로써 사회적 문제의 해결을 위한 행동 지침을 개발하고 강화할 수 있어야 한다.

초등학교 6학년 수학 교과에 나오는 '비율과 그래프' 단원을 예로 들면, 그 단원의 교과 학습목표는 "그래프를 이용하여 일상생활에서 경험하는 다양한 사건이나 활동의 양을 시각적으로 비교할 수 있다."이다. 또한 이 단원에는 교과 학습목표를 달성하기 위한 학습 활동으로 '띠그래프와 원그래프를 이용하여 일상생활에서 경험하는 다양한 사건이나 활동을 조사하여 시각적으로 비교하기'와 구체적인 학습과제로서 '낭만의 하루 일과표를 원그래프로 나타내어 하루 동안 그의 생활을 말해 보기'가 포함되어 있다.

앞의 준거를 적용하여 '비율과 그래프' 단원을 검토하면, 이 단원의 교과는 자아 탐구를 안내하고 자기 성찰을 촉진하기 위한 심리적 도구로서 유용성이 매우 크다. 말하자면, 이 단원의 심화 학습을 통해서 학생들은 하루 또는 일주일 동안 자신의 일과를 조사하여 표와 그래프로 나타내고, 그것을 가지고 또래학생들과 상호작용하는 과정에서 자신의 일상적인 삶을 성찰하고 그것을 좀 더 매력적인 모습으로 가꿀 수 있는 계기를 마련할 수도 있다. 따라서 이 단원의 교수목표를 개발할 때, 교사는 본래 교과를 통해 달성하도록 명시되어 있는 학습목표에 새로운 학습목표를 추가함으로써 자기 성찰을 촉진하는 학습 활동을 포함할 수 있는 근거를 마련할 필요가 있다. 예를 들면, 이 단원의 성찰 학습목표는 "그래프를 이용하여 자신의 일상생활을 점검하고 합리적으로 조정할 수 있다."이다. 이는 다시 교과 학습을 통해서 구성한 지식을 토대로 학생들의 개인적 삶을 성찰하는 새로운 학습과제를 요구한다.

또 다른 예로서 초등학교 5학년 실과에 나오는 '빵으로 음식 만들기' 단원을 보자. 이 단원의 교과 학습목표는 "일상적인 음식의 한 가지인 식빵에 여러 가지 재료를 첨가함으로써 색다른 맛의 음식을 만들어 낼 수 있다."이다. 이 단원은 또한 학생들 자신이 일상적으로 먹고 있는 음식 재료에 대한 특성을 이해하고 재료의 특성에 맞는 선택을 하는 학습 활동을 포함하고 있다. 이 단원의 학습 주제는 자아 탐구를 안내하고 자기 성찰을 촉진하기 위한 심리적 도구로서 유용성이 매우 크다. 즉, 평범한 식빵에 다양한 맛과 향을 내는 여러 가지 재료를 첨가하여 먹음직스런 음식을 개발하는 일은 학생들에게 자신의 숨겨진 특성을 찾아서 개발함으로써 평범한 자신의 일상적인 모습을 좀 더 매력적인 것으로 가꾸기 위한 자기 성찰 은유로 작용할 수 있다.

따라서 이 단원의 학습 활동은 교과 학습목표를 달성하는 것 이상으로 심화·확대될 필요가 있으며, 가능한 하나의 성찰 학습목표는 "평범한 자신을 좀 더 매력적으로 만들 수 있는 잠재된 특성을 찾아서 개발할 수 있는 방법을 실천할 수 있다."이다.

그러나 특정 단원에 대해서 성찰 학습목표와 학습과제가 어느 한 가지 형태로 고정되어 있는 것은 아니며 다양한 형태로 개발되어 적용될 수 있다. 예를 들면, '빵으로 음식 만들기' 단원에서 마지막 차시의 학습 활동은 식빵으로 만든 여러 가지 음식으로 상차림을 하는 것이며, 이와 연관된 성찰 학습 활동은 친구들 앞에서 자신의 매력을 개발하여 어필하는 것이 될 수 있다. 학생들은 또한 식빵을 이용하여 음식을 만드는 실습 과정에서 자신이 직접 개발한 음식을 활용하여 또래학생들과 서로 나누면서 감정을 소통하는 역할 연기를 전개할 수 있고, 이를 통해서 새로운 친구를 사귀거나 친구와의 갈등을 해결하는 등 사회적 기술을 학습하는 기회를 만들 수도 있다. 이 경우 성찰 학습목표는 "음식 만들기를 활용하여 친구 또는 이웃과 좋은 관계를 맺고 유지하는 방법을 찾아서 시연할 수 있다."가 될 것이다. 따라서 자아 탐구를 안내하고 자기 성찰을 촉진하기 위한 학습목표와 학습과제를 개발하는 일은 대부분 교사의 심미안과 창의적인 노력에 의존할 수밖에 없다.

교사가 교과 지식 체계와 자기 인식 체계 간에 구조적 연관성을 발견할 수 있다면 자기 성찰을 위한 학습목표와 학습과제를 개발하는 일은 좀 더 쉽게 이루어질 수 있다. 예를 들면, '화재의 이해와 예방' 단원에서 교과 지식 체계는 화재의 3요소(즉, 발화물질, 발화점, 산소)와 그에 대응하는 소화의 세 가지 방법(즉, 발화물질 제거하기, 발화점 낮추기, 산소 제거하기)이다. 마찬가지로 대인 갈등의 세 가지 원인(즉, 이해상충 문제, 분노 감정, 분위기)과 그에 상응하는 갈등해결의 세 가지 방법(즉, 문제해결하기, 감정 다스리기, 분위기 개선하기)을 설정할 수 있다. 이 자기 인식 체계와 교과 인식 체계 간에는 구조적으로 높은 연관성을 유지하고 있다. 마찬가지로 '빵으로 음식 만들기' 단원에서 우리는 식빵에 햄이나 야채 또는 삶은 계란 등 다양한 재료를 첨가하거나 마요

네즈나 설탕을 입히고 식용유로 살짝 튀겨 냄으로써 좀 더 먹음직스런 음식을 만들 수 있듯이, 헤어스타일 또는 언어 습관을 바꾸거나 체력을 단련하고 일반 상식과 유머 감각을 익힘으로써 자신을 좀 더 매력적인 모습으로 가꿀 수 있을 것이다. [그림 3-2]는 '빵으로 음식 만들기' 단원의 교과 지식 체계와 자기 인식 체계 간의 구조적 연관성을 도식적으로 나타낸 것이다.

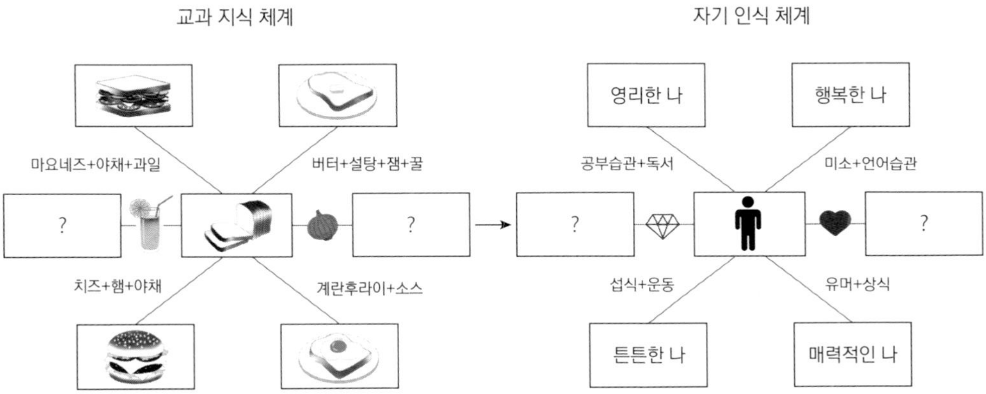

[그림 3-2] 교과 지식 체계와 자기 인식 체계의 구조적 연관성 예시

성찰적 대화 학습의 전개 과정

자기 성찰을 촉진하는 대화 학습을 성공적으로 전개하려면 교사는 교실 활동의 실제에 있어서도 전통적인 접근방식과는 확연하게 달라진 모습을 연출할 수 있어야 한다. 송재홍(2007)은 자기 성찰을 촉진하기 위한 무지개 학습의 전개 과정을 [그림 3-3]과 같이 여섯 단계로 구분하여 제시하고 있다.

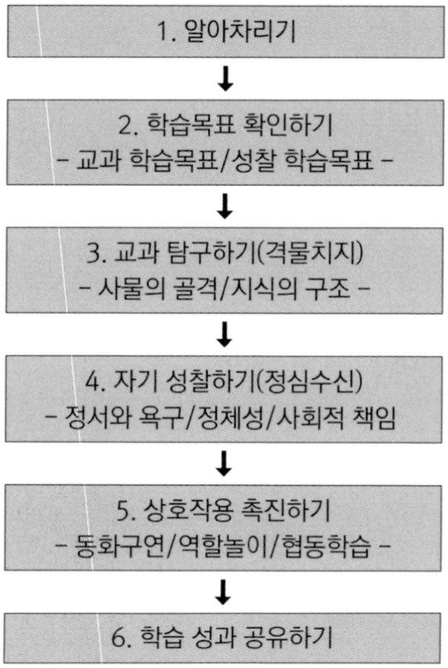

[그림 3-3] 무지개 학습의 전개 과정

출처: 송재홍(2007).

앞에서 서술한 수학 교과의 '비율과 그래프' 단원을 중심으로 [그림 3-3]에서 제시한 무지개 학습의 각 단계를 간단히 설명하면 다음과 같다(송재홍, 2007).

⦿ 단계 1: 알아차리기

교사는 교과 학습과 직접적으로 연관된 학생들의 인식 체계를 활성화한다. 시각, 청각, 촉각 등 원초적 감각 체계나 언어 추리와 수학적 사고 그리고 자연 및 사회적 탐구에 관련된 상징체계를 활성화시킴으로써 주관적 경험세계에 대한 자각을 촉진한다. 수학 교과의 경우, 일정한 숫자를 일정한 기호로 바꿔 쓰거나 도형의 변이나 입체의 면을 세어서 알맞은 숫자를 지적하는 게임을 도입하는 것이 유용할 것이다. 또는 단원의 특성을 살려서 피자 게임을 이용하여 이전 단원에서 학습한 비와 비율의 개념을 상기시키는 것도 좋은 방법이 될 것이다.

⦿ 단계 2: 학습목표 확인하기

교사는 교과 학습의 목표와 교과의 주제에 연관된 자기 성찰을 위한 학습목표를 함께 제시한다. 학습목표는 객관적인 실재에 대한 의미 부여의 측면은 물론 이러한 의미의 창조가 자신의 주관적 경험세계에 대한 인식과 어떤 연관성이 있는지를 함께 언급해야 한다. '비율과 그래프' 단원의 경우, "그래프를 이용하여 일상생활에서 경험하는 다양한 사건이나 활동의 양을 시각적으로 비교할 수 있다."라는 교과 학습목표와 "그래프를 이용하여 자신의 일상생활을 점검하고 합리적으로 조정할 수 있다."라는 성찰 학습목표를 함께 제시하고, 이 두 가지 학습목표가 서로 어떻게 관련되는지 그리고 이 목표를 달성하기 위해서 어떤 학습과제와 학습 활동이 요구되는지를 안내한다.

⦿ 단계 3: 교과 탐구하기

교사는 교과의 단원에 대한 지적 탐구를 활성화하여 학생들이 지식의 구조를 발견하고 지식 세계에 대한 자신의 관점을 개선하도록 안내한다. 대개 이 단계의 학습 과정은 교과의 이해와 구성을 강조하는 전통적인 교과 학습과 크게 다르지 않다. 즉, 교사는 학생들에게 학습과제를 제시하고 일정한 절차에 따라 과제를 해결하도록 안내한다. '비율과 그래프' 단원의 경우, 학습과제의 예는 혈액형에 따른 학생 수나 어린이 회장 선거에서 입후자의 득표 수 또는 학생들이 좋아하는 운동이나 과목을 조사한 표를 제시하고, 이것을 기초로 비율을 산출한 다음 그 결과를 그래프로 나타내고 비교하여 설명하는 것이다.

이때 학생들은 모둠별로 각기 다른 형태의 그래프를 이용할 수 있으며, 이 단계의 활동을 마무리하는 시점에서 학습 성과를 발표하고 교과 학습목표의 달성도를 점검하기 위해서 "동물의 종류별 마릿수를 조사한 표나 상준이의 하루 일과표를 비율로 환산하여 그래프로 나타내고 그 특징을 비교하여 설명하기"와 같이 수행 과제를 제시하고 학습된 지식과 기능을 공고화한다. 이 과정에서 학생들은 주의→지각→명명→정교화→습관화 등 일련의 정보처리 과정을 거치게 되며, 교사의 중재에 의해 새롭게 자각한 경험세계에 적절한 질서를 부여함으로써 자신의 지식 체계를 정교화하고 두뇌 지도를 확대시킨다. 즉, 범주적 개념이나 인과적 법칙 등 다양한 형태의 관계를 기술하는 지식 체계를 이해하고 개념도 또는 모형도의 형식을 빌어서 이해력을 표상할 수 있다. 또한 학생들은 자신의 지식 체계를 활용하여 삶의 문제에 대한 새로운 해결책을 제시하고 검증된 지식을 자동화함으로써 적극적인 대응 자세를 기를 수 있게 된다.

◉ 단계 4: 자기 성찰하기

교사는 학생들에게 성찰 학습목표를 상기시키고 그들이 새롭게 학습한 교과의 구조를 자아의 주관적인 경험세계와 구체적으로 연결하고 통합할 수 있도록 안내한다. 학생들은 교사의 비계설정에 따라 단계 2에서 탐색한 자신의 경험세계를 좀 더 구체적으로 묘사하고, 그것이 단계 3에서 발견한 교과의 구조와 어떻게 연결될 수 있는지를 탐색한다. 이 단계에서 주요 과제는 성찰 학습목표를 달성하기 위해서 추가된 학습 활동을 수행하도록 안내하는 것이다. '비율과 그래프'의 경우, 학생들은 개개인이 하루 또는 일주일 동안 자신의 일과를 조사하여 주요 활동별로 소모한 시간의 백분율을 산출하고, 이를 토대로 일정한 형태의 그래프를 그려서 자신의 생활모습을 점검해 본다. 이 단계에서 교사의 주된 역할은 기본적으로 학생들이 개별적인 경험에 기초해서 내면세계에 무질서하게 흩어져 있는 미완성의 경험들을 구조적으로 분석하여 자아의 모습을 성찰하고 그 과정에서 떠오르는 생각과 감정을 자연스럽게 표현하도록 독려하는 것이다.

◉ 단계 5: 상호작용 촉진하기

학생들 개개인이 완성한 작품을 이야기 형식을 빌어서 학급의 다른 구성원에게 전달하고 피드백을 주고받으면서 그 속에 내포된 자신의 생각과 느낌을 교환한다. 학생들은 단짝 대화나 역할놀이와 같은 소집단 활동을 통해 일상생활에 연관된 이야기의 재구성을 시도하고 인생의 변화를 위한 구체적인 계획과 행동을 시연할 수 있다. 예를 들면, 학생들은 또래학생과 함께 완성된 그래프를 토대로 각자의 생활모습을 소개하고 조언을 요청하거나 자신의 시간 사용 구조를 점검하여 변화를 위한 목표와 계획을 추가할 수 있다. 이 단계에서 교사의 주된 역할은 학생들 상호 간에 공유된 인식을 바탕으로 협력적인 작업동맹을 이루고 생각과 느낌을 개방하도록 촉진하는 것이다.

◉ 단계 6: 학습 성과 공유하기

집단 상담에서 흔히 행하는 과정 피드백과 유사한 활동이 전개된다. 전체 학생들이 함께 모인 자리에서 전체 학습 과정에서 각자가 수행한 역할에 대해서 스스로 반성하고 또래학생들의 행동에 대해서 가졌던 생각이나 감정을 충분히 표현함으로써 학습 과정에서 해소되지 않은 부정적인 경험을 해소할 수 있다. 또한 학습 과정에서 노출된 사건과 유사한 경험을 한 학생들이 자신의 경험을 부연하여 개방하거나 해결되지 않은 개인적인 문제에 대해서 건설적인 제안을 함으로써 드러난 감정과 변화된 인식의 공유를 확장하고, 이를 토대로 교실 안에서 발생하는 사회적 문제의 해결을 위한 건설적인 행동 지침을 개발하고 공고화할 수 있다. 이 단계에서는 대개 정화 의식을 거행하고 전체 학습 과정을 종결한다. 때로는 전체 프로그램을 마무리하는 과정에서 학생들의 변화를 지지하는 인사를 초대하여 축하연을 베풀고 인증서를 수여하거나, 공유된 스토리를 바탕으로 노래 가사를 짓고 익숙한 가락에 맞춰 합창할 수 있다.

교실 수업의 변화와 혁신

무지개 학습의 원리에 기초한 교실 수업의 전개 과정은 전통적인 교과 중심 교실 수업에 비추어 몇 가지 획기적인 변화와 혁신을 요구한다(송재홍, 2007).

첫째, 무지개 학습의 원리를 채택하는 교실 활동에서 두드러진 변화는 '알아차리기' 단계를 도입하여 교과 학습과 직접적으로 연관된 인식 체계를 활성화시킴으로써 학생들 개개인의 주관적 경험세계에 대한 자각을 촉진하려고 시도한 것이다. 예를 들면, 문학 교실에서는 특정 이야기와 어울리는 그림을 찾아보거나 일련의 사건을 암시하는 삽화들을 순서대로 배열하는 게임을 도입할 수 있고, 수학 교실에서는 일정한 숫자를 일정한 기호로 바꿔 쓰거나 평면 도형의 변 또는 입체 도형의 면을 세어서 알맞은 숫자를 지적하는 게임을 도입할 수 있다. 또한 음악 교실에서 협주곡을 듣고 연주되는 특정 악기를 알아맞히거나 풀벌레 소리를 듣고 벌레의 이름을 찾아내는 게임을 도입하거나, 미술 교실에서 글자색과 의미가 서로 불일치하는 단어를 보고 색깔에 따라 특정 반응을 하도록 지시하거나 복합도형/그림 속에 숨어 있는 특정 도형/그림을 찾아내거나 전경과 배경을 반전시켜 지각하도록 하는 게임을 도입할 수 있다. 이와 같이 시각, 청각, 촉각 등 원초적 감각 체계를 자극하거나 언어적 추리 및 수학적 사고에 관련된 상징체계를 활성화시켜 학생들의 주관적인 경험세계에 대한 자각을 촉진하면 그들의 주의를 끌고 관련성을 인식하여 학습과제에 집중하도록 유인하는 동기유발의 효과를 극대화할 수 있다.

둘째, 무지개 학습의 원리를 채택하는 교실 활동에서 가장 두드러지게 변화와 혁신을 요구하는 측면은 교과 학습의 궁극적인 목표를 지식의 구성에서 자기 성찰을 통한 개인적 경험의 재구성으로 확장하려고 시도해야 한다는 것이다. 이러한 시도는 학습목표의 확인 단계에서 분명하게 의도되어 있는데, 교사는 교과 학습목표뿐만 아니라 교과의 학습 주제에 연관시켜 자신의 삶을 성찰하도록 안내하기 위한 성찰 학습목표를 추가적으로 제시한다. 예를 들면, 음악 교실에서 "여러 가지 악기 또는 풀벌레 소리의 특징을 알고, 친구들과 함께 그것을 이용하여 자신의 생각과 감정을 적절히 표현할 수 있다."와 같은 성찰 학습목표를 제시할 수 있다. 또는 미술 교과의 색상 단원과 수학 교과의 측정 단원을 통합하여 "다양한 색의 특징을 알고, 그것을 이용하여 자신이 일상생활에서 느끼는 여러 가지 감정의 강도를 표현할 수 있다."와 같은 새로운 성찰 학습목표를 제시할 수 있다. 또한 문학 교실에서는 "자신의 경험세계를 회상하여 중요한 생각을 떠올릴 수 있다." 또는 "떠오른 생각을 일정한 형식으로 나열하여 시를 완성하고, 그것을 통해서 친구들에게 자신의 생각과 느낌을 효과적으로 전달할 수 있다."와 같은 성찰 학습목표를 제시할 수 있다. 과학 교실의 경우 "포유류에서 고래, 박쥐 등과 같이 간과하기 쉬운 사례의 여러 가지 모습을 찾아보고, 우리 주변에서 그러한 사례와 비슷한 처지에 놓여 있는 친구들의 생각과 감정을 이해하고 공감할 수 있다."와 같은 성찰 학습목표를 제시할 수도 있다. 이처럼 성찰 학습목표는 객관적인 실재에 대한 의미 부여의 측면뿐만 아니라 이러한 의미의 창조가 학생들의 주관적 경험세계에 대한 인식과 어떤 연관성이 있는지를 함께 언급해야 한다.

무지개 학습의 원리에 기초한 교실 활동의 가장 두드러진 특징은 교과의 지식 구조 탐구 후에 학생들의 자아 탐구를 안내하고 자기 성찰을 촉진하기 위해서 전개되는 두 단계의 학습 활동을 추가한 것이다. '자기 성찰' 단계에서 교사는 학생들이 새롭게 발견한 교과의 지식 구조를 자아의 주관적인 경험세계와 구체적으로 연결하고 통합할 수 있도록 안내한다. 이어지는 '상호작용 촉진하기' 단계에서는 학생들이 각자 완성한 작품을 이야기 형식을 빌어서 또래학생들에게 전달하고 피드백을 주고받으면서 그 속에 내포된 자신의 생각과 느낌을 교환한다. 이 두 단계의 학습 활동에서 교사는 다양한 교과의 지식 구조와 개인적 경험을 유기적으로 통합함으로써 교과 학습 안에서 학생들의 지적 능력과 감성 능력을 동시에 계발하여 전인적 발달의 효과를 기대할 수 있어야 한다. 예를 들면, 음악 교실에서 여러 가지 악기나 풀벌레 소리의 특징을 정리했으면, 학생들은 교사나 또래학생과 함께 도움을 주고받으면서 최근에 경험한 독특한 사건을 떠올려 보고 그때 느꼈던 생각과 감정을 표현할 수 있는 특정한 악기나 풀벌레 소리를 찾아낼 수 있다.

이러한 제안은 외견상 구성주의 학습의 원리와 별다른 차이가 없는 것처럼 인식될 수도 있다. 구성주의 학습의 원리에 기초한 학습자 중심의 교수모형(예: 상황학습이나 문제기반학습)에서는 학생들의 실제 세계와 관련된 불분명한 문제를 학습과제로 제시함으로써 교과 지식의 실제적인 유용성을 강조한다. 그러나 구성주의 학습은 여전히 교과 지식의 체제화에 집중하고 있다는 점에서 무지개 학습의 원리와는 상당한 거리감을 유지하고 있다. 무지개 학습의 원리에 기초한 교실 활동에서 교사는 학생들이 자기 성찰을 통하여 개인적인 사유 체계와 감정 양식을 합리적으로 처리하도록 안내하고 촉진하는 데 집중한다. 예를 들면, 구성주의 학습 원리에 기초한 문학 교실에서는 교사가 학생들에게 전래동화나 고전문학의 앞부분을 제시하여 읽게 한 후 뒷부분을 완성하도록 요청하거나, 일련의 삽화나 동영상 클립을 제시한 후 떠오르는 생각을 정리하여 시문을 완성하도록 안내한다. 반면에 무지개 학습의 원리에 기초한 문학 교실에서는 학생들이 전래동화나 고전문학을 읽고 특정 등장인물을 중심으로 텍스트를 재구성하여 역할극을 연출하거나, 삽화 또는 동영상을 감상하지 않고도 일상생활 속에서 직접 경험했던 중요한 사건의 장면을 회상한 후 떠오르는 생각과 느낌을 정리하여 시문을 완성할 수도 있다. 이 두 가지 접근방법은 얼핏 별다른 차이가 없는 것처럼 보일 수도 있으나, 가르침과 배움의 현상에 대한 교사의 인식에서 근본적인 전환이 없으면 무지개 학습에 대한 접근은 불가능하다.

셋째, 무지개 학습의 원리를 채택하는 교실 활동에서 변화와 혁신을 요구하는 마지막 측면은 학습 점검 활동과 관련된다. 무지개 학습에서 학습 점검 활동은 학생들 개개인의 학습 성과를 확인하고 학생들의 성취 정도를 비교하는 것이 아니라 학생들에게 전체 학습 과정에서 각자가 수행한 역할에 대해 스스로 반성하고 또래학생들의 행동에 대해서 느꼈던 생각이나 감정을 충분히 표현하고 공유하는 기회를 제공하는 것이다. 이는 '공유하기' 단계로서 집단 상담에서 흔히 행하는 과정 피드백 활동과 유사하다. 때로는 학습 과정에서 노출된 사건과 유사한 경험을 한 학생들이 자신의 경험을 부연하여 개방하거나 여전히 해결되지 않은 개인적인 문제에 대해서 건설적인 제안을 함으로써 상호작용 과정에서 드러난 감정과 변화된 인식을 공유할 수도 있다. 이러한 체험활동은 학습 과정에서 쌓였을지도 모를 학생들의 부정적인 경험을 해소하고 개인이나 학급의 갈등 문제를 해결하기 위한 건설적인 행동 지침을 마련하고 공고화하는 계기가 될 수 있다.

또한 이 과정에서는 정화 의식이 하나의 필수적인 요소로 포함되기도 한다. 예를 들면, 또래학생들과 상호작용하는 과정에서 쌓였을 수도 있는 인간관계의 매듭을 자각하여 구체화하고 이를 풀기 위한 정화 의식을 거행할 수 있다. 만일 마음속에 서운하거나 미안한 감정이 쌓였다면 그것을 직접 이야기하고 이해나 용서를 구함으로써 마음의 빚을 청산하는 작업이 뒤따를 것이고, 반대로 고마움을 느꼈다면 적절한 감사의 마음을 표현할 수도 있을 것이다. 용서와 화해의 형식은 포옹과 같은 직접적인 방법이나 편지 쓰기와 같은 간접적인 방법을 모두 활용할 수 있으며, 적절한 소품을 이용하면 그 효과를 극대화할 수 있다. 이러한 체험활동은 학습 경험 자체를 만남과 헤어짐의 일상적인 과정으로 의식화함으로써 헤어짐에 따른 아쉬움을 달래고 새로운 만남에 대한 설렘을 극대화하는 효과를 지닐 수 있다.

적용 사례

교실 수업의 실제는 단편적인 지식 중심의 교과 학습 활동을 지양하고 학생들의 자기 성찰을 촉진하는 창의적인 학습 활동을 개발하여 적용할 필요가 있다. 필자는 초등학교에 재직하고 있는 교육대학원 수강자들과 함께 '교실 수업 개선을 위한 혁신적 아이디어 개발팀'을 결성하였다. 이 팀의 목표는 무지개 학습의 원리에 기초하여 교과 학습을 매개로 학생들의 자아 탐구를 안내하고 자기 성찰을 촉진하기 위한 창조적인 대화 학습 프로그램을 개발하는 것이다. 이 팀에서 개발하여 적용한 몇 가지 사례를 소개한다.

사례 1 문학 교실: 이야기 속 주인공

문학은 언어 예술이다. 넓은 의미에서 보면 문학은 순수 문학은 물론 사학, 철학, 언어학 등 문자 또는 언어로 기록된 모든 것을 포괄적으로 이른다. 그러나 좁은 의미의 문학은 상상의 힘을 빌어서 정서와 사상을 문자로 나타내는 예술 또는 그 작품으로서 시, 수필, 소설, 희곡, 평론 등 순수 문학을 의미한다. 즉, 문학은 삶의 가치 있는 경험을 상상력을 토대로 하여 언어로 짜임새 있게 표현한 예술이다. 나병철(1994)은 문학이란 언어를 통해 인간의 삶을 미적으로 형상화한 것이라고 정의하였으며, 조남현(2003)은 문학이란 언어를 예술적 표현의 제재로 삼아 새로운 의미를 창출하여 인간과 사회를 진실하게 묘사하는 예술이라고 정의하였다.

문학은 예술적 진리를 추구하며 교훈적 기능과 쾌락적 기능을 동시에 갖고 있다(조남현, 2003). 교훈적 기능이란 독자에게 정신적 가치를 인식시켜 진실한 삶의 의미를 깨닫고 실현하도록 하는 것을 말하며, 쾌락적 기능이란 독자에게 감정을 정화하고 고차적인 정신적 즐거움과 미학적 감동을 선사하여 그의 삶을 변화시키는 것을 말한다. 전통적인 문학 교실에서는 학생들에게 교훈적 기능을 강조하였으나 점차 쾌락적 기능을 강조하는 방향으로 진화하였다. 최근 구성주의 관점에서 교사는 표현적 기능을 강조하여 학생들에게 개인적 경험을 문학적으로 표현하도록 안내하고 촉진하는 역할을 맡는다. 예를 들면, 교사는 학생들에게 전래동화나 고전문학과 같은 전통적인 이야기의 앞부분을 소개하고 나머지 부분을 상상하여 채우도록 요청하거나 일련의 그림이나 삽화를 제시하고 떠오르는 생각을 정리하여 시문을 구성하도록 안내할 수 있다.

문학 텍스트에는 많은 이야기가 실려 있으며, 거기에는 다양한 등장인물이 주인공을 중심으로 독특한 역할을 전개하고 있다. 그들은 삶에 대한 인간의 동기를 반영하고 있으며 나름대로 인생에 대한 교훈을 담고 있다. 이야기를 학습하는 과정에서 학생들은 이야기 속 주인공이 되어 보거나 여타 등장인물의 입장에서 이야기를 재구성하고 역할극을 활용하여 능동적으로 자아를 성찰하고 표현하는 기회를 갖게 된다. 무지개 학습의 원리에 기초한 문학 교실에서는 교사가 학생들에게 이야기 텍스트를 읽고 각자의 개인적 경험에 비추어서 이야기를 재구성하도록 안내함으로써 자발적이고 창조적으로 자아를 탐구하고 성찰하도록 안내할 수 있다.

초등학교 아동들이 즐겨 읽는 많은 전래동화나 고전문학은 무지개 학습의 원리를 적용하여 학생들의 자아 탐구를 안내하고 자기 성찰을 촉진하기 위한 교실 활동을 전개할 때 그 유용성이 매우 크다. 『홍부와 놀부』에 나오는 「박 씨를 물어다 준 제비」 이야기를 예로 들면, 학생들은 이야기를 읽고 주인공 홍부가 되어 자신에게 박 씨를 물어다 줄 제비는 무엇일지를 상상하여 보고 그것에 대한 이야기를 전개하거나, 박 씨가 싹을 트고 자라서 줄기에 박이 열렸을 때 그 속에 어떤 보물이 들어 있기를 기대하는지를 상상하여 내면에 들어 있는 꿈이나 소망을 이야기할 수도 있다. 교사는 학생들에게 "만일 우리 자신이 홍부가 되어 그러한 행운을 얻게 된다면 박 속에는 어떤 보물이 들어 있을까?"라고 질문함으로써 그들의 현재 또는 미래 소망을 확인하고 그러한 소망을 현실화하기 위해 할 수 있는 것이 무엇인지 탐색하도록 안내할 수 있다. 이러한 활동을 통해서 학생들은 자신의 동기와 욕구, 꿈과 소망, 진로 등을 탐구하고 타인이나 주변 환경과의 관계를 점검하며 사회적 기술을 학습하거나 공동체 의식을 고취할 수 있다.

마찬가지로 『미운 오리새끼』 『콩쥐 팥쥐』 『인어공주』 등의 텍스트를 활용하면 무지개 학습의 원리에 기초하여 다양한 학습 활동을 전개할 수 있다. 여기서는 교실 수업에서 『콩쥐 팥쥐』를 텍스트로 활용하여 무지개 학습의 원리를 적용한 사례를 소개한다. 먼저, 알아차리기 단계에서는 간단한 동요 부르기와 몸짓이나 표정 짓기를 통해서 자발성을 회복하도록 한다. 동요 〈동물농장〉은 이러한 상황에 잘 어울린다.

(서로 마주보며) (마지막 절은 표정을 짓는다.)
앞~마당에서 미친~개가~ 짖고 있어~요~~ "멍 멍멍 멍멍멍 멍멍멍멍"
뒤~뜰에~는 꿀꿀~이가~ 울고 있어~요~~ "꿀 꿀꿀 꿀꿀꿀 꿀꿀꿀꿀"
저~쪽에~선 개나~리가~ 피고 있어~요~~ "@ @@ @@@ @@@@"

다음 단계에서는 학습목표를 확인하고 학습 주제와 학습 활동을 안내한다.『콩쥐 팥쥐』를 예로 들면, 교과 학습목표는 "이야기에 등장하는 사건의 배경과 등장인물의 성격을 파악하고 이야기의 줄거리를 설명할 수 있다."이다. 성찰 학습목표는 "각자의 인생에서 등장인물(콩쥐 또는 팥쥐)의 처지와 비슷한 경험을 이야기하고 자신의 감정과 소원을 표현할 수 있다."이다. 교사는 학생들에게『콩쥐 팥쥐』이야기가 인쇄된 학습 자료를 나누어 주고, "오늘의 학습 주제는 전래동화『콩쥐 팥쥐』를 읽고, 이야기에 등장하는 인물들과 비슷한 경험을 찾아보고 각자의 감정과 소원을 함께 이야기해 봅시다."라고 안내한다.

다음 교과 탐구하기 단계에서 학생들은 학습 자료에 제시된 이야기를 읽고 나서, 주요 등장인물과 이야기 줄거리를 파악한다.『콩쥐 팥쥐』에 나오는 주요 등장인물은 콩쥐, 의붓동생 팥쥐, 계모, 도우미들(즉, 두꺼비, 참새, 선녀), 원님과 하인 등이고, 이야기 줄거리는 계모의 학대, 생일잔치, 세 가지 미션(즉, 독에 물 채우기, 좁쌀 고르기, 베 짜기)과 해결, 선녀가 준 선물과 신발 분실, 원님과 하인의 방문과 결혼 등이다. 교사는 학생들과 함께 토론학습을 전개하여 등장인물의 성격과 이야기의 줄거리를 파악하고 이야기의 주제가 무엇인지 탐구하도록 안내한다.

자기 성찰하기 단계에서 학생들은 각자의 인생 내력에서 이야기 줄거리와 비슷한 경험을 찾아보고 자신과 비슷한 처지에 있거나 특별히 공감이 가는 등장인물을 선정한다. 학생들은 각자 선정한 등장인물의 입장에서 이야기를 다시 읽으면서 그 등장인물의 감정과 소망을 탐색하고 그것을 충족하기 위한 건설적인 방안을 탐구한다. 교사는 학생들에게 "콩쥐(또는 팥쥐)의 삶은 자신의 경험과 어떻게 닮아 있는가?" 또는 "콩쥐를 도와준 천사들이 자신에게 도움을 준다면 어떤 도움이 필요할까?"와 같은 질문을 통하여 자아 탐색과 자기 성찰을 촉진할 수 있다.

상호작용 촉진하기 단계에서는 비슷한 소망을 지니고 있거나 공감하는 등장인물이 비슷한 학생들끼리 소집단을 이루어 서로 생각을 교환하고 의견을 조율하며, 개인적인 소망이나 공감하는 등장인물을 중심으로 이야기를 재구성한다. 그다음 학생들은 소집단별로 새롭게 구성한 이야기를 중심으로 노래 또는 만화를 제작하여 발표하거나 역할극, 인형극 등 다양한 형태의 상황극을 연출할 수 있다.

마지막 공유하기 단계에서는 학생들이 모두 한자리에 모여서 학습 과정에서 각자 수행한 역할에 대해서 되돌아보고 학습 과정 중에 또래학생들의 행동에 대해서 느꼈던 생각이나 감정을 충분히 표현하거나 미처 해소되지 않은 부정적인 경험을 처리한다. 또한 유사한 경험을 한 학생들이 자신의 경험을 부연하여 지지하거나 해결되지 않은 문제에 대해서 건설적인 제안을 하여 드러난 감정과 변화된 인식을 공유하며, 이를 토대로 교실 안에서 발생하는 사회적 문제의 해결을 위한 건설적인 행동 지침을 개발하고 공고화한다. 이 체험활동은 학생들 스스로 학급 생활 규칙을 개발하고 실천함으로써 주도적이고 생산적인 학습 환경을 창조하는 데 기여할 것이다.

사례 2 탐구 교실(과학): 생명의 나무

탐구 교과는 자연 현상이나 사회문화 현상을 과학적으로 분석하여 개념과 원리를 탐구하도록 안내하는 교과를 말한다. 특히 과학은 엄밀성과 객관성에 기초하여 실험과 관찰에서 얻은 보편적이고 객관적인 진리(예: '지구는 둥글다.')를 추구한다. 그것은 객관성, 절대성, 인과관계를 강조한다. 어떤 사실이 일단 진리로 받아들여지게 되면, 그 진리는 시·공간을 초월하여 보편적으로 널리 통용된다. 기존 진리가 거짓이라는 사실을 증명하는 새로운 진리가 나타나면 진리는 바뀔 수 있다. 프톨레마이오스(Ptolemaeos)의 천동설이 코페르니쿠스(Copernicus)의 지동설로 대치된 것이 그 예다.

오늘날에는 과학적 진리의 객관성과 절대성에 대한 인식이 점차 변화되고 있다. 과학적 진리는 절대적이고 객관적인 것이 아니며 사유 작용의 산물로서 바라보는 관점에 따라 달라질 수 있다. 결국 과학적 진리의 발견이라는 것도 정신적 사유의 한 가지 형태에 불과한 것일 수도 있다. 따라서 우리는 과학적 진리의 발견을 통해서 우리의 정신세계를 들여다볼 수 있다. 앞에서 소개한 '화재의 원인과 예방' 단원의 경우와 같이 때로는 자연 현상을 관찰하고 표현하기 위해 구성된 정신적 도구가 심리 현상을 좀 더 객관적으로 이해하는 데 유용한 도구로 활용될 수 있다.

여기서는 나무와 관련된 과학적 지식의 발견에 기초하여 무지개 학습의 원리를 적용한 교실 수업의 사례를 소개한다. 예로부터 오래된 나무는 생명과 지혜의 상징으로서 숭배의 대상이었다. 나무의 생김새와 생태 환경은 인간과 매우 흡사하며 그것이 살아가는 모습은 인간의 생존에게 많은 시사점을 던져 준다(송재홍, 2020). 이러한 이유로 많은 철학자와 작가들은 나무를 찬양하였으며 예술가는 그것을 작품의 소재로 활용하였다. 송재홍(2016)은 나무의 상징성을 바탕으로 자아 탐구와 자기 성찰을 촉진하기 위한 '생명의 나무' 프로그램을 개발하였다. 이 프로그램은 학생들에게 나무의 생김새와 생태 원리에 대한 이해를 통해서 자아의 모습을 구체적으로 성찰하고 자신과 주변 환경에 대한 인식을 점검하며 미래의 진로를 탐색하도록 안내하기 위하여 개발된 것이다.

'생명의 나무' 프로그램을 실행하기 위해서 교사는 사전에 학습준비물로서 학생 수만큼 스크랩북(8절 또는 9절)과 색연필(6색상 또는 12색상)을 준비하고 작업 결과를 전시할 수 있는 공간을 확보해야 한다. 알아차리기 단계에서 교사는 학생들에게 나무를 소재로 하는 노래를 들려주고, 함께 부르면서 그들의 감각 체계를 일깨우고 대화의 분위기를 조성한다. 이어서 그들에게 평소 좋아하는 나무에 대한 이미지를 떠올리게 하고 나무와 숲 체험에 대한 이야기를 나누면서 학습의 주제와 방향을 안내한다. 교사는 학생들에게 "여러분 평소 나무를 좋아하나요?" "특별히 관심이 가는 나무는 무엇이며, 그 이유는 무엇인가요?"라고 질문하여 나무에 대한 그들의 생각과 감정을 성찰하도록 한다.

다음 단계에서 교사는 학생들과 학습목표를 확인하고 학습 활동을 안내한다. 이 단원의 교과 학습목표와 성찰 학습목표는 〈표 3-1〉과 같다. 교사는 학생들에게 준비한 스케치북과 색연필을 나누어 주고, "오늘의 학습 활동은 나무의 생김새와 한살이에 대해서 알아보고, 이를 통해서 우리 자신의 모습을 탐구하고 일상적인 경험이나 미래의 꿈과 소망을 함께 이야기해 봅시다." 라고 안내한다.

〈표 3-1〉 '생명의 나무'에 관련된 교과 학습목표와 성찰 학습목표의 예시

차시	학습 주제	교과 학습목표	성찰 학습목표
1차시	나무는 어떻게 생겼는가?	나무의 겉모습을 관찰하여 나무의 구조를 설명할 수 있다.	자아의 여러 가지 모습을 탐색하여 체계적으로 묘사할 수 있다.
2차시	나무는 어떻게 살아가는가?	나무의 한살이와 계절의 변화에 따른 생태 적응을 설명할 수 있다.	자신의 성장 과정과 환경의 변화에 따른 일상 경험을 성찰할 수 있다.

교과 탐구하기 단계에서 학생들은 나무의 생김새를 관찰하여 나무의 구조(예: 뿌리, 줄기, 잎과 열매 등)를 파악하고, 어린 묘목에서 어른 나무로 자라서 꽃과 열매를 맺고 떨어져서 번식하는 나무의 한살이 과정을 탐구한다. 이 때 계절의 변화에 따라 적응하는 과정에서 겪게 되는 나무 생태계의 다양한 모

습을 함께 탐구한다. 나무는 봄의 따스한 햇살과 부드러운 비를 맞으면서 가지를 뻗고 잎과 꽃을 피우며 세찬 비바람과 폭풍우를 견뎌 내고 가을이 되면 열매를 맺고 잎을 떨구어 추운 겨울을 대비한다.

자기 성찰하기 단계와 상호작용 촉진하기 단계에서는 선택된 학습 주제에 따라서 다양한 형태의 학습 활동이 전개될 수 있다. 교사와 학생들은 나무의 생김새(구조)에 기초하여 자아의 여러 가지 모습을 탐구하거나, 계절의 변화에 따른 나무 생태계의 특성에 기초하여 생활 환경의 변화에 따른 일상적인 삶의 다양한 모습을 성찰하고 역경과 고난을 이겨 내는 방법을 모색할 수 있다.

◉ 나무의 생김새와 자아상 탐구하기

첫 번째 학습 활동에서 교사는 학생들이 나무의 생김새에 기초해서 각자 자아상을 탐구하여 공유함으로써 서로를 좀 더 깊이 이해하고 지지할 수 있도록 안내한다.

먼저, 학생들은 각자 스케치북에 수평선을 그어 마당을 표시하고 한 그루의 나무를 그린다. 그 나무는 뿌리, 줄기, 가지, 잎과 열매 등 구조가 분명히 드러나야 한다. 이어서 마당과 나무의 각 구성요소에 자신의 다양한 모습을 찾아서 기술한다. 나무의 뿌리에는 자신의 출생 및 가족사를 표시하고, 나무가 서 있는 마당에는 현재 살아가는 곳과 일상적인 활동들을 기술한다. 또한 나무의 줄기와 가지에는 각각 개인의 내적 자원(예: 자질, 역량 등)과 소망, 꿈 등을 묘사하고, 잎과 열매에는 개인적으로 의미 있는 사람들과 그들에게서 받은 물질적 · 정신적 선물을 표시한다. 이렇게 하여 학생들은 각자 한 그루의 '생명의 나무'를 완성한다. [그림 3-4]는 '생명의 나무' 활동에서 나무의 생김새와 각 구성요소에 표시할 자아 탐구의 영역을 묘사한 것이다.

'생명의 나무'가 완성되면, 학생들은 자발적으로 또래학생들 앞에서 완성된 '생명의 나무'를 매개로 자신의 인생 스토리를 소개하여 성장 내력과 생활 경험 그리고 소망, 꿈 등을 서로 공유하는 시간을 갖는다. 교사는 학생들에

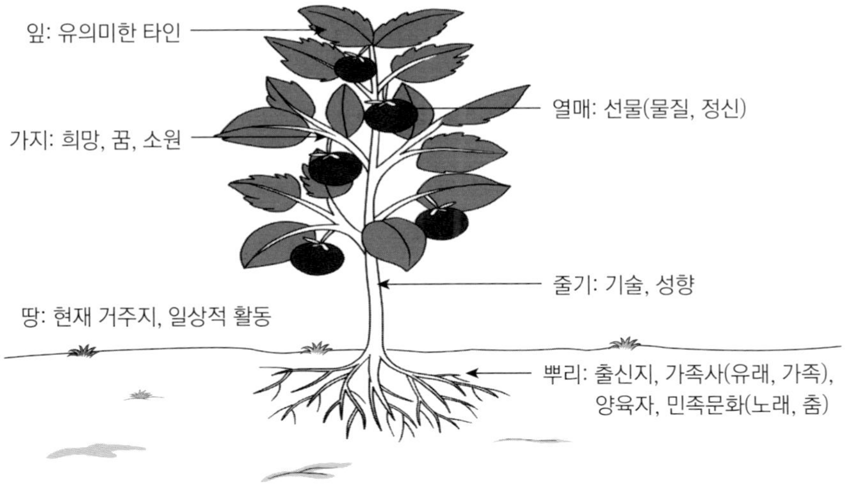

[그림 3-4] 생명의 나무

게 발표 내용을 적극적으로 경청하고 공감하며 지지하라고 요청하고 시범을 보인다.

그다음 학생들은 미리 준비된 공간(예: 벽 또는 마루)에 각자가 완성한 '생명의 나무' 그림을 붙이고 잠시 성찰의 시간을 갖는다. 학생들이 다양한 모양과 크기로 구성된 아름다운 나무들의 숲을 감상하는 동안, 교사는 강하고 튼튼한 뿌리에 관심을 기울이고 삶을 지탱하는 내적 자원과 꿈(또는 소망)을 강조하며 인생에서 많은 가르침을 주고 지속적인 보살핌과 지지를 보여 준 사람들에 대해 언급하면서 그들과의 관계를 어떻게 이어 갈 것인지 이야기한다. 이어서 학생들은 하나의 숲을 이루고 있는 '생명의 나무들'에 대해 공통점과 차이점을 이야기하고 하나의 학습 공동체를 이루고 살아가는 개별 학습자로서 자신들이 공통으로 안고 있는 문제와 서로를 지지할 수 있는 방식에 관해서 대화를 나눈다.

⊙ 나무의 한살이와 삶의 역경 성찰하기

두 번째 학습 활동에서 교사는 학생들이 계절의 변화에 따른 나무 생태의 변화에 기초해서 각자 환경에 적응하는 방식을 성찰하고 특히 나무가 환절기나 한겨울에 겪는 폭풍우, 눈보라 등과 같이 인생에서 경험하는 수난과 역경의 순간들에 겪었을 수도 있는 아픈 기억에 관해서 경험을 공유하고 함께 헤치고 나갈 수 있는 방안에 대해 이야기를 나누도록 안내한다.

학생들은 나무의 한살이와 계절의 변화에 따른 생태 모습을 상기하고 각자 인생의 사계절에 해당하는 개별적인 경험을 소개하면서 희로애락을 공유하고 서로 공감과 지지를 보내어 우정을 나눈다. 예를 들면, 학생들은 따스한 봄날이나 화창한 가을날 가족과 함께 여행을 떠났던 추억이나 무더운 여름 또는 추운 겨울에 집을 떠나 고생했던 기억을 이야기할 수도 있고, 어렸을 때 부모와 헤어져 외로웠던 순간이나 친구들에게 따돌림을 당하여 힘들었던 경험을 이야기할 수도 있다. 이 과정에서 교사는 우선 학생들이 아픈 기억에 관해 안전한 방법으로 이야기를 나눌 수 있는 공간을 마련하고, 아픈 기억에 대해 집단적으로 이야기할 수 있는 방법을 찾는다.

그런 다음, 교사는 학생들에게 "학대와 상처가 자신들의 인생에 미칠 영향을 인식해야 하며 이러한 학대나 상처에 대해 자신들을 책망해서는 안 된다."는 교훈을 전달하고, 숲속에 몰아닥친 폭풍우나 한파로 인해 아름다운 나무들이 겪게 될 잠재적인 수난에 대해 이야기하도록 요청한다. 학생들은 폭풍우, 눈보라 등으로 인해 나무들이 겪게 될 수난처럼 자신들이 받았던 상처와 고통을 이야기하고, 그러한 상처와 고통이 자신들의 인생에 어떤 영향을 미쳤는지에 대해 대화를 나눈다. 이때 교사는 학생들에게 "폭풍우나 눈보라가 몰아칠 때 나무가 겪는 수난은 나무의 잘못 때문이 아닌 것처럼, 여러분이 받은 상처와 고통 역시 여러분 자신의 잘못 때문이 아니에요."라고 확언한다.

이어서 학생들은 상처와 고통으로부터 자신들을 보호할 수 있는 주도적인 방안에 대해 의견을 교환하고, 폭풍우나 눈보라와 같은 수난이 몰아칠 때조차 자신들의 꿈과 비전을 간직할 수 있는 방법을 강구하기 위하여 소집단 활동을 전개한다. 이때 교사는 학생들에게 자신들이 다른 사람들의 행복에 기여할 수 있는 방법에 관해서도 함께 대화를 나누어 보라고 요청할 수 있다. 이를 통해서 학생들은 서로의 이야기에 귀를 기울이고 공감하며 온정과 지지를 보내어 우정을 나누고 공동의 문제해결을 위해 건설적인 집단정신을 개발할 수 있다.

마지막으로, 교사는 학생들에게 '생명의 나무'가 온갖 시련과 역경을 극복하고 어른 나무로 성장하여 열매를 맺고 그것이 지상에 떨어져 싹을 띄우고 자라서 성장하게 되면 어떤 숲을 이루게 될 것인지 상상하여 그들의 미래 목표와 진로를 탐색하도록 안내할 수 있다.

마지막 공유하기 단계에서는 학생들이 교실 활동에서 표출한 꿈과 희망 그리고 수난을 이겨 내는 방법을 정리하고 달라진 자아의 모습과 함께 자신과 타인에 대한 인식의 변화를 점검하여 공유하며, 미처 처리하지 못한 감정을 정화하고 전체 교실 활동을 마무리하는 의식을 거행한다. 이 과정에서 학생들의 변화를 지지하는 인사를 초대하여 축하연을 베풀고 인증서를 수여하고, 공유된 스토리를 바탕으로 노래 가사를 짓고 익숙한 가락에 맞춰 합창할 수 있다.

사례 3 통합 교실: 마음의 일기예보

'빈틈없는' 교육과정에 기초해서 높은 학업 성취를 강조하는 교실 수업 사태에서는 자칫 학습 환경을 건조하게 만들고 학생들이 개인적인 생각과 감정을 공유할 수 있는 기회를 차단하기 쉽다. 그 결과 학생들은 생산적인 의사소통 기술을 습득하지 못하고 사회적 문제해결 능력이 부족하게 된다. 이처럼 취약한 사회적 기술을 개선하기 위해서는 평소 교실 수업 과정에서 학생들이 자신의 감정과 욕구를 알아차리고 객관화하여 전달하는 기술을 개발하여 교실의 의사소통 구조를 개선하고 나아가서는 개인적인 경험을 공유하고 생산적인 학습 환경을 창조할 수 있는 체계적인 전략을 수립하여 적용할 필요가 있다.

대다수의 창의적인 학습 활동은 다양한 교과에서 학습한 지식 체계를 통합적으로 활용하거나 시 · 공간적인 한계로 기존 교과에서 다루기 어려운 일상적인 생활 주제를 중심으로 구성된다. 이 형태의 주제 활동은 꼭 교육과정의 형식을 취해야 하는 것은 아니며 학습 환경을 개선하기 위한 창조적 교실 운영의 일환으로 계획되고 실행될 수 있다. 여기서는 다양한 교과에서 학습한 지식 체계를 활용하여 교실 내 의사소통 구조를 개선하고 학생들의 감정 소통을 촉진하며 생산적인 학습 환경을 창조하기 위하여 개발된 창의적인 학급 운영 프로그램을 소개한다.

◉ 마음 온도계를 이용하여 의사소통 구조 개선하기

교사는 미술 교실의 여러 가지 색상, 수학 교실의 길이 재어 보기, 과학 교실의 일기예보 등 다양한 교과 내용을 기반으로 창의적인 학급 운영 프로그램을 개발하여 적용함으로써 학생들에게 교실 상호작용 과정에서 그들의 정서를 효과적으로 표현하도록 안내할 수 있다(송재홍, 2008).

교사는 사전에 학생 수만큼 육각기둥 막대와 색연필을 준비한다. 도입 단계에서는 학생들에게 준비물을 나누어 주고 학습 주제와 실천 요령을 안내한다. 첫 번째 단계에서 학생들은 자발적인 토론을 전개하여 일상생활에서 경험하는 핵심 정서(예: 기쁨, 불안, 슬픔, 화 등)를 찾아서 정의하고, 미술 교실에서 학습한 여러 가지 색상의 특징을 참조하여 각각의 정서를 적절히 표현할 수 있는 색상을 선정한다. 예를 들면, 학생들은 자체 토론을 통해 빨강은 기쁨을 나타내고, 노랑과 파랑은 각각 불안과 슬픔을 나타내며, 갈색은 노여움이나 짜증을 나타내는 것으로 규칙을 정할 수 있다.

다음 단계로 학생들은 각자 육각기둥 막대를 준비하여 각 면에 특정한 정서의 이름을 부여하여 마음 온도계를 제작한다. 수학 교실에서 공부한 측정의 원리를 적용하여 막대의 각 면을 일정한 간격으로 10등분해서 눈금을 표시하고, 색연필을 이용하여 특정한 정서에 해당하는 색상을 입혀서 마음 온도계를 완성한다. 마음 온도계의 색상은 위로 올라갈수록 점점 농도를 더 진하게 하여 아래쪽 끝은 거의 무색에 가깝고 위쪽 끝은 가장 진하게 칠한다. 과학 교실에서 사용하는 일기 예보의 개념을 차용하여 각 면의 적당한 지점에 감정 주의보(6등급 또는 7등급)와 감정 경보(8등급 또는 9등급)를 표시한다. [그림 3-5]는 이와 같은 개념과 원리에 따라 제작된 '마음 온도계'의 단면을 나타낸 것이다.

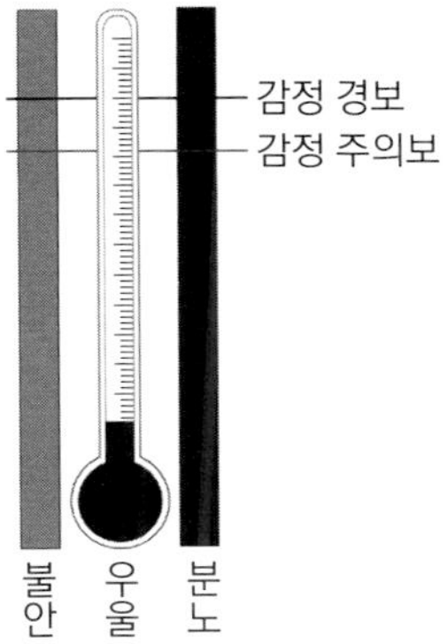

[그림 3-5] 마음 온도계

세 번째 단계에서 학생들은 소집단으로 나뉘어 각자 마음 온도계를 이용하여 최근에 경험한 독특한 정서와 그 정서에 연루된 사건을 소개하면서 서로 정서 상태와 대처 요령을 공유한다. 이후로 교사와 학생들은 교실에서 대화를 나눌 때나 교과 활동 중 마음 온도계를 적절히 활용하여 자신들의 감정을 적극적으로 표현하는 것을 교실 의사소통 규칙으로 정하고 실천함으로써 교실의 의사소통 구조를 건설적으로 개선할 수 있다.

◉ 감정 소통과 생산적인 교실 환경 창조하기

날씨의 여러 가지 모습을 나타내기 위해서 태양, 구름, 비, 눈 등과 같은 다양한 상징이 사용된다. 이러한 날씨 표현 방식은 인간의 마음 상태를 표현하는 은유적 수단으로서 그 활용 가치가 높다. 교사는 학급 게시판에 '감정 일기 예보'란을 만들고 학생들에게 여러 가지 형태의 날씨 표시판을 이용하여 각자의 심리 상태를 표시하고 교실의 분위기를 개선하기 위한 방안을 마련하여 실천하도록 안내함으로써 교실의 학습 분위기를 좀 더 긍정적이고 생산적으로 개선할 수 있다(조효은, 2009).

교사는 사전에 학생 수만큼 다양한 형태의 날씨 표시판([그림 3-6] 참조)을 준비하고 학급 게시판에 '감정 일기 예보'란을 설치한다. 도입 단계에서는 학생들에게 준비물을 나누어 주고 학습 주제와 실천 요령을 안내한다. 첫 번째 단계에서 교사는 학생들이 그날에 경험하고 있는 자신의 마음 상태를 가장 잘 나타내는 날씨 표시판을 찾아서 표시하게 한다. 그런 다음, 자발적인 토론을 유도하여 날씨 표시판을 통해 개인이 경험하는 마음 상태를 표현하고 그러한 개인의 마음 상태가 자신의 심리적 안녕감은 물론 교실의 전체 분위기에 미칠 수 있는 영향에 관해서 의견을 교환한다.

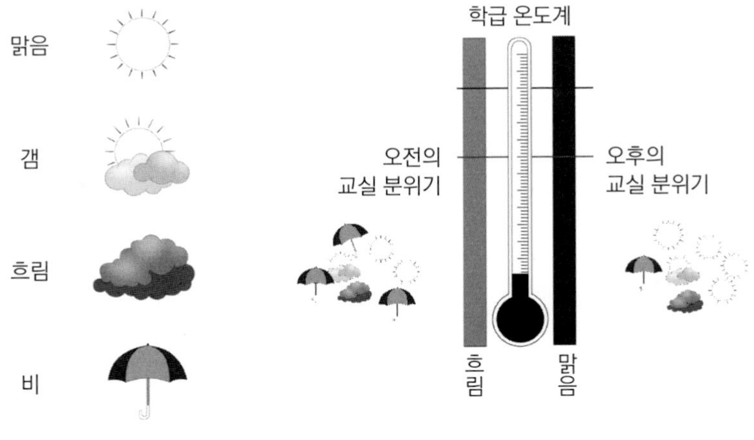

[그림 3-6] 감정 일기 예보

두 번째 단계에서 학생들은 각자가 선택한 날씨 표시판을 학급 게시판에 부착하고 감상의 시간을 가진 후, 소집단 토론을 전개하여 교실 분위기를 개선하기 위한 실천 방안을 탐색한다. 소집단 토론에서 학생들은 각자 자신의 마음 상태를 개선하는 데 도움이 되었던 경험을 중심으로 의견을 교환하고, 특별히 타인들의 지지가 어떻게 도움이 되었으며 도움을 요청하는 타인들의 정서를 어떻게 공감하고 지지해 줄 수 있는지에 대해서 집중적으로 논의한다. 이러한 논의를 바탕으로 학생들은 좀 더 생산적인 교실 분위기를 만들기 위해 각자가 하루 동안 실천할 수 있는 구체적인 행동 지침을 정하고 실천을 다짐하며 노력한다.

세 번째 단계에서 학생들은 학급 게시판에 부착된 날씨 표시판을 떼어서 다시 부착하여 각자의 심리 상태와 교실 분위기가 어떻게 달라졌는지를 점검한다. 이 과정에서 학생 각자는 자신이 하루 동안 실천한 내용을 성찰하여 일기로 작성한다. 이어서 소집단 토론을 통하여 학생들은 각자 실천과 성찰 내용을 공유하여 자신들의 노력이 교실 분위기 개선에 어떤 결과를 가져올 수 있는지를 점검하고 서로 지지와 격려를 교환한다. 이처럼 교사는 학급 게시판에 '감정 일기 예보'란을 설치하고, 학생들에게 날마다 날씨 표시판을 부착하여 교실 분위기를 점검하고 각자 일일 행동 지침을 정하여 실천하도록 안내하며 일기 쓰기를 통해 그 결과를 성찰하고 서로 지지와 격려를 보내도록 지도함으로써 교실을 좀 더 긍정적이고 생산적인 학습 환경으로 만들 수 있다.

성과와 과제

이제 교과 학습은 더 이상 지식의 습득이나 구성에 초점이 맞추어진 수업 활동의 전유물이 아니다. 참된 교육을 실현하기 위해서 교실 활동의 실제는 학생들이 교과를 하나의 정신적 도구로 활용하여 자아를 탐구하고 성찰하도록 안내하는 교과 기반 상담 활동으로 확대·심화되어야 한다. 이 장에서는 가르침과 배움의 본질을 지속적인 자아 탐구의 여정으로 성격화하고 자기 성찰을 촉진하는 창의적 대화 학습 활동으로서 상담과 교과 학습의 접목 가능성을 탐색하였다. 이 관점에서 교과란 학생들의 자아 탐구를 안내하기 위해 엄선된 심리적 도구이며 교과 활동은 교과의 지식 체계를 이용하여 학생들의 자기 성찰을 촉진하는 체계적인 조력 활동으로 정의된다. 이 장에서는 또한 교과 학습과 상담 활동을 접목하기 위한 하나의 개념 체계로서 무지개 학습의 원리와 적용 사례를 제시하였다. 여기서는 무지개 학습의 원리에 기초한 교과 기반 창조적 대화 학습 프로그램의 성과와 과제에 대해 논의한다.

성과와 기대

그동안 창의성이라는 주제는 예술, 과학, 발명, 경진 대회 등 다양한 맥락에서 탐구되어 왔으나 상담 분야에서는 거의 주목을 받지 못하였다. 많은 경우, 창의적인 교실 활동은 과학이나 예술 분야의 창의적 요소를 여타의 교과에 접목하는 형태를 취해 왔다. 말하자면, 국어과 또는 사회과 수업에서 역할극과 같은 극적인 요소를 도입하고 수학 교실에서 친숙한 동요의 리듬에 맞춰 기본 공식을 암기하거나 동영상으로 수학적 문제 사태를 제시하여 학생들의 흥미를 유발하고 학습동기를 강화하려고 시도한다. 때로는 수학 교실(임병덕, 2002)에서 드라마를 이용하거나 과학 교실(권난주, 2005)에서 시문학을 접목하는 형식으로 창의적인 수업이 진행되기도 한다. 과학적 발견은 과학적 지식과 미학적 상상력의 결합에 의해 생성된 창의적인 산물이며, 조각이나 건축 등 고도의 예술적 감각을 추구하는 작품들 역시 수학이나 과학의 원리에 기초할 때 좀 더 독창적이고 미적인 가치를 향상시킬 수 있다.

인간적인 문제의 해결을 위한 창조적 대화 학습 활동의 관점에서 보면, 교사는 과학이나 예술 분야와 마찬가지로 상담의 창의적 요소를 자신이 담당하는 교과에 접목함으로써 다양한 형태의 창의적 학습 프로그램을 개발하여 적용할 수 있다. 학교 교육 실제에서 교사가 가르치는 대상은 바로 학생들이며, 그들이 가장 고심하는 일반적인 주제 영역은 과학 영재교육이나 예술적 재능교육이 아니라 공감적 이해와 의사소통에 기초한 인간적인 문제해결이다. 따라서 창의적 학습 활동으로서 상담은 교실 활동에서 중심 주제일 뿐만 아니라 창의적인 대화 학습 프로그램을 개발하기 위한 교과 통합의 기초를 제공한다.

이미 상담 분야에서는 미술, 음악, 무용 등 표현예술의 장르를 활용하거나 수학, 물리학, 생물학 등 과학의 개념과 원리를 도입하여 독창적이고 생산적인 상담 기법을 개발하여 적용하고 있다. 예를 들면, 드로잉이나 콜라주 또는 만들기와 같은 작품 활동은 내담자의 억압된 감정이나 생각을 표현하도록 자극할 수 있으며(박승숙, 2001; Riedel, 2000), '비밀의 방'이나 '환상 여행'과 같은 상상적 기법은 내면의 욕구에 대한 자각을 촉진할 수 있다(Jacobs, 1999; Oaklander, 2006). 또한 상담 과정에 수학의 '측정' 개념을 적용하면 내담자의 문제를 좀 더 정확하게 정의하고 상담 결과를 좀 더 구체적으로 평가할 수 있으며(Jacobs, 1999; Morgan, 2003), '화재의 원인' '곤충의 변화' 등 과학적 발견을 유추하여 적용하면 학생들의 정서나 적응 상태를 좀 더 생동감 있게 설명하고 문제 상황에 좀 더 안전하고 효과적인 대처 전략을 수립할 수 있다(송재홍, 2016b).

마찬가지로 상담의 창의적 요소를 교과 학습에 접목한다면, 교사는 학생들의 개인적인 삶을 중심으로 다양한 교과의 지식 구조를 유기적으로 통합함으로써 창의적이고 생산적인 교실 활동을 전개할 수 있다. 앞의 적용 사례에서 제시한 바와 같이, 교사가 학생들과 함께 미술과의 색상 개념과 수학과의 측정 원리에 기초하여 마음 온도계를 만들어 활용하면 교실 내 감정 소통 구조를 개선하고 좀 더 생산적인 학습 환경을 창조할 수 있다. 더욱이 과학 교실의 기상 특보 개념을 차용하여 '감정 주의보' '감정 경보' 등의 감정 일기 예보를 도입하면 학생들의 정서 자각을 촉진할 수 있으며 각각의 특보 상황에서 적절한 행동 지침을 마련하여 대처하도록 안내할 수 있다.

뿐만 아니라 학생들의 생활 주제를 중심으로 다양한 교과를 통합적으로 적용하면 교과 학습은 훨씬 더 흥미롭고 생동감을 갖게 되며 학생들의 지적 능력과 감성 역량을 동시에 발굴하여 전인적인 발달의 효과를 기대할 수 있다. 예를 들면, 과학 교실에서 알을 부화시키면서 생을 마감하는 가시고기의 생태를 다룰 때 아버지의 희생을 주제로 하는 문학 작품을 함께 다루거나, 포유류와 같은 종의 개념을 학습하는 과정에서 세밀한 관찰을 요하는 착각하기 쉬운 사례(예: 돌고래, 박쥐 등)를 다룰 때 표면적인 차이와 소수라는 이유로 편견을 갖거나 차별하고 따돌리는 것과 같은 사회 문제를 함께 다룬다면 질서 체계 간의 통합을 촉진하고 학생들의 일상적인 삶과 학습 경험을 좀 더 유기적으로 관련지을 수 있다. 더욱이 상담의 원리에 기초한 교과 통합은 학습의 전이와 지식 활용이라는 실용적인 측면에서 학문 간 소통의 기회를 확대하고 학교 교육의 실제와 개인적 삶의 개선에 여러 가지 유익하고 생산적인 결과를 가져올 수 있다. 교과의 지식 구조가 학생들의 인지 체계 안에서 개인적인 경험과 자연스럽게 통합됨으로써 주의력, 관련성, 자신감, 만족감 등과 같은 동기설계요인(Keller, 1987, 2013)을 활성화함은 물론 교과 지식의 장기적인 파지를 위한 별도의 복습 활동이 없어도 일상적인 삶의 과정에서 자발적인 재학습이 가능하다. 따라서 창의적인 학습 활동으로서 상담의 원리에 기초해서 다양한 교과의 지식 구조를 통합하여 창의적인 교실 활동을 전개하는 일은 '2015 개정 교육과정'(교육부, 2015)에서 표방하고 있는 "바른 인성을 갖춘 창의 · 융합형 인재"를 육성하기 위한 전인 교육의 기반을 확립하는 데 기여할 것이다.

과제와 반성

이 장에서 제시한 사례들은 무지개 학습의 원리에 기초하여 개발된 창의적인 대화 학습 프로그램을 통해서 학생들이 교과 활동에서 습득한 지식 체계를 기반으로 개인적인 삶의 여러 가지 모습을 탐구하고 성찰하며 인간적인 문제해결을 모색하는 데 어떻게 기여할 수 있는지를 생동감 있게 보여 주고 있다. 창의적 행위는 인지 과정의 가장 복잡하고 고차적인 수준에서 이루어지는 학습 활동이다(Anderson et al., 2005). 그것은 고도의 지각적 개방성과 독창적인 탐구 양식에 기초한 개인과 환경의 상호작용을 반영할 뿐만 아니라, 다양한 경험세계에 대한 풍부한 인간적 감수성과 효율적 의사소통 능력을 요구한다. 최근에 학문 간 소통과 지식의 대통합이 강조되고 있는 시점에서 창의적 사고의 중요성이 부각되는 이유도 바로 여기에 있다. 따라서 교실 수업의 실제에서 교사가 창의적인 학습 활동으로서 상담의 개념과 원리를 새롭게 학습하여 자신의 교수 활동에 적용한다면 한층 더 높은 수준에서 독창적인 교수 활동을 전개할 수 있게 된다.

그러나 상담의 원리에 기초하여 창의적인 교육과정을 개발하고 교실 수업을 개선하려면, 교사에게 몇 가지 반성과 개선이 요구된다.

첫째, 교사는 교육의 내재적 목적에 대한 인식을 강화하고 교과 학습의 본질과 기능에 대한 인식을 새롭게 하여 학생들에게 좀 더 심오한 학습목표를 개발하여 적용할 수 있어야 한다. 교육의 내재적 목적은 학생들 개개인의 성장잠재력에 기초하여 교육 활동을 정당화하는 것이다. 참된 의미의 교육은 학생들 개개인의 성장잠재력을 가치 있는 방향으로 최대한 신장시킴으로써 건강하고 지적이며 사회적으로 성숙한 삶을 영위할 수 있게 하는 것이다. 가르침과 배움은 다른 것을 얻기 위한 수단으로 성립되는 것이 아니라 그 자체의 고유한 가치, 즉 자아 탐구와 자기 성찰을 통해 본연의 모습을 회복하고 인격 완성을 이루기 위해 정진하는 것이다.

이러한 목적을 구현하려면 교사는 교과와 교실 활동에 대한 인식을 근원적으로 해체하여 새롭게 구성할 필요가 있다. 참된 의미의 교과는 학생들의 자아 탐구를 안내하고 자기 성찰을 촉진하는 심리적 도구로서 유용한 가치를 지녀야 한다. 말하자면, 교과는 학생들의 주관적인 경험세계와 구조적인 연관성을 지니고 있어야 하며 학생들은 교과를 통하여 다양한 측면에서 그들의 개인적인 삶을 들여다보고 통찰을 얻을 수 있어야 한다. 또한 교실 활동은 기본적으로 교과에서 습득한 지식 체계를 초월하여 능동적인 삶의 주체로서 학생들의 자아 탐구를 안내하고 자기 성찰을 촉진하는 체계적인 조력 활동이 되어야 한다. 따라서 교실 수업의 실제는 교과 영역별로 구획된 단편적인 지식과 기능의 습득에 집중하는 형식적인 교과 학습목표에만 의존해서는 안 되고, 학생들에게 교과라는 지식의 나무를 통해서 '인간적인 삶'이라고 하는 생명의 숲을 바라볼 수 있도록 안내하기 위하여 성찰 학습목표를 추가로 요구한다(송재홍, 2006b).

이러한 현실은 국어, 수학, 과학, 사회 등 분과주의 교육과정에서 쉽게 벗어나지 못하고 있는 학교 교육의 실제에 대한 진지한 검토와 반성을 요구한다. '2015 개정 교육과정'(교육부, 2015)에서 일부 교과군의 개념을 도입하고 창의적 체험활동을 장려하여 교과 교육의 한계를 극복하려는 시도에도 불구하고, 우리나라 초중등학교의 교육과정은 여전히 공통기본교과를 중심으로 편제되어 있으며, 대부분 교실 수업의 실제는 분과주의에 기초한 교과 중심의 단편적인 지식을 습득하고 구성하는 일에 집중하고 있다. 이러한 지적 풍토에서는 학생들의 창의적이고 통합적인 사고를 육성하기가 쉽지 않다. 화이트헤드(2003)가 역설했듯이, 교육이 학생들에게 다양한 측면에서 드러나는 삶을 들여다볼 수 있게 하려면 교육과정의 생동감을 말살하는 과목들의 치명적인 단편성을 극복할 수 있어야 한다. 또한 루트번스타인과 루트번스타인(2007)이 강조했듯이, 교실 활동은 전인을 길러 내기 위해 통합교육이 지향해야 하는 기본 목표에 충실해야 한다. 즉, 학생들이 각 과목의 지식을 획득하는 일 이외에 보편적인 창조의 과정을 가르치는 일에 중점을 두고, 과목의 경계를 성공적으로 허문 사람들의 경험을 창조성의 본보기로 활용하며, 혁신이라는 공통의 언어를 사용하여 교과목을 통합하고, 어느 한 과목에서 배운 것을 여러 분야에서 응용할 수 있도록 하는 것이다. 그러나 이러한 교과 학습은 단지 지식의 습득이나 구성에 머물러서는 안 되고 학생들의 자아 탐구와 자기 성찰을 위한 학습 활동으로 심화되어 그들에게 개인적인 삶을 다각적으로 바라보고 통찰을 얻을 수 있는 계기가 되어야 한다.

둘째, 교사는 교실 활동을 전개하는 과정에서 교과 지식을 구성하는 학습 활동과 자기 성찰을 촉진하는 학습 활동을 창의적으로 접목할 수 있어야 한다. 우선, 교사는 학습목표의 확인 단계에서 학생들에게 기존의 교과 학습목표와 더불어 자아 탐구를 촉진하기 위한 성찰 학습목표를 부가적으로 제시하고, 교과 탐구 활동 전과 후에 여러 가지 창의적인 학습 활동을 도입하여 학생들이 교과의 학습 주제와 관련지어 개인적인 삶의 문제를 성찰할 수 있도록 안내할 수 있다(송재홍, 2007). 예를 들면, 학생들은 알아차리기와 학습목표 확인 단계에서 교과 학습, 즉 객관적 실재에 대한 의미를 창조하는 일이 자신의 주관적 경험세계에 대한 인식과 어떤 연관성을 갖는지를 음미한다.

교과의 지식 구조를 탐구한 후에는 자기 성찰을 위한 학습 활동을 통해서 새롭게 구성한 지식 체계와 주관적인 경험세계를 구체적으로 연결하여 개인적 삶의 문제를 자각하고 해결하기 위한 대안을 모색하고, 이어지는 상호작용 단계에서 학생들은 소집단으로 나뉘어 서로 생각과 느낌을 전달하고 피드백을 교환함으로써 경험을 공유할 수 있다. 뿐만 아니라 학습 활동을 마무리하는 단계에서도 단순히 습득된 지식 상태를 점검하고 학업 성취도를 평가하는 일에 그치는 것이 아니고, 집단 상담에서 행하는 과정 피드백과 유사한 형태의 체험활동을 도입하여 전체 학습 과정에서 자신이 수행한 역할에 대해 반성하거나 학습 활동에서 미처 다루지 못한 생각이나 감정을 표현하고 공유할 수 있는 기회를 제공한다. 이러한 체험활동은 상호작용 과정에서 쌓였을 수도 있는 부정적인 경험이나 미해결 과제를 해결하고, 사회적 갈등을 예방하기 위한 건설적인 행동 지침을 마련하여 교실 규칙을 공고히 하는 계기가 될 수 있다.

이러한 현실은 교사에게 상담 활동과 관련된 심리학적인 지식 기반을 체계적으로 학습하여 적용할 것을 요구한다. 학교 교육 현장에서 교사가 가르치는 대상은 바로 학생들이며, 많은 학생은 교과 학습이 아니라 공감적 이해와 의사소통에 기초한 인간적인 문제들로 고심하고 있다. 상담은 공감적 이해와 의사소통에 관한 전문적 지식과 기술을 필요로 하는 창의적 활동의 중심 영역이다. 따라서 학교 교육 현장에서 모든 교사가 공통적으로 지향해야 하는 목표의 한 가지는 공감적 이해와 의사소통에 기초하여 인간적인 문제해결에서 창의적인 상담자가 되는 것이다. 교사는 특정 분야의 교과에 내포된 지식 구조를 정확하게 파악하여 설명할 수 있어야 할 뿐만 아니라, 창의적 학습 활동으로서 상담에 관한 전문적인 지식과 기술을 갖추고 교실 수업 실제에서 반영하려는 노력을 기울여야 하는 것이다. 그러나 교과를 담당하는 교사는 상담에 대한 전문적인 지식이 부족할 수도 있고, 교과 학습에 상담의 원리를 접목하는 일이 교실에서 이미 진행되고 있는 교육과정을 어떻게 보강할 수 있는지를 체계적으로 이해하지 못할 수도 있다. 그러나 교사는 학생들과의 관계를 형성하고 유지하기 위해 사용할 수 있는 다양한 대화 기법을 습득하여 교실 실제에서 적용할 수 있어야 하며, 무엇보다 통합교과적인 관점에서 여러 교과의 유기적인 연관성을 고려하여 교육과정 시간표를 창의적으로 재구성할 수 있어야 한다.

셋째, 속진 프로그램에 의존하고 있는 획일적인 영재교육의 현실에 대한 자각과 반성이 요구된다. 학교 교육의 본질적인 목적은 학생들 개개인의 성장잠재력을 발굴하여 실현하는 데 있으며, 이러한 목적을 구현하기 위해서는 학생들의 다양한 요구에 기초하여 프로그램의 다양화를 모색할 필요가 있다. 그러나 영재교육의 현실은 학생들의 다양성을 무시한 채 지적으로 우수한 소수의 영재를 위한 속진 프로그램에 의존함으로써 프로그램의 획일화를 조장하고 있다는 비판으로부터 자유롭지 못하다. 이러한 현실은 지식의 기본 성격을 보다 고차적인 지식을 구성하기 위한 선수학습요소로 규정하려는 위계성 가설과 무관하지 않다.

그러나 이 장에서 강조해 왔듯이, 구성된 지식 체계를 바탕으로 다양한 측면에서 개인적인 삶의 문제를 조명하는 성찰적 기능에 집중한다면, 영재교육은 전혀 색다른 방향으로 전개될 수 있다. 교사는 어떤 교과 영역에서 일정한 지식 체계를 성공적으로 획득한 영재에게 곧바로 위계상 고차적인 지식 체계를 탐구하라고 요구하는 대신에, 그러한 지식 체계가 다른 교과 영역의 지식 체계를 이해하고 개인적인 삶의 문제를 규명하는 데 어떻게 적용될 수 있는지를 탐색하도록 안내할 수 있다. 예를 들면, 학생들은 수학이나 과학에서 터득한 사유 체계를 활용하여 그 밖의 교과에서 다루어지는 현상을 좀 더 체계적으로 규명하거나, 교과의 주요 개념이나 원리를 적용하여 개인적 삶의 문제를 좀 더 명확하게 정의하고 해결책을 모색할 수 있다. 이러한 시도는 궁극적으로 학생들에게 개인적인 삶의 문제를 다양한 측면에서 성찰할 수 있도록 안내하는 것으로, 진정한 의미의 심화 학습 프로그램이라고 볼 수 있다. 따라서 상담의 원리에 기초하여 교과 교육에 통합적으로 접근하는 일은 심화 학습 프로그램의 개발을 위한 기초를 제공함으로써 속진 프로그램에 의존하는 영재교육에 대하여 하나의 창의적인 대안을 제시할 수 있다.

끝으로, 자아 탐구를 안내하고 자기 성찰을 촉진하는 일이 교과에 기초한 지식 구조의 중요성을 부정하는 것으로 잘못 이해되는 일이 없어야 할 것이다. 상담 교사는 생활지도 교육과정을 개발하고 효과적으로 전달하기 위해서 훌륭한 교수 활동과 교실 관리 기술이 요구되지만 이 결정적인 기능에서 매우 제한적인 훈련만 받았을 수 있다. 더욱이 교과마다 핵심적인 개념과 원리가 있으며 그 자체로서 고유한 가치를 지니고 있기 때문에 그러한 개념과 원리를 이해하는 것이 중요하다. 교과의 핵심 개념과 원리 그리고 그것에 함축된 가치를 정확히 이해하는 것이야말로 자아 탐구를 안내하고 자기 성찰을 촉진하기 위한 교실 활동의 핵심적인 부분이라고 할 수 있다. 따라서 무지개 학습은 교과 학습에 대한 기존 접근을 대체하기보다는 그것에 대한 보완적 성격을 갖는다고 보는 것이 타당하다.

참고문헌

교육부(2015). 초·중등학교 교육과정 총론(교육부 고시 제2015-80호 별책1). 세종: 교육부.

권난주(2005). 초등학생과 예비현직 초등교사에 대한 과학 교수·학습 전략으로서 과학 동시의 활용. 초등과학교육, 24(5), 487-494.

권도갑(2000). 행복을 여는 마음공부. 전북: 동남풍.

김종서, 이영덕, 정원식(1993). 최신 교육학개론. 서울: 교육과학사.

김춘일(2000). 유아를 위한 창의성 교육. 서울: 교육과학사.

김형태(2003). 21세기를 위한 상담심리학. 서울: 동문사.

나병철(1994). 문학의 이해. 서울: 문예출판사.

문용린, 최인수(2010a). 창의·인성 교육과정 총론(창의·인성교육 현장적용도 제고 방안 모색을 위한 공청회 자료). 서울: 한국과학창의재단.

문용린, 최인수(2010b). 창의·인성교육의 총론. 인하대학교 교육연구소 심포지엄 자료집, 21-29.

박성희(2006). 초등학교 생활지도와 상담의 기초개념. 한국초등상담교육학회 편. 초등학교 생활지도와 상담(pp. 19-39). 서울: 학지사.

박승숙(2001). 마음이 아플 때 만나는 미술치료. 서울: 들녘.

소경희(2004). 교사양성 교육과정에 있어서 '내러티브 탐구'의 함의. 교육학연구, 42(4), 189-212.

송재홍(2005). 초등학교 교과를 매개로 한 상담 프로그램의 개발. 초등상담연구, 4(1), 37-60.

송재홍(2006a). 학교 교육의 패러다임 극복을 위한 혁신적 수업 모형. 제주교육대학교 논문집, 35, 339-374.

송재홍(2006b). 가르침과 배움의 여정으로서 자아성찰: 교과 교육과 상담의 통합 가능성에 대한 검토와 제안. 교육종합연구, 4(2), 1-25.

송재홍(2007). 자아성찰 학습을 위한 교과 교육의 이해와 개발. 교육종합연구, 5(2), 1-24.

송재홍(2008). 창의적 학습 활동으로서 상담과 영재교육. 영재와 영재교육, 7(1), 5-28.

송재홍(2016). 정서유능성 증진을 위한 은유 활용 프로그램. 초등상담연구, 15(3), 299-328.

송재홍(2018). 심리학 3.0과 미래 학습: 관계 학습의 원리와 실천 전략. 초등상담연구, 17(3), 347-376.

송재홍(2020). 상담의 은유적 해석: 한자어[相談]에 내포된 이미지를 중심으로. 초등상담연구, 19(3), 281-315.

신현숙(2011). 학업수월성 지향 학교에서 사회정서학습의 필요성과 지속가능성에 관한 고찰. 한국심리학회지: 학교, 8(2), 175-197.

용타(2001). 마음 알기 다루기 나누기. 서울: 대원정사.

은혁기(2004). 초등교육상담 활성화 방안. 초등상담(2004년도 학술대회자료), 41-63.

임병덕(2002). 초등학교 교과 교육의 성격과 과제. 초등학교 교과 교육의 성격과 과제(제주교대 교육대학원 제3회 학술세미나 자료집), 11-25.

장상호(1997). 학문과 교육(하): 교육적 인식론이란 무엇인가? 서울: 서울대학교출판부.

전경원(2002). 창의성 계발 프로그램. 서울: 학지사.

정범모(2001). 창의력: 그 심리, 인물, 사회. 서울: 교육과학사.

정인보(1972). 陽明學演論. 서울: 삼성미술문화재단.

정종복 역(1978). 율곡집. 서울: 대양서적.

정혜승, 정지영, 박나현, 채인옥, 하수민(2006). 창의성 계발을 위한 국어과 교수 · 학습 전략. 서울: 사회평등.

조남현(2003). 고등학교 문학(상). 서울: 중앙교육진흥연구소.

조효은(2009). 교과 기반 학급관리 프로그램이 초등학교 아동의 자아존중감과 교우관계에 미치는 효과. 제주대학교 교육대학원 석사학위논문.

차주환 역(1964). 동양의 지혜: 논어 · 맹자 · 중용 · 대학. 서울: 을유문화사.

최재천, 주일우 엮음(2007). 지식의 통섭: 학문의 경계를 넘다. 서울: 이음.

한승희(1997). 내러티브 사고양식의 교육적 의미. 교육과정연구, 15(1), 400-423.

황정규, 이돈희, 김신일(1998). 교육학개론. 서울: 교육과학사.

Adams, M. J. (Ed.) (1986). *Odyssey: A curriculum for thinking (vols. 1-6).* Watertown, MA: Charlesbridge Publishing.

Allen, J. (2003). 생각의 법칙: 성공과 실패의 원인과 결과(*As a man thinketh*). (고명선 역). 서울: 물푸레. (원서 1903년 출판).

Amabile, T. M. (1989). *The Student Interest and Experience Questionnaire.* Unpublished instrument. Waltham, MA: Brandeis University.

American School Counselor Association(ASCA, 1999). *The role of the professional school counselors.* (Retrieved from http://www.schoolcounselor.org/content.cfm?L1=1000&L2=69).

Ames, C. (1992). Achievement goals and the classroom motivational climate. In D. H. Schunk, & J. L. Meece (Eds.), *Student perceptions in classroom* (pp. 327-348). Hillsdale, NJ: Lawrence Erlbaum Associates.

Anderson, J. R. (1998). *Cognitive psychology and its implications* (5th ed.). New York: W. H. Freeman & Company.

Anderson, L. W., Krathwohl, D. R., Airasian, P. W., Cruikshank, K. A., Mayer, R. E., Pintrich, P. R., Raths, J., & Wittrock, M. C. (Eds.) (2005). 교육과정 수업 평가를 위한 새로운 분류학: Bloom 교육목표분류학의 개정(*A taxonomy for learning, teaching, and assessing: A revision of Bloom's taxonomy of educational objectives*). (강현석, 강이철, 권대훈, 박영무, 이원희, 조영남, 주동범, 최호성 공역). 서울: 아카데미프레스. (원서 2001년 출판).

Assagioli, A. (1965). *Psychosynthesis: A manual of principles and techniques.* New York: The Viking Press.

Bandler, R., & Grinder, J. (2013). NLP, 그 마법의 구조 I(*The structure of magic I: A book about language and therapy*). (한국NLP상담학회 역). 서울: 시그마프레스. (원서 1975년 출판).

Bandura, A. (1977). Self-efficacy: Toward a unifying theory of behavioral change. *Psychological Review, 84,* 191-215.

Baron, J. (1985). *Rationality and intelligence.* New York: Cambridge University Press.

Beck, A. T. (1967). *Depression: Cause and treatment.* Philadelphia, PA: University of Pennsylvania Press.

Beck, A. T. (2017). 인지치료와 정서장애(*Cognitive therapy and emotional disorders*). (민병배 역). 서울: 학지사. (원서 1976년 출판).

Brown, A. L. (1978). Knowing when, where, and how to remember: A problem of metacognition. In R. Glaser (Ed.), *Advances in instructional psychology (vol.*

1) (pp. 77-165). Hillsdale, NJ: Lawrence Erlbaum Associates.

Brown, A. L. (1987). Metacognition, executive control, self-regulation, and other more mysterious mechanisms. In F. Weinert, & R. Kluwe (Eds.), *Metacognition, motivation, and understanding* (pp. 65-116). Mahwah, NJ: Lawrence Erlbaum Associates.

Brown, J. L., Jones, S. M., LaRusso, M. D., & Aber, J. L. (2010). Improving classroom quality: Teacher influences and experimental impacts of the 4Rs program. *Journal of Educational Psychology, 102*, 153-167.

Burns, R. C. (2001). 교과 경계선 허물기(*Dissolving the boundaries*). (김대현, 강태용 공역). 서울: 학지사. (원서 1995년 출판).

Carver, C., & Scheier, M. (1981). *Attention and self-regulation: A control theory approach to human behavior*. New York: Springer-Velag.

Csikszentmihalyi, M. (2003). 창의성의 즐거움(*Creativity: Flow and the psychology of discovery and invention*). (노혜숙 역). 서울: 북로드. (원서 1996년 출판).

Deci, E. L. (1975). *Intrinsic motivation*. New York: Plenum Press.

Denborough, D. (Ed.) (2008). *Collective narrative practice; Responding to individuals, groups, and communities who have experienced trauma*. Adelaide, Australia: The Dulwich Centre Publication.

Dewey, J. (1979). 사고하는 방법(*How we think: A restatement of the relations of reflective thinking to the educative process*). (임한영 역). 서울: 법문사. (원서 1933년 출판).

Festinger, L. A. (1954). A theory of social comparison process. *Human Relations, 7*, 117-140.

Feuerstein, R. (1980). *Instrumental enrichment: An intervention program for cognitive modifiability*. Baltimore, MD: University Park Press.

Fogarty, R. (1991). *The mindful school: How to integrate the curricula*. Palatine, IL: IRI/Skylight Publishing Inc.

Fretz, B. R. (1982). Perspectives and definition. *The Counseling Psychologist, 10*, 10-19.

Glasser, W. (2017). 선택이론(*Choice theory: A new psychology of personal freedom*). (김인자 역). 서울: 한국심리상담연구소. (원서 1998년 출판).

Goodnough, G., Perusse, R., & Erford, B. T. (2003). Developmental classroom guidance. In B. T. Erford (Ed.), *Transforming the school counseling profession* (pp. 121-151). Upper Saddle River, NJ: Merrill/Prentice Hall.

Guilford, L. B. (1968). Intelligence has three facets. *Science, 160,* 615-620.

Hayes, R. J. (1989). Cognitive process in creativity. In J. A. Glover, R. R. Ronning, & C. R. Reynolds (Eds.), *Handbook of creativity* (pp. 135-145). New York: Plenum Press.

Hayes, S. C., Strosahl, K. D., & Wilson, K. G. (2009). 수용과 참여의 심리치료(*Acceptance and commitment therapy: An experiential approach to behavior change*). (문성원, 김은성 공역). 서울: 시그마프레스. (원서 1999년 출판).

Heppner, P. P., & Fitzgerald, K. (1987). Human intelligence: Implications for counseling. *Journal of Counseling Development, 65*, 266-267.

Heppner, P. P., Fitzgerald, K., & Jones, C. A. (1989). Examining counselors' creative processes in counseling. In J. A. Glover, R. R. Ronning, & C. R. Reynolds (Eds.), *Handbook of creativity* (pp. 271-280). New York: Plenum Press.

Hermans, H. J. M., & Hermans-Jansen, E. (1995). *Self-narratives: The construction of meaning in psychotherapy.* New York: The Guilford Press.

Hillock, G., Jr. (1995). *Teaching writing as reflective practice.* New York: Teachers College Press.

Jacobs, Ed. E. (1999). 창조적 상담기법(*Creative counseling techniques: An illustrated guide*). (설기문, 이경임 공역). 서울: 양서원. (원서 1992년 출판).

James, W. (1978). *Pragmatism and the meaning of truth.* Cambridge, MA: Harvard University Press.

Jones, S. M., Brown, J. L., & Aber, J. L. (2011). Two-year impacts of a universal school-based social-emotional and literacy intervention: An experiment in translational developmental research. *Child Development, 82*, 533-554.

Jung, C. G. (1961). *Memories, dreams, and reflections.* New York: Vintage Books.

Kaufman, J. C., & Baer, J. (2004). The amusement park theoretical(APT) model of creativity. *The Korean Journal of Thinking & Problem Solving, 14*, 15-25.

Keller, J. M. (1987). Development and use of the ARCS model of motivational design. *Journal of Instructional Development, 10,* 2-10.

Keller, J. M. (2013). 학습과 수행을 위한 동기설계: ARCS 모형 접근(제5판) (*Motivational design for learning and performance: The ARCS model approach,* 5th ed.). (조일현, 김찬민, 허희옥, 서순식 공역). 서울: 아카데미프레스. (원서 2010년 출판).

Kress, J. S., & Elias, M. J. (2006). School-based social and emotional learning program. In K. A. Renninger, I. E. Sigel, W. Damon, & R. M. Lerner (Eds.), *Handbook of child psychology (vol. 4): Child psychology in practice* (6th ed.; pp. 592-618). New York: John Wiley & Sons, Inc.

Kuhl, J. (1985). Volitional mediators of cognitive behavior consistency: Self-regulatory processes and action versus state orientation. In J. Kuhl, & J. Beckman (Eds.), *Action control* (pp. 101-128). New York: Springer.

Lan, W. Y. (2008). 통계학에서 자기점검 기능을 가르치기(Teaching self-monitoring skills in statistics). In D. H. Schunk, & B. J. Zimmerman (Eds.), 자기조정학습의 교실 적용(*Self-regulated learning: From teaching to self-reflective practice*). (송재홍 역). (pp. 141-172). 서울: 학지사. (원서 1998년 출판).

Lipman, M. (1976). Philosophy for children. *Metaphilosophy, 7,* 17-39.

Locke, E. A., & Latham, G. P. (1990). *A theory of goal setting and task performance.* Englewood Cliffs, NJ: Prentice-Hall.

Mayer, J. D., & Salovey, P. (1997). What is emotional intelligence? In P. Salovey, & D. J. Sluyter (Eds.), *Emotional development and emotional intelligence: Educational implications* (pp. 3-34). New York: Basic.

McCann, T. M., Johannessen, L. R., Kahn, E., Smagorinsky, P., & Smith, M. W. (Eds.) (2005). *Reflective teaching, reflective learning: How to develop critically engaged readers, writers, and speakers.* Portsmouth, NH: Heinemann..

Meichenbaum, D. (1995). 인지행동수정의 통합적 접근(*Cognitive-behavior modification: An integrative approach*). (여광응, 정용석 공역). 서울: 교육과학사. (원서 1977년 출판).

Meichenbaum, D., Burland, S., Gruson, L., & Cameron, R. (1985). Metacognitive assessment. In S. Yussen (Ed.), *The growth of reflection in children* (pp. 111-133). Orlando, FL: Academic Press.

Mentis, M., Dunn-Bernstein, M. D., Mentis, M., & Skuy, M. (2009). *Bridging learning: Unlocking cognitive potential in and out of the classroom* (2nd ed.). Thousand Oaks, CA: Corwin/A SAGE Company.

Merrell, K. W., & Gueldner, B. A. (2011). 사회정서학습: 정신건강과 학업적 성공의 증진 (*Social and emotional learning in the classroom: Promoting mental health and academic success*). (신현숙 역). 경기: 교육과학사. (원서 2010년도 출판).

Morgan, A. (2003). 이야기치료란 무엇인가?(*What is narrative therapy?: An easy-to-read introduction*). (고미영 역). 서울: 청목출판사. (원서 2000년 출판).

Newell, A., Shaw, J. C., & Simon, H. A. (1958). The process of creative thinking. Presented before a symposium at the University of Cololrado.

Newell, A., & Simon, H. A. (1972). *Human problem solving*. Englewood Cliffs, NJ: Prentice-Hall.

Oaklander, V. (2006). 아이들에게 열린 창(*Windows to our children: A gestalt therapy approach to children and adolescents*). (김정규, 윤인, 이영이 공역). 서울: 학지사. (원서 1988년 출판).

Oral, G., Kaufman, J. C., & Agars, M. D. (2007). Examining creativity in Turkey: Do Western findings apply? *Journal: High Ability Studies, 18*, 235-246.

Osborn, A. (1963). *Applied imagination: Principles and procedures of creative thinking*. New York: Scribner's.

Pea, R. D. (1993). Practices of distributed intelligence and designs for education. In G. Salomon (Ed.), *Distributed cognitions: Psychological and educational considerations* (pp. 47-87). New York: Cambridge University Press.

Perkins, D. N. (1981). *The mind's best work*. Cambridge, MA: Harvard University Press.

Perls, F. (2013). 펄스의 게슈탈트 심리치료(*The Gestalt approach & eye witness to therapy*). (최한나, 변상도 공역). 서울: 학지사. (원서 1973년 출판).

Piaget, J. (1980). The psychogenesis of knowledge and its epistemological significance. In M. Piattelli-Palmarini (Ed.), *Language and learning: The debate between Jean Piaget and Noam Chomsky* (pp. 111-127). Cambridge, MA: Harvard University Press.

Pinar, W. F. (1981). The abstract and the concrete in curriculum theorizing. In H. A. Giroux, A. N. Penna, & W. F. Pinar (Eds.), *Curriculum and instruction:*

Alternatives in education (pp. 431-454). Berkeley, CA: McCutchan.

Pinar, W. F. (1988). Whole, bright, deep with understanding: Issues in qualitative research and autobiographical method. In W. F. Pinar (Ed.), *Contemporary curriculum discourses* (pp. 134-153). Scottsdale, AZ: Gorsuch Scarisbrick.

Powell, J. (1969). *Why am I afraid to tell you who I am?* Niles, IL: Argus Communication.

Pressley, M. (1977). Imagery and children's learning: Putting the picture in developmental perspective. *Review of Educational Research, 47*, 586-622.

Rhodes, M. (1961). An analysis of creativity. *The Phi Delta Kappan, 42*, 305-310.

Riedel, I. (2000). 융의 분석심리학에 기초한 미술치료(*Maltherapie*). (정여주 역). 서울: 학지사. (원서 1992년 출판).

Rogers, C. R. (2009). 진정한 사람 되기: 칼 로저스 상담의 원리와 실제(*On becoming a person: A therapist's view of psychotherapy*). (주은선 역). 서울: 학지사. (원서 1961년 출판).

Root-Bernstein, R., & Root-Bernstein, M. (2008). 생각의 탄생(*Spark of genius: The thirteen thinking tools of the world's most creative people*). (박종성 역). 서울: 에코의 서재. (원서 1999년 출판).

Rorty, R. (1979). *Philosophy and the mirror of nature.* Princeton, NJ: Princeton University Press.

Runco, M. A., Whitney, D. M., & Amabile, T. M. (1998). Looking inside the fishbowl of creativity: Verbal and behavioral predictors of creative performance. *Creative Research Journal, 11*, 243-263.

Segal, J. W., Chipman, S. F., & Glaser, R. (Eds.) (1985). *Thinking and learning skills (vol. 1): Relating instruction to research*. Hillsdale, NJ: Lawrence Erlbaum Associates.

Seng, T. O., Parsons, R. D., Hinson, S. L., & Brown, D. S. (2006). 교육심리학: 실천과 연구의 통합(*Educational psychology: A practitioner-researcher approach*). (구광현, 심재영, 문정화, 강영하, 조봉환, 김언주 공역). 서울: 시그마프레스. (원서 2003년 출판).

Sink, C. (2005). *Contemporary school counseling: Theory, research, and practice*. Boston, MA: Houghton Mifflin Company.

Steiner, R. (2001). 교육은 치료다(*Heilpädagogischer Kurs*). (김성숙 역). 서울: 물병자리. (원서 1924년 출판).

Sternberg, R. J. (2004). 지혜, 지능, 그리고 창의성의 종합(*Wisdom, intelligence, and creativity synthesized*). (김정희 역). 서울: 시그마프레스. (원서 2003년 출판).

Sternberg, R. J., & Lubart, T. I. (1996). Investing in creativity. *American Psychologist, 51*, 677-688.

Taylor, I. A., & Getzels, J. W. (Eds.) (2009). *Perspectives in creativity*. New Brunswick, NJ: Aldine Transaction. (Originally published in 1975).

Thompson, C. L., & Rudolph, L. B. (2001). 아동상담의 이론과 실제(*Counseling children,* 6th ed.). (천성문, 송재홍, 윤치연, 윤호열, 이영순, 박천식, 김경일, 하영자, 김상희 공역). 서울: 시그마프레스. (원서 2000년 출판).

Treffinger, D. J. (1996). *Dimensions of creativity* (5th ed.). Sarasota, FL: Center for Creative Learning.

Tribus, M. (2001). *An essential element of mediated learning experience*. (Retrieved from http://www.icelp.org/downroads/Bridging).

Wallas, G. (1926). *The art of thought*. New York: Harcourt, Brace.

Ward, T. B., Smith, S. M., & Finke, R. A. (1999). Creative cognition. In R. J. Sternberg (Ed.), *Handbook of creativity* (pp. 189-212). New York: Cambridge University press.

Wehner, L., Csikszentmihalyi, M., & Magyari-Beck, I. (1991). Current approaches used in studying creativity: An exploratory investigation. *Creativity Research Journal, 4*, 261-271.

Weiner, B. (1979). A theory of motivation for some classroom experiences. *Journal of Educational Psychology, 71*, 3-25.

Weisberg, R. W. (1986). *Creativity, genius, and other myths*. New York: Freeman.

Weisberg, R. W. (1999). Creativity and knowledge: A challenge to theories. In R. J. Sternberg (Ed.), *Handbook of creativity* (pp. 226-250). New York: Cambridge University Press.

White, M., & Epston, D. (1992). *Narrative means to therapeutic ends*. New York: Norton.

Whitehead, A. N. (2003). 교육의 목적(*The aims of education and other essays*). (유

재덕 역). 서울: 처음. (원서 1929년 출판).

Wilson, E. O. (2005). 통섭: 지식의 대통합(*Consilience: The unity of knowledge*). (최재천, 장대익 공역). 서울: 사이언스북스. (원서 1998년 출판).

Zimmerman, B. J. (2008). 학문적 조정의 자성 회로 개발: 시범적 수업 모형의 분석(Developing self-fulfilling cycles of academic regulation: An analysis of exemplary instructional models). In D. H. Schunk, & B. J. Zimmerman (Eds.), 자기조정학습의 교실 적용(*Self-regulated learning: From teaching to self-reflective practice*). (송재홍 역). (pp. 1-32). 경기: 교육과학사. (원서 1998년 출판).

Zimmerman, B. J., & Kitsantas, A. (1988). Developmental phases in self-regulation: Shifting from process to outcome goals. *Journal of Educational Psychology, 89*, 29-36.

Zimmerman, B. J., & Marinez-Pons, M. (1992). Perceptions of efficacy and strategy use in the self-regulation of learning. In D. H. Schunk, & J. Meece (Eds.), *Student perceptions in the classroom: Causes and consequences* (pp. 185-207). Hillsdale, NJ: Lawrence Erlbaum Associates.

연습 과제 사고의 유연성 테스트 3

오래전부터 나무는 지혜의 상징으로 숭배의 대상이 되어 왔다. 그것은 또한 생명의 주체로서 변화무쌍한 생태계의 변화에 적응하는 삶의 유연성을 상징하기도 한다. 다음 연습 과제를 활용하여 각자 사고의 유연성을 점검해 볼 수 있다. 다음 나무 그림 속에 숨겨져 있는 여러 가지 형태의 얼굴 모습을 최대한 찾으시오.

출처: http://pds.egloos.com/pds/1/200507/19/41/b0056241_14175061.jpg

---

392쪽 '정답 및 해설'을 참조하시오.

4장

정신 통합과 자기직면 학습 그리고 이야기 재구성

- 맥락주의와 정신 통합 이론
- 가치평가와 자기가치화 시스템
- 자기직면 학습: 자기가치화 시스템의 구성 및 재구성
- 가치평가 유형에 따른 심리적 동기 분석과 개입 전략
- 적용 사례
- 성과와 반성

※ 이 장은 『대학상담연구』(송재홍, 1999), 『상담학연구』(송재홍, 2003a), 『교육심리연구』(송재홍, 2003b) 등에 발표된 원고를 토대로 수정 · 보완하여 다시 작성한 것이다.

인간은 자신의 삶에 관해서 이야기하고자 하는 기본적인 욕구를 지니고 있으며, 이야기를 통해 삶에 의미와 가치를 부여하고 삶을 안내하는 질서를 만들어 간다. 한 개인은 단지 어느 하나의 자기로 설명되지 않으며, 무수한 자기들이 유기적으로 상호작용하면서 함께 삶을 구성한다. 이야기 치료의 관점에서 보면 상담은 단순한 대화를 넘어서 그러한 대화를 통해 삶의 각본이 되는 이야기를 새롭게 재구성하는 것이다. 건강한 사람은 끊임없이 이야기 재구성을 통해서 자신의 삶을 건설적으로 인도한다. 이 장에서는 이야기 재구성을 위한 체계적인 전략을 소개한다. 먼저, 맥락주의 은유와 정신 통합 이론에 기초하여 인간의 본질에 대한 기본 가정을 검토한다. 이어서 이야기 재구성을 위한 전략의 하나로 가치평가 이론의 기본 개념과 자기직면 학습의 원리 및 절차를 제시하고, 가치평가 유형에 따른 심리적 동기 분석과 개입 전략을 논의한다. 끝으로, 개인 상담 및 집단 상담 장면에서 자기직면 학습의 구체적인 적용 사례를 소개하고 성과와 과제를 논의한다.

맥락주의와 정신 통합 이론

이야기는 삶을 해석하고 인간을 이해하는 단초를 제공한다. 최근 이야기 접근방식은 사람들이 말하는 이야기를 통하여 그 인생의 결실이 드러남을 발견하였다(Müller, 2012). 이야기가 바로 사람들의 생각과 행동 그리고 행동 양식을 결정하는 역할을 하게 되는 것이다. 개인이 털어놓은 이야기 속에는 그가 이미 생각하고 행동하고 결정하는 과정에서 고심했던 흔적들이 고스란히 드러나 있다. 이야기 치료의 관점에서 보면, 상담은 단순한 대화를 넘어서 그러한 대화를 통해 삶의 각본이 되는 이야기를 새롭게 재구성하는 것이다. 이야기 접근을 채택하고 있는 상담자는 내담자의 인생 속에서 꾸려진 이야기를 진지하게 검토하고 그 이야기를 어떻게 활용할 것인지 고민한다. 이것이야말로 한 인간으로서 내담자를 이해하고 그의 경험을 깊이 있게 다루는 데 있어서 중요한 열쇠를 제공하는 확실한 방법이라 할 수 있다. 여기에는 다음의 세 가지 기본 전제가 놓여 있다.

맥락주의: 동기화된 이야기꾼

사람들은 하나의 근본 은유에 기초하여 자신이 경험하는 사건들에 의미를 부여하고 세계에 관해서 독특한 관점을 견지한다. 근본 은유(root metaphor)는 세계 가설의 원점을 이루는 경험적 관찰의 한 영역이다(Pepper, 1942). 그것은 우리가 세계나 경험을 기술하고자 할 때 그것의 본질에 관해서 내세울 수 있는 가장 기본적인 가정이다(MacCormac, 1976). 근본 은유는 세계에서 발생하는 일련의 사건을 엮어 내기 위한 개념 체계를 제공하며 어떤 사물이나 현상을 이해하기 위해서 시도하는 분석의 범주와 질문의 종류에 제약을 가한다. 심리학자들도 형식론, 기계론, 유기체론과 같은 근본 은유를 채택하여 인간의 행동과 정신 현상을 설명하였다(Lyddon, 1989, 1995; Sarbin,

1986, 1993; Walls, 1982). 형식론(formalism)은 사물이나 사건들의 유사성과 차이점에 기초해서 세계를 설명하려는 관점에서 주로 나타나는 반면, 기계론(mechanism)은 시계, 연소기관, 컴퓨터 등 기계 유추에 의해 세계를 인과적으로 설명하고자 하는 관점에서 주로 나타난다. 성격 유형론이나 지능 유형론과 같은 고전적인 이론은 형식론에 근거한 것이며, 정신분석, 행동주의, 인간정보처리와 같은 근대 이론은 기계론에 근거한 것이다. 유기체론(organism)은 세계를 살아 있는 유기체로 바라보는 관점으로, 피아제나 에릭슨과 같이 일련의 단계를 가정하는 발달이론이 그 대표적인 예다.

맥락주의(contextualism)는 과학주의 심리학의 근본 은유에 대한 하나의 대안으로 등장하고 있는 근본 은유다. 맥락주의의 근본 은유는 종종 맥락-내-행위 또는 역사적 사건이다(Pepper, 1942). 그것은 우리가 일상의 사건을 경험하고 이해하는 상식적인 방법이다. 맥락주의에 기초한 이론들은 사물이나 사건을 일정한 형식으로 범주화하거나 인과 관계의 틀에 고정시키지 않으며, 예측이 가능한 사건의 중요성을 인정하지만 그렇지 않은 사건에 대해서도 민감하게 반응한다. 맥락주의에서는 시간 경과에 따라 삶이 변화되는 방향을 반드시 예측할 수 있는 것만은 아니라는 점을 강조한다.

맥락주의에서는 또한 인간을 '호모 나랜스(Homo Narrans)'(Fisher, 1984, 1985; Ranke, 1981) 또는 '동기화된 이야기꾼(motivated storyteller)'(Sarbin, 1986)으로 가정한다. 때때로 우리는 자주 틈만 나면 누군가에게 그리고 무엇인가에 대해서 이야기할 기회를 엿보고 있는 자신의 모습을 발견하게 된다. 이는 인간이 자신의 삶에 관해서 이야기하고자 하는 기본적인 욕구를 지니고 있음을 반영한다. 문화와 개인에 따라 다소 차이는 있지만, 사람들은 본질적으로 자신을 드러내 놓고 싶은 심리를 깊이 간직하고 있으며, 적당한 자극 단서가 제공되기만 하면 자신에 관한 이야기를 쏟아 내는 경향이 있다(박성희, 이동렬, 2003). 인간은 항상 이야기꾼으로 살아간다. 우리는 자신과 타인들의 이야기에 둘러싸여 살아가고 우리 자신에게 발생한 일들을 이야기를 통해 알게 되며, 마치 자신들이 이야기한 것처럼 삶을 영위하려고 노력한다.

이야기의 원천은 삶의 경험이며, 경험을 공유하지 않는 삶은 공허하다. 우리는 누군가와 이야기를 나눔으로써 자신의 존재감을 드러내며, 이 이야기를 통해서 삶의 일부를 개방하고 공유하며 마음을 정화하고 새로운 삶을 이어 간다. 그러므로 이야기를 차단하는 것은 고립감과 답답함을 초래하고 심할 경우 심리적 장애를 유발할 수 있다. "장님 3년, 귀머거리 3년, 벙어리 3년"이라는 말로 대변되던 조선시대 며느리의 시집살이가 얼마나 가혹했는지 짐작할 수 있다. 이 가혹한 삶에서 부엌에 정화수를 떠 놓고 빌거나 팥죽을 쑤어 장독대에 뿌리던 풍습이 유래했을 수도 있다. 그러한 풍습은 언로가 막힌 사람들에게 간절한 마음을 전하는 고백의 대상을 선물함으로써 마음을 정화하고 새로운 삶을 시작할 수 있는 용기를 북돋아 준다. 어찌 보면 크고 작은 신들이 모두 말 못할 사연을 안고 있는 사람들에게는 상담자가 되었을 수도 있다.

정신 통합 이론: 자기들의 공동체

천수관음보살상이나 십일면관음보살상과 같은 불교 회화에는 작은 불상들이 무수하게 새겨져 있다. 사람의 마음속에는 '게으름뱅이' '고집쟁이' '말썽쟁이' '꾀돌이' '찐득이' '애국자' '순교자' 등과 같이 무수히 많은 내면의 소리가 존재한다. 그것은 '나는 누구인가?'라는 물음에 대답하는 정체성의 일면들이다. 이 내면의 메시지는 '큰 나(big I)'의 일부분으로서 '작은 나(little i)'를 대변한다(Lazarus, 1977). 정신 통합 이론(Assagioli, 1965)에서는 이 작은 목소리의 주인공을 준자아 또는 하위성격이라고 부른다. 하위성격(subpersonality)은 자기(self)라고 하는 '큰 나' 안에 내재된 무수한 '작은 나'를 말한다. 인간의 무의식 속에는 무수한 준자아가 존재하며 이것들은 매 순간 얼굴을 내밀어 행위로 나타난다. 건강한 사람의 행위와 의식은 특정한 준자아에 고착되어 있지 않으며 맥락에 따라 유연하게 변한다. 정신 통합(psycho-synthesis)은 자기 안에서 여러 측면의 준자아들이 어떻게 한 사람의 인격으로 조화롭게 통합될 수 있는가의 문제를 다룬다(Firman & Gila, 2016). 준자아들이 서로 모순된 메시지를 보내 올 때는 심신이 동요하거나 주의가 산만해진다. 상반된 성격의 준자아들이 하나로 뭉쳐 극단적으로 대립하고 어느 한쪽이 삶의 부분으로 통합되지 못한 채 무의식 속으로 잠재되면 우리의 삶은 균형을 잃고 심적 갈등이 고조된다. 정신 통합의 목적은 갈등하는 준자아들을 의식화하여 하나의 고차적인 자기로 통합함으로써 개성화와 자기실현을 도모하는 것이다.

정신 통합 이론에 따르면, 개인의 정신세계는 [그림 4-1]에 제시된 바와 같이 독립적으로 기능하는 세 수준의 무의식 층으로 이루어져 있으며, 이러한 무의식 층은 상호 연결되어 있다(Assagioli, 1965). 하층 무의식은 생명체로서 기본적인 생존 욕구를 반영하며, 수치심, 두려움, 절망감, 분노 등 인생에서 겪은 원초적 상처와 관련된 영역을 말한다. 중층 무의식은 세상에 태어난 후 실제로 체험한 것이지만 현재는 의식되지 않는 영역이다. 이것은 무의식적이지만 지속적으로 정상적인 의식 기능을 지원하는 부분으로, 의식적인 주의를 기울이지 않고도 기능할 수 있는 기술, 행동, 감정, 태도 및 능력 패턴을 형성하여 개인의 일상적인 의식 생활의 기반을 형성하는 잠재된 역량이다. 상층 무의식은 초의식이라고도 불리며, 미적 체험, 창의적 영감, 영적 통찰력 등과 같이 진선미에 대한 정신적 본능을 반영하는 높은 수준의 의식 상태 영역을 말한다.

정신 통합 이론에 따르면, 인간 정신의 세 가지 영역에는 무수한 하위성격(또는 준자아)이 다양한 수준의 조직성, 복잡성, 정밀성을 갖고 내재되어 있으며, 맥락에 따라서 특수한 성격의 준자아가 전경으로 떠올라 의식을 형성하고 행위를 결정한다. 아사지오리(Assagioli, 1965)는 이 의식되는 부분의 중심을 자아(ego)라고 하였다. 자아는 고정되어 있지 않으며 맥락에 따라 달라진다. 일부 준자아는 자기의 원형을 닮으려고 노력하는 심리적 내용으로 볼 수 있지만, 다른 것들은 무의식 상태에 머무르는 것이 훨씬 더 안전하기 때문에 통합 과정에 저항한다. 만일 자아가 특정한 형태로 고정되어 다른 준자

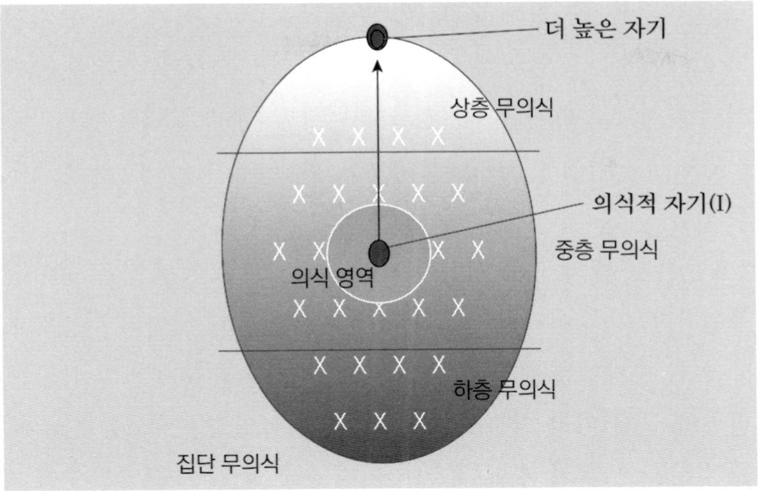

[그림 4-1] 세 수준의 무의식

출처: Assagioli (1965).

아들이 무의식 상태에 계속 머무르게 되면, 인간은 스트레스를 받고 심리적 갈등을 경험하게 된다. 정신 통합에서는 무의식 영역의 준자아를 알아차려 '더 높은 자기(higher self)'로 통합함으로써 심리적 갈등을 조정하려고 시도한다. 이 초개인적 자기는 정신세계의 모든 영역에 퍼져 있어 독특하지만 분리되어 있지 않으며 의식적인 성격의 통제를 넘어서 작용할 수 있는 빛의 원천이다. 인간은 자기와 지속적으로 살아 있는 관계를 맺음으로써 중독이나 강박 또는 창의적이고 종교적인 체험에 몰두하거나 어린 시절의 상처를 어루만지고 삶의 의미와 죽음의 문제에 매달릴 수 있다.

아사지오리(1973)는 이 세 수준의 무의식 영역을 통솔하는 자기의 중심을 의지(will)라고 불렀다. 의지는 사고, 감정, 감각, 직감, 욕구, 상상력 등 여섯 가지 심리 기능을 활용하여 특정한 맥락에서 하위성격(또는 준자아)을 표출하여 성격과 행동을 결정한다. 우리는 '의지가 없음' 단계에서 '의지가 있음' 단계로 의지를 경험할 수 있으며, 마지막 '존재 의지(being will)' 단계에 이르게 되면 '나(I)'와 관련을 맺고 초개인적인 자기로부터 에너지를 끌어당긴다

(Parfitt, 2003). '나'는 자기의 직접적인 '투사'로서 의식과 의지의 두 가지 기능을 갖고 있다. '나'는 경험의 대상이 아니라 경험의 주체다. 그것은 경험 내용이 의식에 들어오고 빠져나가는 것을 의식하며, 일체 경험의 내용이나 구조와는 구별된다는 점에서 '자기(self)'가 아니라 '비자기(noself)'의 영역으로 생각될 수 있다.

준자아들은 몇 개의 습관 패턴이나 신념 체계가 모여서 작은 덩어리의 구조를 형성하며, 이 덩어리는 외부 환경이나 마음 상태에 따라 적응적으로 구성되어 간다. 준자아를 결정하는 것은 욕구다. 살아 있는 자의 욕구는 순간순간 변하며, 그에 따라 외부로 드러나는 준자아도 변한다. 심층심리학에서는 생물적 본능, 사회적 본능, 정신적 의미 추구 등 세 수준의 욕구를 가정하고, '생물학적 존재로서의 나(신체아)' '사회적 존재로서의 나(사회아)' '정신적 존재로서의 나(정신아)'가 무의식 수준에서 만들어져 있다고 주장한다(夜田雄三, 1993). 따라서 한 사람의 준자아는 이 3개의 '나'를 배경으로 상황에 따라 차례로 얼굴을 내민다. 예를 들면, '당신은 누구입니까?'라는 실존적 질문을 받을 때, 어떤 사람이 '나는 생물이다.' '나는 엄마다.' '나는 구도자다.'와 같이 반응하는 것은 각각 신체아, 사회아, 정신아가 그 얼굴을 전경으로 내밀기 때문이다. 이 과정에서 어떤 사람은 주로 사회아의 수준에서만 대답을 하고 다른 사람은 정신아의 수준에서만 대답을 하는 경우가 있다. 중요한 것은 세 수준의 무의식 영역에 걸쳐 있는 준자아의 상태를 알아차리고 3개의 '나'가 균형과 통합된 상태로 존재하도록 하는 것이다.

아사지오리(1965)는 하위성격(또는 준자아)이 하나의 전체로 통합되지 못하고 제각기 다른 주장을 내세우게 되면 한 인격체 속에서 여러 개의 준자아가 갈등한다고 보고, 인간 삶의 핵심 문제인 근본적인 연약함을 치유하려면 노예 같은 삶에서 벗어나 조화로운 내적 통합, 진정한 자기실현, 타인과의 올바른 관계를 이룩할 수 있어야 한다고 제안하였다. 정신 통합의 목표는 인간 성격의 완전하고 조화로운 발달을 방해하는 의식적 또는 무의식적 갈등과 장애물을 제거하고 아직은 미약하고 미숙한 정신적 기능을 자극하기 위해 적극적인 기술을 사용하는 것이다. 정신 통합을 이루기 위해서는 일정한 단계를 거친다. 퍼만과 길라(Firman & Gila, 2016)는 정신 통합의 과정을 다섯 단계로 제시하였다. 즉, ⓪ 생존 단계: 무의식의 역동에 대한 억압에 의해 통제받는 단계, ① 탐색 단계: 무의식 수준을 발견하고 공감적 연결을 하는 단계, ② 출현 단계: 본질적인 나-다움(I-ness)의 참된 느낌을 표현하는 단계, ③ 접촉 단계: 좀 더 심오한 의미의 느낌과 만나는 단계, ④ 반응 단계: 좀 더 심오한 의미의 느낌으로부터 특별한 소명에 반응하는 단계가 그것이다.

정신 통합을 이룩하려면 개인은 먼저 자신의 하위성격(또는 준자아)을 철저히 인식해야 하며, 다음에는 그것의 다양한 요소를 제어할 수 있어야 한다. 이어서 그는 통합의 중심을 발견하거나 창조하여 자신의 진정한 자기를 깨달아야 하며, 마침내 그 새로운 중심을 둘러싸고 성격을 형성하거나 재구성하여야 한다(Brown, 2007). 우리는 심신이완 상태에서 현재와 과거 그리고 미래의 모습을 떠올리거나 청각 또는 신체 감각에 의식을 집중하여 '당신은 누구입니까?'라는 질문에 대답할 때 쉽게 의식으로 전환될 수 있다. 대화, 게슈탈트 기법, 꿈 작업, 안내된 심상, 확언, 명상은 모두 정신 통합을 위한 강력한 도구다. 모래상자, 미술치료, 저널 쓰기, 신체작업, 인지행동치료, 대상관계, 자기심리학, 가족체제 접근 등도 다양한 맥락에서 심리치료 또는 자기실현을 목적으로 사용될 수 있다. 그러나 특수한 기법의 사용보다 훨씬 더 중요한 것은 조력자의 태도와 자세다(Brown, 2007). 정신 통합에서는 시간여행이나 신체 의식 또는 실존적 정체성의 차원에서 '나는 누구인가?'라는 질문을 통해서 '의식되는 나'를 해체하여 개인의 정신세계를 '비자기' 상태로 전환하고, 무의식 영역의 준자아들을 알아차려 '더 높은 자기'로 통합함으로써 심리적 갈등을 조정한다.

맥락주의자들 역시 자기 안에 관점을 달리하는 다수의 목소리가 내포되어 있다고 가정한다. 그러나 그들은 하나의 진정한 자기(true self)를 내세우기보다는 인간이란 오히려 자기들의 공동체(community of selves)라고 주장한다(Parry, 1997). 한 개인은 단지 어느 하나의 자기로 설명되지 않으며, 무수한 자기들이 유기적으로 상호작용하면서 함께 삶을 구성한다.

이야기 치료: 이야기 재구성으로서의 학습과 상담

맥락주의자들이 채택하고 있는 근본 은유는 이야기다. 이야기(narrative)는 한 인간이 시간과 공간 속에서 펼쳐지고 있는 사건과 행위의 전말을 조직하는 방식을 말한다(Sarbin, 1986). 인간은 이야기를 통해 삶에 의미와 가치를 부여하고 삶을 안내하는 질서를 만들어 간다. 인간의 경험은 그 자체로 의미를 내포하고 있는 것이 아니라 이야기를 통해서 의미 있게 되는 것이다. 이야기는 일상적인 경험은 물론 환상과 백일몽, 무성 이야기, 계획과 기억을 조직하며 심지어는 사랑과 증오를 만들어 내기도 한다.

이야기는 또한 우리에게 경험을 통하여 주목해야 할 것과 삶의 양식을 형성하게 하는 수단을 제공한다(Müller, 2012). 사람은 자신이 어떤 곳을 여행하고 있거나 누군가를 방문하고 있는 모습을 상상할 수 있을 뿐만 아니라 작가로서 자신을 주요 배역으로 삼아 어떤 이야기를 구성할 수 있다. 사빈(Sarbin, 1986)은 작가로서 자기(I)가 자아(me)를 주연으로 삼고 보조자아(mines), 곧 자신의 삶에 관여하는 주변 인물들을 조연으로 삼아 인생 스토리를 구성해 간다고 하였다. 이처럼 자기 이야기를 구성하는 일은 자기(I)가 미래의 자아(me)를 상상할 수 있고 과거의 자아(me)를 재구성할 수 있기 때문에 가능하다.

상담 장면에서 내담자가 가져오는 이야기는 대부분 과거의 이야기다. 그러나 과거는 단순히 상기해야 할 것이 아니라 다시 경험해 보아야 하는 것이다. 그것은 과거의 기억으로부터 과거의 경험 속에 잠재하고 있는 미래의 이야기를 추출하고 구성해 가는 것을 의미한다. 뮬러(Müller, 2012, pp. 19-20)는 『여행길의 동반자(Companions on the Journey)』에서 이와 같이 서술하였다.

우리의 과거를 서로 나누고 이야기한다는 것은 결국 서로의 미래를 가꾸

> 고자 하는 아주 중요한 시금석이라 할 수 있다. 이야기를 통해 우리는 우리의 삶을 뜨개질하듯 짜 나간다. 우리의 삶 속에 의미를 찾고자 하는 시도들과 미래로 나아가고자 하는 갈망이 이미 우리의 기억 속에 존재하는 과거의 이야기들에 의해 도움을 받는다.

건강한 사람은 끊임없이 이야기 재구성을 통해서 자신의 삶을 건설적으로 인도한다. 그러나 이야기는 진공 상태에서 연출되는 것이 아니며, 사회문화적인 담론이 깊숙이 가로놓여 있다(Winslade & Monk, 2007). 감시와 통제에 기초한 사회 규범과 지배 담론은 때로 삶의 변화를 꿈꾸는 사람들에게 엄격한 제한을 가한다. 한 개인이 성장 과정에서 학대나 외상에 노출되어 정상적인 발달 궤도를 이탈하게 되면 새로운 이야기를 전개하기는 쉽지 않을 것이다. 이 경우 지배 담론을 해체하는 일은 삶에 대한 새로운 가능성을 제기하는 근원적인 힘이다. 건강한 사람은 삶의 변화를 제약하는 문제의 이야기를 해체하고 이야기를 새롭게 구성함으로써 미래의 삶을 건설적으로 인도한다.

따라서 상담자는 내담자가 작가 정신을 회복하여 외상 경험을 분리시키고 이야기를 다시 구성할 수 있도록 안내해야 한다. 이야기 접근의 관점에서 보면, 상담은 내담자가 과거의 이야기를 점검하고 미래의 이야기를 재구성하도록 안내하는 과정이다. 이야기는 단지 정보를 주고받는 수단인 것만은 아니며, 상담자에게는 내담자에게 더욱 가까이 다가서는 하나의 방법이고 내담자에게는 자신의 정체성에 좀 더 깊숙이 접근하는 방법이다(Müller, 2012). 이야기 접근을 채택하고 있는 상담자는 과거 자체에 초점을 맞추는 것이 아니라 미래의 이미지를 세우기 위한 자원으로 과거를 바라보며, 면담의 초기에 내담자가 경험하고 있는 과거, 현재, 미래의 통합과 긴장을 드러내려고 시도한다. 내담자는 이야기를 하는 동안 상담자의 격려를 받고 그것을 새롭게 해석하고 마음에 떠오르는 미래의 삶에 기초하여 새로운 이야기를 구성한다. 따라서 이야기 접근을 채택하고 있는 상담자의 역할은 내담자가 자신의 과거 이야기를 재해석하여 고쳐 쓰거나 말하지 못한 경험 속에 숨겨진 진실을 찾아서 이야기를 재구성하도록 안내하는 것이다(Morgan, 2003; Winslade & Monk, 2007).

이야기를 재구성하는 일은 어떻게 가능한가? 상담자는 다음의 네 가지 원리에 기초하여 내담자가 자신의 이야기를 점검하고 재구성하도록 조력할 수 있다(송재홍, 2020).

첫째, 주도성의 원리에 기초하여 작가 정신을 회복하는 것이다. 사람들은 자신의 삶에 대한 전문성을 가지고 있으며, 자신의 삶에 대한 이야기의 주요 저자가 될 수 있다(Morgan, 2003). 내담자가 상담을 요청하는 문제는 대개 인생과 인간관계에 빈약한 결과를 초래한다. 그 결과 내담자는 자신이 무언가 결함이 있다고 생각하여 자신의 삶에 대한 영향력을 상실하고 능력과 자원을 효과적으로 활용하지 못한다. 따라서 상담자는 내담자가 주도적으로 상담 대화에 참여하고 작가 정신을 회복하여 자신의 인생 스토리를 재구성하도록 안내함으로써 문제에 의해 지배되었던 자신의 삶에 대한 영향력을 되찾도록 조력할 필요가 있다. 전통적으로 상담자는 내담자가 주도성을 회복하여 상담 대화에 참여하도록 유도하기 위해 적극적인 경청과 공감적 이해 그리고 무조건적인 긍정적 존중의 태도를 견지하거나, 수인화(validation)를 통하여 내담자의 감정과 생각을 적극 옹호한다. 이야기 접근을 채택하고 있는 상담자는 상담 대화에서 '알지 못함(Not-Knowing)'(Anderson, 1990; Anderson & Goolishian, 2004)의 자세를 견지하여 삶에 대한 내담자의 전문성을 인정하고 낙관주의와 긍정적 존중 그리고 호기심 어린 태도로 내담자의 이야기를 경청함으로써 내담자가 작가 정신을 회복하여 과거의 이야기를 다시 경험하고 미래의 이야기를 재구성하도록 안내한다(Morgan, 2003; Winslade & Monk, 2007). 이와 같이 상담자의 본질적인 역할은 내담자가 작가 정신을 회복하여 자신의 이야기를 구성하고 재해석하며 재구성하도록 조력하는 것이다.

둘째, 반대성의 원리에 기초하여 문제를 외재화하고 이야기를 재구성하는 것이다. 분석심리학자 칼 융(2002)은 『원형과 무의식(Archetyp und

Urbewußtes)』에서 인간의 정신세계에는 의식과 무의식, 외향성과 내향성, 남성성과 여성성, 투쟁과 화합 등 반대성의 원리가 작용한다고 보고 나무의 뿌리에서 그 본질을 찾고자 하였다. 한 그루의 나무에는 향일성과 배일성이라고 하는 상반되는 성질의 두 가지 운동이 존재한다. 가지는 빛을 향하여 위로 뻗고 뿌리는 어둠을 향하여 아래로 뻗는다. 옛이야기 『선녀와 나무꾼』에서 선녀는 물을 찾아서 냇가로 내려오고(여성성) 나무꾼은 땔감을 찾아서 산을 오른다(남성성). 물과 불은 상반되는 성질을 갖고 있지만 둘 다 생존에 절대적으로 필요하다. 융(2004)은 『인격과 전이(Persönlichkeit und Übertagung)』 중 '전이의 심리학'에서 남성성과 여성성이 통합되는 과정을 연금술에 비유하였다. 불교를 상징하는 '만(卍)'은 십자가(十)의 끝을 반대방향으로 구부려서 반대성의 원리를 상징하고 있다. 『중아함경(中阿含經)』에서 보면, 부처님은 미숙한 마음 상태를 극복하는 가장 손쉬운 방법으로 '반대성의 원리'를 자주 사용하였다(김열권, 2004). 예를 들면, 분노는 자비관(慈悲觀)으로, '영원하다'는 착각은 무상성(無常性)으로, 혐오감은 평등심(平等心)으로, 남을 해치려는 마음은 동정심(同情心)으로, 어리석음은 인연관(因緣觀)을 개발하여 극복할 수 있다. 상담 장면에서도 불안할 때 회피하기보다 도전하기, 외로울 때 혼자 움츠리기보다 남과 어울리기, 화날 때 충동적으로 대들기보다 멈추고 생각하기 등 반대성의 원리가 작동할 수 있다. 행동적 접근을 채택하고 있는 상담자들은 내담자의 상반 행동을 강화함으로써 문제 행동을 극복하도록 지원한다(이성진, 2001). 이야기 접근을 채택하고 있는 상담자는 내담자가 문제에 이름을 붙여 외재화하고 상대적인 영향력을 지도화하며 독특한 성과를 발굴함으로써 새로운 정체성을 회복하도록 조력한다(White & Epston, 1990).

셋째, 알아차림과 반영의 원리에 기초하여 세계를 새롭게 해석하고 관점을 재구성하는 것이다. 이야기 재구성은 자아 불일치나 잠재된 욕구를 알아차리고 그것을 반영할 때 가능하다. 알아차림(awareness)은 신체 감각은 물론 환경을 아는 것, 자기 자신을 알고 수용하는 것, 접촉할 수 있는 것 등을 망라한다. 깊고 풍부한 수준의 알아차림은 그 자체로 치유력이 있다(Corey,

2017). 전통적으로 상담자는 직면을 통해 이러한 불일치 또는 잠재된 욕구를 알아차리도록 안내한다. 펄스(Perls)를 비롯한 게슈탈트 치료사들은 신체 감각, 언어, 환경 등에 대한 자각과 실연, 연습, 꿈 작업 등을 통하여 내담자가 좀 더 많은 알아차림을 얻고 더 나은 선택을 할 수 있도록 안내한다(Yontef & Jacobs, 2004). 예를 들면, 내담자는 2개의 빈 의자를 활용하여 상전(top dog)과 하인(under dog)의 내면적 대화를 시도함으로써 자신의 감정과 행동을 알아차릴 수 있다. 수용전념치료에서도 알아차림은 중요한 상담 목표이며, 다양한 은유(예: 중국 수갑, 구덩이 파는 사람, 마이크-스피커 소음 등)를 활용하여 내담자에게 알아차림을 촉진하고 문제를 수용하며 해결에 적극 참여하도록 안내한다(Hayes, Strosahl, & Wilson, 2009; Stoddard & Afari, 2016). 이야기 접근을 채택하고 있는 상담자는 생명나무, 타임라인, 인생 클럽 등과 같은 다양한 치료적 은유를 활용하여 내담자가 자신의 인생을 표현하고 삶의 문제를 성찰하도록 안내한다(송재홍, 2016; Denborough, 2008). 가족치료 전문가인 프리드먼과 콤스(Freedman & Combs, 2009)는 상담에서 반영 팀(reflective team)을 활용하여 가족의 이해와 합류를 촉진하고 새로운 이야기의 발전을 도모하였으며, 나아가 문제 이야기를 떠받치는 신념, 생각, 맥락에 주목하여 낡은 이야기를 해체하도록 조력하였다. 또한 에론과 룬드(Eron & Lund, 1996)는 '바라보기(Viewing)-행하기(Doing)' 프레임을 통해서 내담자가 문제를 자각하고 해결책을 모색하도록 안내하였다. 자신이 원하는 것과 다르게 타인들이 자신을 바라본다고 생각하는 개인은 자신의 선호 견해와 그에 대한 자신의 행동을 서로 반영하여 일치시킴으로써 자신이 원하는 방향으로 타인의 견해와 행동을 이끌어 낼 수 있다.

넷째, 해체와 통합의 원리에 기초하여 경직된 자아의 틀을 해체하고 인생 클럽의 회원을 재구성하는 것이다. 앞에서 언급했듯이, 개인은 자기들의 공동체로서 '나(I)'라고 하는 인격체 안에는 무수히 많은 '작은 나(i)'가 존재하며 매 순간 색다른 나의 모습이 얼굴을 내민다. 개성화 또는 자기실현에 도달하기 위해서는 이처럼 다양한 하위성격(또는 준자아)이 일관되고 조화로운 양식으로 통합되어야 한다. 이 관점에서 보면, 개인의 심리적 장애는 대부분 자기를 단일의 고정된 실체로 보고 삶의 유연성을 상실한 결과다(Hayes, Strosahl, & Wilson, 2009; Linehan, 1993). 상담자는 내담자가 삶의 구체적인 맥락에서 등장하는 자기의 다양한 모습을 있는 그대로 수용하고 조화롭게 통합할 수 있도록 안내한다. 엘리스와 동료들(Ellis, Gordon, Neenan, & Palmer, 1997)은 상담 장면에서 '큰 나'를 나타내는 대문자 'I'를 그린 다음, 그 안에 내담자의 다양한 자기 묘사를 각각의 소문자 'i'로 채움으로써 내담자가 자신을 단일의 자기로 바라보지 않도록 안내하였다. 이야기 접근을 채택하고 있는 상담자는 내담자가 인생 클럽의 회원 목록을 작성하여 이야기를 재구성하는 과정에서 소외된 내부의 적을 동지로 만들고 경쟁하거나 반목하던 외부의 적을 인생의 협력자로 재편성하도록 안내한다(Freedman & Combs, 1997, 2009). 또 다른 상담자는 내담자가 과거와 현재 그리고 미래의 삶에서 경험하게 되는 다양한 시·공간적 사건들을 중심으로 자신의 가치화 체계를 구성하고 낡은 부분을 수정·삭제하거나 새로운 것으로 대치·보충하는 것과 같은 정당화/무효화 과정을 통해서 다양한 내면의 메시지를 일관되게 통합하여 삶의 조화와 균형을 유지할 수 있도록 조력한다(Hermans & Hermans-Jansen, 1995).

가치평가와 자기가치화 시스템

이야기 접근의 기본 가정은 개인의 가치평가를 구성하는 이론적인 토대를 제공한다. 가치평가 이론은 자기에 관한 이론이다(Hermans, 1987, 1988, 1998; Hermans & Hermans-Jansen, 1995; Hermans & van Gilst, 1991). 그것은 개인의 경험을 탐구하고 그것을 의미화 체제로 정렬하며 그것이 시·공간적 맥락에 따라서 어떻게 변화하는지를 탐구하기 위해 개발된 것이다. 가치평가 이론의 인간관은 초기의 철학적·현상학적 사색에 의해 고취되었으며, 주요 개념은 가치평가와 자기가치화 시스템이다.

가치평가

허만스와 동료들(Hermans, 1988, 1998; Hermans & Hermans-Jansen, 1995; Hermans & van Gilst, 1991)은 자기(self)를 "가치평가의 체제화 과정"으로 이해하고 있다. 가치평가(valuation)란 개인이 자신의 일상적인 상황에서 중요하다고 생각하는 어떤 경험을 말한다. '체제화'라는 말은 사람이 그의 시·공간적인 상황에서 서로 다른 측면을 지향하고 또한 자기 성찰을 통해서 자신의 경험에 차별적으로 가중치를 부여함으로써 하나의 복합적인 전체를 구성한다는 점을 강조하고 있다. 또한 '과정'이라는 말은 인간 경험의 역사성을 함축하고 있다. 사람들은 현재에 살고 있으면서 시·공간적으로 특정한 시점에서 과거와 미래로 방향을 돌린다. 따라서 가치평가는 시·공간적으로 지향된 하나의 체제화 과정으로서 기술될 수 있다. 송재홍(1999)은 가치평가의 본질적인 특징을 세 가지로 정리하고 있다.

◉ 자기 이야기의 의미 단위로서 가치평가

가치평가는 사람들이 자신의 인생 이야기를 말하는 과정에서 하나의 적절한 의미 단위로서 찾아낸 어떤 경험 사실 또는 사건을 내포하고 있다. 그것은 개인의 삶에 긍정적 또는 부정적으로 관여하는 유의미한 경험을 말한다. 그것은 자기 성찰적인 시각에서 개인의 삶에 긍정적(유쾌한), 부정적(불쾌한) 또는 양가적(유쾌하면서도 불쾌한) 가치를 지니는 의미 단위다. 그것은 소중한 기억, 어려운 문제, 친애하는 인간, 현실적인 목표나 도달 불가능한 이상, 왜곡된 꿈, 친구와 나눈 중요한 대담, 그리고 유의미한 타인의 예기된 죽음에 이르기까지 매우 광범위한 현상을 포함할 수 있다. 가치평가는 사람들이 자기 자신이나 다른 사람과 담화를 나눌 때 행하는 자기 성찰의 과정을 통해서 하나의 이야기 형식으로 구조화된 시스템 안으로 조직화된다. 개인의 시 · 공간적인 지향성(spatio-temporal orientation)에 따라서 서로 다른 가치평가가 나타난다. 따라서 개인의 지향성이 변하게 되면 자기가치화 시스템도 변하게 마련이다. 자기가치화 시스템에서는 새로운 가치평가가 형성되고 낡은 것은 수정되거나 삭제된다. 이러한 방식으로 자기가치화 시스템을 구성하고 재구성하는 일은 안정과 변화의 동시성을 반영한다.

⊙ 'I'와 'Me'의 상호작용으로서 가치평가

가치평가는 자기화의 과정이다. 즉, 개인은 "'내(I)'가 '나(me)'를 안다."와 같은 형식으로 자신의 삶에 대한 가치를 평가한다. 따라서 가치평가의 개념은 자기의 두 가지 구성요소인 'I'와 'Me'의 상호작용으로 기술될 수 있다. 제임스(2005)는 'I'를 '아는 자기(self-as-knower)'와 동일한 것으로 보았으며, 'Me'를 '알려진 자기(self-as-known)' 또는 '경험적 자기(empirical self)'와 동일한 것으로 간주하였다. '아는 자기'로서 나(I)는 경험을 순전히 주관적으로 조직하고 해석한다. 개인은 연속성, 독특성, 의지력 등 세 가지 유형의 경험을 통해서 '알려진 자기'로서 나(me)를 인식하는 것으로 알려져 있다. 아는 자기의 연속성은 개인적 정체성(personal identity)이라는 감각에 반영되어 나타난다. 개별성은 타인과는 독특하게 다르다는 느낌을 말하며, 이것 역시 아는 자기의 주관적인 본성에서 유래한다. 의지력에 대한 개인의 감각은 계속적으로 생각을 도용하고 기각함으로써 표현되며, 이로 인해서 아는 자기는 경험의 능동적인 처리 장치로서 모습을 드러낸다. 이러한 세 가지 경험에는 제각기 아는 자기의 본질적 요소인 자기 성찰에 대한 인식이 내재하고 있다.

또한 '알려진 자기' 또는 '경험적 자기'로서 나(me)는 개인이 그 자신의 것이라고 부를 수 있는 모든 것으로 구성되어 있다. 그것은 그의 신체와 정신력뿐만 아니라 그의 옷과 집, 아내와 자녀, 조상과 친구, 명성과 업적, 토지와 자동차, 주식과 은행계좌 등을 망라한다. 제임스는 이러한 것들이 알려진 자기를 정의하고 공고화하는 일차적인 구성요소라고 보았다. 알려진 자기의 구성요소는 물질적 성질의 것(신체, 의류, 소유물)과 정신적 성질의 것(생각,

의식)은 물론 사회적 성질의 것(관계, 역할, 명성)도 포함한다. '사회적 자기'는 개인이 타인의 역할을 취할 수 있으며 타인의 조망이 경험적 자기인 'Me'의 일부가 될 수도 있음을 시사한다.

사빈(1986)은 주격 대명사 'I'가 작가를 나타내는 반면에 목적격인 'Me'는 배역, 등장인물, 서사적 인물을 나타낸다고 제안하여 'I'와 'Me' 구분을 하나의 이야기 구조로 전환하였다. 가치평가는 전형적으로 작가로서 나(I)가 타인들과의 상호작용에 연루된 배역으로서 나(me)에 관해서 하나의 이야기를 엮어 내는 의미 단위다. 마찬가지로 허만스(Hermans, 1987)는 가치평가를 아는 자기의 선택, 해석 및 체제화 과정으로 보았다. 동시에 그것은 이러한 체제화 과정의 대상 또는 결과로서 알려진 자기의 구성요소다. 따라서 개인이 그의 생활 속에서 중요하다고 여기는 사실 또는 사건은 모두 하나의 가치평가로 이해될 수 있다. 간단히 말하면, 가치평가는 자기 성찰적인 정신 작용의 결과로서 개인적인 가치 또는 의미를 지니는 어떤 것이다. 그것은 일종의 자기 성찰적 활동이며 동시에 자기 성찰적 활동의 대상이 된다. 그것은 'I'와 'Me' 사이에서 존재하는 역동적 상호작용으로서 연속적인 긴장을 유발하고 에너지를 창조한다. 그러나 'I'와 'Me'의 상호작용을 오직 개인과 그 자신 사이에서만 일어나는 과정으로만 바라보면 안 된다. 제임스가 알려진 자기의 구성요소에 사회적 성질의 것을 포함하였듯이, 비록 'I'가 '나 자신의 어떤 것'이 될 만큼 충분한 감정가를 채택하거나 개발할 수 있는 역량을 항상 지니고 있을지라도 가치평가는 '반추된 감정가'의 성격을 띨 수 있다. 따라서 'I'와 'Me'의 상호작용은 나(I)와 너(you)의 상호작용을 포함하며 이 둘 사이에서도 역시 긴장과 에너지가 창조되는 것이다.

⦿ 시 · 공간적인 체제화 과정으로서 가치평가

가치평가는 고정된 특성이나 성격 특징이 아니라 시간과 더불어서 발달하는 하나의 과정이다. 제임스(2005)는 "생각은 끊임없이 변한다."고 하였다. 이 말은 시간이 인간 의식의 내재적 속성이라는 것을 함축하고 있다. 연속성과 변화는 배타적인 것이기보다는 오히려 서로를 포함하는 것이다. 멀로 폰티(Merleau-Ponty, 2002) 역시 시간이 경험의 특징적인 모습은 아닐지라도 경험 자체는 "삶이 영위된 시간(lived-time)"이라고 역설하였다. 이는 개인이 하나의 '총체적인 관념'을 지니고 시간상으로 그의 사적인 과거, 현재 및 미래를 의미하는 하나의 시점에서 살아가고 있음을 나타낸다. 자기 성찰적인 의도는 개인이 곧 그의 과거, 현재 또는 미래라는 사실을 내포한다. 이것은 가치평가를 충분히 이해하기 위해서는 오직 어느 한 순간만 아니고 시간의 경과에 따라 지속적으로 파악할 필요가 있음을 시사한다. 왜냐하면 그것은 이전의 경험과 미래의 예측으로부터 그 의미를 받아들이게 되기 때문이다.

좀 더 부연하면 가치평가는 시 · 공간적으로 지향된 체제화 과정으로 기술될 수 있다(Hermans, 1987). 인간은 '지금(now)'으로부터 '그때(then)'로 방향을 돌리며 또한 '여기(here)'에서 '거기(there)'로 방향을 기울인다. 이때 공간성과 시간성은 물리적 공간이나 달력의 시간과는 다르다. 상황에 대한 개방성이 공간성의 참된 본질이다. 예를 들면, 멀리 떨어져 있는 친구가 옆집에 사는 이웃보다 훨씬 더 가까울 수도 있다. 마찬가지로 시간은 언제나 경험된 시간을 의미한다. 그것은 확장되어 말할 수도 있고(예: "나는 내년에 세계를 여행할 예정입니다.") 축소되어 말할 수도 있다(예: "나는 오직 1분밖에는 시간이 없어요.").

이처럼 개인은 공간적으로 다중의 사회적 동일성을 지니고 있으며 시간상으로 현재의 상황과 과거 및 미래에 서로 다르게 정향되고 있기 때문에 서로 다른 가치평가가 출현하게 된다. 자기 성찰의 역량에 따라서 이 다양한 가치평가는 자기가치화 시스템에 집중되어 조직화되며, 그 시스템에서 어떤 가치평가는 다른 것보다 좀 더 중요한 위치를 부여받게 된다. 가치평가의 개인적 중요성은 항상 현재성을 띄게 마련이다. 경험의 과정이 시간과 국면을 따라 이동하면서 자기가치화 시스템이 변화하는 만큼 시 · 공간적인 지향성도 함께 변하게 마련이다. 즉, 적절성을 상실한 가치평가는 배제되고 상황의 변화에 의해 도출된 가치평가가 새롭게 시스템 안으로 들어온다. 물론 시스템에는 이러한 변화 요소만이 존재하는 것은 아니며 변함없는 가치평가들로 구성되어 있는 다른 요소가 존재한다. 하나의 가치평가는 여타의 측면들과는 구분되는 개별적 세계의 특정한 측면을 말하는 것으로 볼 수 있다. 그러므로 가치 영역(value area)이라는 말을 사용할 수 있다. 즉, 가치평가도 영역과 마찬가지로 경계가 있으며 변별된 의미구조의 내적 통일성을 보장하고 다른 가치평가의 의미구조와 구별될 수 있다.

자기가치화 시스템

가치평가 이론에 의하면, 자기는 일련의 조직화된 자기가치화 시스템이다. 가치평가 이론은 기본적으로 개개의 가치평가가 하나의 정의적 함축성(곧, 감정가)을 지니고 있다고 가정한다. 그것은 또한 자기가치화 시스템의 정의적 구성요소가 기능을 발현할 때 어떤 차이가 나타나는지를 설명하기 위해서 잠재-표면 구조의 개념 모형을 채택하고 있다.

◉ 가치평가의 정의적 함축성

가치평가 이론은 기본적으로 각각의 가치평가가 하나의 정의적 함축성(즉, 감정가)을 지니고 있다고 가정한다. 이 가정은 개인이 중요하다고 여기는 특정한 사실들이 하나의 정의적 의미를 지니고 있음을 함축하고 있다. 제임스(2005, p. 571)는 "자기감정(self-feelings)"의 존재를 가정하고 이러한 감정과 상황의 관계를 다음과 같이 기술하고 있다.

> 'me' 'self'와 같은 낱말은 감정을 유발하고 정서가를 내포하고 있는 한에서 대상을 지칭하며, 이는 곧 의식의 흐름에서 특수한 종류의 흥분을 유발하는 힘을 갖고 있는 모든 것을 의미한다.

인간주의 심리학자인 로저스(Rogers, 1951, 2009) 역시 자기와 감정이 서로 밀접하게 연결되어 있다고 본다. 그의 견해에 따르면, 유기체는 자기에 대한 지각과 경험 사이에서 일치가 이루어지도록 기능하며 또한 이 과정에서 건강한 인간은 자기의 느낌을 경험하고 표현할 뿐만 아니라 이러한 감정의 소유에 대해서 좀 더 심오한 감각을 지닌다. 허만스(1987)는 개인의 가치평가가 하나의 패턴을 이루는 여러 가지 감정에 의해서 특성화된다고 가정하였다. 좀 더 구체적으로 말하면, 개개의 가치평가는 특정 가치평가를 특징짓는 정의적 양상 또는 감정 패턴을 내포하고 있다. 예를 들면, 개인이 최근에 친구와 함께 경험한 산행에 대해서 이런저런 생각을 하면서 하나의 가치평가로서 "지난달 설악산 암벽을 등반한 추억"이라고 최종적으로 진술한 경우를 보자. 이러한 경험은 '고조된 흥분' '강한 연대의식' '약간의 죄의식'과 같은 감정 패턴으로 특징지을 수 있다. 우리는 특정한 가치평가에 어떤 종류의 감정이 내포되어 있는가를 알게 될 때 가치평가 자체에 관해서 어떤 사실을 알 수 있다.

따라서 감정 패턴에 대한 연구는 가치평가를 이해하는 데 필수적인 요소다. 정의적 성질에 대한 진단은 가치평가의 숨겨진 측면을 밝혀 줄 것으로 기대된다. 완전히 다른 사실들이 유사한 의미구조를 가질 수 있으며, 또 그것들의 정의적 체제화에서 개인의 특이한 세계를 구성할 수 있다. 서로 다른 가치평가의 정의적 양상을 비교하는 일은 개인적 해석의 일관성을 파악하기 위한 한 가지 방식이다. 또한 자기가치화 시스템의 정의적 체제화 과정에서 어떤 가치평가는 다른 것보다 좀 더 영향력을 행사하는데, 이는 일반화의 개념으로 명료화될 수 있다. 즉, 개인에게 좀 더 관련이 있는 사건을 언급하는 가치평가의 감정 패턴은 그가 근래에 일반적으로 어떻게 느끼고 있는가를 나타내는 감정 패턴과 매우 유사하다. 이런 가치평가는 건강한 사람에게서는 의식의 융통성 있는 흐름을 유지하지만 소위 어떤 콤플렉스에 사로잡히는 경우에는 시스템의 정의적 체제화가 경직되면서 시간의 경과에도 변함없이 일반화의 영향력을 행사하게 된다.

◉ 자기가치화 시스템의 잠재-표면 구조

허만스와 반 길스트(Hermans & van Gilst, 1991)는 자기가치화 시스템의 정의적 구성요소가 기능을 발현할 때 어떤 차이가 나타나는지를 설명하기 위해서 가치평가 이론에 잠재-표면 구분(latent-manifest distinction)을 도입하였다. 가치평가 이론은 인간을 동기화된 이야기꾼으로 보는 맥락주의 근본 은유에 입각해서 소수의 기본적 동기가 어떤 가치평가의 정의적 구성요소에서 잠재적으로 표현된다고 가정한다. 예를 들면, 어떤 사람이 '훌륭하다'고 생각하는 고무적인 성공에 대해 이야기할 때, 그 이야기에 실려 있는 감정에는 자기 향상 동기의 만족이라는 의미가 반영되고 있다고 가정한다. 기본적 동기는 개인들 사이에서 두루 유사하며 개인들 내부에서 지속적으로 활동하는 것으로 가정된다. 동기는 인간 경험의 암시적 또는 무의식적 요소를 나타내며 또한 시간과 공간을 가로질러서 보편적인 것으로 간주되고 있다는 점에서 기본적이다. 가치평가는 인간 경험의 좀 더 의식적인 요소를 나타내며 또한 특정 개개인에게 명시적으로 나타난다. 표면적 수준에서 가치평가는 개인들 사이에서 매우 다양할 뿐 아니라 특정 개인의 내부에서도 시간과 공간을 가로질러서 현상학적으로 다양하다. 나아가서 잠재적 수준에서 기본적 동기는 표면적 수준에서 매우 다양한 가치평가를 생성할 수 있으며 그것들의 체제화에 영향을 미칠 수 있는 것으로 가정된다.

허만스와 동료들(Hermans, Hermans-Jansen, & van Gilst, 1985)은 이와 같은 인간 경험의 기본적 이원성을 개념화한 학자들의 견해를 검토하였다. 세계의 모든 만물은 바람, 불, 물, 흙 등 4개의 요소로 이루어졌다고 주장했던 고대 그리스의 철학자 엠페도클레스(Empedocles)는 미움과 사랑의 두 가지 힘이 네 가지 물질을 분리하고 결합한다고 믿었다. 미움(strife)은 이 각각의 요소가 다른 요소들에서 떨어져 나가게 하는 반면, 사랑(love)은 그것들이 함께 어우러지게 만든다. 그의 견해는 두 가지 기본적 동기가 상호 보완적으로 존재한다는 것을 시사한다. 그것은 독립적인 존재를 향한 투쟁과 동시에 좀 더 위대한 어떤 일에 참여하고 싶어 하는 경향성이다.

20세기에 들어와서 인간의 기본적 동기에 대한 관심이 고조되었다. 다양한 배경을 가진 사상가들은 인간 동기의 기본적인 이원성에 대해 유사한 견해를 피력하였다. 아들러(2002)는 완벽을 위한 투쟁과 공동체의 일원이 되려는 갈망을 구분하였고, 클라게스(Klages, 1948)는 응고(bindung)와 융해(lösung)라는 두 가지 역동적 힘을 구분하였다. 응고는 하나의 강하고 독립적인 개인을 존속시키며, 융해는 사람들이 외부 세계에 자신을 개방하기 위해 관대해지도록 동기화한다(Hermans & Hermans-Jansen, 1995에서 재인용). 또한 빈스방거(Binswanger, 1963)는 사랑하는 연인의 세계인 이원 모드(dual mode)와 형식적인 관계, 경쟁, 투쟁의 세계인 다원 모드(plural mode)를 구분하였으며, 바칸(Bakan, 1966)은 인생에 대한 두 가지 기본 지향성을 구분하고 각각 작인과 교섭이라고 불렀다. 작인(agency)은 유기체가 개인으로 존재하는 것을 말하고, 교섭(communion)은 유기체가 좀 더 큰 실체의 일원으로 참여하는 것을 말한다. 좀 더 최근에 맥아담스(McAdams, 1985)는 권력 욕구와 친밀 욕구를 구분하였고, 마르쿠스와 기타야마(Markus & Kitayama, 1991)는 문화적인 관점에서 자기에 대한 독립과 상호 의존의 중요성을 강조하였다. 이러한 견해는 한 인간이 어떤 면에서는 자율적인 개인이고 다른 면에서는 좀 더 커다란 전체 속의 참여자라는 견해를 지지한다.

허만스와 동료들(Hermans, Hermans-Jansen, & van Gilst, 1985)은 시스템 이론가인 앵갈(Angyal)의 견해에 특히 주목하였다. 앵갈(1965)은 개인이 그 자체로 하나의 전체이면서 동시에 그 개인을 초월하는 상위 전체의 일원이라는 점에서 성격을 "부분-전체"로 성격화하였다. 그는 두 가지 동기의 상반되는 경향을 자율성과 동조성이라고 불렀다. 자율성(autonomy)을 지향하는 경향은 환경의 흡수와 제어를 통해 자기를 확장하려는 동기로 이루어지며 우월성, 획득, 탐구, 성취 등에 대한 열망으로 표현된다. 반면에 동조성(homonomy)을 지향하는 경향은 환경에 순응하고 자신보다 더 큰 무엇(예: 사회단체, 자연, 초자연적인 힘)에 참여하려는 동기로 이루어지며 사랑, 대인접촉, 심미적 즐거움, 자연과의 접촉, 종교적 체험 등에 대한 열망으로 표현된다. 그는 잘 기능하는 성격이란 자율과 동조 사이에서 융통성 있게 움직일 수 있는 것이라고 성격화하였다.

허만스와 동료들(Hermans, Hermans-Jansen, & van Gilst, 1985)은 인간의 기본적 동기에 대한 공통 견해를 바탕으로 자기가치화 시스템의 정의적 구성요소를 특징짓는 두 가지 기본적인 동기를 확인하였다. 한 가지 유형은 자기 증진, 곧 자기 유지 및 확장을 위한 투쟁 동기로 'S-동기'라고 명명하였으며, 다른 유형은 타인 접촉 및 제휴, 곧 다른 사람들이나 주변 세계와의 접촉에 대한 열망 동기로 'O-동기'라고 명명하였다. 이 두 가지 동기는 상호 보완적이며 개인이 행복을 추구하는 과정에서 기본적인 지향성으로서 작용한다고 가정된다. 이 구분은 특히 앵갈의 영향을 받은 것이다. 그는 인간 동기의 두 가지 경향을 자기와 관련지어 자기의 기본적 이원성을 지적하였다. 그는 자율성을 지향하는 경향을 "자기결정"으로 설명하고 동조성을 지향하는 경향을 "자기포기"로 설명하였다. 허만스(1987)는 '자기'에 대한 문헌들이 자아존중에 대한 편향을 보이고 있다고 지적하고 앵갈이 제안한 동조성에 좀 더 주의를 기울임으로써 양자 사이에 균형을 유지할 것을 제안한다.

개인이 어떤 일의 가치를 판단할 때에는 항상 그것에 관해서 어떤 것을 느끼며 또 그러한 감정에는 기본적인 동기가 반영되어 있게 마련이다. 예를 들면, 어떤 가치평가(예: "나는 힘든 훈련의 덕택에 게임을 승리로 이끌었다.")가 S-동기의 만족을 나타낼 때, 개인은 그러한 가치평가와 결합해서 강인함과 자긍심을 느낄 수 있다. 마찬가지로 어떤 가치평가(예: "나는 내 아들이 피아노를 치는 것을 보면 즐겁다.")는 O-동기의 만족으로서 작용할 수 있다. 이 가치평가와 결합해서 개인이 경험하게 되는 다정함과 친밀감은 O-동기의 지표가 된다. 다시 말하면, 잠재적 수준에서 작용하는 것으로 가정되고 있는 기본적 동기는 표면적 수준에서 작용하는 가치평가의 정의적 구성요소로서 표출된다. 여기서 잠재-표면의 구분은 순전히 이론적인 것이라는 점을 주목해야 한다. 그러나 그것은 자기가치화 시스템의 암시적이거나 무의식적인 측면을 진단하는 데 도움이 되기 때문에 하나의 유용한 도구다. 단지 기본적 동기가

가치평가의 정의적 구성요소 안에 잠재해 있다는 점을 인식할 필요가 있다. 또한 동기는 긴장 해소를 요구하는 추동이나 충동으로 해석되어서는 안 되며 개개인의 인생에서 어느 한 측면이나 다른 측면에서 중요한 것으로 가정되는 기본 목표로 해석된다는 점을 주목할 필요가 있다.

가치평가 이론은 개인이 자기 이야기(self-narrative)를 개발하는 과정에서 사회적인 상호작용의 역할을 강조한다. 가치평가는 사전에 무수하게 경험한 유의미한 타인과의 사회적 상호작용의 결과일 뿐 아니라 내담자와 상담자의 접촉 과정에서 중심 역할을 담당한다. 가치평가 이론의 목적은 가치평가의 내용과 체제를 탐구하는 것만 아니라 자기가치화 과정을 촉진하여 시스템의 융통성을 강화하는 것이다. 이것은 그 목적이 상담자와 내담자의 협력적인 모험을 통해서 내담자가 자신의 스토리를 이야기할 뿐만 아니라 다시 이야기하여 대안적인 이야기를 구성할 수 있게 된다는 것을 의미한다.

자기직면 학습:
자기가치화 시스템의 구성 및 재구성

개인의 자기가치화 시스템을 구성하기 위해서는 일련의 체계적인 자기 탐색 절차를 거쳐야 한다. 허만스와 동료들(Hermans, 1988, 1998; Hermans & Hermans-Jansen, 1995; Hermans & van Gilst, 1991)은 개인의 가치 양식을 평가함에 있어서 전통적인 접근방법과는 근본적으로 다른 절차를 제안하였다. 자기직면 학습(self-confrontation learning)은 가치평가 이론에 기초해서 개발된 체계적인 가치평가 과정으로 자기의 구성 및 재구성에 기여할 목적으로 개발되었다(Hermans, 1987, 1998; Hermans & Hermans-Jansen, 1995). 그것은 원래 성격심리 분야에서 지배적인 위치를 점유했던 보편적 법칙의 연구에 대한 반동으로 고안된 개별사례연구 도구(idiographic instrument)다. 구체적으로 말하면, 자기직면 학습은 체계적인 자기 탐색을 통해서 가치평가와 감정의 관계, 곧 두 변인이 어떻게 하나의 구조화된 전체로 조직화되는지와 이렇게 조직화된 전체가 시간에 따라서 어떻게 변해 가는지를 탐구하는 수단이다.

자기직면 학습은 상담 장면에서 자기가치화 시스템의 잠재-표면 구조에 있는 두 부분을 함께 자극하여 평가와 변화 사이에서 점진적으로 이행할 수 있도록 안내하는 구체적인 절차를 제공한다(Hermans, 1987, 1998). 상담자는 내담자에게 자신의 역사적 삶에 집중해서 과거, 현재 및 미래 세계에 대한 견해를 자신의 말로 제시하라고 요청한다. 이 방법은 내담자의 자기가치화 시스템의 구체적인 내용 및 체제화에 대한 내담자와 상담자의 통찰을 증대시키고 그것의 계속적인 발전을 촉진하고자 고안된 것이다. 그것은 내담자에게는 자기직면의 강력한 요소를 포괄하고 있는 일종의 자기 탐색(self-investigation)이다. 내담자는 이 자기 탐색 과정을 통해 다양한 가치평가를 하나의 구조화된 전체, 곧 '심리적인 거울' 속으로 응축시키고, 나아가서는 이런 부류의 가치평가를 한층 더 발전시키기 위한 방법이 무엇인가에 대해서 의문을 품을 수 있다. 또한 자기 탐색은 상담자에게 내담자의 자기가치화 시스템과 그것의 다양한 부분 간의 관계에 대해서 하나의 조사에 착수하는 수단으로서 기능할 뿐만 아니라 필요에 따라서는 내담자가 자신에 관해서 구축한 선입견을 검토하여 수정하는 수단으로서 기능한다. 자기직면 절차를 수행하는 동안 이루어지는 내담자와 상담자의 만남은 양쪽 모두 서로의 구체적인 지식과 생각 및 통찰을 교환하는 담화 관계의 성격을 띠게 된다.

자기직면 학습은 일차적인 자기 탐색과 정당화/무효화 및 이차적인 자기 탐색의 세 국면으로 나누어지며, 이 국면은 각각 진단, 변화 과정의 촉진, 평가의 세 가지 기능에 상응한다(Hermans & Hermans-Jansen, 1995). 일차적인 자기 탐색 국면에서는 내담자가 자신의 자기 이야기를 자기가치화 시스템의 형태로 말한다. 이것은 전체 시스템의 내용과 구성에 대한 진단적 기능을 갖는다. 정당화/무효화 과정에서 내담자는 일련의 행위를 통해서 자기가치화 시스템 또는 그것의 관련 부분을 정당화하거나 무효화한다. 이것은 변화의 과정을 촉진하는 기능을 수행한다. 마지막 이차적인 자기 탐색에서는 내담자가 자신의 자기 이야기를 재구성된 자기가치화 시스템의 형식으로 다시 이야기한다. 이것은 정당화/무효화의 결과로서 재구성된 시스템의 내용과 구성을 탐색하기 위한 평가적 기능을 갖는다. 내담자와 상담자의 만남이 계속될 경우 자기 탐색 국면과 정당화/무효화 국면이 교대로 나타나게 되며 세 가지 국면은 하나의 주기를 형성하게 된다. 이와 같이 자기 성찰적인 탐색은 정당화/무효화 행위 속에서 묻어나고 다시 정당화/무효화 행위는 자기 성찰적인 탐색 속에서 엮인다는 것이 자기직면 학습의 기본 전제인 것이다.

자기직면 학습의 중심 요소는 자기 탐색 국면이다. 그것은 개별사례연구에 기초하여 개인의 자기가치화 시스템을 개발 · 분석하는 체계적인 절차를 말한다. 그 절차는 개인의 역사적인 경험에 기초해서 일련의 가치평가를 구성하고 공식화하는 일, 각각의 가치평가에 연결된 정의적 함축성(감정)을 탐색하여 분석하는 일, 상담자와 내담자가 함께 가치평가 결과를 논의하는 일 등 세 가지 하위국면을 포함한다. 이러한 작업은 대개 몇 주 또는 몇 개월 간격으로 2회 이상 반복 실시함으로써 자기가치화 시스템의 구성과 재구성을 통한 개인의 변화와 성장을 평가할 수 있다.

가치평가의 구성 및 공식화

자기 탐색을 시작하기 전에 내담자와 상담자는 예비 면담을 통해서 서로 기대를 교환하고 대화에 임하는 각자의 태도를 점검한다. 이 과정에서 전념, 협력, 책임성 공유와 같이 생산적인 자기 탐색 분위기를 확립하기 위해서 내담자와 상담자가 합심하여 가꾸어야 할 태도를 분명히 한다. 이어서 상담자는 자기 탐색 국면의 기능과 진행 절차를 안내하고 이해시킨다. 내담자는 자신의 페이스에 따라서 충분한 시간을 갖고 자기 탐색의 각 부분을 완성해야 하며 또한 이 국면이 자기평가의 구성뿐만 아니라 자기 성찰을 위한 실습 기회를 제공하려는 의도를 내포하고 있다는 점을 깨달아야 한다. 이때 단 한

번의 자기 탐색 결과가 결코 하나의 고정된 그림을 산출하지는 않는다는 점을 특히 강조한다.

가치평가를 공식화하는 단계에서는 개인의 역사적 경험에 기초해서 개인의 삶에 유의미한 영향을 미쳤거나 미칠 수 있을 만큼 중요한 사건, 인물, 상황 등을 중심으로 이야기의 주제가 될 만한 일련의 진술을 생성한다. 내담자는 일련의 개방적인 질문에 반응해서 몇 개의 가치평가를 구성하고 공식화한다. 질문의 내용은 자기직면의 목적에 따라서 달라질 있으나, 주된 질문은 과거, 현재, 미래에 관련해서 유의미한 일이나 사람 또는 주변 상황을 탐색하도록 안내하는 것이다. 자기 탐색을 위한 표준 질문 세트가 〈표 4-1〉에 제시되어 있다.

상담자는 가급적 질문의 범위를 폭넓게 유지하여 내담자가 자신의 인생 내력 중에서 주제를 선정하여 그 자신의 방식으로 공식화하도록 허용할 필요가 있다. 제시된 질문 세트는 내담자가 자신의 생활 사태에 대해서 성찰하고 현재 처한 상황에서 관련이 있는 제반 관심사항을 되도록 자유롭게 이야기하도록 안내한다. 상담자는 또한 내담자가 가치평가를 그 자신의 용어로 진술하여 될 수 있는 한 의도된 경험과 일치를 이룰 수 있도록 격려한다.

가치평가에 대한 전형적인 진술은 문법적으로 완전한 문장의 형식을 취해야 한다. 이는 어떤 의미를 표현함에 있어서 광범위한 구문론적 가능성을 제공한다. 그러나 개인이 그것을 완전한 문장으로 표현할 수 없을 때에는 구 또는 단어로 표현할 수도 있다. 다만, 각각의 문장은 내담자가 자기 자신을 명백히 이해하는 데 가장 결정적이라고 여기는 의미 단위로 알기 쉽게 진술되어야 한다. 〈표 4-1〉에서 보면, 각각의 질문 세트는 어느 정도 같은 방향성을 겨냥하고 있다. 그러나 각 질문에 대해서 정답이 있을 수는 없다. 같은 질문 세트 안에서 내담자는 자신에게 가장 매력적인 질문에 정신을 집중한다. 각 질문마다 1개 이상의 가치평가를 끌어낼 수 있다. 또한 질문은 자극-반응에 기초해서 고안되지 않는다. 그것은 결코 빠른 대답을 추궁할 필요가 없으며, 질문과 대답 사이에 일대일 관계도 존재하지 않는다. 질문은 단지 내담자가 유능한 상담자의 도움을 받아 자신의 생활 사태에 대해서 진지하게 성찰하도록 초대할 뿐이다.

〈표 4-1〉 자기 탐색을 위한 표준 질문 세트

Set 1: 과거 다음 질문은 당신에게 어쩌면 매우 중요했을 수도 있는 과거의 삶에 대해서 한 가지 이상의 측면을 점검하도록 안내할 것입니다. 당신이 원하는 만큼 마음껏 과거로 되돌아가시오. • 당신이 과거에 겪은 일 중에서 아직까지 계속해서 당신에게 강력한 영향을 미치고 있는 대단히 의미 있는 일이 있었다면 무엇일까요? • 과거에 당신의 인생에 매우 큰 영향을 미쳤으며 또한 현재 생활에 명백하게 영향을 미치고 있는 사람이나 경험 또는 주변 상황이 있었다면 무엇일까요?
Set 2: 현재 다음 질문은 당신의 현재 생활을 점검하도록 안내할 것입니다. 각 질문에 반응해서 당신의 현재 삶을 곰곰이 성찰해 보고 떠오르는 생각을 의미 있는 문장으로 진술하시오. • 당신이 현재 생활에서 겪고 있는 일 중에서 당신에게 매우 중요한 일이나 강력한 영향을 미치고 있는 의미 있는 일이 있다면 무엇일까요? • 당신의 현재 생활에서 당신에게 강력한 영향력을 행사하고 있는 어떤 사람이나 주변 상황이 있다면 무엇일까요?
Set 3: 미래 다음 질문은 당신에게 미래의 생활을 상상하고 떠오르는 생각을 의미 있는 문장으로 진술하도록 안내할 것입니다. 당신이 원하는 만큼 마음껏 멀리 앞을 내다보시오. • 당신이 미래 생활에서 겪게 될 매우 중요한 일이나 또는 그것에 강력한 영향을 미칠 만한 어떤 일을 예상하고 있다면 무엇일까요? • 당신의 미래 생활에 커다란 영향을 미칠 만하다고 느끼는 어떤 사람이나 주변 상황이 있다면 무엇일까요? • 당신이 당신의 인생에서 중요한 역할을 담당할 것이라고 기대하고 있는 어떤 미래의 목표나 목적이 있다면 무엇일까요?

출처: Hermans & Hermans-Jansen (1995), p. 35.

가치평가의 정의적 함축성에 대한 탐색 및 분석

자기 탐색 국면의 두 번째 단계는 가치평가의 정의적 함축성을 탐색하기 위해 각각의 가치평가와 감정 용어의 표준 목록을 연결하는 일이다. 이 단계에서 내담자는 각각의 가치평가에 대해서 일련의 감정을 대입시키면서 그것에 연합되는 강도를 평정한다. 감정은 가치평가의 내재적 측면이다. 그것은 잠재적 수준에서 가치평가에 함축된 기본적인 동기의 작용을 반영한다고 가정된다. 따라서 가치평가를 제대로 이해하려면 그것의 정의적 특성을 알아야 한다. 동시에 정의적 특성은 기본적 동기의 작용을 반영한다. 이 단계에서 상담자는 내담자에게 일련의 감정 용어를 포함하는 표준 목록을 제시한다. 하나의 간단한 예가 〈표 4-2〉에 제시되어 있다.

〈표 4-2〉 가치평가의 정의적 함축성 탐색에 사용되는 감정 용어의 표준 목록

• 자기 유지 및 확장(S) 1. 강인함(Strength) 2. 자존감(Self-esteem) 3. 자신감(Self-confidence) 4. 자긍심(Pride)	• 긍정적 감정(P) 1. 기쁨(Joy) 2. 행복(Happiness) 3. 즐거움(Enjoyment) 4. 내적 평온(Inner calm)
• 타인 접촉 및 제휴(O) 1. 사랑(Love) 2. 보살핌(Caring) 3. 다정함(Tenderness) 4. 친밀감(Intimacy)	• 부정적 감정(N) 1. 걱정(Worry) 2. 불행(Unhappiness) 3. 낙담(Despondency) 4. 실망(Disappointment)

출처: Hermans & Hermans-Jansen (1995), p. 39에서 재구성.

〈표 4-2〉에 제시된 목록은 자기가치화 시스템의 동기유발 측면에 대해서 최대한의 정보를 얻는 데 필요한 최소한의 감정 용어를 포함하고 있다. 물론 표준 목록에 포함되는 감정 용어는 경우에 따라서 좀 더 확장되거나 다른 용어로 대치될 수 있다. 그것은 기본적 동기에 대한 상담자의 지식에 달려 있

을 것이다. 이 표준 감정 목록에는 심리적 동기의 두 차원(S-O)과 경험되는 감정의 두 차원(쾌-불쾌)을 함축하는 일련의 용어가 포함되어 있다. 이 용어들은 자기 유지 및 확장을 언급하는 것(S), 타인 접촉 및 제휴를 언급하는 것(O), 긍정적(유쾌한) 경험을 언급하는 것(P), 부정적(불쾌한) 경험을 언급하는 것(N) 등 네 부류로 구분될 수 있다. 강인함, 자존감, 자신감과 자긍심은 자기 유지 및 확장의 경험을 반영하고 있는 반면, 사랑, 보살핌, 다정함과 친밀감은 타인 접촉 및 제휴를 반영하고 있다. 기쁨, 행복, 즐거움과 내적 평온은 기본적 동기에 대한 만족의 결과로 얻게 되는 유쾌한 감정을 나타내는 반면, 걱정, 불행, 낙담과 실망은 기본적 동기가 만족되지 않을 때 예상되는 불쾌한 감정을 나타내고 있다. 이와 같은 구분은 가치평가의 정의적 구성요소를 분명히 밝힘으로써 보다 심층적인 동기유발 수준에서 가치평가의 과정에 대한 정보를 얻을 수 있다는 가정에 기초한 것이다.

각각의 가치평가는 일련의 표준 감정 용어와 연합되는 정도에 따라 체계적으로 평정될 수 있다. 내담자는 혼자서 자신이 개발한 가치평가를 계속해서 이 표준 목록의 감정 용어들과 연결하면서 연합되는 정도를 평정한다. 우선, 첫 번째 가치평가에 집중하여 그것과 관련해서 각각의 감정을 어느 정도 경험하고 있는지 판정하여 6점 척도로 나타낸다(0: 전혀 아니다, 1: 약간 그렇다, 2: 다소 그렇다, 3: 꽤 그렇다, 4: 많이 그렇다, 5: 매우 그렇다). 다음에는 두 번째 가치평가에 집중하여 같은 목록을 사용해서 그것의 정의적 유인가를 평정한다. 이런 식으로 모든 가치평가가 연속적으로 표준 목록에 포함된 감정 용어에 대해서 평정된다. 그 결과 각각의 가치평가는 하나의 특수한 감정 프로파일을 갖게 된다. 내담자는 2차원의 행렬표를 작성하여 가로 열에 가치평가를 진술하고 세로 행에 표준 감정 용어를 표시하고, 각각의 가치평가에 대해서 평정된 점수로 행렬의 빈칸을 채워 나간다.

이 행렬을 가지고서 여러 가지 계산이 가능하다. 주요 지수는 다음과 같다.

⊙ 지수 S와 지수 O

이것들은 각각 자기 유지 및 확장을 반영하는 감정 용어들(강인함, 자존감, 자신감, 자긍심)과 타인 접촉 및 결합을 반영하는 감정 용어들(사랑, 보살핌, 다정함, 친절함)에 대한 평점을 합산한 것이다. 각 지수 S와 O의 점수 범위는 0에서 20까지다. 각각의 가치평가에 대해서 S-O의 차이 값이 정해질 수 있다. 자기 유지 및 확장의 경험이 타인 접촉 및 결합의 경험보다 강할 때에는 S>O이고, 그 반대일 경우에는 S<O이다. 두 경험이 같은 정도로 존재할 때에는 S=O이다.

⊙ 지수 P와 지수 N

이것들은 각각 4개의 전반적인 긍정적 감정(기쁨, 행복, 즐거움, 내적 평온)과 4개의 전반적인 부정적 감정(걱정, 불행, 낙담, 실망)을 나타내는 용어들에 대한 평점을 합산한 것이다. 각 지수 P와 N의 점수 범위는 0에서 20까지다. 각각의 가치평가에 대해서 P-N의 차이 값을 계산할 수 있는데, 이 값은 특정한 가치평가와 관련해서 개인이 경험하는 행복지수를 나타낸다. 행복은 P>N일 때에는 긍정적이고, P<N일 때에는 부정적이며, 또 P=N일 때에는 양가적이다.

⊙ 일반적인 감정과 이상적인 감정

내담자는 자기 탐색 국면의 마지막 부분에서 2개의 부가적인 질문에 반응하여 자신의 일반적인 감정과 이상적인 감정을 점검한다. 그는 먼저 "당신은 평소에 어떻게 느끼고 있습니까?"라는 질문에 반응하여 일반적인 감정을 성격화하고, 이어서 "당신은 어떻게 느꼈으면 좋겠습니까?"라는 질문에 반응하여 이상적인 감정을 성격화한다. 이 질문들은 표준 목록에 제시된 감정 용어에 직접 반응해서 정의적 유인가를 평정하고 개별적인 가치평가에 대해서 사용한 것과 동일한 지수들(S, O, P 및 N)을 산출할 수 있다. 일반적인 감정의 P-N 차이 값은 개인의 보편적 행복을 나타내는 간편 지수가 된다. 또한 일반적인 감정과 이상적인 감정의 불일치는 행복에 대한 또 다른 지표가 된다. 불일치가 클수록 행복감은 낮아지며, 특히 삶에 대한 불만이나 불행을 경험하는 경우 이상적인 감정이 일반적인 감정에 비해서 N은 좀 더 낮고 나머지는 좀 더 높을 것이라고 가정된다.

◉ 지수 r

이것은 '가치평가×감정' 행렬에서 임의로 지정된 2개의 가로 열에 대한 프로파일의 상관관계이며, 두 가치평가의 감정 패턴 또는 정의적 양상이 서로 일치하는 정도를 나타낸다. 양상 분석에서 특별히 관심이 가는 가치평가를 중심축으로 선정해서 자기가치화 시스템의 다른 가치평가들과 연속적으로 상관관계를 산출하면 된다. 예를 들면, 내담자의 삶에서 다른 사람과 접촉하는 것에 대하여 어머니가 원형으로 작용할 경우 어머니를 언급하는 가치평가는 다른 사람을 언급하는 가치평가들과 높은 정적 또는 부적 상관관계를 나타낼 것으로 기대된다. 대개의 경우 특별히 관심을 갖고 분석해야 할 중심적인 가치평가는 일반화 지수 또는 이상화 지수와 상관관계를 통해 선정된다.

◉ 일반화 지수와 이상화 지수

일반적인 감정 및 이상적인 감정에 연관된 감정 패턴과 특정한 가치평가에 연관된 감정 패턴들 사이에 일련의 상관관계를 산출할 수가 있다. 일반화 지수는 특정 가치평가가 일반적인 감정과 연합된 정의적 양상을 채색하는 정도를 나타낸다. 예를 들면, 내담자가 과거를 변함없이 상실된 낙원으로 생각하는 경우에 과거를 언급하는 가치평가는 현재 또는 미래를 언급하는 가치평가들에 비해서 일반적인 감정과 좀 더 높은 상관관계가 기대된다. 또한 이상화 지수는 개인이 특정 가치평가를 이상적인 것으로 경험하고 있는 정도를 나타낸다. 이상적인 감정과 상관이 높은 가치평가는 다른 가치평가들에 비해서 개인의 이상적인 자기와 좀 더 일치할 것으로 기대된다. 일반적인 감정과 이상적인 감정이 부적 상관관계를 나타낼 경우에는 개인의 삶에 있어서 어떤 변화가 요구된다고 볼 수 있다.

이와 같이 자기 탐색 국면에서 가치평가를 구성하여 공식화하고 각각의 가치평가에 대해서 정의적 유인가를 평정하여 행렬표를 완성하기까지는 대략 2~3시간 정도가 소요된다. 따라서 자기 탐색의 두 단계가 끝나고 나면, 내담자는 일정한 휴식과 자기 성찰의 기회가 필요하며 상담자는 '가치평가×감정' 행렬에 대한 양적 및 질적 분석을 수행한다. 따라서 자기 탐색 국면의 마지막 단계인 결과에 대한 논의는 대개 1주일 후에 이루어진다.

가치평가 결과에 대한 논의

자기 탐색 국면의 마지막 단계에서는 상담자와 내담자가 함께 가치평가의 정의적 함축성을 탐색하고 분석한 결과를 중심으로 논의를 전개한다. 이 단계에서는 각각의 가치평가에 대입된 감정의 연합 정도에 따라서 가치평가의 정의적 양상을 파악하고 개인의 보편적인 삶이나 특정 문제와 연합된 감정 양식과 높은 상관성을 유지하는 중심적 가치평가를 확인한다. 그리고 이 가치평가와 비교적 상관이 높은 일련의 가치평가를 중심으로 개인이 직면하고 있는 문제의 본질, 그런 문제를 둘러싸고 경험하는 지배적인 감정 양식, 문제해결을 위한 개입의 방향을 체계적으로 파악할 수 있다.

상담자와 내담자의 의논은 과거와 현재 및 미래를 언급하는 자기가치화 시스템에 의해서 제공되는 전반적인 그림에 기반을 두고 진행되어야 한다. 내담자는 어떤 사실을 잊어버렸거나 약간의 자기 성찰 후에 어떤 가치평가의 구성 또는 공식화에 불만을 토로할 수도 있다. 따라서 상담자는 "당신은 자기 탐색을 경험하면서 어떤 생각이 들었으며 행동 또는 느낌에서 어떤 변화가 있었나요?"라는 물음을 던지는 것으로 의논을 시작한다.

상담은 내담자에게는 강도 높은 자기 성찰을 요구하며 상담자와의 뜻깊은 담화의 성격을 지닌다. 그것은 내담자에게 자기가치화 시스템의 기초 원리에 초점을 맞추도록 안내한다. 이 단계에서 상담자는 개별적인 감정, 감정 지수와 그 조합, 다른 가치평가의 감정 패턴을 비교하여 도출된 정보에 의해서 가치평가를 풍부하게 만들며 또한 기본적 동기에 대해서 설명하고 내담자의 동기 만족 상태를 점검한다. 이 정보를 사용해서 내담자는 새로운 생각을 떠올리고 새로운 주도권을 행사하며 또한 일상생활에서 방향 감각을 발달시키게 된다. 더욱이 표면적 수준에서 상당히 다양한 모습으로 나타나는 가치평가들이 잠재적 수준에서는 어떤 유사성을 드러낼 수도 있다. 이것은 가치평가들이 하나의 공통된 동기에 기초를 두고 있음을 함축할 것이다. 이 단계에서 상담자와 내담자의 주요 활동은 자기가치화 시스템에서 한 가지 이상의 안내 주제를 찾아내는 것이다. 논의 단계의 마지막에 상담자는 내담자가 스스로 구성한 스토리의 주제에 잠시 동안 주의를 기울이도록 초대한다.

내담자는 이러한 자기 탐색 절차에 의해 일련의 가치평가를 생성하고 또 각각의 가치평가에 연합된 감정가를 평정하여 하나의 자기가치화 시스템을 구성하게 된다. 그리고 이 자기가치화 시스템을 바탕으로 상담자와 논의를 통해서 자신의 삶에 대한 기본적 동기와 방향성을 이해할 수 있다. 논의는 단 한 번의 회기로 한정될 필요는 없다. 필요하다면 상담자와 내담자는 몇 차례 상담 회기를 지속하여 일상생활의 경험을 자기가치화 시스템의 내용 및 구성과 비교하고 정당화/무효화 국면을 통해 자기가치화 시스템을 새롭게 재구성할 수 있다.

정당화/무효화 과정 및 이차적인 자기 탐색

개인은 각자 자신의 삶에 관해서 이야기할 만한 스토리를 갖고 있다. 개인이 인생 사건을 정렬하여 하나의 스토리를 구성할 때에는 동시에 그 스토리를 응축하려는 경향성을 지니며 그것을 변화시키려는 것에 대해서 부수적인 저항을 불러일으킨다. 스토리의 구성은 자신의 세계와 상호작용을 조직화하는 방식이며, 또한 개인이 이러한 조직화를 일단 이룩하고 나면 특수한 스토리 속에서 자신의 정체성을 발견하게 된다. 따라서 개인이 일단 자신의 스토리를 이야기하고 나면 그 자신과 세계에 대한 견해를 정당화하는 일에 좀 더 많은 관심을 두게 된다.

자기직면 학습에서는 내담자의 자기 이야기를 평가할 뿐만 아니라 그것의 변화를 촉진하기 위해서 정당화/무효화 과정을 전개한다. 물론 자신의 스토리를 정당화하려는 경향이 확실히 절대적인 성질을 갖는 것은 아니다. 내담자가 자신의 문제를 다루기 위해서 상담자와 접촉한다는 사실은 그가 자신의 행동 또는 경험에 대한 대안적인 가능성을 탐구한다는 생각에 어느 정도 열려 있음을 나타내는 분명한 지표다. 그러나 상담자는 나름대로 내담자 저항의 문제에 익숙하다. 저항은 소위 동기화된 내담자에게서 조차 흔히 일어나는 현상이다. 따라서 전체적인 가치평가 과정을 촉진하기 위해서 상담자는 자기직면 학습의 국면을 진단에서 변화로 전환할 수 있는 체계적인 전략을 구사하여 내담자가 대안적인 스토리를 탐색하도록 동기를 부여할 필요가 있다. 정당화/무효화 과정은 '주의 기울이기' '창조하기' '정착시키기'의 세 가지 하위국면을 거치게 된다. 말하자면, 내담자는 먼저 진행되는 사건에 주의를 충분히 기울이고 나서 새로운 행위를 창출하고 새로운 행동 방식을 실험적으로 실행한다. 그다음에는 연습을 통해서 의미 단위로 조직화된 새로운 사건들을 자기가치화 시스템에 정착시킨다. 이 정당화/무효화 과정 국면은 각각의 자기 탐색 국면을 전개한 후에 1회기 이상 반복될 수 있으며, 이 경우에는 세 가지 하위국면이 하나의 주기를 형성하게 된다.

이차적인 자기 탐색은 대부분의 경우 일차적인 자기 탐색 이후 몇 주 또는 몇 개월이 지나고 나서 진행된다. 이것은 전반적인 자기가치화 시스템의 발달 정도를 보여 주는 것으로, 대개 상담자와 내담자가 시스템 내에서 어떤 부분이 의미 있게 변화되었다고 느낄 때 이루어진다. 이차적인 자기 탐색의 절차는 가치평가의 구성 및 공고화 단계에서 몇 가지 중요한 차이를 제외하고는 대체적으로 일차적인 자기 탐색과 비슷하게 진행된다. 내담자는 전적으로 새로운 가치평가를 구성하는 것이 아니며 오히려 일차적인 자기 탐색 국면에서 구성한 가치평가에 맞닥뜨린다. 상담자는 원래 가치평가를 이끌어 내기 위해 사용했던 각각의 질문에 따라서 일차적인 자기 탐색에서 내담자가 제공한 가치평가 진술을 제시하고, 그에게 각각의 진술에 대해서 아직도 그것의 내용을 수용하고 있는지, 말하자면 같은 질문에 여전히 같은 대답을 할 것인지를 검토해 보도록 지시한다. 만일 그렇지 않다면 상담자는 그에게 일련의 선택 사항을 제시하여 설명한 후 한 가지를 선택하도록 유도한다. 선택 사항은 다음과 같다(Hermans & Hermans-Jansen, 1995).

- 낡은 가치평가를 재구성할 것이다. (수정)
- 낡은 가치평가를 새 것으로 대치할 것이다. (대치)
- 낡은 가치평가를 전적으로 폐기할 것이다. (삭제)
- 하나의 부가적인 가치평가를 창조할 것이다. (보충)

이와 같이 간접적인 방식으로 내담자는 자기가치화 시스템에서 유지된 부분과 변화된 부분을 탐색한다. 이는 자신의 경험 내용에 관련된 내담자의 전문성과 일치한다. 전형적으로 내담자는 대대적으로 인생 스토리를 재구성해야 할 시점에서조차 오직 자기가치화 시스템의 일부만 변화시킨다. 이것에도 역시 정의적 연상 작용을 적용할 수 있다. 몇 년이 지난 후 체계적인 개입 프로그램이 전혀 적용되지 않은 상황에서도 이차적인 자기 탐색이나 그 이상의 계속적인 자기 탐색을 수행할 수 있다. 이러한 자기 탐색은 어디까지나 인간의 발달을 촉진하기 위해서 수행되는 것이다.

가치평가 유형에 따른 심리적 동기 분석 및 개입 전략

가치평가와 연합된 정의적 함축성을 탐색·분석하면 가치평가를 유형화할 수 있다. 나아가 자기가치화 시스템에서 중심적인 가치평가와 높은 상관관계를 형성하고 있는 가치평가를 중심으로 가치평가의 유형에 따라 개인의 심리적 동기 상태를 분석하고 필요한 경우 적절한 개입의 방향과 구체적인 전략을 수립할 수 있다.

가치평가의 유형에 따른 심리적 동기 분석

표면적 수준에서 가치평가의 다양한 변이는 잠재적 수준에서 제한된 수의 기본적인 동기에 뿌리를 두고 있다. 이 기본적인 동기는 자기 탐색 과정에서 전형적으로 가치평가의 정의적 구성요소로 표현된다. 따라서 가치평가의 정의적 함축성을 탐색하여 그것의 구조와 유형을 분석함으로써 개인이 자신에 관해서 말하고 있는 이야기의 중심 주제를 파악할 수 있게 된다. 허만스와 허만스-잰슨(Hermans & Hermans-Jansen, 1995)은 가치평가를 자기 유지 및 확장을 위한 투쟁 동기(S-동기)와 타인 접촉 및 제휴에 대한 열망 동기(O-동기)의 심리적 차원과 긍정적 감정(P)과 부정적 감정(N)의 정서적 차원을 함축하는 감정에 연합되는 정의적 양상에 따라 여섯 가지 대표적인 유형으로 분류하고 있다. 송재홍(2003a)은 우리나라 대학생을 대상으로 가치평가의 각 유형에 귀속되는 경험의 원형들을 확인하였다. 이들의 연구결과를 기초로 가치평가의 유형에 따른 경험의 원형과 심리적 동기를 살펴본다.

◉ ±S 유형

S>O의 감정 패턴을 나타내는 가치평가(P>N이면 +S, P<N이면 -S)

전형적으로 O-동기보다 S-동기에 더 강하게 연합된 가치평가는 기본적으로 자기를 유지하고 확장시키려는 염원으로서 자기 증진을 위한 투쟁 동기를 반영한다. 이 유형의 가치평가는 긍정적 감정가(P)와 부정적 감정가(N)의 차이 값의 방향에 따라서 두 가지 유형으로 나누어진다. 즉, 'P>N'이면 '+S' 유형이고 'P<N'이면 '-S' 유형이다. '+S' 유형의 가치평가는 긍정적인 감정을 수반하는 자기 증진 동기를 반영하는 반면에, '-S' 유형의 가치평가는 부정적인 감정을 수반하는 자기 증진 동기를 반영한다.

'+S' 유형의 가치평가를 구성한 개인은 자기 자신을 자기 향상의 자율적인 원천으로 지각한다. 이 유형의 가치평가에 귀속되는 경험의 원천은 자기 힘으로 이룩한 최초의 업적이나 간절한 소망의 성취, 대회 수상 경력이나 성적 향상과 그에 수반되는 보상의 획득, 장기간의 노력을 통한 전문적인 기술의 습득, 월드컵 대회와 같은 행사 참여를 통한 자기 성장의 체험 등과 밀접하게 관련된다(송재홍, 2003a). 이러한 경험들에 강하게 의미를 부여하는 개인은 자신이 주변 상황에 영향력을 행사할 수 있고 선호하는 성과를 산출해 낼 수 있으며, 그러한 상황에서 어느 정도 자존감을 만끽할 수 있음을 확신한다. 그러나 사람들은 자신이 어떤 일에 대한 자신감을 지니고 있더라도 여전히 타인들이 자신의 성취에 어떻게 반응하리라고 지각하는가에 따라 자신의 가치를 판단하게 마련이다(Eron & Lund, 1996; Rosenberg, 1979). 따라서 자기 유지 및 확장을 위한 투쟁 동기를 반영하는 가치평가는 내면화의 정도에 따라 긍정적 감정(예: '나는 원하는 대학에 입학하여 접었던 꿈을 다시 펼쳐 보일 수 있게 되었다.') 또는 부정적 감정(예: '나는 지난 대회에서 우승하여 선생님과 친구들로부터 박수갈채를 받았지만 앞으로도 계속 그렇게 할 수 있을지 걱정이다.')에 다양하게 연합될 수 있다. 허만스와 허만스-잰슨(1995)은 어떤 가치평가가 좀 더 내면화될수록 자기를 유지하고 확장하는 과정에서 좀 더 커다란 융통성을 발휘할 것이라고 가정하였다. 말하자면, 외적인 자기 증진을 위해 투쟁하는 개인은 특수한 경험에 지나치게 의존성을 드러내고 그것에 대해 끊임없이 재확인을 요구하는 반면에, 내적인 자기 증진을 위해 노력하는 개인은 특수한 경험에 좀 더 자율적이고 광범위한 확장성을 유지한다.

'-S' 유형의 가치평가를 구성한 개인은 다른 사람들의 평가에 지나치게 의존하는 심리적 불안을 나타내며, 일반적으로 행위 결과에 대해 강력한 처벌을 경험하는 것처럼 자기 유지 및 확장을 위한 투쟁 동기의 좌절을 반영한다. 이 유형의 가치평가에 귀속되는 경험의 원천은 도전적인 상황에서 실패했거나 가까운 사람과 다투었던 일, 전학이나 이주 등 적응 상황의 새로운 변화, 실수나 부주의로 인한 사고, 신체적 매력의 상실에 따른 심리적 갈등과 밀접하게 관련된다(송재홍, 2003a). 일반적으로 S-동기의 만족은 긍정적인 감정을 초래할 것이라고 기대되고 있기 때문에 '-S' 유형의 가치평가를 구성하는 개인을 합리적으로 이해하기는 쉽지 않다. 그러나 앞에서 언급한 대로 강인함이나 자존감과 같은 S-동기를 만족시키려는 개인의 노력이나 경험이 때로는 그의 심리 상태에 부정적인 영향을 미칠 수 있다. 이러한 경험에 지나치게 의미를 부여하는 개인은 자신의 자존감이 위협받고 있는 상황에서 자신을 더욱 강하게 몰아붙이는 경향이 있다. 또한 자기 유지 및 확장을 위해 투쟁하는 과정에서 부딪히는 환경의 저항을 방해물로 지각하여 다른 사람의 주제넘는 참견이나 만행에 대해 분노를 터뜨리고 공격성을 드러내며, 때로는 증오심과 같은 극단적인 부정적 감정을 표출하기도 한다(Hermans & Hermans-Jansen, 1995). 이러한 행동은 위협받고 있는 강인함이나 자존감을 복원하려는 시도로 이해될 수 있다.

⦿ ±O 유형

S<O의 감정 패턴을 나타내는 가치평가(P>N이면 +O, P<N이면 -O)

S-동기보다 O-동기에 좀 더 강하게 연합된 가치평가는 기본적으로 주변 세계나 타인들과 접촉하고 결속을 다지려는 염원으로서 타인 접촉 및 제휴에 대한 열망 동기를 반영한다. 이 유형의 가치평가는 긍정적 감정가(P)와 부정적 감정가(N)의 차이 값의 방향에 따라서 두 가지 유형으로 나누어진다. 즉, 'P>N'이면 '+O' 유형이고 'P<N'이면 '-O' 유형이다. '+O' 유형의 가치평가는 긍정적인 감정을 수반하는 타인 접촉 및 제휴 동기를 반영하고 있는 반면, '-O' 유형의 가치평가는 부정적인 감정을 수반하는 타인 제휴 동기를 반영한다.

자신이 타인과의 관계에서 서로를 수용하고 있음을 체험하는 일은 '+O' 유형의 가치평가가 갖는 본질적인 특징이다. 이 유형의 가치평가에 귀속되는 경험의 원천은 어린 시절의 친구와 함께 했던 추억, 마음속 대화상대 또는 존경하는 대상이나 정신적 후견인, 최근에 사귄 친구와의 교류, 노약자를 위한 봉사활동, 동생의 출생이나 자녀의 출산에 대한 기대와 밀접하게 관련된다(송재홍, 2003a). 유의미한 타인으로부터 위로나 위안을 받게 되는 부드러운 접촉은 타인 접촉 및 제휴에 대한 열망 동기를 실현하는 중요한 통로가 될 수 있다. 이러한 경험은 혼자 감당하기 힘든 일을 성취하거나 책임져야만 하는 개인의 고통이나 슬픔으로부터 구원을 안겨 줄 수도 있다(예: "부모님께서 '네 잘못이 아니야!'라고 위로해 주실 때 무한한 행복감을 느낀다."). '+O' 유형의 가치평가는 적어도 두 가지 측면에서 개인의 삶에 긍정적인 가치를 제공하는 것으로 이해되고 있다(Hermans & Hermans-Jansen, 1995). 첫째, 이 유형의 가치평가는 기본적으로 O-동기에서 파생되는 행복의 한 형태로서 개인이 자신의 개인적인 수행에 매달려야만 기본적인 욕구를 충족할 수 있는 것은 아니라는 점을 함축한다. 둘째, 이 유형의 가치평가는 흔히 누군가에게 감사하는 마음을 갖게 되는 것처럼 자신의 통제력을 벗어나는 주변 사건이나 상황을 이해하고 받아들이는 데 결정적인 역할을 한다.

'-O' 유형의 가치평가는 유의미한 타인과의 갑작스런 이별이나 실수한 경험에서 쉽게 도출된다. 이 유형의 가치평가에 귀속되는 경험의 원천은 가족이 앓아눕거나 사고를 당한 일, 가족과의 갈등으로 불화를 겪었던 일, 어렸을 때 사고를 당하여 부모의 도움을 받았던 일, 친한 친구와 헤어졌던 일, 짝사랑이나 헤어진 사람에 대한 연민과 밀접하게 관련된다(송재홍, 2003a). 이 유형의 가치평가는 죄의식 감정과 빈번하게 연합되는 것으로 보인다(예: "어머니가 나에게 화내고 잔소리할 때, 나는 마음의 문을 닫고서 아무런 반응도 보이지 않기로 결심하곤 하였다."). 특히 어떤 개인이 다른 사람의 행복에 막중한 책임감을 느낄 때에는 이러한 감정을 자발적으로 표출할 수도 있다. 허만스와 허만스-잰슨(1995)은 이러한 감정 양식이 대개 붙잡을 수 없거나 그렇게 생각되는 사람이나 대상을 열망하는 이율배반적인 애정을 반영한다고 보았다(예: "나는 아버지가 돌아가실지도 모른다는 생각 때문에 잠을 이룰 수가 없다."). 따라서 이러한 경험의 구조에는 두 가지 요소가 바탕을 이룬다. 그것은 다른 대상이나 타인에 대한 애정과 그러한 대상을 붙잡지 못하게 방해하는 장애나 경계다. 전자는 S-동기보다 O-동기와 더 강하게 연합된 가치평가를 구성하게 하고, 후자는 그 가치평가를 긍정적 감정보다 부정적 감정에 더 강하게 연합시키는 원인이 된다. 이처럼 모순된 구조를 경험하는 개인의 가치평가는 개인의 내력이나 생활 여건에 따라 금지된 사랑, 친한 친구의 죽음, 예견된 이별, 이민자의 모국 사랑, 젊은이의 열정, 타인에게 다가설 수 없는 친밀한 감정 등 여러 가지 조짐을 드러낼 수 있다.

◉ +HH/-LL 유형

S = O의 감정 패턴을 나타내는 가치평가(P > N이면 +HH, P < N이면 -LL)

O-동기와 S-동기가 모두 높거나 낮은 감정 패턴을 보이는 가치평가의 유형들이 존재할 수 있다. 이 유형의 가치평가는 대개 긍정적 감정가(P)와 부정적 감정가(N)의 어느 한 방향으로 치우치는 경향이 있다. 즉, O-동기와 S-동기에 모두 높게 연합되는 가치평가는 대체로 'P > N'인 경향이 있는 반면, O-동기와 S-동기에 모두 낮게 연합되는 가치평가는 대체로 'P < N'인 경향이 있다. 따라서 이러한 유형의 가치평가는 각각 '+HH' 유형과 '-LL' 유형으로 분류될 수 있다.

'+HH' 유형의 가치평가는 긍정적인 감정을 수반하는 높은 수준의 자기증진 동기와 타인 제휴 동기를 동시에 반영하고 있다. 이 유형의 가치평가에 귀속되는 경험의 원천은 가까운 사람과 함께 여행을 떠났거나 친구와 우정을 나누었던 추억, 미래의 결혼 및 직업 생활에 대한 기대감, 어렸을 때 선생님의 보살핌을 받았던 기억과 밀접하게 관련된다(송재홍, 2003a). 이 유형의 가치평가는 유의미한 타인과의 긍정적인 접촉이나 접촉의 순간을 언급하는 경우가 대부분이다. 그것은 또한 자신감을 바탕으로 하는 건전한 인간관계나 사회참여를 갈망하는 개인의 확고한 결심을 반영하기도 한다. 허만스와 허만스-잰슨(1995)은 자아가 확립되고 두 가지 기본적 동기의 통합을 이룩한 개인에게서 이 유형의 가치평가를 기대할 수 있다고 보았다. 이러한 개인은 한 가지 동기의 성취가 또한 다른 동기의 성취를 수반하는 형식으로 두 가지 기본적 동기를 동시에 충족하게 되며, 이로 인해서 높은 수준의 행복감을 경험할 수 있다(예: "나는 창작활동을 통해 내 생각을 타인들과 공유하고 강한 유대감을 형성한다."). 이러한 행복감은 때로 강인한 삶을 이끌도록 하는 강력한 추진력을 제공하게 된다.

'−LL' 유형의 가치평가는 부정적인 감정을 수반하는 낮은 수준의 자기 유지 및 확장 동기와 타인 접촉 및 제휴 동기를 반영한다. 이 유형의 가치평가에 귀속되는 경험의 원천은 부모 또는 선생님께 야단맞았거나 보호자의 상실에서 오는 충격, 불의의 사고로 다쳤던 경험, 가까운 친척에게 학대를 받거나 따돌림을 당했던 기억, 시험이나 직업 수행 등 미래에 닥칠 일들에 대한 두려움과 밀접하게 관련된다(송재홍, 2003a). 이 유형의 가치평가는 자기 유지 및 확장을 위한 투쟁과 타인 접촉 및 제휴에 대한 열망의 두 가지 동기를 모두 성취하지 못한 상황에서 비롯된다. 이 가치평가에 의해서 지배되는 개인은 자주 길을 잃고 헤매거나 시험에 실패하고 낙심할 때처럼 자신이 홀로 되었다고 느끼게 되며 또한 전형적으로 사방이 막혀 있어 아무런 출구도 보이지 않는 것 같은 느낌을 갖게 된다(예: "나의 마음은 단단히 갇혀 있다. 나는 감히 속마음을 드러내 보일 수가 없으며, 남들은 결단코 나를 이해하지 못할 것이다."). 따라서 이 유형의 가치평가는 개인의 나약함과 고립의 감정에 강하게 연합되어 있으며, 이는 곧 개인의 기본적인 불안을 반영한다고 볼 수 있다.

가치평가 유형에 따른 치료적 개입 전략

심리적 불안과 같은 심리적 장애는 대체로 내담자가 유난히 스트레스를 받는 위협적인 세력에 대항하는 과정에서 특수한 형태의 가치평가가 그의 자기가치화 시스템을 지배적으로 점유할 때 나타난다. 예를 들면, '−LL' 유형의 가치평가는 기본적인 불안과 강하게 연합되는데, 이러한 감정은 자신이 갇힌 상태에서 홀로 버려졌다는 각성 상태에서 비롯된다. 그러나 자기가치화 시스템에서 '-S' 유형이나 '-O' 유형의 가치평가가 지배하는 개인에게서도 불안이 자주 나타나는데, 이 상이한 유형의 불안들 사이에는 뚜렷한 차이점이 발견된다(송재홍, 2003b). '-S' 유형의 가치평가에 의해 지배되는 개인은 주로 자신의 공격적인 충동에 관해서 불안을 느끼는 반면, '-O' 유형의 가치평가에 의해 지배되는 개인은 유의미한 타인의 상실이나 분리를 직접 경험하거나 예감할 때 좀 더 불안을 느끼는 경향이 있다.

이와 같이 내담자의 기본적 동기는 그의 자기통제 능력이나 주변 상황에 대한 지각에 따라 여러 가지 심리적 양상으로 나타날 수 있다. 특히 일상생활에서 정체성 문제로 불안을 경험하는 내담자는 S-동기, 곧 자기 유지 및 확장을 위한 투쟁 동기와 O-동기, 곧 타인 접촉 및 제휴에 대한 열망 동기에 대해서 상대적으로 어느 쪽과 좀 더 밀접하게 연합되느냐에 따라서 서로 다른 대처 전략을 사용할 것이라고 예상할 수 있다. 따라서 자기가치화 시스템에서 개인의 일상생활을 지배하는 가치평가의 유형에 따라 심리적 동기를 분석한 결과를 활용하면 상담 장면에서 내담자 문제를 체계적으로 이해하고 해결하기 위한 개입 전략을 효과적으로 수립할 수 있다. 부정적 감정과 연합된 가치평가의 세 가지 유형에 따른 치료적 개입 전략을 살펴본다.

◉ -S 유형의 내담자에 대한 치료적 개입

어떤 사람에게는 '-S' 유형의 가치평가들이 자기가치화 시스템의 중심적 위치를 차지한다. 이러한 현상은 대개 개인의 자기가치화 시스템에 '-S' 유형의 가치평가를 많이 포함하고 그것이 그의 일반적인 감정과 높은 상관관계를 보일 때 나타난다. 이는 개인이 유난히 스트레스를 받는 위협적인 세력에 대항하는 과정에서 두드러지게 나타나는데, 그러한 세력에 맞서 싸우는 것만이 자기 유지 및 확장을 위한 유일한 길이라고 생각되는 경우에는 대립적인 상황을 계속해서 추구하거나 심지어는 새롭게 창조할 수도 있다. '-S' 유형의 가치평가에 의해 지배되는 개인은 주로 자신의 공격적인 충동에 관해서 불안을 느낀다. 이러한 개인은 자기통제 능력을 상실하여 자신이나 타인을 해칠지도 모른다는 두려움을 강하게 느끼며, 좀 더 일반적으로는 자기 유지 및 확장을 위한 투쟁이 초래할지도 모를 부정적인 결과를 두려워하기도 한다. 또한 이 유형의 불안은 사회적 규범과 갈등을 빚을 가능성이 크며, 이로 인해서 종종 수치심이나 죄의식으로 발전하기도 한다. 따라서 개인의 자기가치화 시스템이 '-S' 유형의 가치평가에 의해 지배될 경우 그는 자기 유지 및 확장을 위한 다른 노력의 성과에 대해서 자신감을 갖지 못할 수도 있다. 이러한 현상은 종종 자아정체성 문제로 혼란을 겪고 있는 청소년이나 다른 사람에게 적대적이고 비효율적인 투쟁을 일삼는 성인의 자기가치화 시스템에서 손쉽게 관찰된다.

상담 장면에서 '-S' 유형의 가치평가에 의해서 지배되는 자기가치화 시스템이 개인의 자기 유지를 위한 방어적인 투쟁을 내포한다면, 이런 유형의 가치평가를 정당화/무효화하는 개입 전략을 통해서 좀 더 건설적인 자기 증진에 연합된 가치평가로 대치하도록 조력하여 자기가치화 시스템을 재구성하도록 촉진할 수 있다. 상담자는 내담자가 자기가치화 시스템에 분노와 공격성 또는 증오심을 느끼는 경험을 포함시키고 그런 경험을 보다 구체적으로 평정하도록 요구함으로써 자아와 초자아의 갈등 구조를 자각하도록 조력할 수 있다. 이 과정에서 내담자는 자신이 다른 사람과의 관계에서 지속적으로 대립적인 태도를 유지하고 있음을 깨닫고, 상황에 따라서 적절하게 자신의 의견을 분명히 표현할 수 있도록 조력을 받는다면 방어적인 자기 증진의 투쟁 고리에서 벗어날 수 있다. 예를 들면, 내담자는 '-S' 유형의 가치평가(예: "나는 아버지에게 나의 의견을 말했지만, 아버지는 버릇이 없다고 나를 크게 꾸짖으셨다.")를 '+S' 유형의 가치평가(예: "나는 이해를 구하거나 논의할 일이 생길 때, 내 의견을 주저하지 않고 말할 수 있게 되었다.")로 대치함으로써 자아정체성의 문제로 겪게 되는 심리적 고통에서 벗어날 수 있을 것이다. 이처럼 가치평가의 긍정적인 변화는 내담자가 대립적인 투쟁을 통해서만 얻을 수 있다고 생각하던 자존감을 좀 더 긍정적인 방식으로 향상시킬 수 있다는 사실을 깨달았음을 시사한다. 이와 같이 '+S' 유형의 가치평가는 치료적 개입의 과정에서 변화의 초점을 명료화하는 데 중요한 단서로 활용될 수 있다. 이 유형의 가치평가는 개인이 일상생활 속에서 자신의 참모습을 발견하는 데 중요한 단서를 제공한다. 뿐만 아니라 내담자의 가치평가를 정당화/무효화하는 개입 전략이 성공적으로 진행될 경우에는 일반적으로 '+S' 유형의 가치평가가 그의 자기가치화 시스템에 더 많이 포함되리라고 기대할 수 있다.

그러나 내담자가 건설적인 방식으로 자존감을 유지하거나 증진시킬 수 있다는 점을 깨닫지 못한다면, 그는 오히려 자신의 긍정적 감정을 희생시키면서 공격적이거나 대립적인 관계에 집착할 수도 있다. 더욱이 극도로 성취 지향적이고 경쟁적인 일 중독증 환자나 불치의 장애를 지닌 자녀를 둔 부모처럼, 때때로 자신의 일상생활에서 일어나는 모든 일을 일일이 직접 통제하려고 하는 사람은 오히려 자기 유지 및 확장을 위한 과도한 투쟁과 연합된 가치평가에 의해 점유될 수 있다. 이런 개인의 자기가치화 시스템은 일반적으로 스트레스를 야기하는 태도를 유지함으로써 어떤 일에서 실패했을 때는 말할 것도 없고 그것을 성취했을 때조차 신경증적 행동을 유발하기 쉬운 가치평가들로 채워질 수 있다. 치료적 장면에서 상담자는 극단적으로 '+S' 유형의 가치평가에 의해 지배당하는 내담자에게 타인과의 관계에서 수용적인 태도를 취하도록 독려하고 '+O' 유형의 가치평가를 창조하도록 조력함으로써 그의 삶에 긍정적인 변화를 초래할 수 있다. 또한 이러한 내담자는 이완 훈련과 같이 긴장 완화를 위한 지속적인 훈련에 참가하여 자신의 통제력을 벗어나는 상황에 대해 좀 더 수용적인 자세를 갖도록 배울 수도 있다. 예를 들면, 내담자는 이처럼 긴장 완화와 수용적인 태도를 유지하려는 지속적인 노력의 결과로서 갈등적인 가치평가(예: "나는 성질이 급하고 침착하지 못하며 모든 일이 재빨리 성취되기를 갈망한다.")를 좀 더 수용적인 가치평가(예: "나는 가끔씩은 하던 일을 멈추고 인생을 되돌아볼 수 있는 마음의 여유를 가질 필요가 있다고 생각하게 되었다.")로 재구성함으로써 끊임없이 자기를 유지하고 확장하려는 투쟁의 고리에서 벗어날 수 있다. 더욱이 개인은 수용적인 태도를 취함으로써 동시에 타인으로부터 수용되고 있다는 것을 경험하고, 이러한 경험으로부터 내부 세계에서 긍정적인 감정이 출현하여 확장된 자존감을 경험한다. 이는 강인함이나 자존감과 연합된 감정이 반드시 자기 유지 및 확장을 위한 투쟁의 직접적인 결과에 의해서만 나타나는 것이 아니라는 점을 시사한다. 그러한 감정은 또한 내담자 자신이 서로 믿고 수용하는 풍토 속에서 타인과의 결속을 열망하는 시도의 간접적인 결과로 나타날 수도 있다. 이것은 타인을 위한 희생이 곧 자신을 위한 성취가 될 수 있다는 생각을 뒷받침하는 증거다.

◉ -O 유형의 내담자에 대한 치료적 개입

개인이 자신의 자기가치화 시스템에 '-O' 유형의 가치평가를 많이 포함하고 있으며 또한 그것이 그의 일반적인 감정과 높은 상관관계를 보일 때에는 그의 삶이 '-O' 유형의 가치평가에 의해 지배될 수 있다. 이러한 개인은 유의미한 타인의 상실이나 분리를 직접 경험하거나 예감할 때 불안을 느끼는 경향이 있다. 때로는 타인들과 지나치게 가까워지면 자기 자신을 포기한 채 다른 사람에게 지나치게 의존할지도 모른다는 위기의식에서 불안을 경험할 수도 있다. 어떤 사람은 이와 같이 타인과 매우 가까워질 때 야기되는 친밀감에 대해서 극심한 불안을 느끼기도 하는데, 그러한 친밀감은 곧 자율성의 상실, 그리고 좀 더 일반적으로는 자기 유지 및 확장을 위한 투쟁을 포기하는 것을 암시할 수도 있기 때문이다. 이미 언급했듯이, 이 유형의 가치평가에 연합된 감정 패턴은 대개 붙잡을 수 없거나 그렇게 생각되는 사람이나 대상을 열망하는 이율배반적인 애정을 반영한다. 때로 개인은 자신의 경험이 O-동기와 연합되어야 할 마땅한 이유를 찾기가 어려운 경우에도 '-O' 유형의 가치평가를 구성한다(예: "나는 수년 동안 계속된 가정 문제로 갑자기 인내심을 잃고 말았다."). 어떤 경우에는 오히려 S-동기와 강하게 연합될 것으로 기대되기도 한다. 이처럼 가치평가의 내용과 모순적인 감정 패턴은 언뜻 이해하기 어려울 수도 있다. 그러나 이 가치평가와 높은 상관을 보이는 다른 가치평가(예: "나는 병약한 딸에 매달리다가 아들을 충분히 보살피지 못했다.")를 함께 고려한다면 잘 드러나지 않은 중요한 사실을 추론할 수가 있다. 가령, 앞의 두 가지 가치평가는 내담자가 드러내는 부정적 감정이 자신의 나약함보다는 오히려 죄의식에서 비롯된 것임을 암시한다고 볼 수 있다.

이처럼 가치평가의 정의적 함축성이 진술 내용과 불일치할 때, 그것은 상담 장면에서 가치평가의 재구성을 위한 변화의 초점을 확립하는 데 결정적인 단서를 제공한다. 상담자는 내담자에게서 배타적인 타인 접촉 및 제휴를 위한 열망의 조짐을 감지할 때 그에게 경험과 감정의 불일치를 자각시키고 가치평가를 재구성하여 이러한 모순을 해결하도록 요청할 수 있다. 예를 들면, 어머니의 지나친 간섭으로부터 결코 자유롭지 못한 청소년기를 보낸 내담자는 이러한 치료적 경험을 통해서 초기 자기 탐색에서 구성한 '-O' 유형의 가치평가(예: "어머니가 나에게 화내고 잔소리할 때, 나는 마음의 문을 닫고서 아무런 반응도 보이지 않기로 결심하곤 하였다.")를 좀 더 긍정적인 가치평가(예: "나는 결코 나의 위치를 포기하지 않겠다. 그래야만 나는 어머니의 인생과 나 자신의 인생을 따로 분리해서 바라볼 수가 있다.")로 재구성할 수 있다. 물론 내담자가 이것을 받아들이는 데에는 많은 시간이 요구되겠지만, 그가 그러한 모순이나 불일치를 자각한다면 유사한 상황에서 대처할 행동을 선택하는 데 좀 더 신중을 기할 수 있을 것이다. 내담자의 자기가치화 시스템에서 '-O' 유형의 가치평가가 중추적인 역할을 독점하고 그의 일상생활에 보편적인 영향을 미칠 경우, 행복에 대한 그의 전반적인 감정은 부정적으로 표현된다. 만일 개인의 가치평가를 '+O' 유형의 가치평가로 대체할 수 있다면, 그는 좀 더 커다란 행복감을 맛볼 수 있게 될 것이다.

⦿ -LL 유형의 내담자에 대한 치료적 개입

내담자가 지나친 타인 의존이나 자율성의 상실에 대한 위협을 느낀 나머지 인간관계를 단절하고 홀로 버려졌거나 버려질 수 있다고 느낄 때, 그의 지배적인 가치평가는 '-LL' 유형으로 악화될 수도 있다. '-LL' 유형의 가치평가는 전형적으로 기본 불안을 비롯하여 높은 수준의 부정적인 감정과 연합되기 때문에 사람들은 대개 이러한 위치에서 벗어나려고 시도한다. 상담 장면에서 이 유형의 가치평가에 의해 지배되는 내담자는 일차적으로 자신의 감정을 표현하지 못한 채 갇혀 있다고 느끼는 상태에서 벗어나서 더 높은 수준의 감정가를 지닌 가치평가를 구성할 수 있도록 변화를 위한 계획과 노력을 전개해야 한다. 특히 이와 같은 내담자는 무엇보다도 먼저 자신을 스스로 일으켜 세울 수 있는 자조 기술을 습득해야 하기 때문에 자신의 자기가치화 시스템에서 S-동기와 강하게 연합되는 가치평가를 창조하기 위한 노력을 경주할 필요가 있다. 이는 개인이 처한 환경에 대처할 수 있을 만큼 성숙한 자기를 구축하기 위해서는 기본적인 수준의 자율성과 강인함이 요구된다는 것을 시사한다. 예를 들면, 자신의 감정을 표현하지 못한 채 갇혀 있다고 느끼는 내담자는 치유 경험을 통해서 '−LL' 유형의 가치평가(예: "나의 마음은 단단히 갇혀 있다. 나는 감히 속마음을 드러내 보일 수가 없으며, 남들은 결단코 나를 이해하지 못할 것이다.")를 미약하지만 '+S' 유형의 가치평가(예: "나는 나 자신이 어떤 느낌을 갖게 될 때에는 그것을 더 직접적으로 드러내도록 노력할 필요가 있다.")로 수정하고 다음에는 다시 '+O' 유형의 가치평가(예: "나는 가족이나 친구와 함께 시간을 보내는 것이 즐겁다. 그들은 나의 생각과 감정을 있는 그대로 인정한다.")를 추가할 수 있다. 물론 이러한 작업은 상담자와 내담자가 서로 신뢰하는 관계 속에서 변화를 위한 지속적인 노력을 기울일 때에만 가능하다. 이상적인 상담 관계에서 경험하는 강력한 모성 체험은 이 유형의 내담자에게 심리적 모험과 성장을 위한 안전기지를 제공할 수 있다.

적용 사례

개인의 자기가치화 시스템에서 특수한 형태의 가치평가가 경직된 채 항구적으로 지배하게 될 경우에는 불안과 같은 심각한 적응 문제를 초래할 수 있다. 위협적인 상황이 종결되거나 완화될 경우 다른 유형의 가치평가가 자기가치화 시스템을 지배하게 되고 불안은 배경 속으로 사라진다. 개인 상담 또는 집단 상담을 통해 내담자의 자기가치화 시스템을 구성하고 적절한 중재 프로그램을 활용하여 부정적인 동기와 연관된 가치평가를 중심으로 삶의 문제를 정당화/무효화하여 가치평가를 재구성한다면 건강한 자기가치화 시스템을 구축하는 데 도움이 될 것이다. 개인 상담과 집단 상담에서 자기직면 학습을 적용한 몇 가지 사례를 제시한다.

사례 1 개인 상담에서 자기가치화 시스템의 구성 및 재구성

개인 상담에서 자기직면 학습을 적용하여 내담자의 자기가치화 시스템을 변화시키고자 시도하였다. 내담자는 정체성 문제로 혼란을 겪고 있는 23세의 여자 대학생이다. 그녀는 특별한 정신병리적 증상을 보이지는 않았으나 대학생활에 적응하는 데 어려움을 호소하였고 시험과 졸업 후의 진로에 대해서 상당한 불안을 나타냈다. 내담자는 자신의 자기가치화 시스템을 좀 더 분명하게 이해할 필요성을 자각하였으며 이러한 작업을 수행하기로 동의하였다.

◉ 상담 시작 국면에서 자기가치화 시스템의 구성 및 분석

내담자는 상담 시작 국면에서 자신의 인생 전반에 걸쳐 의미 있는 가치평가를 개발하고 감정 대입을 통하여 자기가치화 시스템을 구성하였다. 그 결과, 내담자는 〈표 4-1〉에 제시된 표준 질문 세트에 반응해서 28개의 가치평가를 산출하였으며, 각각의 가치평가를 〈표 4-2〉에 제시된 표준 목록의 감정 용어와 결합시켰다.

〈표 4-3〉은 일차적인 자기 탐색에서 내담자가 산출한 핵심 가치평가의 예를 관련 지수와 함께 제시한 것이다. 그것은 한 개인이 과거와 현재에 경험한 사건이나 미래에 대한 인식을 중심으로 추출된 주요 가치평가와 연합된 감정 양식을 반영한다. 분석 결과는 다음과 같다.

첫째, 가치평가는 전반적으로 자기 유지 및 확장(S)과 타인 접촉 및 제휴(O) 모두에서 낮은 수준을 나타내고 있으며 높은 부정적 감정과 연합되었다.

〈표 4-3〉 대학생 내담자의 일차적인 자기 탐색 결과 밝혀진 가치평가의 몇 가지 예

	가치평가	S	O	P	N	G	I	r(5)
1	나는 신체적인 문제(작은 키)로 인해서 고통을 겪어야 했다.	2	1	3	14	.79	-.78	.83
2	나의 부모는 항상 우리를 동등하게 대하였다. 나는 항상 나의 문제를 부모와 충분히 상의하였다.	12	11	11	4	-.43	.58	-.60
3	나는 고등학교 이후로 친구들과 잘 어울리지 못했다. 부모와 친구 어느 쪽과도 마음을 터놓을 수가 없었다.	8	1	0	10	.54	-.68	.64
4	나는 학교생활에서 주위의 기대에 부응하려고 애썼다. 그러나 이제는 모든 자신감을 잃고 말았다.	1	1	0	15	.83	-.85	.94
5	그동안 내가 시도했던 일은 하나같이 모두 실패하고 말았다.	2	0	0	18	.85	-.89	--
6	영수는 나의 좋은 친구다.	10	7	10	4	-.15	.37	-.18
7	친구들은 내가 동아리 활동에 적극적으로 참여하지 않는다고 불평한다.	3	0	2	9	.65	-.54	.69
8	시험 기간이 다가올 때에는 두통이나 현기증과 같은 신체적인 질병으로 고생한다.	2	1	1	12	.56	-.74	.73
9	졸업 후 내가 무엇을 할 것인지 여전히 불투명하다. 나의 부모에게 실망을 안겨 줄 것 같아서 불안하다.	2	0	0	14	.78	-.83	.89
10	나는 미래에 내가 즐길 수 있고 또 나에게 유익한 일을 하고 싶다.	8	3	10	6	-.11	-.23	.00
	일반적인 감정	3	8	2	18	--	-.78	.85
	이상적인 감정	14	18	18	3	-.78	--	-.89

주: S(자기 유지 및 확장), O(타인 접촉 및 제휴), P(긍정적 감정), N(부정적 감정), G(일반화 지수), I(이상화 지수), r(5)(가치평가 5번과의 상관관계)

오직 부모와의 관계를 언급하는 가치평가(2번)만이 중간 수준의 S-동기 및 O-동기를 갖고 긍정적으로 경험하고 있음을 나타냈다. 비록 내담자는 친구와 미래를 언급하는 가치평가(6번과 9번)에서 우호적인 경험과 낙관적인 태도를 보이고 있지만, 이것들은 적당한 수준의 S-동기와 약간의 긍정적 감정과 연합될 뿐이다.

둘째, 일반적인 감정과 가장 높은 상관관계를 나타내는 2개의 가치평가(5번과 4번)는 자신의 삶을 통제하는 능력에 대한 내담자의 숙명론적 견해를 언급하고 있다. 그녀는 거듭된 실패로 심한 좌절감과 자신감의 상실을 경험하고 있었다. 이것들은 또한 이상적인 감정과 높은 부적 상관관계를 나타냈으며, 이러한 불일치는 그녀의 자기가치화 시스템에서 상당한 긴장이 일어나고 있음을 시사하고 있다.

셋째, 중심적인 가치평가(5번)는 자신감의 상실을 언급하는 가치평가(4번)는 물론 신체적 열등감과 미래에 대한 불안을 언급하는 것(9번, 1번)과도 높은 정적 상관관계를 나타냈다. 이것들은 또한 일반적인 감정과는 높은 정적 상관관계를 나타낸 반면에 이상적인 감정과는 높은 부적 상관관계를 나타냈다.

끝으로, 나머지 가치평가(3번, 7번, 8번)는 동료와의 갈등과 시험에 대한 신체화 증상을 호소하고 있다. 이것들 역시 일반적인 감정과 이상적인 감정 그리고 중심적인 가치평가와 비교적 높은 상관관계를 유지하고 있다.

전반적으로 내담자는 현실 감정과 이상적인 감정의 불일치, 대인관계에서 자기 유지 및 확장을 위한 투쟁(S-동기)과 타인 접촉 및 제휴를 위한 열망(O-동기)의 갈등, 신체적 열등감과 거듭된 실패로 인한 자신감의 상실과 장래에 대한 불안 등 정체감 혼미를 경험하였다.

⦿ 상담 종결 국면에서 자기가치화 시스템의 점검 및 수정

내담자는 6개월 동안 상담자와 접촉하면서 자신의 자기가치화 시스템에 대한 정당화/무효화 과정을 경험하였으며, 상담 종결 시점에서 이차적인 자기 탐색을 수행하였다.

〈표 4-4〉 대학생 내담자의 이차적인 자기 탐색 결과 수정된 가치평가의 몇 가지 예

	가치평가	S	O	P	N	G	I	r(5)
1	나는 나의 신체(작은 키)에 대해서 좀 더 긍정적인 자세를 가졌으면 싶다.	7	1	10	6	.65	.61	.73
2	나는 부모와의 관계를 새로 정립할 필요가 있다. 좀 더 대등한 관계에서 대화를 나누었으면 싶다.	14	5	4	8	.27	.12	.30
3	나는 고등학교 이후로 친구들과 잘 어울리지 못했다. 부모와 친구 어느 쪽과도 마음을 터놓을 수가 없었다.	3	0	0	13	-.57	-.67	-.48
4	나의 학교생활은 주위 사람들에 의해서 좌지우지되었다. 그 때문에 나는 자아를 상실하고 말았다.	5	1	0	15	-.52	-.59	-.52
5	그동안 풀리지 않았던 문제들을 해결하고자 열심히 노력하였다. 그 결과 어떤 일은 잘 되어 가고 있다.	15	7	15	4	.64	.58	--
6	영수는 여전히 나의 좋은 친구다.	10	5	9	4	.43	.50	.72
7	나는 동아리 활동에 적극적으로 참여하려고 노력하고 있다. 그 결과 친구들의 불평도 많이 줄어들었다.	10	10	9	5	.61	.62	.65
8	시험 기간에는 약간 긴장이 되기는 하지만 그전보다 훨씬 편안한 상태를 유지할 수 있다.	10	5	10	3	.54	.59	.70
9	나는 나의 목소리에 좀 더 귀를 기울일 수 있게 되었다. 이제는 나 자신의 선택과 책임을 소중하게 여긴다.	13	3	10	4	.56	.45	.68
10	나는 나의 장래에 대해서는 좀 더 시간적인 여유를 갖고 신중한 선택을 해야겠다고 다짐하고 있다.	14	10	15	1	.71	.74	.58
	일반적인 감정	14	10	14	7	--	.84	.64
	이상적인 감정	16	11	18	2	.84	--	.58

주: S(자기 유지 및 확장), O(타인 접촉 및 제휴), P(긍정적 감정), N(부정적 감정), G(일반화 지수), I(이상화 지수), r(5)(가치평가 5번과의 상관관계)

〈표 4-4〉는 이차적인 자기 탐색에서 내담자가 수정한 몇 가지 가치평가의 예를 관련 지수와 함께 제시한 것이다. 그것은 내담자의 가치평가가 시간이 지나면서 어떻게 발달하는지를 잘 나타내며 상담 기간 동안 내담자의 자기가치화 시스템에서 중요한 변화가 있음을 시사한다. 분석 결과는 다음과 같다.

첫째, 대다수의 가치평가가 일차적인 자기 탐색의 결과와는 달리 상당히 변화된 모습을 나타냈다. 중심적인 가치평가(5번)와 대다수의 가치평가(1번, 4번, 7번, 8번)는 근본적으로 변화되었고 자아 상실과 시험을 언급하는 가치평가(4번과 8번)는 수정되었으며, 오직 2개의 가치평가(3번과 6번)만이 거의 변화가 없었다.

둘째, 중심적인 가치평가(5번)는 높은 수준의 S-동기와 긍정적 감정과 연합되었다. 또한 시험과 의사결정을 언급하는 2개의 가치평가(8번과 9번)가 비슷한 감정 패턴을 나타냈으며, 신체를 언급하는 가치평가(1번)에서도 약하지만 비슷한 양상을 보였다. 이는 내담자가 이들 영역에서 어느 정도 긍정적인 자기 증진을 경험했음을 시사한다.

셋째, 부모와의 관계를 언급하는 가치평가(2번)에서 내담자는 향수 어린 의존성에서 벗어나 대등한 관계에서 대화를 희망하였다. 이 가치평가는 S-동기와 약간의 부정적 감정과 연합되었는데, 이것은 내담자가 부모로부터 정신적인 독립을 이룩하는 데 약간의 고통이 따를 것임을 시사한다.

넷째, 일반적인 감정과 이상적인 감정은 높은 정적 상관관계를 나타냈으며 또한 이들 감정은 대다수의 가치평가와 비교적 고른 정적 상관관계를 나타냈다. 이는 내담자의 자기가치화 시스템이 어느 정도 융통성을 회복하고 있고 또한 내담자가 문제의 내적 및 외적 귀인을 구분하고 있음을 시사한다. 실제로 내담자는 문제의 일부를 외적 상황에 귀속시킬 뿐만 아니라(가치평가 3번) 자신의 동기와 노력이 문제해결에 도움이 된다는 점을 분명히 인식하고 있다(가치평가 5번과 7번).

끝으로, 중심적인 가치평가(5번)와 동아리 활동 및 장래를 언급하는 가치평가(7번과 10번)는 일반적인 감정과 좀 더 높은 상관관계를 나타냈다. 특히 이 가치평가들에서는 S-동기와 O-동기가 크게 증가하였고 긍정적 감정이 우세하였는데, 이러한 감정 패턴은 일차적인 자기 탐색에서 부모와의 관계를 언급하는 가치평가(2번)와 비슷한 양상이다. 따라서 내담자의 일상생활에서 지배적인 감정 양식의 방향성이 과거에서 현재와 미래로 이동하고 있음을 알 수 있다.

이 사례는 내담자가 상담자와 협력적인 관계 속에서 자기 이야기의 중심 주제를 탐구할 수 있고 또한 일상적인 생활 속에서 이러한 주제를 검토함으로써 자기 이야기를 계속해서 발달시킬 수 있음을 예증하고 있다. 따라서 자기직면 학습은 내담자가 자신의 상황에서 익숙한 주제에 개방적으로 접근하여 자기 이야기를 구성하고 재구성하도록 안내하는 체계적인 접근이다.

사례 2 가치평가의 유형에 따라 차별화된 집단 프로그램

앞에서 기술했듯이, 개인의 자기가치화 시스템에서 특수한 형태의 가치평가가 경직된 채 항구적으로 지배하게 될 경우에는 불안과 같은 심리적 문제를 초래할 수 있다. 따라서 조력자는 심리적 갈등을 겪는 개인들의 자기가치화 시스템에서 지배적인 가치평가의 유형을 확인하고 그 유형에 따라 차별화된 집단 프로그램을 개발하여 적용할 수 있다. 예를 들면, '-S' 유형의 가치평가가 집단원의 자기가치화 시스템을 지배하고 있는 경우에 조력자는 문제 외재화 접근(White & Epston, 1990)을 적용하여 집단원을 괴롭히는 문제를 외재화하고 예외적 사실을 찾아서 스토리를 재구성하여 공고화하도록 지도한다. 반면에 '-O' 유형의 가치평가가 집단원의 자기가치화 시스템을 지배하고 있는 경우에 조력자는 관점 재구성 접근(Eron & Lund, 1996)을 채택하여 자신과 상대방에 대한 견해와 행동을 탐색함으로써 선호와 지각의 불일치를 확인하고 선호하는 견해에 따라 행동을 점검하여 변화를 모색하도록 안내한다.

자기가치화 시스템을 활용하여 집단 프로그램을 운용할 때, 이와 같이 가치평가의 유형에 따라 개입 전략을 차별화하는 것을 제외하면 대개 비슷한 절차를 따른다. 첫 회기에서는 어느 집단에서와 마찬가지로 조력자가 먼저 집단의 취지를 간단히 소개한 다음, 집단원의 자기소개를 진행하고 그들의 주요 관심사를 확인하여 집단 목표를 개발한다. 조력자는 참여자의 공통된 관심사를 중심으로 집단 과정에서 집중적으로 다루고자 하는 잠정적인 문제를 선정한다. 2회기에서는 집단원의 인생 내력을 탐색하여 각자가 경험한 과거-현재-미래의 주요 사건을 확인하고 공유하며, 3회기에서는 주요 사건을 중심으로 가치평가를 구성하고 그것에 〈표 4-2〉에 열거된 감정 용어의 목록을 대입하여 자기가치화 시스템을 완성한다. 이 회기에서 집단원은 조력자의 지시와 시범을 따른다.

4회기에서는 각 집단원이 구성한 자기가치화 시스템을 지배하는 가치평가의 유형에 따라 소집단을 구성하고, 각 집단에서 다루게 될 상담 문제를 구체화하고 상담 과정과 상담 전략을 학습한다. 조력자는 각 소집단에서 구성원의 공통된 관심사를 중심으로 3개의 상담 문제를 선정하여 현재 상태와 목표 상태를 정의하고, 집단원에게 세 차례에 걸쳐서 각 회기에서 다루고자 하는 상담 문제의 우선순위를 정하도록 안내한다. 이어서 '-S' 유형의 가치평가를 다루고자 하는 집단원에게는 문제 외재화 접근을 소개하고 '-O' 유형의 가치평가를 다루고자 하는 집단원에게는 관점 재구성 접근을 소개한다. 각 접근의 기본 가정과 일반적인 절차는 다음과 같다.

⊙ 문제 외재화 접근

이는 '-S' 유형의 가치평가에서 비롯되는 심리적 문제를 집중적으로 다루기 위해 채택된다. 문제 외재화 접근의 기본 가정은 다음과 같다(Morgan, 2003; White & Epston, 1990; Winslade & Monk, 2007).

- 사람들은 자신의 삶을 이야기로 엮는다. 그들은 자신의 삶에 전문성을 갖고 있으며 자신의 삶에 대한 이야기의 주요 저자가 될 수 있다.

- 사람들은 이야기를 통해 삶을 영위한다. 사람들이 자기 자신에 대해 말하는 이야기는 세계에 대한 표상이 아니며 그 자체가 세계다.
- 이야기는 사회적으로 구성되고 형성된다. 그것은 대부분 개인과 그의 가족 또는 문화 간에 이루어지는 상호작용의 결과다.
- 이야기 속에는 사회문화 담론이 깊이 자리 잡고 있으며, 감시와 실사를 통해 사회 규범을 지탱한다. 그러나 모든 사람이 지배 담론에 동조하는 것은 아니다.
- 지배적인 이야기는 때로 삶의 변화를 꿈꾸는 사람들에게 엄격한 제한을 가한다. 지배 담론을 해체하는 것이야말로 삶에 새로운 가능성을 부여하는 일이다.
- 사람들이 실제 살았던 경험이지만 이야기에는 반영되지 않은 경우가 존재한다. 그 사람의 삶에는 문제의 영향력을 벗어나 있는 경우가 반드시 있게 마련이다.
- 사람들이 상담을 요청하는 문제는 대개 그들의 삶에 빈약한 결론을 끌어낸다. 그것은 자신이 무언가 결함이 있다고 느끼게 하고 지식, 기술, 경쟁력 등을 활용하지 못하게 막는다.
- 문제는 문제일 뿐이다. 사람을 문제라고 말하기보다 문제를 문제라고 말하는 것이 유용하다. 이것은 사회적으로 구성된 이야기를 재구성할 만한 여지를 남긴다.
- 조력자의 주된 과업은 내담자가 좀 더 만족스럽고 호소력 있는 선호 이야기를 구성할 수 있도록 조력하는 것이다. 호기심과 존중 그리고 신뢰의 분위기를 조성하는 것이 그의 핵심 역할이다.

문제 외재화 접근의 일반적인 절차는 다음과 같다(Morgan, 2003; White & Epston, 1990; Winslade & Monk, 2007).

국면 1 치료적 대화에 접근하기: 조력자는 문제 외재화 접근의 몇 가지 기본 가정을 소개하고, 집단원에게 다루고자 하는 상담 문제에 대해서 각자의 생각과 감정을 말하도록 유도하고 집단원끼리 의견을 나누도록 안내한다. 집단원 상호 간에 대화를 나눌 때에는 상대방에 대한 존경과 호기심 그리고 인내심을 갖고 상대방의 말을 경청하며, 특히 '알지 못함(not-knowing)'의 자세를 견지하여 상대방의 지식을 존중하는 마음을 갖고 집단원의 말에 귀 기울일 것을 강조하고 시범을 보임으로써 치료적 대화의 분위기를 조성한다.

국면 2 문제를 명명하고 외재화하기: 조력자는 먼저 집단원들에게 "각자의 문제에 어떤 이름을 붙인다면 뭐라고 명명할 수 있나요?"라고 질문하여 문제에 이름을 붙여서 의인화하도록 안내한다. 집단원은 자신의 경험과 일치하는 감정(예: 죄책감, 두려움 등), 관계(예: 싸움, 책망 등), 관습(예: 여성비하, 인종차별주의 등)을 찾아서 이름을 붙이거나 '장애물' '꿈'과 같이 비유적으로 말할 수 있다. 그러면 조력자는 집단원에게 "'죄책감'이 당신에게 뭐라고 말하나요?" 또는 "'책망'이 당신들 서로에게 어떻게 하도록 하나요?"라고 질문하여 문제의 의도와 속임수 그리고 조작 방식을 충분히 탐구한다. 이와 같이 문제에서 사람들을 분리할 때, 집단원은 문제를 좀 더 객관적으로 바라보며 문제를 덜 고정되고 덜 제한적인 것으로 느끼게 되고 대안적인 선택의 여지를 엿볼 수 있다. 조력자는 집단원이 문제의 지배적인 성격을 강화하지 않도록 언어 선택에 신중을 기해야 한다.

국면 3 문제의 내력을 탐구하고 영향력 평가하기: 조력자는 집단원에게 "당신이 그 문제를 처음 인식한 것은 언제인가요? 얼마나 오래 되었나요?"라고 질문하여 문제의 내력을 탐구하고 오랜 기간에 걸쳐 그들의 인생에서 문제의 영향력을 추적하여 문제의 지속기간과 영향력의 범위 및 심각성을 평가하도록 안내한다. 조력자는 집단원에게 문제의 발생 전과 발생 초기 그리고 주요 시점과 현재 상황에서 "당신의 전체 삶을 10이라고 할 때, 문

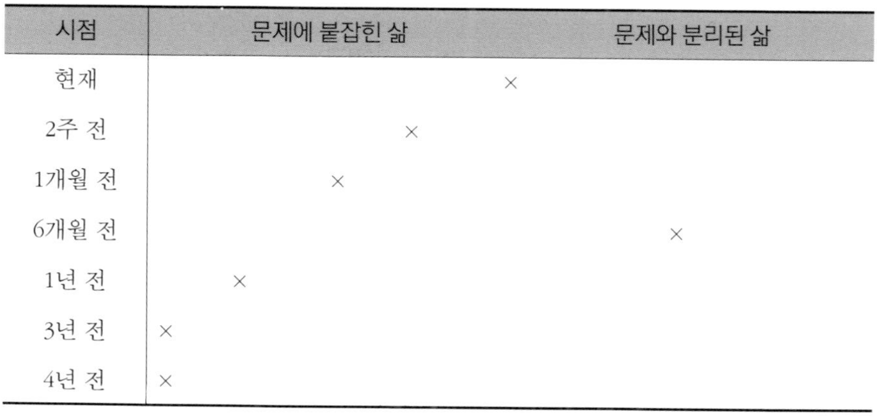

[그림 4-2] 중요한 시점에서 문제의 상대적 영향력 평가

제가 몇을 차지했고 당신은 몇을 차지했나요?"라고 질문하여 상대적인 영향력을 평가하게 하고, 계속해서 건강, 생각과 감정, 꿈과 일, 자아개념, 타인과의 관계 등 삶의 다양한 측면에서 문제가 영향을 미치는 방식과 그것의 유용성을 점검하여 문제 이야기를 엮어 내도록 안내한다. 이어서 조력자는 집단원에게 문제 이야기가 존재하는 배경, 문제의 삶을 지지하는 생각과 신념, 그 생각의 역사 등을 확인하게 하고, "이러한 생각들이 당신의 삶에 도움이 되나요, 아니면 방해가 되나요?"라고 질문하여 그러한 신념이 미치는 부정적 영향을 검토하고 자신들을 다른 관점에서 바라볼 수 있도록 안내한다. [그림 4-2]는 인생의 주요 시점에서 문제에 붙잡힌 삶과 문제와 분리된 삶의 상대적인 영향력을 평가한 것이다.

국면 4 독특한 성과를 발견하고 선호 이야기 엮어 내기: 문제 이야기를 지지하는 지배적인 신념이 드러나서 논의할 때, 조력자는 집단원에게 "지배적인 신념에 맞서거나 도전했던 때가 있나요?" 또는 "어떻게 문제가 더 심각해지는 것을 막을 수 있었나요?"와 같은 질문을 하여 각자 경험했던 예외적 사건을 찾아서 독특한 성과를 발견하도록 안내한다. 독특한 성과(unique outcome)는 문제 이야기와 일치하지 않는 계획, 행동, 감정, 생각, 의도는 물론이고 문제의 극복 방법에 대한 지식이나 능력, 문제의 영향력이 미치지 않은 순간, 문제와 무관한 타인들의 반응을 망라한다. 조력자는 집단원에게 지배적인 이야기 밖에 있는 사건들에 대해서는 귀를 기울이지 않으면 쉽게 지나치는 경향이 있다고 경고하고, 예외적 사건에 호기심을 갖고 그것을 우연으로 돌리지 않도록 세심한 주의를 기울이라고 요청한다. 이어서 조력자는 집단원에게 독특한 성과의 내력을 탐구하고 의미를 부여하여 새로운 이야기를 창조하도록 안내한다. 집단원은 독특한 성과가 언제, 어디서 나타났고 얼마나 오래 지속되었으며 그 전후로 누구와 무슨 사건이 있었고 어떻게 대비했는지 등 행위의 관점에서 가급적 많은 정보와 세부사항을 탐구하고, 독특한 성과의 발견이 개인의 욕망과 소원, 믿음과 가치, 계획과 의도, 자질과 능력 등에 관해서 무엇을 의미하는지 정체성 관점에서 의미를 부여한다. 이를 통해서 집단원은 문제 이야기에 대항하는 선호 이야기를 엮어 낼 수 있다. 이어서 집단원은 선호 이야기에 이름을 붙이고, 그것의 상대적인 영향력과 유용성을 평가하여 더욱 풍부하게 한다. 예를 들면, '말다툼'이라는 문제 이야기 속에서 우정에 금이 가고 거리감을 느껴 왔던 집단원은 말다툼 이전의 독특한 성과를 발견하고 행위의 관점과 정체성 관점에서 그것을 풍부하게 서술하여 선호 이야기를 엮어 내고 그것에 '공평하고 친절하게 말하기'라는 이름을 붙일 수도 있다.

국면 5 청중을 발굴하고 선호 이야기 공고화하기: 선호 이야기가 나타나기 시작하면, 조력자는 집단원이 그 새로운 이야기와 지속적으로 연결되도록 돕는 방법을 찾는다. 선호 이야기는 오직 그것의 진가를 알아주는 청중이 있을 때만 뿌리내릴 수 있다. 청중은 회기 중에 직접 참여할 수도 있고 그렇지 않을 수도 있으며, 실제 인물이거나 상상의 인물일 수도 있고 과거에 살았던 인물이거나 현재 살아 있는 인물일 수도 있다. 조력자는 집단원에게 "누가 이 사실을 알고 있나요?" 또는 "당신이 이렇게 말하는 것을 들어도 의심하지 않을 사람은 누군가요?"와 같은 질문을 하여 선호 이야기에 대한 청중의 역할을 해 줄 참고인을 찾아서 상담회기에 초대하도록 안내한다. 집단원은 또한 회원 재구성 대화(re-membering conversation)를 통해서 인생 클럽에 자신의 소망을 북돋우는 중요한 사람들을 초대하거나 문제를 부추기는 사람들의 회원자격을 박탈하여 선호 이야기를 더욱 공고화할 수 있다. 청중들은 또한 선언의식과 축하행사에 참석하여 집단원의 선호 이야기를 증언하거나 축하 메시지를 전달할 수 있다. 선호 이야기를 공고화하는 또 다른 방법은 치료에 도움이 되는 편지를 쓰거나 문서를 만들어 배포하는 것이다. 조력자는 집단원이 문제 이야기를 극복하는 과정에서 성취한 것을 기록하여 그에게 편지를 보내거나, 중요한 청중들에게 초대의 편지나 변화된 삶의 모습을 보증하는 편지를 보낼 수 있다. 때로는 선언문, 인증서를 만들어 집단원에게 수여하거나 편람, 기록물, 비디오테이프, 목록, 사진을 제작하여 배포할 수도 있다. 어떤 방식으로든 청중이 참여하여 집단원의 선호 이야기에 자신의 삶을 연결할 수 있다면, 이것은 선호 이야기에 활력을 불어넣고 그 이야기를 더욱 풍부하고 견고하게 할 것이다.

◉ 관점 재구성 접근

이는 '-O' 유형의 가치평가에서 비롯되는 심리적 문제를 집중적으로 다루기 위해 채택된다. 관점 재구성 접근의 기본 가정은 다음과 같다(Eron & Lund, 1996).

- 어떤 상황에서 사람들이 어떻게 느끼고 행동하는가는 그들이 그 상황을 어떻게 해석하는가에 달려 있다.
- 어떤 사람이 사건이나 상황을 어떻게 해석하는가는 대개 타인에 대한 그의 견해에 달려 있다. 이 견해는 타인의 동기와 의도에 대한 그의 해석 그리고 자신에 대한 타인의 의견을 바라보는 그의 견해를 포함한다.
- 사람들은 자신이 어떻게 행동하고 싶은지, 자신을 어떻게 바라보고 싶은지, 타인들에게 어떻게 보이고 싶은지 등에 관해서 강력한 선호 견해

(preferred view)를 가지고 있다.

- 사람들이 자신의 선호 견해와 불일치하게 행동하고, 그것과 불일치하게 자기 자신을 바라보거나, 그것과 불일치하게 타인들이 자신을 바라본다고 생각할 때, 그들은 좌절, 슬픔, 불안 등 부정적이고 불안한 정서를 경험한다.
- 자신이 원하는 방식과는 다르게 타인들이 자신을 바라보고 있다고 여기게 되면서 어떤 사람들에게 문제의 상호작용이 출현한다. 이것은 자기와 타인에 대한 견해가 바뀌고 유동적이며 불안정하게 되는 가족 전환기에 종종 일어난다.
- 문제 회로가 진화하면서, 자기와 타인에 대한 견해는 좀 더 고착되고 행위들이 좀 더 제한된다. 회로의 반복은 분열적 귀인을 강화하고 부정적 정서를 증대시키며 같은 행동을 더 많이 촉진한다.
- 문제의 상호작용이 가족생활을 지배하게 되면, 가족 구성원은 어떤 문제가 실제로 존재한다고 좀 더 확신하게 되고 그것의 원인을 자기와 타인의 지각된 결함에 돌린다.
- 조력자의 주된 과업은 내담자가 다양한 측면에서 자신의 견해와 행위 과정을 점검하고 선호 견해와 일치하게 행동하고 자기 자신이나 자신을 바라보는 타인의 견해에 대한 자신의 견해를 개선하도록 조력하는 것이다.

관점 재구성 접근의 일반적인 절차는 다음과 같다(Eron & Lund, 1996).

국면 1 치료적 대화에 접근하기: 조력자는 관점 재구성 접근의 기본 가정을 소개하고, 집단원에게 다루고자 하는 상담 문제에 대해서 각자의 생각과 감정을 말하도록 유도하고 집단원끼리 의견을 나누도록 안내한다. 이어서 조력자는 유익한 대화를 창조하기 위한 생성적 대화의 원리를 소개한다. 첫 번째 원리는 자신의 의도를 분명히 하고 자신의 행동이 타인들에게 미치는 결과를 숙고하여 그러한 결과를 선호하는지 여부를 직시하는 것이다. 조력자는 집단원에게 의도와 결과 간에 틈이 벌어질 때 문제가 발생한다고 설명한다. 두 번째 원리는 상대방의 선호에 관심을 보이고 그의 긍정적인 잠재력과 연결하여 사람들의 공감을 끌어내고 변화의 과정을 작동하는 것이다. 조력자는 집단원 각자의 선호 견해와 제휴하여 그들을 각자가 좋아하는 방식으로 존중해 주는 한 명의 중요한 타인이 된다. 생성적 대화의 세 번째 원리는 자기 자신의 선호 견해와 행동을 연결하여 새로운 행위 양식에 대한 대화를 개방하고 변화 기회를 창조하는 것이다. 조력자는 호기심과 존경심을 잃지 않는 명탐정의 자세를 유지한 채 수수께끼 같은 간단한 질문을 던지면서 집단원이 해결책을 찾는 일에 적극 참여하도록 유도한다.

국면 2 집단원의 문제 정의하기: 치료적 대화가 유익한 결과를 가져오려면 집단원의 문제를 분명하게 정의해야 한다. 조력자는 유익한 대화를 위한 8단계 평가 절차를 적용하여 집단원이 문제를 정의하도록 과정을 안내한다. 이 과정에서 조력자는 자기와 타인에 대한 집단원의 견해에 관심을 보임으로써 그들 자신의 생각과 감정 그리고 선호를 드러내도록 하고, 그들의 선호 견해에 따라 움직임으로써 집단원은 치료적 대화에 좀 더 적극적으로 참여하여 타인들이 자신에 대해 어떻게 생각하고 행동하는지 그리고 자신들은 그것에 대해 어떻게 반응하는지를 좀 더 자유롭게 이야기할 수 있다.

- *Step 1.* 조력자는 "당신이 이 집단에 참여하게 된 것은 자신의 선택인가요, 아니면 다른 사람의 권유 때문인가요?"라고 질문하여 집단원의 참여 의지를 확인한다.
- *Step 2.* 조력자는 집단원에게 문제 사태에 대하여 각자의 의도와 결과를 확인하도록 안내하고, 그들이 자신의 의도와 결과를 어떻게 해석하는지 파악한다.
- *Step 3.* 조력자는 집단원이 현재 문제에 관해서 전에 타인 도움을 받은 적

이 있는지, 조력자를 어떻게 바라보는지 탐색하여 그들과 어떻게 합류할 것인지 파악한다.

- *Step 4.* 조력자는 "문제가 사라진다면 인생이 어떻게 달라질까요?"라고 질문하여 집단원이 자신의 처지와 목표에 관해서 이야기를 시작하도록 안내한다.
- *Step 5.* 조력자는 집단원이 타인을 얼마나 존경하는지, 타인들이 자신을 어떻게 바라보고 있다고 생각하는지를 탐문한다.
- *Step 6.* 조력자는 집단원이 그들 자신과 중요한 타인에 대해서 어떤 견해와 행위를 갖고 있는지 파악한다.
- *Step 7.* 이제까지 수집된 정보를 기초로, 조력자는 집단원에게 자신들이 타인들에게 어떻게 보이기를 선호하는지 검토하도록 안내한다.
- *Step 8.* 조력자는 집단원에게 자신들이 타인들에게 어떻게 보이기를 선호하는지와 그들이 지금 타인들에게 어떻게 보이고 있다고 지각하는지 간에 갈라진 틈을 확인하여 문제를 정의하도록 안내한다.

국면 3 문제의 전개 과정 탐색하기: 집단원의 문제가 구체적으로 드러나면, 조력자는 집단원에게 문제가 발생하기 전 과거의 삶을 되돌아보고 문제의 전개 과정과 최악의 문제 사태를 탐색하도록 안내한다. 조력자는 "일이 제대로 풀릴 때는 언제였나요?" 또는 "어느 시점에서 상황이 바뀌었나요?"라고 질문하여 문제가 발생하기 전 과거에 관해서 탐문하고, 문제의 시작을 촉발한 사건이나 인생의 전환점을 파악한다. 그런 다음, 조력자는 집단원에게 '행하기(doing)-바라보기(viewing)' 회로를 이용하여 자신의 현재 행동과 자기 및 타인들에 대한 핵심 견해를 기술하고 연결하도록 안내한다. 이어서 집단원에게 현재 문제와 관련하여 중요한 타인들의 최근 행동과 집단원에 대한 핵심 견해를 파악하여 '행하기-바라보기' 회로에 덧붙이게 한다. 예를 들면, 문제의 초기 진화 단계에서 영리하고 유능한 존재로 독립하기를 원하는 집단원이 엄마의 지나친 간섭에 자주 대드는 반항 행동을 나타낼 수 있다. 이에 대해 엄마는 딸이 자신을 더 이상 존경하지 않는다고 생각하면서 잔소리하고 화를 낸다. 이러한 딸과 엄마의 행동과 핵심 견해를 '행하기-바라보기' 회로에 나타내면 [그림 4-3]과 같다.

딸(집단원)		엄마
행하기 엄마에게 반항하고 더 자주 대든다.	→ ←	행하기 딸에게 잔소리하고 더 자주 화낸다.
↑↓		↑↓
바라보기 선호: 영리한, 유능한, 독립적인 부정: 엄마는 나를 결코 사랑하지 않아.	→ ←	바라보기 선호: 훌륭한(교사), 보살피는(엄마) 부정: 딸은 나를 더 이상 존경하지 않아.

[그림 4-3] '행하기-바라보기' 회로 상자: 문제의 전개

조력자는 또한 최악의 문제 사태에서 집단원과 중요한 타인들의 '행하기-바라보기' 회로를 작성하도록 안내한다. [그림 4-4]는 최악의 문제 사태에서 엄마와 딸의 '행하기-바라보기' 회로를 나타낸 것이다.

딸		엄마
행하기 엄마에게 반항하고 더 자주 대든다.	→ ←	행하기 딸에게 잔소리하고 더 자주 화낸다.
↑↓		↑↓
바라보기 선호: 영리한, 유능한, 독립적인 부정: 엄마는 나를 결코 사랑하지 않아. 부정: 아빠는 나를 게으르다고 생각해.	→ ←	바라보기 선호: 훌륭한(교사), 보살피는(엄마) 부정: 딸은 나를 더 이상 존경하지 않아. 부정: 남편은 나를 존중하지 않고 무시해.

[그림 4-4] '행하기-바라보기' 회로 상자: 최악의 문제 사태

국면 4 내러티브 솔루션에 도달하기: 조력자는 이야기 재구성을 위한 6단계 절차를 적용하여 집단원이 해결책에 도달할 수 있도록 안내한다. 조력자는 행동의 변화를 촉진하는 치료적 대화의 요소를 강조한다. [그림 4-5]는

새로운 해결책에 도달하여 관계를 회복한 딸이 자신과 엄마의 '행하기-바라보기' 회로를 재구성한 것이다.

- *Step 1.* 조력자는 문제에 연루된 사람들의 선호 견해와 일치하고 문제 유지 행동과 모순되는 스토리를 배치한다.
- *Step 2.* 중요한 타인들에게 집단원의 선호 스토리를 유포하도록 격려한다.
- *Step 3.* 조력자는 문제의 전개에 대하여 집단원의 선호 견해와 일치하는 대안적인 설명을 개발하여 현재의 문제 유지 행동을 재구성(reframing)한다.
- *Step 4.* 집단원은 중요한 타인들을 자신의 선호와 일치하는 방향으로 바라보기 시작하며, 선호와 지각의 격차를 좁힘으로써 문제 유지 행동을 덜 유발한다.
- *Step 5.* 중요한 타인들이 서로에게 유용한 대화에 참여하기 시작한다. 이 새로운 대화는 해결책의 출현을 강화한다.
- *Step 6.* 자신과 타인들에 대한 집단원의 견해와 행위는 좀 더 유연해지고 제약을 덜 받게 된다. 이제 집단원과 중요한 타인들은 문제가 있다는 생각을 잊게 되고 그것의 원인을 더 이상 자신이나 타인들의 결함에서 찾지 않는다.

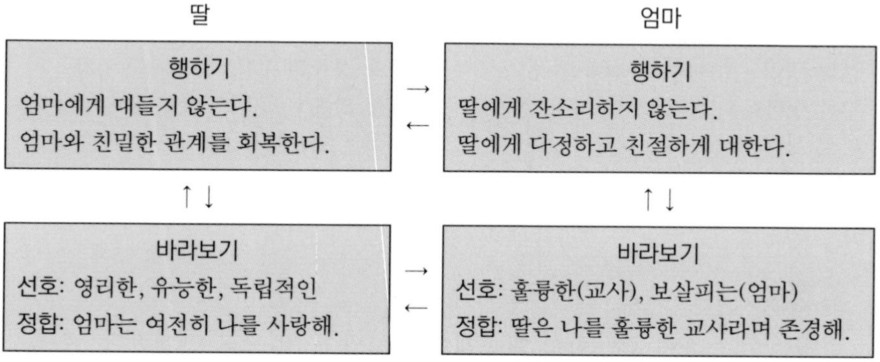

[그림 4-5] 행하기-바라보기 회로 상자: 이야기 해결책

국면 5 치료적 대화 종결하기: 상담이 종결될 때 조력자는 집단원들에게 대화의 주도권을 넘겨준다. 그들은 신뢰를 구축하고 점잖은 대화를 통해 서로에게 힘을 북돋우며 점점 더 개방적으로 대화를 나누면서 서로를 소중한 존재로 여긴다는 것을 알아챘다. 그들은 또한 서로의 선호 견해와 불일치하는 문제의 행동을 중단하고 서로의 선호 견해에 따라 행동을 선택하여 친밀한 관계를 회복한다.

5회기부터 7회기까지는 각 회기에서 집중적으로 다루고자 하는 상담 문제를 중심으로 4회기에서 학습한 상담 과정과 상담 전략을 적용하여 해결책을 논의하고 시연한다. 조력자와 집단원은 매 회기마다 정해진 상담 문제를 정의하고 상담 과정과 상담 전략을 반복적으로 적용하고 직접 시연함으로써 문제해결을 충분히 숙달할 수 있다. 이 과정에서 조력자는 또한 집단원의 역할을 적절히 분담하여 모두가 골고루 참여할 수 있는 기회를 갖도록 안내한다. 마지막 회기에서는 3회기에서 구성한 자기가치화 시스템을 점검하여 재구성하고 서로 공유한 다음, 집단의 성과를 점검하고 집단 과정을 마무리한다.

사례 3 정신 통합을 위한 체험학습 프로그램

자아 탐색을 활성화하고 정신 통합을 안내하기 위한 체험학습 프로그램을 소개한다. 이 프로그램은 모두 7단계 과정으로 나누어 진행된다. 1단계에서는 심신 이완을 통해 내면으로의 여행을 준비한다. 2단계에서는 과거와 현재 그리고 미래로의 시간 여행을 통해 자아의 비동일성을 체험한다. 3단계에서는 신체 감각을 통해 느껴지는 다양한 자아의 모습을 탐색하고, 4단계에서는 두 명씩 짝을 이루어 "당신은 누구입니까?"라는 실존적 물음에 대답하기를 통해 자아의 지배 구조를 파악한다. 그다음 5단계에서는 자아의 고착 상태에서 벗어나기 위한 자아의 해체 작업을 시도하고, 6단계에서는 '장미의 체험'을 통해 비자기의 상태에 도달하기 위한 시각화 연습을 시도한다. 마지막 7단계에서는 '현자와의 대화'를 통해 높은 자기로 도약하기 위한 이성적 본능으로의 여행을 시도한다. 1단계에서 4단계까지는 무의식에 잠재된 하위 성격(또는 준자아)를 활성화하고 자기의 비동일성을 의식하기 위한 체험 과정이고, 5단계에서 7단계까지는 정신 통합을 위한 체험 과정이다. 다음은 체험을 안내하기 위한 시나리오의 예다(夜田雄三, 1993).

◉ 단계 1: 내면으로 들어가기 위한 심신 이완

눈을 감고 자기에게 가장 편안한 자세를 취하십시오. 직장, 가정 등 복잡하고 조급하고 어수선한 일상적인 생활에서 빠져나오십시오. 그리고 내면에 주의를 집중합니다. 눈을 감고 마음을 평정하도록 합니다.

이제부터 내가 지시하는 동작을 취하여 주십시오.

자신의 호흡에 의식을 집중하십시오. 이 평온한 사람은 숨을 크게 내쉬고 들이마십니다. 숨을 내쉴 때마다 피로와 긴장을 밖으로 몰아내듯이 호흡을 합니다.

만일 허리가 아프거나 불편한 곳이 있는 사람은 그곳에 의식을 모아도 됩니다. 중요한 것은 자연스러운 자기의 모습 그대로를 체험하는 것입니다.

◉ 단계 2: 과거-현재-미래의 나에게로 여행하기

이제는 나의 질문에 따라서 여러분은 마음속으로 대답해 주시기 바랍니다.

- 지금 여기에 있는 당신은 누구입니까?
- 왜 당신은 여기에 있습니까?
- 그리고 당신이 여기에 있는 이유는 무엇입니까?

이제는 어제 있었던 일 중에서 한 가지를 생각해 주십시오. 그 상태의 당신에게 의식을 모아 봅시다.

- 어제 그때의 당신은 누구입니까?
- 어제 그때의 당신과 지금 여기 있는 당신은 똑같습니까? 아니면 다른

당신입니까?

그러면 이제는 조금만 더 당신의 과거로 여행을 해 봅시다. 금년 정월 초하룻날의 어떤 정경을 떠올리십시오. 그때의 당신에게 의식을 집중하십시오.

- 그때의 당신은 누구였습니까?

이제는 좀 더 먼 과거로 돌아가 보겠습니다. 고교시절의 한 정경을 떠올리고 그곳에 의식을 모아 봅시다.

- 그때의 당신은 누구입니까?
- 고교 때의 당신, 금년 설날의 당신, 어제의 당신, 지금 여기에 있는 당신은 같은 당신입니까? 다른 당신입니까?

이제는 더 멀리 과거로 돌아가 봅시다. 초등학교 1, 2학년 시절의 한 정경을 떠올리십시오. 자신의 경험에서 한 가지를 그려 보고 그것에 의식을 집중하십시오.

- 그때의 당신은 누구입니까?
- 그때의 당신은 고교생으로서의 당신과, 금년 설날의 당신과, 어제의 당신과, 그리고 지금 여기에 있는 당신과 같은 당신입니까? 다른 당신입니까?

이제는 아주 더 멀리 과거로 돌아갑니다. 다음 지시에 따라서 상상으로 이미지를 떠올리십시오. 당신이 어머니의 태 안에서 "응애" 하고 태어났던 순간을 상상하십시오.

- 그때의 당신은 누구입니까?
- 그때의 당신과 여기 지금의 당신은 같습니까? 다릅니까?

이제부터는 미래로 여행을 하겠습니다.

당신에게 내일 아침 오전 중에 있을 수 있는 어떤 정경을 떠올리십시오.
- 그 속에 있는 당신은 어떤 당신입니까?
- 지금 여기의 당신과 같습니까? 다릅니까?

이제는 지금으로부터 10년 후의 당신을 상상하십시오.
- 10년 후에 당신은 어디서 무엇을 하고 있습니까?
- 그 당신은 누구입니까?
- 지금 여기에 있는 당신과 같습니까? 다릅니까?

좀 더 멀리 미래로 갑니다. 생명을 가진 우리는 언젠가는 죽음을 맞이하게 됩니다. 당신이 출생했던 것과 같이 죽음도 있습니다. 싫겠지만 죽음을 상상해 봅시다. 당신이 죽는 때를 상상하십시오. 죽음을 맞이하여 그것을 수용하는 당신의 이미지를 상상하십시오.
- 그때의 당신은 누구입니까?
- 그때의 당신과 지금 여기 있는 당신은 같습니까? 다릅니까?

우리는 반드시 죽음을 맞이하게 됩니다.
- 그때의 당신은 누구입니까?
- 그때의 당신과 지금 여기 있는 당신은 같습니까? 다릅니까?

이제는 눈을 감은 채 숨을 크게 쉽니다. 어깨와 몸에서 긴장을 풉니다.

--(음악 흐름)--

⦿ 단계 3: 신체 감각을 통한 자아 체험-'알아차리는 나는 누구인가?'

또다시 호흡에 의식을 모읍니다. 크게 호흡할 때에는 이 세상의 산소를 모두 마시는 기분으로 들이마시고 숨을 내쉴 때에는 몸속의 피로와 찌꺼기를 남김없이 몰아낸다는 기분으로 내쉬십시오. 오직 호흡에만 의식을 집중합니다.

이번에는 오른손 검지에 의식을 집중합니다. 검지 끝에 당신의 전부가 있습니다.

- 그럼 오른손 검지 끝에 있는 당신은 누구입니까?

다시 여러분의 의식을 왼발의 엄지발가락에 모으기로 합니다. 엄지발가락이 당신의 전부입니다.

- 그럼 엄지발가락을 의식하고 있는 당신은 누구입니까?
  엄지발가락에 나의 전신을 의지하고 걷기도 하고 서기도 합니다. 당신의 의식은 지금 그 왼발 엄지발가락에만 있습니다.

지금부터는 당신의 의식을 옮겨서 청각에 집중하십시오. 당신이 마치 귀 자체인 것처럼 귀를 통해서 들어오는 모든 소리에 의식을 모읍니다.

- 지금 소리의 세계를 의식하는 당신은 누구입니까?

이제 당신은 마음속에 칠판을 떠올리십시오. 상상 속의 그 칠판에 백묵으로 원을 하나 그리십시오. 당신의 의식을 그 원 안으로 집중시킵니다.

- 그 원을 의식하는 당신은 누구입니까?
- 그런데 지금 나의 질문에 대답하고 있는 당신을 의식하는 그 당신은 도대체 누구입니까? 즉, 당신 자신을 객관적으로 바라보는 당신은 도대체 누구입니까?

--(음악 끝남)--

이제는 몸을 편안하게 하고 손발을 움직이면서 몸을 풀어 주십시오.

그리고 당신이 체험한 느낌과 생각한 것을 옆 사람과 자유롭게 대화를 나누겠습니다.

이제까지의 체험은 외부 환경과 내부 환경의 차이를 뛰어넘어서 자기 속

[의식의 주체로서 나(I)와 의식의 대상으로서 나(me)의 상태 중에서 'I' 자체]에 들어가기 위한 심신의 이완을 연습하였습니다.

◉ 단계 4: 실존적 질의응답을 통한 자아 점검-'당신은 누구입니까?'

정신 통합의 강의에 들어가기 전에 한 가지 체험학습을 좀 더 해 보겠습니다. 이 체험학습은 정신 통합 과정에 가장 중요하고 기본이 됩니다.

자기 자신의 의식 자체에만 주의를 집중하고 상대방의 일은 전혀 의식하지 않도록 합니다. 자기 자신만을 생각하고 자기를 반추해 나아가는 체험을 하도록 합니다. 상대방이 무어라고 대답하는가를 의식하지 말고 자기 마음속의 생각, 느낌을 어떻게 표현하는가에만 주목합니다.

이제부터 두 사람이 마주 보고 앉습니다. 무릎 위에 두 손을 얹고 시선을 마주 봅니다. 그리고 상대방의 눈동자 속에 있는 자기 자신의 영상을 들여다 봅니다.

A와 B 두 사람이라고 할 때 A가 B에게 묻고 다음은 역할을 교대합니다. A가 B에게 "당신은 누구입니까?"라고 물으면, B는 "나는 ○○○입니다."라고 완성형 문장으로 대답합니다.

다음과 같이 예문을 들어 보겠습니다.

〈예문〉

- 문: 당신은 누구입니까?
- 답: 나는 ○○○입니다.
- 문: 당신은 누구입니까?
- 답: 나는 여자입니다.
- 문: 당신은 누구입니까?
- 답: 나는 세포로 이루어진 생물입니다.
- 문: 당신은 누구입니까?

- 답: 나는 가끔 거짓말을 하는 사람입니다.
- 문: 당신은 누구입니까?
- 답: 나는 잘난 체하는 사람입니다.

예문과 같이 질문자는 똑같은 질문을 계속하고 응답자는 매번 다른 대답을 합니다.

그러면 시작하겠습니다.

반드시 상대방의 시선을 바라보면서 진행하십시오. 웃거나 부끄러워하는 사람이 있겠습니다만, 상대방은 그것을 알아차릴 겨를이 없습니다. 이번에는 B에게로 갑니다.

(약 2분 후 대화를 중단하고 쌍방이 모두 눈을 감는다.)

눈을 감고 크게 숨을 내쉽니다.

그리고 마친 다음에 느낌을 서로 교환합니다.

(이러한 대화를 여러 차례 1~2분 간격으로 교환하여 반복한다.)

오늘 시간에는 한 가지 사실에 초점을 맞추어 진행하려고 합니다. 이와 같이 '당신은 누구입니까?(Who are you?)' 그리고 '나는 누구인가?(Who am I?)' 라는 질문은 실존적인 질문이라고 하는데, 이 문제를 '정신 통합'의 입장에서 생각해 보기로 하겠습니다.

⦿ 단계 5: 자아의 해체-자아 고착에서 벗어나기

다시 편안한 자세로 긴장감을 풀어 주십시오.

눈을 감고 양손을 무릎에 얹고 손바닥이 위를 보게 합니다.

--(음악 흐름)--

이제부터 내가 몇 개의 짧은 문장을 읽을 때 여러분은 그 문장을 마음속으로 따라서 하십시오.

[제1부]

- 나는 육체를 갖고 있다.
- 나는 여러 가지 감정을 갖고 있다.
- 나는 불안과 의문을 갖고 있다.
- 나는 사회적 지위를 갖고 있다.
- 나는 재산을 갖고 있다.
- 나는 여러 가지 생각을 갖고 있다. (약간의 간격을 두고)

[제2부]

- 나는 육체를 갖고 있다. 그러나 나는 육체는 아니다.
- 나는 여러 가지 감정을 갖고 있다. 그러나 나는 감정은 아니다.
- 나는 사회적 지위를 갖고 있다. 그러나 나는 사회적 지위가 아니다.
- 나는 아픈 감정을 갖고 있다. 그러나 나는 아픈 감정이 아니다.
- 나는 재산을 갖고 있다. 그러나 나는 재산이 아니다.
- 나는 불안과 의문을 갖고 있다. 그러나 나는 불안이나 의문은 아니다.
- 나는 여러 가지 생각을 하고 있다. 그러나 나는 생각은 아니다.

[제3부]

- 그러면 도대체 나는 누구인가? 그러면 도대체 나는 누구란 말인가?
- 나는 도대체 무엇인가?
- 나는 나의 순수한 의식의 중심이다. 그리고 나의 의지의 중심이다. 나는 나이고 나 이외의 아무것도 아니다.

◉ 단계 6: 장미의 체험-비자기 상태에 도달하기

눈을 감은 채 당신은 이제부터 자연의 오솔길을 산책하고 있습니다. 당신은 푸른 자연의 들판을 거닐고 있습니다. 저편에는 장미 꽃밭이 보입니다. 당신은 장미 꽃밭을 향해서 걸어갑니다. 점점 가까워집니다. 당신은 한 그루의 장미덩굴 앞에 멈추어 섭니다. 그리고 잎과 봉오리를 달고 있는 장미덩굴을 응시합니다. 당신은 의식의 중심을 그 장미덩굴에 집중시킵니다. 봉오리의 끝에서 줄기와 뿌리까지 당신의 의식을 집중시킵니다.

당신의 시각을 사용해서 당신이 알 수 있는 장미의 세계를 탐구합니다.

이번에는 당신의 의식을 그 봉오리에 모읍니다. 봉오리는 닫혀 있고 장미는 아직도 초록빛입니다. 장미의 분홍색 봉오리 끝이 희미하게 보이기 시작합니다. 그곳을 응시하고 의식을 모읍니다. 봉오리 끝이 아주 천천히 열립니다. 봉오리 끝은 바깥쪽으로 열리고 꽃잎이 나타납니다. 점점 꽃이 열립니다. 아주 천천히 열립니다. 드디어 완전히 열렸습니다. 아름다운 장미꽃입니다. 장미 향기를 맡아 보십시오. 장미 향기를 깊게 들이마십시다. 땅에서 양분이 줄기를 통해서 꽃으로 올라오는 것을 상상합니다.

다음에 당신은 다시 다른 장미 꽃봉오리로 의식을 향하여 그 꽃봉오리를 응시합니다. 당신은 모든 에너지를 그 장미에게 집중시킵니다. 그래서 이번에는 먼저와 달리 당신의 의식을 그리고 당신의 심적 에너지를 그 장미 속으로 끌어넣습니다. 봉오리 속에 당신의 의식을 던져 넣습니다. 그리고 당신 자신이 봉오리가 됩니다. 당신 자신이 장미 속으로 들어감으로써 몸소 봉오리의 개화를 체험합니다.

당신의 의식을 장미 속으로 몰아넣고 천천히 개화를 체험합니다. 나는 잠시 말하는 것을 멈추겠습니다.

--(음악 흐름)--

이제 당신은 장미 속에서 밖으로 의식을 천천히 되돌립니다. 그리고 객관적으로 장미를 둘러볼 수 있는 장소로 되돌아옵니다. 처음에 당신이 갔던 자연의 오솔길을 따라 걸으면서 처음의 장소로 되돌아옵니다. 지금 당신의 육체와 정신은 매우 이완되고 아주 가라앉아 있습니다. 기분이 아주 좋습니다.

다시 이 방 안으로 되돌아옵니다. 자기의 호흡에 의식을 집중하고 의자를 등과 허리로 느끼면서 발을 가볍게 움직여 봅니다.

이 방의 천정을 마음의 중심에서 생각하면서 천천히 이 방으로 되돌아옵니다. 양손을 쥐었다가 폈다가 움직이고 다시 발도 움직여 봅니다.

◉ 단계 7: 현자와의 대화-높은 자기를 향한 이성적 본능으로의 여행

이제부터 다시 당신 속에 있는 내면의 진정한 당신과 일치시키기 위해 조용하고 평안한 자연의 정경(情景)을 머릿속에 그려 주시기 바랍니다. 그리고 당신 자신이 그 자연 속에 있는 모습을 떠올리십시오. 조용하고 침착하고 평안한 기분에 잠기면서 정숙하고 평온한 자연의 정경 속에 몸을 맡긴 당신 자신을 생각에 떠올리십시오. 당신을 둘러싸고 있는 여러 가지 생명력을 느껴 보시기 바랍니다.

--(음악 30초)--

평안하게 당신은 지금 당신의 정신 깊은 곳에 존재하는 진정한 자기와 일치하고 있습니다. 편안하고 여유 있게 지금 당신의 신체와 두뇌와 정신은 완전히 정지하고 포근한 상태에 있습니다.

--(음악 45초)--

조용한 자연의 초원을 걸으면서 저편에 보이는 언덕을 향하여 걸음을 계속하십시오. 저쪽에 언덕이 보입니다. 그 언덕을 향해서 계속 거닐고 있습니다.

--(음악 30초)--

지금 당신은 자연의 오솔길을 거닐고 있습니다. 오솔길을 걷고 있는 당신의 모습을 보면서 이 상쾌한 기분을 맛봅니다. 언덕을 향해 걷고 있으면 길

은 조금 구부러져 있고 짧은 거리이지만 오르막길이 나타납니다. 언덕을 넘어서 앞으로 계속 걸어갑니다. 시야는 점점 더 넓어지고 기분 좋은 초원이 시원하게 펼쳐집니다. 잠깐 멈춰서 이 자연의 초원과 꽃들을 관찰합니다. 무슨 꽃향기가 풍겨 오지 않습니까? 당신은 이 꽃들과 초원에서 어떠한 인상을 받고 있습니까? 바람이 불고 있습니까? 그 초원에 피어 있는 꽃들을 당신은 보고 있습니다. 보고 있을 뿐만 아니라 꽃을 마음으로 느낍니다. 이 목초지에 피어 있는 꽃들 중에서 한층 아름답고 산뜻한 꽃에 주의를 기울입니다. 그 꽃으로 다가가서 자세히 살펴봅니다. 꽃은 점점 더 크게 보입니다. 당신의 의식을 그 꽃에 깊숙이 감추어진 꽃의 중심으로 집중시킵니다. 어떤 선입관도 갖지 않고 잠깐 그 꽃, 그 꽃의 존재나 본질 또는 생명을 지금 당신 자신이 체험합니다. 그 꽃의 색깔과 밝음 그리고 촉감과 온도는 어떻습니까? 느낄 수 있는 모든 것을 느껴 보십시오. 향기와 색깔, 살아 있음을 나타내는 모든 것을 지금 샅샅이 찾아봅시다.

--(음악 15초)--

그럼 당신은 의식을 밖으로 돌려서 다시 한 번 언덕의 오솔길을 계속 걸어가십시오. 점점 더 산길로 접어듭니다. 도중에는 작은 시냇물이 졸졸졸 흐릅니다. 당신은 그것을 감상하고 풀과 꽃을 느끼면서 시냇물의 흐름을 따라 점점 산 위로 올라갑니다.

--(음악 25초)--

큰 나무들이 점점 시야에 들어옵니다. 산 중턱까지 올랐습니다. 길은 점점 더 험해집니다. 저쪽에서 바위와 낭떠러지가 보이기 시작합니다. 발부리에 주의하면서 계속 산길로 들어가십시오. 험한 길을 걸으면서 큰 나무나 숲속을 계속 걸어갑니다.

--(음악 18초)--

바위를 오르고 숲속을 지나서 걸어갑니다. 바로 앞에는 큰 낭떠러지가 있습니다. 그 낭떠러지를 지나면서 발부리에 주의를 합니다. 계속 앞으로 걸어가면 저쪽에 동굴이 보입니다. 계속해서 같은 속도로 동굴 쪽으로 걸어가십시오. 아래쪽도 내려다보고 나무들도 보면서 그 동굴 쪽으로 갑니다. 지금 당신은 동굴 앞에 서 있습니다. 아주 이상한 동굴을 눈앞에 두고 서 있습니다. 지금 당신은 그 동굴 속으로 들어갈 준비를 합니다. 자기가 지금 동굴 앞에 멈춰 서서 거기에 무엇이 있는가, 서 있는 자신을 확인하십시오. 그리고 천천히 동굴 속으로 발길을 옮깁니다. 점점 더 동굴 속으로 들어갑니다.

안에는 아주 어둡습니다. 그러나 무엇인가에 끌려 당신은 계속 안으로 걸어갑니다. 차갑고 습한 바람을 느끼면서 안으로 나아갑니다.

--(음악 28초)--

당신은 이제부터 동굴 속을 탐험합니다.

--(음악 23초)--

계속 걸어서 나아가면 안쪽에서 희미한 빛이 비쳐 옵니다. 당신은 불안과 공포 그러면서도 한편으로는 안도감을 느끼면서 동굴 속으로 계속 들어갑니다.

--(음악 15초)--

빛이 점점 가까워집니다.

--(음악 10초)--

그 빛은 한 자루의 촛불임을 알았습니다. 지금 당신은 촛불 쪽으로 다가갑니다. 지금 당신은 한 노인이 촛불 옆에 서 있는 것을 발견합니다. 얼굴을 잘 알아볼 수 없습니다. 백발의 한 노인을 보았습니다. 노인이 당신을 바라봅니다. 당신도 이상한 기분으로 노인의 얼굴을 보고 있습니다. 당신은 바로 선

채 노인과 시선을 마주칩니다. 노인의 얼굴을 잘 보십시오. 표정은 확실히 알 수 없으나 미소와 따뜻함을 느낍니다. 당신은 지금 자신이 갖고 있는 문제를 그 노인에게 말하고 싶은 기분이 생깁니다. 모든 것을 맡기고 싶은 자신을 느낍니다.

지금부터 당신은 노인의 미소를 받으면서 이야기를 시작합니다.

--(음악 40초)--

노인은 살며시 당신에게 손을 내밉니다. 노인이 오른손에 갖고 있는 작은 상자에 주의를 기울여 주십시오. 촛불 빛에 비쳐진 노인의 오른손에는 작은 황금빛깔의 상자가 있습니다. 노인은 따뜻하고 부드러운 얼굴로 그 상자를 당신에게 건네줍니다. 지금 당신은 그 상자를 받습니다.

--(음악 15초)--

노인은 마지막으로 당신에게 미소를 짓고 촛불 빛에서 사라집니다. 당신은 지금 이상한 기분에 젖어 있습니다. 마음도 몸도 아주 평안해진 것 같습니다. 지금까지 당신이 찾아 헤매던 것을 당신이 받은 것 같습니까? 조용히 동굴의 출구를 향해 걸어가십시오. 계속 나아갑니다.

--(음악 15초)--

자기 손에 들고 있는 황금빛깔의 상자를 소중히 간직한 채 당신은 동굴에서 밖으로 나옵니다. 동굴의 차가운 물과 바람을 느끼면서 나옵니다. 조금 전과는 다른 이상한 기분으로 동굴에서 나옵니다.

--(음악 30초)--

동굴에서 나와서 이번에는 그 오솔길을 따라서 산의 정상으로 올라갑니다. 자기 속도로 계속 산꼭대기로 향해 올라갑니다.

--(음악 50초)--

자기 속도로 산의 정상을 향하여 올라갑니다. 정상에 오르면 이제까지 자기가 걸어온 길을 되돌아보기 바랍니다. 나는 잠시 말하는 것을 멈추겠습니다.

--(음악 35초)--

그러면 다시 한 번 오솔길을 따라서 최초의 초원까지 자기 속도로 돌아오십시오.

--(음악 7분 40초)--

당신이 자기의 내적 상태에 들어가서 정신의 내면 깊숙이 존재하고 있는 진정한 자기에 도달했을 때 심신에는 반드시 좋은 영향이 나타나게 됩니다.

그러면 이제부터 이 방 안으로 되돌아오는 준비를 합니다. 이제부터 내가 무지개의 일곱 가지 색깔을 보라부터 빨강까지 순서에 따라 그려 나가겠습니다. 그리고 빨강까지 도달했을 때 당신은 눈을 뜨십시오. 그때 당신의 심신은 건강 그 자체이며 활력이 넘치고 상쾌하고 생명력이 충만합니다. 나는 이제부터 일곱 가지 색깔을 순번대로 그려 나가겠습니다. 보라…… 남색…… 파랑…… 초록…… 노랑…… 주황…… 빨강…….

성과와 반성

이 장에서는 맥락주의 은유와 정신 통합 이론 그리고 이야기 치료의 관점에서 개인의 자기가치화 시스템을 구성하고 재구성하기 위한 자기직면 학습의 기본 개념과 절차 모형을 제시하고 사례 분석을 통해서 그 적용 가능성을 검토하였다. 맥락주의 은유와 이야기 치료에서는 인간을 동기화된 이야기꾼으로 가정하고 이야기 구성과 재구성을 통해 삶의 개선을 도모하고자 시도한다. 정신 통합 이론에 의하면, 개인은 무수한 자기들의 공동체로서 특정 자아의 지배 구조를 해체하여 더 높은 자기에로의 통합을 건강한 삶의 목표로 가정한다. 자기직면 학습은 자기를 가치평가의 체계화 과정으로 이해하려는 자기가치화 시스템을 중심으로 전개된다. 그것은 개인의 개별적인 경험에 기초하여 가치평가의 전형적인 요소를 파악하고, 그것에 내재된 기본적인 심리적 동기를 규명하여 개인의 자기가치화 시스템을 점검하고 변화의 방향을 모색하기 위해 제안된 하나의 체계적인 접근 모형이다. 이 마지막 절에서는 자기직면 학습에 기초한 자아 통합의 성과와 과제를 점검하고 학교 교육 실제에서 자기직면 학습의 적용 방안을 제시한다.

성과와 과제

자기직면 학습은 학습자를 평가받아야 할 객체 또는 변화되어야 할 대상으로서가 아니라 변화는 물론 평가의 주체로서 분명하게 전제하고 있다. 그것은 본질적으로 조력자와 학습자 사이에서 형성되는 창조적인 담화 관계를 반영하고 있으며, 그들은 각자 자신의 분야에서 독특한 전문성을 지니고 있다. 조력자는 일차적으로 학습에 관한 보편적인 이론과 방법론에 관한 전문가인 반면, 학습자는 그의 생활 장면에서 일어나는 특수한 경험에 관한 지식의 전문가다. 두 사람의 만남은 서로에게 자각과 성찰적인 변화의 기회를 제공한다. 자기직면 학습은 이러한 창조적인 담화 관계를 통해서 학습자에게 그의 자기가치화 시스템을 점검하고 개선하기 위한 기회를 제공한다.

이 장에서는 개인의 자기가치화 시스템에 포함된 중심적인 가치평가를 그것에 연합된 기본적인 동기와 정의적 양상에 따라 여섯 가지 유형(+S, -S, +O, -O, +HH, -LL)으로 분류하여 각 유형에 귀속된 가치평가의 원형적 특징을 개괄하였다. 그리고 서로 다른 심리적 동기와 감정 패턴을 반영하는 가치평가의 유형에 따라 자아정체성 문제로 심리적 고통을 겪고 있는 내담자를 이해하고 조력하기 위해 개발된 체계적인 개입 전략을 소개하였다. 일차적인 자기 탐색을 통해서 특정한 유형의 감정 패턴과 강하게 연합된 가치평가에 의해서 지배되는 개인은 대체로 일정한 방향으로 변화를 추구한다. 예를 들면, 개인의 자기가치화 시스템에서 지배적인 가치평가들이 '—LL' 유형의 감정 패턴과 강하게 연합되어 있어 심리적인 고통과 불편을 호소하는 내담자는 먼저 '-S' 유형이나 '+S' 유형의 가치평가로 이동하고 나서 점차적으로 '+HH' 유형의 가치평가로 이동하는 경향이 있다. 또한 개인의 자기가치화 시스템이 '-O' 유형의 감정 패턴과 강하게 연합되어 있어 유의미한 타인의 상실에서 오는 불안과 죄의식을 호소하는 내담자는 치료적 개입이 성공적일 때 대체로 자기 유지 및 확장을 위한 투쟁 동기를 고취하고 성취하는 방향으로 이동한다. 이는 상담 과정에서 S-동기의 발달이 O-동기의 발달에 앞서 이루어져야 한다는 것을 시사한다. 하지만 상담 장면에서 모든 내담자가 이러한 방향으로 변화하는 것은 아니며, 예외적인 사례가 자주 발견된다는 점을 간과해서는 안 된다.

또한 가치평가의 유형화에 따른 심리적 동기를 분석한 결과는 S-동기, 곧 자기 유지 및 확장을 위한 투쟁 동기와 O-동기, 곧 타인 접촉 및 제휴에 대한 열망 동기가 근본적으로 서로 독립적인 관계를 유지하고 있음을 시사한다. 한 개인이 어떤 상황에 효과적으로 적응하려면 이 두 가지 동기 중에서 어느 한쪽을 잠시 포기해야 할 경우가 발생할 수 있으며, 이는 언제든지 심리적 갈등을 야기하는 주요 원천으로 작용할 수 있다. 언뜻 생각하면 이런 상황에서는 위험한 외부 세력과 결속하고 싶은 감정을 용인하게 될 경우 오히려 역기능을 야기할 수 있으며, 자기를 유지하기 위한 대처 반응이 좀 더 효과적일 수도 있다. 이와는 대조적으로, 개인이 각별히 미적 충만감이나 종교적 신비감을 경험하고 싶어 한다면 자기 향상을 위한 투쟁을 잠시 접고 가능하다면 주변에서 직접 경험하는 세계에 개방적인 자세를 유지할 필요가 있다. 하지만 개인의 자기가치화 시스템이 통합적인 모습을 유지하기 위해서는 S-동기와 O-동기를 균형 있게 드러낼 수 있어야 한다. 이는 개인이 S-동기와 O-동기에 연합된 가치평가의 양쪽 모두에 반응할 수 있는 유연성을 지니고 있어야 한다는 것을 의미한다.

언뜻 보면, '+HH' 유형의 가치평가는 자기 유지 및 확장을 위한 투쟁을 반영하는 S-동기와 타인 접촉 및 제휴에 대한 열망을 반영하는 O-동기가 모두 충족된 상태를 반영하고 있으며, 대개 높은 수준의 긍정적 정서(예: 기쁨, 행복 등)와 연합된다. 이러한 까닭으로 인해 사람들은 '+HH' 유형의 가치평가를 자기가치화 시스템의 이상적인 모습이라거나 최종적인 목표로 가정할 수도 있다. 그러나 개인의 자기가치화 시스템이 오직 한 가지 유형의 가치평가들만으로 구성되어 있다면, 그의 삶은 매우 경직된 모습을 보일 수도 있다. 이러한 개인은 하나의 고정된 위치에 머물러서 좀처럼 움직이지 않을 것이고 환경에 적응하는 과정에서 경직되고 비효율적으로 대처하게 될 수도 있다. 따라서 개인의 자기가치화 시스템은 결코 고정된 상태로 머물러서는 안 된다. 그것은 단일한 형태의 가치평가만으로 구성되어서는 안 되고 다양한 형태의 가치평가를 포함하여 개인이 자신의 주변을 에워싸고 있는 환경의 변화에 어느 정도 민감성을 유지할 수 있어야 한다.

또한 개인은 자기가치화 시스템에서 자신이 처하게 될 순간적인 상황에 따라서 어떤 동기에 연합된 가치평가로부터 다른 동기에 연합된 가치평가로 유연하게 이동할 수 있어야 한다. 이러한 유연성을 발휘하려면 개인은 S-동기와 O-동기를 확실히 변별해서 자신이 처하고 있는 상황에 따라서 어떤 동기를 배경으로 밀어내는 동시에 다른 동기를 전경으로 떠올릴 수 있어야 한다. 심리적으로 건강한 개인은 자신을 둘러싸고 있는 주변 상황의 변화에 민감하게 반응함으로써 자기가치화 시스템에서 고도의 유연성을 발휘할 수 있다. 따라서 '+HH' 유형의 가치평가가 한 개인의 자기가치화 시스템을 구성하는 유일한 형태라거나 최종적인 모습으로 간주되어서는 안 되고, 순간의 상황에 따라서 다른 형태의 가치평가로 이동할 수 있도록 좀 더 포괄적이고 융통성 있는 자기가치화 시스템을 개발하여 삶의 유연성을 유지할 필요가 있다.

교육적 반성

자기직면 학습은 상담 영역에서뿐만 아니라 정의적 학습목표를 중시하는 교육과정 영역에서도 광범위하게 적용될 수 있다. 학교 교육 실제에서 자기직면 학습을 적용하여 학습자의 자기가치화 시스템을 구성하여 점검하고 개선을 모색하기 위한 체계적인 전략을 수립할 때 가능한 대안을 제시하면 다음과 같다.

첫째, 자기직면 학습은 학습자의 자기가치화 시스템을 구성하고 재구성하는 총체적인 접근방법으로서 삶의 질과 방향성을 점검할 기회를 제공한다. 예를 들면, 개인이 내적 긴장이나 대인 갈등에 직면할 때, 신체 기능의 둔화와 인지 기능의 와해 그리고 작업 능률의 갑작스런 저하를 자각할 때, 또는 여타의 과도한 스트레스를 경험하게 될 때가 있다. 이 때에는 체계적인 자기탐색을 통해서 자신의 자기가치화 시스템을 개발하고 연합된 감정 양식을 분석하여 표면 수준의 스토리와 잠재 수준의 동기를 함께 고려함으로써 현실적인 문제의 심층적인 원인을 파악할 수 있다.

둘째, 자기직면 학습은 학습 장면에서 조력자와 학습자가 하나의 담화 관계를 수립하고 서로에 대해서 자기 성찰과 변화의 방향을 모색할 수 있는 기회를 제공한다. 자기직면 학습을 통해서 개발된 자기가치화 시스템은 개별적인 면접에서 담화를 위한 매개적 수단으로 이용될 수 있으며, 이는 학습자가 삶의 주체가 되어 정체성 문제를 비롯해서 진로 선택을 위한 의사결정 능력을 개선함은 물론 심리적인 역기능과 관련된 제반 문제를 심층적으로 이해하고 해결책에 이르는 길을 체계적으로 안내할 것이다. 또한 조력자는 창조적인 담화 관계를 통해서 경험한 독특한 사실에 기초해서 자신의 이론을 검토하고 수정할 수도 있다.

셋째, 자기직면 학습은 학교 교육 실제에서 교육과정의 내재적 목표와 개인적인 연관성을 검토하는 수단으로서 교육과정의 정당화를 위한 새로운 해석의 틀을 제공하며, 또한 특정 교육과정 안에서 학습자의 일탈 원인을 규명할 수 있는 체계적인 접근방법을 제시한다. 학교 교육의 교육과정을 구성하고 있는 설화, 문학, 예술, 과학 등의 주제는 나름대로 집단적 스토리로서 문화의 가치를 반영한다. 이것들은 개별적 스토리로서 학습자의 자기 이야기에 반영된 자기가치화 시스템의 측면에서 새롭게 재해석될 수 있으며, 이러한 재해석을 통해서 조력자로서 교사는 교육과정의 내재적 목표에 대한 개인적 관련성을 검토하여 학습자의 학습동기와 정의적 학습 성과를 평가하고 개선할 수 있다. 더욱이 학습자가 특정 분야의 교육과정에 흥미를 상실하거나 학업부진 현상을 나타낼 때에는 집단적 스토리로서 문화의 가치를 반영하는 교육과정 및 교수 방법의 주제와 개별적 스토리로서 자기 이야기의 가치평가 사이에서 불일치로 인한 심리적 갈등을 경험할 수도 있다.

끝으로, 자기직면 학습은 지적 성취 과정에 지나치게 몰입하고 있는 객관적인 평가 시스템에 대한 하나의 대안적인 접근방법으로서 개별 사례에 기초한 참여자 중심의 평가 체계를 도입할 것을 제안하고 있다. 학습자를 평가받아야 할 대상으로 바라보던 전통적인 접근방식과는 달리, 자기직면 학습에서는 학습자 역시 평가의 주체로서 자기가치화 시스템의 구성과 분석에 적극적으로 참여한다. 더욱이 자기가치화 시스템은 개인의 심리적 문제에 대한 진단 체계와 중재 체계를 분리하지 않고 있으며 양적 측정과 질적 분석 사이에서 한 차원 높은 통합 가능성을 함축하고 있다. 그럼에도 자기직면 학습은 가치평가 이론과 논리적으로 묶여 있지 않으며, 자기가치화 시스템은 표준화 검사로 고안된 것도 아니다. 더욱이 이러한 시도는 학습자 평가에 대한 전통적인 접근방법을 대체하려는 것이 아니며 통합적 접근을 위한 하나의 탐색적 시도로서 제안된 것이다. 따라서 자기가치화 시스템은 정신 기능의 효율성에 대한 평가와 상호 보완적으로 활용되어야 한다.

참고문헌

김열권(2004). 보면 사라진다: 체험으로 만나는 붓다의 위빠사나. 서울: 정신세계사.

박성희, 이동렬(2003). 상담과 상담학 2: 상담의 실제. 서울: 학지사.

송재홍(1999). 자기직면 방법을 이용한 자기가치화 시스템의 개발과 적용. 대학상담연구, 10(1), 125-149.

송재홍(2003a). 교대생의 내면적 가치평가에 대한 유형별 내용분석: 원형적 접근. 상담학연구, 4(1), 37-51.

송재홍(2003b). 내면적 가치평가체계의 구성을 위한 표준 모형의 개발. 교육심리연구, 17(1), 205-221.

송재홍(2016). 정서유능성 증진을 위한 은유 활용 프로그램 개발. 초등상담연구, 15(3), 299-328.

송재홍(2020). 상담의 은유적 해석: 한자어[相談]에 내포된 이미지를 중심으로. 초등상담연구, 19(3), 281-315.

이성진(2001). 행동수정. 서울: 교육과학사.

Adler, A. (2012). *The neurotic character: Fundamentals of individual psychology and psychotherapy(Uber den nervosen Charakter: Grundzuge einer vergleichenden Individual Psychologie und Psychotherapie).* (Trans. by C. Koen). Bellingham, WA: The Classical Adlerian Translation Project. (Originally printed in 1912).

Anderson, H. (1990). Then and now: A journey from "knowing" to "not knowing." *Contemporary Family Therapy, 12,* 193-197.

Anderson, H., & Goolishian, H. (2004). 전문가인 내담자: 치료에서 "알지 못한다"는 자세(The client is the expert: A not-knowing approach to therapy). In S. McNamee, & K. J. Park (Eds.), 심리치료와 사회구성주의(*Therapy as social construction*). (김유숙 역). (pp. 57-82). 서울: 학지사. (원서 1992년 출판).

Angyal, A. (1965). *Neurosis and treatment: A holistic theory.* New York: Wiley.

Assagioli, R. (1965). *Pychosynthesis: A manual of principles and techniques*. New York: The Viking Press.

Assagioli, R. (1973). *The act of will*. New York: Penguin Books.

Bakan, D. (1966). *The duality of human existence*. Chicago, IL: Rand-McNally.

Binswanger, L. (1963). *Being-in-the-world: Selected papers of Ludwig Binswanger*. New York: Basic Books.

Brown, M. Y. (2007). 정신통합의 실제(*Unfolding self: The practice of psychosynthesis*). (임용자, 김옥경 공역). 서울: 도서출판 하나의학사. (원서 2004년 출판).

Corey, G. (2017). 심리상담과 치료의 이론과 실제(제10판) [*Theory and practice of counseling and psychotherapy* (10th ed.)]. (천성문, 권선중, 김인규, 김장회, 김창대, 신성만, 이동훈, 허재홍 공역). 서울: Cengage Learning. (원서 2017년 출판).

Denborough, D. (2008). *Collective narrative practice: Responding to individuals, groups, and communities who have experienced trauma*. Adelaide, Australia: The Dulwich Centre Publications.

Ellis, A., Gordon, J., Neenan, M., & Palmer, S. (1997). *Stress counseling: A rational emotive behaviour approach*. London, UK: Cassell.

Eron, J. B., & Lund, T. W. (1996). *Narrative solutions in brief therapy*. New York: The Guilford Press.

Firman, J., & Gila, A. (2016). 정신통합: 영혼의 심리학(*Psychosynthesis: A psychology of the spirit*). (이정기, 윤영선 공역). 서울: 씨아이알. (원서 2002년 출판).

Fisher, W. R. (1984). Narration as a human communication paradigm: The case of public moral argument. *Communication Monographs, 51*, 1-20.

Fisher, W. R. (1985). The narrative paradigm: In the beginning. *Journal of Communication, 35*, 74-89.

Freedman, J. H., & Combs, G. (1997). Lists. In C. Smith, & D. Lylund (Eds.), *Narrative therapies with children and adolescents* (pp. 147-161). New York: The Guilford Press.

Freedman, J. H., & Combs, G. (2009). 이야기치료: 선호하는 이야기의 사회적 구성(*Narrative therapy: The social construction of preferred realities*). (김유숙, 전주영, 정혜정 공역). 서울: 학지사. (원서 1996년 출판).

Hayes, S. C., Strosahl, K. D., & Wilson, K. G. (2009). 수용과 참여의 심리치료

(*Acceptance and commitment therapy: An experiential approach to behavior change*). (문성원, 김은성 공역). 서울: 시그마프레스. (원서 1999년 출판).

Hermans, H. J. M. (1987). Self as organized system of valuations: Toward a dialogue with the person. *Journal of Counseling Psychology, 34,* 10-19.

Hermans, H. J. M. (1988). On the integration of idiographic and nomothetic research method in the study of personal meaning. *Journal of Personality, 56,* 785-812.

Hermans, H. J. M. (1998). Meaning as an organized process of valuation: A self-confrontational approach. In P. T. P. Wong, & P. S. Fry (Eds.), *The human quest for meaning: A handbook of psychological research and clinical applications* (pp. 317—334). Mahwah, NJ: Lawrence Erlbaum Associates.

Hermans, H. J. M., & Hermans-Jansen, E. (1995). *Self-narratives: The constructionism of meaning in psychotherapy.* New York: The Guilford Press.

Hermans, H. J. M., Hermans-Jansen, E., & van Gilst, W. (1985). *De grond-motieven van het menselijk bestaan: Hun expressie in het personlijk warderingsleven(The basic motives of human existence: Their expression in personal valuation).* Lisse, NR: Swets & Zeitlinger.

Hermans, H. J. M., & van Gilst, W. (1991). Self—narrative and collective myth: An analysis of the Narcissus story. *Canadian Journal of Behavioral Science, 23,* 423—440.

James, W. (2005). 심리학의 원리(*Principles of psychology*). (정양은 역). 서울: 아카넷. (원서 1890년 출판).

Jung, C. G. (2002). 원형과 무의식[*Archetyp und Urbewußtes(Grundwerk C. G. Jung Bd. 2)*] (융 저작 번역위원회 역). 서울: 솔. (원서 1984년 출판).

Jung, C. G. (2004). 전이의 심리학: 일련의 연금술 그림에 근거한 설명. 인격과 전이 [*Persönlichkeit und Übertagung(Grundwerk C. G. Jung Bd. 3)*] (융 저작 번역위원회 역). (pp. 165-375). 서울: 솔. (원고 1945년 발표).

Klages, L. (1948). *Karakterkunde.* Zurich, CH: Hirzel.

Lazarus, A. A. (1977). Toward an egoless state of being. In A. Ellis, & R. Grieger (Eds.), *Handbook of rational-emotive therapy (vol. 1).* (pp. 113-116). New York: McGraw-Hill.

Linehan, M. (1993). *Cognitive-behavioral treatment of borderline personality disorder*. New York: The Guilford Press.

Lyddon, W. J. (1989). Root metaphor theory: A philosophical framework counseling and psychotherapy. *Journal of Counseling and Development, 67*, 442-448.

Lyddon, W. J. (1995). Forms and facets of constructivist psychology. In R. A. Neimeyer, & M. J. Mahoney (Eds.), *Constructivism in psychotherapy* (pp. 69-92). Washington, DC: American Psychological Association.

MacCormac, E. R. (1976). *Metaphor and myth in science and religion*. Durham, NC: Duke University Press.

McAdams, D. P. (1985). *Power, intimacy, and the life story: Personological inquiries into identity*. Chicago: IL: Dorsey Oress.

Markus, H. R., & Kitayama, S. (1991). Culture and self: Implications for cognition, emotion, and motivation. *Psychological Review, 98*, 224-253.

Merleau-Ponty, M. (2002). 지각의 현상학(*Phenomenologie de la perception*). (Trans. into English by C. Smith in 1962). (류의근 역). 서울: 문학과 지성사. (원서 1945년 출판).

Morgan, A. (2003). 이야기치료란 무엇인가?(*What is narrative therapy?: An easy-to-read introduction*) (고미영 역). 서울: 청목출판사. (원서 2000년 출판).

Müller, J. (2012). 여행길의 동반자: 나레이티브 상담(*Companions on the journey: The art of narrative counseling*). (김번영 역). 서울: 솔로몬. (원서 1999년 출판).

Parfitt, W. (2003). *Psychosynthesis: The elements and beyond*. Glastonbury, England: PS Avalon.

Parry, A. (1997). Why we tell stories: The narrative construction of reality. *Transactional Analysis Journal, 27*, 118-127.

Pepper, S. (1942). *World hypotheses*. Berkeley, CA: University of California Press.

Ranke, K. (1981). Problems of categories in folk prose[Kategorienprobleme der Volksprosa (*Fabula, 9*, 4-12)] (Trans. by C. Lindahl). *Folklore Forum, 14*, 1-17. (Originally printed in 1967).

Rosenberg, M. (1979). *Conceiving the self*. New York: Basic Books.

Rogers, C. R. (1951). *Client-centered therapy*. Boston, MA: Houghton Mifflin

Company.

Rogers, C. R. (2009). 진정한 사람 되기: 칼 로저스 상담의 원리와 실제(*On becoming a person: A therapist's view of psychotherapy*). (주은선 역). 서울: 학지사. (원서 1961/1989년 출판).

Sarbin, T. R. (1986). The narrative as a root metaphor for psychology. In T. R. Sarbin (Ed.), *Narrative psychology: The storied nature of human conduct* (pp. 3-21). New York: Praeger Publishers.

Sarbin, T. R. (1993). The narrative as the root metaphor for contextualism. In S. C. Hayes, L. J. Hayes, H. W. Reese, & T. R. Sarbin (Eds.), *Varieties of scientific contextualism* (pp. 51-65). Oakland, CA: Context Press.

Stoddard, J. A., & Afari, N. (2016). 수용전념치료(ACT) 은유(메타포) 모음집(*The big book of ACT metaphors: A practitioner's guide to experiential exercises & metaphors in acceptance & commitment therapy*). (손정락 역). 서울: 시그마프레스. (원서 2014년 출판).

von Glasersfeld, E. (1989). Constructivism in education. In T. Husen, & T. N. Postlethwaite (Eds.), *The international encyclopedia of education: Research and study* (pp. 162-163). New York: Pergamon Press.

Walls, J. (1982). The psychology of David Hartley and the root metaphor of mechanism: A study in the history of psychology. *The Journal of Mind and Behavior, 3,* 259-274.

White, M., & Epston, D. (1990). *Narrative means to therapeutic ends*. New York: Norton.

Winslade, J., & Monk, G. (2007). *Narrative counseling in schools: Powerful and brief* (2nd ed.). Thousand Oaks, CA: Crown Press.

Yontef, G., & Jacobs, L. (2004). 게슈탈트 치료(Gestalt therapy). In R. J. Corsini, & D. Wedding (Eds.), 현대 심리치료(제6판) [*Current psychotherapies* (6th ed.)]. (김정희 역). (pp. 449-501). 서울: 학지사. (원서 2000년 출판).

夜田雄三(1993). 세미나: 정신통합과 심층심리학(마음과 몸에의 새로운 접근) (心と體への 新しい アプロチ そ ③: 情神統合と 深層心理學). (박경옥 역). 학생생활연구, 20, 69-101. 전북대학교 학생생활연구소. (원서 1984년 출판).

연습 과제 생각 나누기 1

때로 사람들은 가까운 자연경관이나 문화 유적을 찾아 여행을 떠나기도 하고, 아니면 인파가 붐비지 않는 곳에서 미래를 찾아 조용히 시간 여행을 하거나 무인도 기행을 꿈꾸기도 한다.

1. 여러분이 다음 다섯 마리의 동물과 함께 무인도 여행을 떠난다고 가정하고, 여행 중에 경비를 마련하기 위해 이 동물들을 하나씩 처분해야 한다면 어떤 동물부터 이별을 고하게 될지 순서를 정하시오.

소, 말, 양, 사자, 원숭이

2. 다음 빈 칸에 처분할 순서에 따라 동물 이름을 기입하고, 그렇게 생각하는 이유를 옆의 '사유'란에 기록하시오.

순위	동물	사유
1		
2		
3		
4		
5		

3. 이 연습 과제에서 새롭게 깨달은 점에 대해 가까운 사람과 대화를 나누시오.

392쪽 '정답 및 해설'을 참조하시오.

5장

심리학 3.0과 학습의 미래: 교과 학습에서 관계 학습으로

※ 이 장은 『초등상담연구』(송재홍, 2018)에 발표된 원고를 수정 · 보완하여 다시 작성한 것이다.

전통적으로 심리학은 교육의 실천에 지대한 영향을 미쳤다. 최근 심리학은 20세기 과학주의의 패러다임 관점을 극복하고 맥락주의의 내러티브 관점으로 지평을 확장하여 심리과학의 새로운 담론을 형성하고 있다. 이 장에서는 20세기 후반 이차적인 인지 혁명 이래 새로운 형태로 진화하고 있는 후기과학주의 심리학의 지배 담론을 통칭하여 '심리학 3.0'이라고 명명하고, 그 배경과 기본 성격을 검토한다. 이어서 연결주의의 등장과 지능 개념의 확장, 체화된 인지와 정동신경과학의 발흥, 양자 인지와 내러티브 사고의 확산을 차례로 조명하고, 각각의 담론이 미래 학습의 본질을 이해하고 구현하는 데 어떤 시사점을 주고 있는지 논의한다. 끝으로, 미래의 학습이 새롭게 추구해야 할 방향으로서 관계 학습의 핵심 요소와 실천 과제를 제시한다.

왜 심리학 3.0인가?

전통적으로 심리학은 교육의 실천 방법을 강구함에 있어서 지대한 영향을 미쳤다. 특히 20세기 과학적 심리학은 학문적 정체성 확립을 위해 끊임없는 논쟁과 연구 방법의 변화를 통해 매우 색다른 모습으로 진화하면서 학습환경을 구축하고 교수 · 학습 방법을 개선하는 데 지속적인 영향력을 행사해왔다. 이러한 변화는 20세기 초 행동주의자들이 심리학을 '행동에 대한 과학적 탐구'로 정의하고 탐구 방법을 직접적인 행동 관찰에 기초한 실험법으로 대치한 것에서 시작되었다. 그러나 20세기 중반과 후반에 진행된 두 차례 혁명적인 변화로 인하여 심리학자들은 전통적인 주제였던 의식과 정신 과정에 다시 관심을 갖기 시작하였으며, 최근에는 20세기 과학주의의 패러다임 관점을 극복하고 맥락주의의 내러티브 관점으로 지평을 확대하여 심리과학의 새로운 담론을 형성하고 있다. 여기서는 20세기 후반 이차적인 인지 혁명 이래 새로운 형태로 진화한 후기과학주의 심리학의 지배 담론을 통칭하여 '심리학 3.0'이라고 명명한다.[1] 이 용어는 과학주의 심리학의 최근 변화 물결을 반영하기 위하여 채택된 것이다. 하지만 이 용어에는 그 이상의 또 다른 의미가 함축되어 있으며, 이는 적어도 세 가지 측면에서 맥락적인 설명이 가능하다.

후기과학주의 심리학으로서의 심리학 3.0

심리학의 시대 구분을 과학 이전의 심리학, 근대 과학주의 심리학, 근대

1) 심리학은 본질적으로 기본 쟁점에 대한 합의를 이루기가 힘든 학문이며, 초기 구조주의와 이어서 등장한 행동주의와 상징적 정보처리 이론 모두 단지 심리과학의 본질에 대한 막연한 언질로만 정의되었다. 이러한 전통은 후기과학주의 심리학에서도 여전히 해결되지 않은 채로 남아 있다.

과학 이후의 심리학으로 구분할 때, 심리학 3.0은 근대 과학 이후의 심리학, 곧 후기과학주의 심리학의 지배 담론을 통칭하기 위해서 채택된 구성개념이다. 근대 과학주의 심리학은 주로 기계론적 은유 또는 유기체적 은유에 기초하여 인간의 행동과 정신 과정을 설명하는 데 하나의 통일된 개념 틀을 정립하고자 시도하였다(Lyddon, 1989). 자극과 반응의 인과관계에 기초해서 유기체 행동의 변화 원리를 설명하고자 했던 행동주의, 투입과 산출의 관계를 매개하는 정보처리 체계를 규명하고자 했던 전통적인 인지심리학, 피아제의 인지 발달이론과 같은 단계적 발달이론이 그 대표적인 사례다. 하지만 최근 심리학에서 진행되는 지배 담론은 맥락주의 은유에 좀 더 기초하고 있다. 맥락주의는 사건들을 유목화하거나 인과관계로 정렬하여 어떤 틀에 고정시키려는 입장에 반대하며 예측이 불가능한 사건에도 민감하게 반응한다. 그것은 삶이 반드시 예측 가능한 방향으로 전개되는 것은 아니며 시간의 경과와 더불어 때로는 예측하기 어려운 방향으로 변화하여 간다는 점을 강조한다(송재홍, 2011).

과학주의 심리학의 세 번째 버전으로서 심리학 3.0

심리학 3.0은 20세기 동안 과학주의 심리학에서 주기적으로 등장하는 혁명적인 변화의 물결에서 심리학의 최근 경향을 반영하기 위해서 채택된 것이다. 과학주의 심리학은 행동주의 혁명과 인지 혁명 그리고 이차적인 인지 혁명으로 이어지면서 심리과학의 연구 주제와 탐구 방법에서 극적인 변화를 이룩하였다.

역사적으로 볼 때, 초기 심리학자들은 분트(Wundt)의 실험심리학을 비롯하여 정신분석학, 행동주의 심리학, 인간주의 심리학 등 수많은 혁명적 제안을 하였다(Buss, 1978; Cohen, 1985). 과학적 심리학에서 '혁명'이라는 말은 20세기 후반 토마스 쿤(Kuhn, 1981)이 제안한 "패러다임의 변화"에 유추해서 당시 과학적 심리학에서 새로운 변화의 물결을 '인지 혁명'이라고 부르면서 등장하였다. 그러나 과학 철학자들은 심리과학에서 학문적 진화의 성격을 둘러싸고 심각한 논쟁을 벌여 왔다. 일부 학자들은 과학적 심리학에서 변화의 물결을 '과학적 혁명'의 한 유형으로 간주하였지만(Baars, 1986; Gardner, 1987), 다른 학자들은 인지심리학의 등장을 좀 더 유연한 행동주의 내의 연속적인 진화 과정으로 해석하거나 아니면 분트나 티치너(Titchener)가 실천한 초기 구조주의 전통의 부활 또는 계승으로 바라보았으며 그러한 변화의 물결에 대해서 '혁명'이란 표현을 적용하는 것에 비판적인 입장을 취하였다(Leahey, 1992; Miller, 2003). 또 다른 학자들은 사실상 심리학에서 변화의 물결에는 연속성과 불연속성이 어느 정도 동시에 내포되고 있다고 주장하고, 편협한 관점은 반대의 측면을 도외시하는 것이며 어느 것도 과학적 심리학의 변화를 정확하게 표현한 것으로 볼 수 없다고 지적하였다(Greenwood, 1999). 과학적 심리학에서 변화의 물결이 혁명적인 것으로 간주되건 전통적 접근의 진화 형태로 간주되건 간에, 과학적 심리학의 학문적 정체성과 관련하여 세 차례 극적인 변화가 있었다는 점에 대해서는 어느 정도 합의가 이루어지고 있다(Glenberg, Witt, & Metcalfe, 2013; Greenwood, 1999; Harre, 1994). 행동주의 심리학의 등장과 인지 혁명 그리고 이차적인 인지 혁명이 그것이다.[2)]

첫 번째 변화의 물결은 과학적 심리학의 학문적 정체성을 문제 삼아 심리학의 주요 탐구 주제를 의식에서 행동으로 바꾸어 놓은 행동주의 혁명이다. 이때 파블로프(Pavlov)와 윌리엄 제임스(William James)와 같은 심리학자들의 영향을 받은 실험심리학자들(예: Watson, 1913)은 전통적인 심리학의 유심론적 패러다임을 뒤엎고 심리학을 의식의 과학에서 행동의 과학으로 재개념화할 것을 제안하였다. 그들은 정신적 사건은 공개적으로 관찰될 수 없으며 이용 가능한 유일의 객관적 근거는 행동적인 것이고 또 행동적이어야 한다고 주장하였다. 이처럼 행동주의를 표방하는 심리학자들은 심리

2) 신경과학자인 판크세프(Panksepp, 1998, 2003)는 이 변화의 물결에 따른 세 가지 학문의 성격을 차별화하기 위해 각각 행동신경과학, 인지신경과학, 정동신경과학으로 명명하고 있다.

학에 대해 '정신생활 또는 의식 자체의 과학'으로 규정하던 전통적인 정의를 버리고 '인간과 동물의 행동에 관한 과학적 탐구'로 새롭게 정의하였다. 심리학의 연구 방법은 내성법 대신 직접적인 행동 관찰에 터한 실험법으로 대치되었으며, 심리학의 탐구 주제는 의식에 대한 기술과 설명에서 행동에 대한 기술, 예측, 통제 및 설명으로 바뀌었다. 즉, 심리학은 이상적인 인간 개체에 대해 객관적이고 추상적으로 기술된 투입과 산출의 관계에 대한 통계학적 연구라고 할 수 있다(Harre, 1994). 이러한 신념을 지닌 전통적인 심리학자는 마음이란 텅 비어 있는 상태, 즉 공(empty)으로서 과학적 심리학에서 아무런 역할도 하지 못하는 것으로 해석하고, 조건형성을 통해 새로운 행동을 학습하거나 부적응적인 행동을 수정하고자 시도하였다. 그들은 또한 전통적인 심리학의 핵심 주제를 새로운 학술 용어로 번역하였다(Miller, 2003). 즉, 지각(perception)은 변별(discrimination)로 바뀌었고, 기억(memory)은 학습(learning)으로, 언어(language)와 지능(intelligence)은 각각 언어적 행동(linguistic behavior)과 지능검사가 재는 것(what is tested by intelligence test)으로 대치되었다. 이렇게 행동주의 심리학자들은 행동에 대한 과학적 법칙에 기초한 객관적인 학문으로서 지위를 유지하고자 진력하였다.

행동주의는 실험심리학에 대한 하나의 흥미진진한 모험이었음에도 불구하고 일부 심리학자(예: Hull, 1943; Tolman, 1948)로부터 행동주의의 가설을 뒤엎는 이변들이 실험적으로 확인되면서 점차 위기를 겪기 시작하였으며, 1950년대 중반에는 그 가설이 계속 유지될 수 없다는 것이 명백해졌다. 촘스키(Chomsky, 1959)는 심리학을 행동의 과학으로 정의하는 것은 물리학을 미터기 판독의 과학으로 정의하는 것과 같다고 비판하였다.

심리학에서 두 번째 변화의 물결은 한때 '인지 혁명(cognitive revolution)'으로 일컬어졌던 인지심리학의 발흥이다. 인지심리학자들은 주로 컴퓨터 은유에 기초한 정보처리 패러다임을 채택하여 20세기 후반 실험심리학의 주류를 형성하였다. 뉴웰과 사이먼(Newell & Simon, 1976)은 1956년을 정보처리 심리학의 발달에서 중요한 해로 간주할 수 있다고 피력하였다. 그해에는 다방면에서 인지심리학의 탄생을 알리는 뜻깊은 사건들이 줄을 이었다.[3] 심리학에서 인지 혁명은 역전 혁명이었다(Miller, 2003). 인지심리학자들은 행동주의의 등장으로 미국 심리학의 중심에서 사라졌던 초기 심리학의 주제를 '인지'라는 구성개념으로 새롭게 부활시켰다. 그들은 지각, 기억, 언어, 사고(thinking)와 같은 정신 과정을 과학적 심리학의 주요 탐구 주제로 회복시켰으며, 컴퓨터 유추에 의한 인간정보처리 시스템에 의지하여 정신 과정을 기술하고 설명하는 데 초점을 맞추어 왔다(Greenwood, 1999). 인지심리학자들은 심리학을 '인간의 행동과 정신 과정에 대한 과학적 탐구'로 다시 정의하였으며, 심리학의 탐구 주제와 연구 방법을 더욱 확장하여 컴퓨터 프로그래밍에 기초한 가설-연역적 방법에 의해 정신 과정을 체계적으로 설명하고자 시도하였다. 이로써 심리학은 관찰되지 않거나 관찰 불가능한 정신 과정을 설명하는 가설-연역적 이론을 창안하고 검증하는 과정으로 가정될 수 있다(Harre, 1994). 이러한 관점을 고집하는 심리학자들은 뇌와 컴퓨터 그리고 인간 사고 과정과 컴퓨터 프로그램 실행 간의 유추에 의해 정신 과정의 본질을 규명하려고 시도하였으며, 기억의 한계를 극복하고 효과적인 학습을 촉진하기 위한 다양한 전략을 제안하였다.

전통적인 인지 연구의 표준 접근은 물리적 상징체계 가설을 가정하였다(Newell & Simon, 1976). 즉, 인지 시스템이 본질적으로 상징적 정보처리자로 간주되었다(Bickhard, 2008). 인지 시스템의 가장 중요한 측면은 사물을 표상하고 무엇보다 추상적인 표상을 갖는 능력이다. 그러나 이 전통적인 관점은 확장된 인지과학의 연구결과에 의해 대부분 지지받지 못했으며, 이제

3) 1956년 매카시(McCarthy)와 그의 동료들은 다트머스에서 인공지능에 관한 회의를 개최하였고, 피터 엘리아스(Peter Elias)는 MIT의 정보이론 특수집단이 주최한 심포지엄을 주관하여 인지과학의 탄생을 예고했다. 또한 브루너(Bruner)와 동료들은 『Study of Thinking』을 출간하였고, 밀러는 학술지에 「The magical number seven, plus or minus two」를 발표하였으며, 캐롤(Carroll)은 사고에 대한 언어의 효과에 관한 벤저민 리 워프(Benjamin Lee Whorf)의 논문 모음집을 편집하였다. 그 후 나이서(1967)는 저서 『인지심리학』에서 정보처리 모형을 소개하였으며, 라흐만, 라흐만 및 버터필드(Lachman, Lachman, & Butterfield, 1979)는 정보처리 모형을 심리학의 새로운 패러다임으로 안치하였다(Miller, 2003).

까지 이러한 능력이 인지 시스템의 발달에서 어떻게 나타나는지, 그리고 추상적 표상이 뇌에서 어떻게 실행되는지 설명하지 못하였다(Barsalou, 2008; Ionescu & Vasc, 2014). 따라서 인지 시스템을 순수하게 상징적인 정보처리자로 간주하는 것은 그것의 구체적인 기제와 뇌에서 그것의 정확한 위치를 지적하거나 그것과 현실 세계의 연결고리를 이해하기 어렵게 한다. 더욱이 전통적인 행동주의자들은 물론 초기 인지심리학자들도 개인이든 집단이든 인간을 명시적으로나 묵시적으로 수동적인 존재로 간주함으로써 그들이 사고와 행동의 과정에 대해 아무런 통제력도 갖지 못하고 단순한 구경꾼으로 취급하였다는 비판을 받게 되었다(Bruner, 1990; Harre, 1994). 이러한 비판과 실험적 이변들의 발견은 전통적인 인지심리학의 기본 전제를 부정하고 연결주의 또는 체화된 인지를 강조하는 소위 '이차적인 인지 혁명'(Harre, 1994)을 초래했으며 인지 과정에서 정서의 역할을 강조하는 '정동 혁명'(Davidson & Suton, 1995; Panksepp, 1998, 2001, 2005)으로 이어졌다.

마지막으로, 심리학에서 세 번째 변화의 물결은 '이차적인 인지 혁명'과 '정동 혁명'의 여파로 전통적 인지심리학의 상징적 정보처리 가설과 데카르트의 심신이원론 가정이 무너지면서 시작되었다. 행동주의 혁명이나 일차적인 인지 혁명과는 달리, 이차적인 인지 혁명은 브루너(1990)의 서사학적 연구를 시작으로 미국, 캐나다, 이탈리아, 스페인 등 여러 나라에서 번성하고 있었으며, 심리학뿐만 아니라 언어인류학, 서사문학 등 다양한 분야에서 전개되었다. 하레(Harre, 1994)는 이러한 변화를 '담론 전환(discursive turn)'으로 명명하였으며, 몇 가지 최신 연구결과를 예로 들면서 이 전환의 내부 정신을 설명하고자 하였다. 우선, 확장된 인지과학에서는 중앙처리기제의 존재를 가정하지 않으며, 복잡하고 추상적인 컴퓨터 프로그램의 실행에 의존하지 않는다. 이러한 파문의 결과는 매우 다양하고 충격적으로 다가왔지만, 무엇보다 심리학은 자연스럽게 공적 및 사적 담론, 즉 사람들이 실제 사고하는 수단에 대한 연구로 생각되었다. 말하자면, 그것은 공적 및 사적 맥락에서 여러 가지 과제와 프로젝트의 달성을 위해 숙련된 인간이 타인들과 합심하여 다양한 종류의 상징체계를 능동적으로 사용하는 것에 대한 연구로 새롭게 탄생하였다. 이런 의미에서 심리학은 개인적으로나 집단적으로 능동적인 사람에 대한 연구이며, 물질적 및 상징적 도구를 사용해서 정확성에 대한 국소적 표준에 입각하여 일체의 프로젝트를 달성한다.

이차적인 인지 혁명의 관점에서 볼 때, 상징의 유능한 사용으로서 '마음(mind)'은 제반 담론 활동에 어울리지 않는 이름이다. 담론(discourse)[4)]은 어떤 주제에 대해 체계적으로 논의하는 것을 말하며, 이는 의사소통 각각의 양상과 맥락 안에서 이루어지는 대화의 개념적 일반화다(Wikipedia 인용). 그것은 일차적으로는 공적이고 이차적으로만 사적인 것이며, 정신적 과제들에 대해 여러 장치를 사용하는 인지 역시 일차적으로 공적이고 사회적이며 오직 이차적으로만 사적이고 개인적이다. 하레(1994)는 의도적인 행위의 개별적인 산출과 같은 일은 없으며, 원칙적으로 담론 과정은 어떤 신호 체계(예: 일상적 언어)를 차용하려는 의도적인 행위들의 구조화된 계열로서 함께 산출된다고 가정하였다. 우리의 담론 파워(discursive power)를 좀 더 세련되게 관리할 때 교섭 상대는 일반화된 타인의 보편적 표상이 된다. 그러나 본질적으로 모든 의도적인 행위는 특정한 사람이나 '타인(the other)'의 어떤 보편적 표상에 의해 함께 창조되며, 이는 물론 관련된 지역 규범에 따라 이루어진다. 어떤 교섭 상대가 그것을 독식하지 않는 한 사회적 · 심리적 세계에서 그것은 완전히 비어 있는 상태, 즉 공(empty)이다. 어떤 신호 체계가 작동하려면 규범과 규칙이 있어야 하며 이것을 참조해서 그 체계의 정확한 사용, 아니면 부정확한 사용이 평가된다. 이 도식에서 사람들은 신호 체계와 그것을 차용

4) 이 논문에서 '담론(discourse)'이란 용어는 매우 넓은 의미로 해석되고 있다. 즉, 그것은 생각과 주장의 언어적 표현이라는 통상적 함의를 확장하여 의도적인 활동, 그 한계를 벗어나는 장치를 사용하는 활동, 그리고 규범적으로 강요되는 활동 등 제반 활동에 적용되는 하나의 간편한 용어로, 정확성과 부정확성의 표준에 복종한다. 이런 관점에서 보면, 언어 사용은 여러 가지 가능한 담론 활동 중 한 가지일 뿐이다. 담론의 의미를 이렇게 확장하는 이유는 의도적이면서도 규범적으로 강요되는 보편적 처방에서 행해지는 다양한 종류의 활동을 포괄할 수 있는 마땅한 용어가 아직은 없기 때문이다.

하기 위해 필요한 물리적 설비의 능동적인 사용자다. 마치 손을 사용하여 뜨개질을 하는 것처럼 우리는 뇌를 사용하여 문제를 해결하며 헤어숍에서 특이한 눈썹을 이용하여 서비스를 받을 수 있다.

내러티브 담론으로서의 심리학 3.0

최근 심리학의 지평 확대는 근본적으로 기계론적 은유에 기초한 20세기 심리학의 패러다임 관점을 극복하고 맥락주의 은유와 내러티브 관점에 기초한 세 번째 심리학을 탄생시켜 과학적 심리학의 새로운 담론을 형성하고 있다. 이러한 담론에는 연결주의의 등장과 지능 개념의 확장, 체화된 인지(embodied cognition)와 정동신경과학의 발흥, 양자 인지(quantum cognition)와 내러티브 사고의 확산이 포함된다. 심리학 3.0은 특히 통근 관찰내용에 기초한 과학주의 심리학의 이분법 사고에 대한 대안으로서 제3의 사고양식, 곧 통근 관찰내용과 비통근 관찰내용을 동시적으로 포함하는 양자 인지와 내러티브 사고의 확산을 강조하기 위해 채택된 것이다. 양자 인지 모델에 의하면, 상태 전환에서 이후 상태의 발생 확률은 이전 측정에 결정적으로 의존하며 인지 시스템은 도처에 편재하고 있는 양자 얽힘으로 인해 구성요소들의 단순한 조립이 아니라 그것들을 하위체계로 분해함으로써 이해될 수 있다(Busemeyer & Bruza, 2012). 무엇보다 양자 시스템은 통근 관찰변수와 비통근 관찰변수를 모두 가질 수 있으며 양립 불가능한 관찰변수끼리 상보성을 유지한다. 역시 후기과학주의 심리학의 지배 담론인 내러티브 사고 역시 양자 인지 모델과 맥을 같이한다. 내러티브 사고[5]는 인간 행동에 대한 보편적인 원리를 탐구하는 대신에 맥락의 다양성에 기초하여 관계 형성과 유지를

5) 한승희(2006)는 이야기를 만들어 내는 마음의 인지적 작용을 '내러티브 사고'라고 명명하여 이야기 또는 이야기를 만드는 것을 의미하는 내러티브와 구분하여 사용하고 있다. 그러나 양자는 상호 형식을 주고받기 때문에 서로 확연히 구분되는 개념은 아니다. 여기서는 패러다임 사고와 대비되는 개념으로 내러티브 사고라는 용어를 사용한다.

위한 협력적인 의사소통을 강조한다(송재홍, 2011). 내러티브는 인간의 삶과 문화 어디에나 산재해 있으며, 사람들은 내러티브를 매개로 자신의 존재 가치를 발견하고 타인들과 상호작용하며 세계를 이해하고 구성한다(조인숙, 강현석, 2016). 이와 같이 양자 인지와 내러티브 사고는 다원적 일원론에 기초하여 과학주의 심리학의 대립하는 이분법적 관념(예: 신념과 불신)을 적절히 조화롭게 통합할 수 있는 제3의 관점을 함축하고 있다는 점에서 21세기 담론심리학의 성격은 '심리학 3.0'으로 개념화될 수 있다. 이 세 번째 심리학은 상황적 맥락에 기초하여 삶의 다양성을 수용함으로써 보편적인 패러다임을 확립하려는 근대의 과학주의 심리학으로부터 탈출을 모색한다. 21세기 후기 과학주의 심리학의 지배 담론과 그 교육적 시사점을 집중적으로 살펴본다.

연결주의와 분산 인지: 창조성의 비밀을 풀다

심리학 3.0의 도래를 예고한 첫 번째 담론은 상징적 정보처리 이론의 대안으로 제시된 연결주의(connectionism)와 전통적 지능 관점의 한계를 극복하기 위해 제시된 분산 인지(distributed cognition)다. 이 두 가지 담론은 창조성의 비밀을 풀고 집단 지성과 사회적 창조성의 개발을 위한 이론적 및 경험적 근거를 제시한다는 점에서 미래의 학습에 시사하고 있는 바가 매우 크다.

연결주의

연결주의[6]는 병렬분산처리(parallel distributed processing), 즉 신경 처리의 병렬적 성질과 신경 표상의 분산적 성질을 강조하는 인공신경망 접근이다

6) 연결주의는 인공지능, 인지심리학, 인지과학, 신경과학 및 마음의 철학 등의 분야에서 정신적 혹은 행동적 현상을 단순 단위들의 상호 연결된 망의 창발적 과정으로 모델화하는 일련의 접근법이다.

(Rumelhart, McClelland, & PDP Research Group, 1986). 인지가 일련의 단계를 거쳐 계열적으로 일어난다고 가정하는 정보처리 모형과는 대조적으로, 연결주의는 대부분 인지 과정이 병렬적으로 일어난다고 가정한다(McClelland, 1988). 연결주의자는 이론과 모형을 구성하는 데 도움이 되는 정보를 인지신경과학과 인지신경심리학에서 찾으려 한다. 루멜하트(Rumelhart, 1989)는 연결주의가 정보처리 모형의 컴퓨터 은유를 뇌 은유로 대치한 것이라고 간단하게 진술하였다.

연결주의의 기본 가정은 중앙처리장치를 가정할 필요가 없다는 것이다(Dawson, 1998). 전통적인 정보처리 모형에서는 중앙처리장치가 입력 정보와 산출 정보의 실행통제 기능을 담당한다고 가장한다. 그러나 연결주의자들은 그 대신 다층적이고 비선형적인 신경망의 활성화 형태에 따라 다양한 인지 과정을 설명한다(Rumelhart, McClelland, & PDP Research Group, 1986). 연결주의자의 중심 원리는 정신 현상을 단순하고 종종 동일한 단위들의 상호 연결망으로 기술될 수 있다는 것이다.

신경망(neural networks)은 오늘날 가장 보편적으로 사용되는 연결주의자 모형으로, 거의 항상 마음에 관련된 두 가지 기본 원리를 따른다(Wikipedia 인용). 첫째, 정신 상태는 망의 신경 단위들에 대한 활성화 값의 (N)-차원 벡터로 기술될 수 있다. 둘째, 기억은 신경 단위들 간의 연결 강도를 수정함으로써 창조되며, 연결 강도는 일반적으로 N×N 행렬로 표현된다. 학습은 언제나 연결 강도를 수정하는 일이다. 일반적으로 이것은 모종의 신경 단위 하위 집합에 대해서 활성화 벡터를 구성하고 있는 일련의 데이터가 주어질 때 연결 강도의 변화를 결정하는 수학 공식을 포함한다(Novo, Alsina, Marban, & Berciano, 2017).

연결주의자의 또 다른 가정은 인지 과정이 경험 대상의 기억 흔적이나 상징적 표상에 의존하지 않는다는 것이다(Harre, 1994). 그 대신 연결주의자들은 병렬분산처리 시스템에 의해 입력 자극이 끊임없이 해체되어 은닉층에 분산되는 것으로 인지 과정을 설명한다(Rumelhart, McClelland, & PDP

Research Group, 1986). 연결주의자는 개별 뉴런이 대량의 상징 정보를 전달하는 것이 아니라 대량의 유사한 기본 단위들이 적절히 연결되어 있는 것으로 추정한다(Feldman & Ballard, 1982). 따라서 과거의 기억 흔적 또는 참조물은 거의 존재하지 않으며 출력 자극 역시 은닉층으로부터 재결합되고 재구성된다. [그림 5-1]은 연결주의의 개념 모형을 시각적으로 나타낸 것이다.

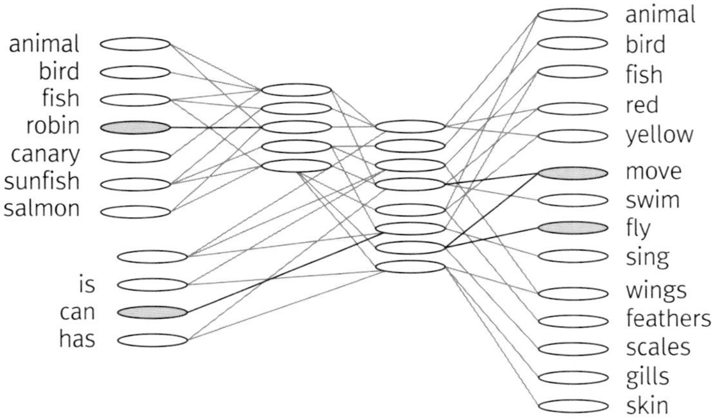

[그림 5-1] 연결주의의 개념 모형

출처: Rumelhart et al. (1986).

이러한 가정이 경험적 연구에 의해 입증된다면 학습과 기억에 대한 전통적인 관점은 재해석되어야 한다. 전통적인 관점에 의하면 인간의 학습과 기억은 과거의 흔적에 의존할 수밖에 없으며 새로운 지식이나 행동을 창조하는 것은 현실적으로 불가능하다. 무엇보다도 전통적인 관점은 과거의 경험에 의존하지 않는 새로운 지식의 구성이나 조건화되지 않은 새로운 행동의 출현을 설명할 수 없다. 그러나 연결주의자의 관점에 의하면 새로운 지식과 행동의 출현은 은닉층으로부터 기본 단위를 재결합하는 과정에서 나타나는 창조적 결과일 수 있다. 어떤 관점에서 보면 이것은 입력 자극들의 해체 과정에서 경험한 순서를 역으로 재현하는 과정에서 실수의 결과로 해석될 수 있는 반면에, 다른 관점에서 보면 능동적인 개인이 기본 단위들을 새롭게 재결합함으로써 의미 있는 결과를 산출하는 창조적 과정으로 해석될 수 있다. 이와 같이 병렬분산처리 시스템에 기초한 연결주의 담론은 학습 과정에서 발생하는 실수나 오류를 새롭게 재해석함으로써 창조성의 비밀을 푸는 열쇠를 제공할 뿐만 아니라 창의 교육을 위한 전제조건으로 모험과 실수에 대한 관용의 정신과 탐구 학습을 장려하는 도전적인 학습 환경의 구축을 강하게 시사하고 있다.

한편, 후기 인지과학자들은 개인을 하나의 분석 단위로 사용하는 것이 적절한가에 대하여 의문을 제기한다. 허친스(Hutchins, 1995)는 단순히 개인의 인지 자체를 연구하는 것만으로는 개별적인 인지의 속성을 이해할 수 없으며, 그 대신 인간이 다양한 도구를 사용하여 조작하는 전체 시스템을 바라보아야 한다고 주장했다. 그는 상업용 항공기 조종사의 비행 중 기억 과정을 연구하여 두 가지 주요 결론에 도달하였다. 첫째, 기억의 기능은 저장소에서 어떤 상징을 추억하는 문제라기보다 조종사가 물질적인 상징을 해석하는 문제다. 둘째, 비행 중 기억은 조종사의 개별 기억으로만 이루어지는 것이 아니며, 조종사의 개별 기억에 초점을 맞추는 것으로는 기억 현상이 완전히 이해될 수 없다. 왜냐하면 기억술의 기능은 상당 부분 조종사의 개별 기억 바깥, 곧 그의 두뇌 밖에서 발생하기 때문이다.

분산 인지와 집단 지성

인지 과정에 대한 연결주의자의 기본 가정은 컴퓨터 과학과 인지심리학에서 널리 퍼져 있던 지능에 관한 전통적인 관점과 분명한 대조를 이룬다. 인지 과정에 대한 전통적인 접근법은 개인의 마음을 모든 인지와 지능의 소재지로 생각하려는 경향을 보인다(Karasavvidis, 2002). 인지 과정은 머릿속에 깃들어 있는 것으로 간주되며, 그것의 연구는 대개 탈맥락적이고 개인을 분석 단위로 사용한다. 예를 들어, 기억에 대한 연구는 전형적으로 개인이 어떻게 일체의 지식을 기억하는지, 어떻게 지식을 부호화하고 기존 지식 구조에 통합하는지, 그리고 어떻게 그러한 구조에서 지식을 인출하는지를 검토한다. 하지만 후기 인지과학자들은 상징 기반 계산으로서 인지의 한계를 지적하고, 어떤 목적을 위해서 인지 또는 지능을 피부나 두개골에 의해 제한된다기보다는 개인이 기능하는 전체 시스템의 속성으로 간주하는 것이 더 적절하다고 생각하였다(Greeno & Moore, 1993; Hutchins, 1995; Hutchins & Klausen, 1998; Zhang & Norman, 1994).

분산 인지(Pea, 1993)의 관점에 따르면, 인간의 인지 또는 지능은 한 인간을 넘어서 분산된 것으로 재고되어야 하며 그것은 또한 다른 사람, 상징적 매체, 환경 및 인공물을 포함할 수도 있다. 피(Pea, 1993)는 분산 인지의 두 가지 차원, 즉 사회적 차원과 물리적 차원을 구분하였다. 물질적 차원은 인지가 캡슐화되는 모든 종류의 정신적 · 물리적 인공물의 통합을 말하며, 사회적 차원은 인지적 자원으로 기능하여 지원하는 사회적 타인들의 참여를 말한다. 퍼킨스(Perkins, 1993)는 인공물이 인간 지능의 통합적인 부분을 구성한다고 주장하였다. 환경을 인지 도구로 사용하는 것과 관련하여, 카라사비디스(Karasavvidis, 2002)는 사람들이 자신의 역량을 강화하고 인지 부담을 줄이기 위해 빈번히 환경에 존재하는 물리적 도구나, 아니면 환경 자체의 측면을 사용한다고 지적하였다.

분산 인지의 담론과 관련하여 중요한 변화는 분산 인지의 사회적 차원과 관련된다. 학습의 과정은 본질적으로 사회적인 것이며(Bandura, 1989; Vygotsky, 1994; Wertsch, 1991), 문화 도구의 숙달은 사회적으로 분산된다(Karasavvidis, 2002). 문화 도구의 숙달은 사회의 젊은이들에게 문화 도구와 사회 관행을 소개하는 것과 관련이 있으며, 사실상 장기간 지속적으로 타인들과 관계를 맺는 사회적 과정이다. 인지의 사회적 분산은 아동의 학습에 다양한 방식으로 기여한다(Salomon, 1993). 아동은 좀 더 경험이 풍부한 동료들과 상호작용하여 조언과 도움을 받아서 혼자서 성취할 수 있는 것보다 더 많은 것을 성취할 수 있으며, 자신들의 활동을 조형하고 지시하는 교사, 동료 학생, 학습 자료에 매달리는 경향이 있다. 콜과 엥게스트롬(Cole & Engestrom, 1993)은 인지 과제의 숙달이 그 활동에 참여하는 교사, 학생 및 다른 문화적 인공물에 분산되어 있기 때문에 단지 개인적인 문제만은 아니라고 강조하였다.

분산 지능의 사회적 차원은 집단 지성과 사회적 창의성을 창출하기 위한 공동체 교육과 협력학습의 중요성을 부각시키고 있다. 칙센트미하이(2003)는 '창의적'이라는 이름표를 붙일 만한 가치가 있는 생각이나 산출물은 다양한 원천의 시너지로부터 발생하며 한 인간의 정신에서만 나오는 것은 아니라고 주장하였다. 창의적인 개인들은 종종 고립해서 작업하는 것으로 생각되지만, 지능과 창의성의 많은 부분은 다른 개인들과 그들의 도구 및 인공물과 상호작용하고 협력한 결과다. 피셔(Fischer, 2005)는 창의성을 개인적 창의성과 사회적 창의성으로 구분하고 많은 인간의 창의성이 사회적 맥락에서 일어나는 활동들로부터 발생한다고 제안하였다. 이 분산된 상호작용 조직은 다양성을 통합하고 일체의 목소리에 귀 기울이게 하며 상황의 말대답을 증가시키고 개방적이고 투명한 시스템을 제공함으로써 지원될 수 있다. 그러므로 사람들은 서로 작업을 의식하여 접근할 수 있고 그것을 그들 자신의 업적과 관련지으며 주어진 정보를 초월하여 뒤따르는 결과로 공동체에 기여할 수 있다(Shneiderman, 2002). 분산 인지의 관점은 인간이 무엇을 성취할 수 있는지, 또 인간에게 권능을 주고 과제를 변화시키기 위해 도구, 인공물 및 사회-공학적 환경이 어떻게 설계되고 평가될 수 있는지를 이해하는 데 효과적인 이론적 틀을 제공한다(Fischer, 2005; Hollan, Hutchins, & Kirsh, 2001; Salomon, 1993). 개인적 창의성과 사회적 창의성은 적당한 협력 모델, 적절한 공동체 구조, 경계 객체, 인공물의 자연 진화를 지원하는 과정 모델, 메타-디자인에 의해 통합될 수 있다(Fischer, Giaccardi, Eden, Sugimoto, & Ye, 2005). 양자를 통합함으로써 성찰적 실무자뿐만 아니라 성찰적 공동체에도 지원이 제공될 수 있다. 피셔(2004)는 미래의 창의적 지원 도구를 설계하려면 창의성 개발을 위해 보강된 작업 틀이 필요하다고 제안하였다.

분산 인지의 담론은 인지가 개인의 머릿속에만 존재한다는 가정에 기초하고 있는 교육 실제에 근본적인 변화를 요구한다. 교수 · 학습에 대한 전통적인 접근은 학습자를 수동적인 정보 수신자로 보고 교사가 학습자의 머릿속에 정보를 주입하고 그의 기억에 전념할 것을 요구한다. 심지어 외관상 학습자 중심의 교실 환경에서조차 교사는 인지를 개인의 자산으로 생각하고 대부분의 정보와 주요 인지 구조를 제공하여 학생들의 열린 길을 채우려 한다. 일상적인 세계에서는 특정 지식과 기술을 숙달하고 문제를 해결하기 위해 다른 사람과 함께 인공물을 사용할 것으로 기대되지만, 교실의 학습 시스템은 주로 학생 개인의 단독 작업을 위해 준비되어 있다. 그러나 분산 인지의 관점에서 보면, 사람들은 자신의 물리적 · 사회적 · 문화적 환경으로부터 도움을 받을 때 지적으로 훨씬 더 수월하게 생각하고 행동할 수 있다(Fischer, 2004; Pea, 1993). 예를 들어, 우리는 컴퓨터를 이용하면 훨씬 더 많은 정보를 처리할 수 있고, 여러 명이 머리를 맞대면 복잡한 문제를 좀 더 쉽게 해결할 수 있다. 또한 다양한 문화적 배경을 가진 사람들이 함께 만나면, 그들은 자신이 접하는 상황을 다양한 상징체계와 인지적 도구를 사용해서 표현하고 생각할 수 있다. 이러한 관점에서 보면, 지능은 한 개인의 내부에만 존재하는 것도 아니고 표준화검사로 쉽게 측정될 수 있는 것도 아니며, 물리적 및 사회적 환경의 적절한 지원을 통해 증가하는 매우 변화무쌍하고 맥락의존적인 특수한 능력이다(송재홍, 2015). 따라서 학습 상황에서 무엇보다 중요한 것은 생산적인 관계를 맺고 유지하는 일이다.

체화된 인지와 정동신경과학: 몸(감성)이 맘(이성)을 지배하다

심리학 3.0을 특징짓는 두 번째 담론은 확장된 인지과학의 연구결과에 의해 데카르트적 심신이원론에 기초한 가설들의 이변을 실험적으로 입증하고 정서의 이해와 조절에 대한 지평을 확대한 '체화된 인지'와 정동신경과학의 발흥이다. 이 두 가지 담론은 인간의 두뇌에서 마음을 지배하는 신경학적 근거를 발견하고 몸(신체 상태와 정서)이 맘(인지와 사고)을 지배한다고 하는 다양한 실험적 결과를 제시하여 미래의 학습에서 정서 학습의 중요성을 부각시키는 데 결정적인 역할을 하고 있다.

체화된 인지

최근 확장된 인지과학의 연구결과에 따르면, 인지는 근본적으로 지각이나 행위와 다르지 않으며 신체(곧 감각-운동 시스템, 행위, 정서 및 신체의 형태)와 맥락에 의존하는 것으로 보인다(Barsalou, 2008, 2010; Clark, 2011; Stapleton, 2013). 이러한 관점을 지지하고 표명하는 후기 인지과학의 한 가지 형태는 체화된 인지 접근이다. 체화된 인지는 인지과학에서 상징적 정보처리 이론과 연결주의의 한계를 극복하기 위해서 인지에 대한 새로운 이해와 설명을 추구하는 연구 프로그램으로 제안된 핵심적인 연구 담론이다(이영의, 2012; 이정모, 2010). 체화된 인지의 관점은 그 다양성에도 불구하고 전통적인 인지과학의 기본 전제, 즉 인지가 신체 또는 환경과는 거의 무관하게 작용하거나, 아니면 전적으로 두뇌 내부에서 작용한다는 입장에 강하게 반발한다는 공통점을 갖고 있다(이영의, 2008, 2015). 이 접근은 신체를 주요 행위자로, 그래서 인지를 형성하는 핵심 요인으로 간주한다. 즉, 인지는 항상 신체의 상태와 감각-운동 시스템에 의해 영향을 받는다(Glenberg, 2008; Ionescu & Vasc, 2014). 예를 들면, 개인의 신체적인 움직임이 주의집중에 영향을 미치며(Koch, Holland, Hengstler, & van Knippenberg, 2009), 손에 쥐고 있는 물체의 온도가 타인에 대한 생각에 영향을 미치며(IJzerman & Semin, 2009; Williams & Bargh, 2008), 지각적 변인이 개념적 사고의 속도에 영향을 미친다(Barsalou, Simmons, Barbey, & Wilson, 2003). 또한 뒤뚱거리는 의자에 앉아 있는 것은 다른 사람과의 관계를 덜 안정적인 것으로 인식하게 만들고(Kille, Forest, &

Wood, 2013), 몸을 어느 쪽으로 기울이고 마우스를 움직일 때 어느 쪽 손을 주로 사용하느냐가 그의 정치적 태도에 영향을 미친다(Oppenheimer & Trail, 2010; Slepian, Rule, & Ambady, 2012). 이러한 견해는 개념적 지식(Boncoddo, Dixon, & Kelley, 2010; Vankov & Kokinov, 2013), 수학 학습(Goldin-Meadow, Cook, & Mitchell, 2009), 언어 학습(Glenberg, Sato, Cattaneo, Riggio, Palumbo, & Buccino, 2008) 등 다양한 분야의 경험적 연구결과에 의해 지지를 받았다.

체화된 인지 접근의 주요 특징은 2개의 일반적 진술로 요약될 수 있다(Ionescu & Vasc, 2014). 첫째, 인지는 추상적인 것도 무형식적인 것도 아니다. 그것은 다중 형식이며 근본적으로 뇌의 감각 양식과 행위에 접지되어 있다(Barsalou, 2008, 2010; Boncoddo et al., 2010; Glenberg et al., 2008). 둘째, 인지는 단지 사고에 관한 것만도 아니다. 인지에 대한 지각과 행위의 중요한 역할을 인정한다면 인지의 제반 정의에 비인지적인 것이 포함되어야 하며 정서와 정동 과정 역시 인지에 대한 중요한 기여자로 인식되어야 한다(Barsalou, Breazeal, & Smith, 2007; Glenberg, 2008; Stapleton, 2013). 결국 사고의 이해는 상징적 의미의 정보처리를 초월해야 한다. 이 관점은 인지를 상징적 정보처리로 간주한 전통적인 접근과는 대조를 이룬다.

이 체화된 인지의 주장이 모든 인지 과정에서 사실로 입증된다면, 전통적인 인지심리학과 교육 실제는 중대한 도전에 직면하게 된다(Ionescu & Vasc, 2014). 먼저, 그 도전은 심리학에서 인지를 이해하는 방식 그 자체의 변화를 요구한다. 인지에 대해 좀 더 정확하게 기술하려면, 인지는 지식과 인지 과정을 초월하여 감각-운동 과정과 행위, 정서 같은 비인지적 과정을 포함해야 한다. 또한 정보를 처리하고 저장하는 방식이 체화된다면 아동과 성인 모두를 대상으로 하는 교육방법 역시 변해야 한다. 즉, 추상적인 교수·학습에서 감각-운동 경험에 접지된 교수·학습으로 이동할 필요가 있다. 가르치는 활동은 교수 내용을 언어적으로 설명하는 추상적인 방법 대신에 체화된 방식을 사용해야 한다. 학습 과정에서 행하는 감각-운동 경험은 학습을 촉진하는 좀 더 강력한 감각-운동 기억흔적을 남길 수 있다(Cook & Goldin-

Meadow, 2006; Cook, Mitchell, & Goldin-Meadow, 2008; Kiefer & Trumpp, 2012; Kontra, Goldin-Meadow, & Beilock, 2012). 예를 들어, 손 글씨를 쓰는 사람들은 타이핑을 하는 사람들보다 읽기 검사에서 더 양호한 문자재인 능력을 지닐 수 있다. 반면에 직접 경험에 접지되지 않은 추상적인 교수·학습은 학습자들이 개념을 철저히 이해하고 학습 내용을 전이하거나 기억에 좀 더 오래 유지할 수 있는 기회를 제한할 수 있다.

정동신경과학의 발흥

신경과학자들은 두뇌 속에 깃든 마음의 비밀을 푸는 진화신경학적 근거를 밝혀내고자 시도하였다. 신경과학자 폴 맥린(MacLean, 1970, 1990)은 소위 뇌에 대한 삼위일체 모델을 제시하였다. 이에 따르면, 인간의 전체 뇌는 파충류의 뇌, 포유류의 뇌, 영장류의 뇌로 불리는 3개의 주요 부위로 구성되어 있다. 이 뇌의 각 부위는 종(種)이 진화하는 과정에서 서로 다른 시기에 나타났으며, 독특한 활동을 수행하는 차별적 기능을 가지고 있다. 또한 안토니오 다마시오(Antonio Damasio)는 『데카르트의 오류(Descartes' Error)』(1999b)에서 정서와 느낌이 의사결정에 미치는 영향을 고찰하고, 『사건에 대한 느낌(The Feeling of What Happens)』(1999a)에서 느낌과 정서가 자아를 형성하는 과정에서 행하는 역할을 기술하였으며, 『스피노자의 뇌(Looking for Spinoza)』(2007)를 통해 인간 느낌의 본질과 중요성을 심도 있게 다루었다.

신경과학 연구에서 특히 의미 있는 성과는 르두의 발견이다(LeDoux, 1998, 2000, 2006). [그림 5-2]에서 보는 바와 같이, 그는 인간의 정서 처리에 관여하는 2개의 신경 회로를 제안하였다. 하나의 회로는 시상에서 편도체로 직접 이어지는 아랫길(low road)로 편도체 회로라고 불리고, 다른 회로는 시상에서 피질을 거쳐 편도체로 이어지는 윗길(high road)로 피질 회로라고 불린다. 이 모형은 공포 상황에서 행동 반응을 결정함에 있어서 정서적 평가가 지각 및 인지적 처리보다 더 신속한 결과를 가져올 수 있음을 설명한다

(LeDoux, 1998, 2000). 정서적 반응은 지각적인 의식을 요구하지 않으며 인지 처리 시스템의 관여 없이도 발생할 수 있다.

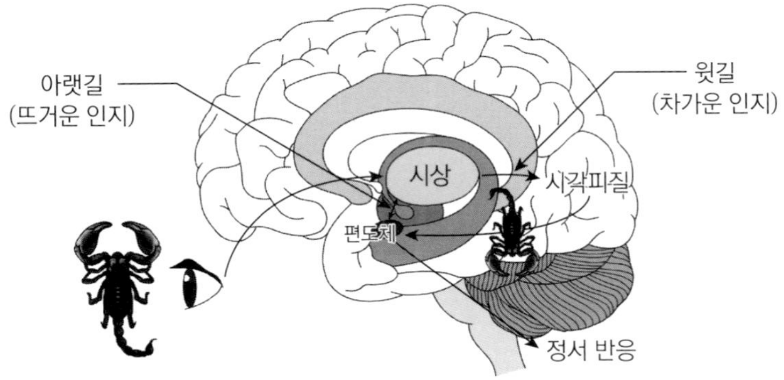

[그림 5-2] 르두가 제안한 신경 회로 모형

출처: LeDoux (1998, 2000).

인지신경과학자의 연구결과에 의해 지지되는 체화된 인지와 의식의 두 궤적에 대한 담론은 심리학의 관점에서 두뇌 속에 깃든 마음의 비밀을 푸는 열쇠를 제공하며, 인지적 설명의 영역 밖에 있는 정신 상태로 간주되던 정서를 과학적 심리학의 직접적인 탐구 주제로 전환하였다. 전통적인 인지주의자들은 연산 조작(computational operations)에 의해서 번역될 수 있는 정신 상태들(예: 지각, 학습, 기억 등)에 대한 분석을 선호했으며, 정서를 인지적 설명의 영역 밖에 있는 정신 상태로 간주하였다. 가드너(Gardner, 1987)는 이처럼 두뇌 기능의 정서적 · 비의식적인 측면을 강조하지 않는 것을 인지 혁명의 주된 특징으로 지적하였다. 인지주의 관점에서 보면, 정서는 실제 생활에서나 실험실에서 신뢰할 수 없고 지나치게 주관적이며 애매하고 알기 어려운 것이며(Damasio, 2000), 정서와 비의식적 과정에 대한 연구에 헌정된 개념적 틀을 조형하는 일은 불필요하고 부적절한 것이었다(LeDoux, 2000).

그러나 정서 문제에 대한 새로운 접근은 인지주의 관점의 한계를 부각시켰으며(Bechara, 2004; Burns & Bechara, 2007; Dubois, 2010), 이 한계를 극복하려는 시도는 인지과학을 확장시켜 소위 '정동 혁명(affective revolution)'(Davidson & Suton, 1995; Panksepp, 1998, 2001, 2005)을 이끌었다. 이제 정동 또는 정서가 지적 활동에서 핵심적인 역할을 한다는 주장을 뒷받침하는 경험적 근거가 누적되고 있다. 일련의 실험 연구에서 참가자들은 긍정적 정서를 일으키는 음악을 들었을 때 긍정적 사건이나 단어를 좀 더 쉽게 떠올렸으며(Baumgartner, 1992; Storbeck & Clore, 2005), 또 다른 실험 연구에서 참가자들은 타인에게 환대보다 냉대를 받았을 때 실내가 좀 더 차갑다고 판단하였다(Zhong & Leonardelli, 2008). 사회적 배척은 문자 그대로 차갑게 느껴지는 것이다. 판크세프(1998)는 신경계의 어떤 상태를 주관적으로 경험하는 인간의 신경생물학적 능력을 반영하는 정신적 사건을 "내적으로 경험되는 정동 상태"라고 표현하였다. 유기체의 행위를 통제하는 내면 감정의 인과 연쇄는 대개 비의식적인 과정들로부터 발생한다(Panksepp, 2001). 정동신경과학의 주요 전제 중 한 가지는 감정이 일부 무의식적인 행동 경향성을 떠받치며 유기체에게 미래의 행동을 통제하기 위해서 세상 사건들을 효율적으로 범주화하도록 허용하는 기제를 제공함으로써 새로운 행동의 무의식적인 구성에서 핵심 역할을 한다는 것이다(Panksepp, 1998, 2005).

크롬웰라와 판크세프(Cromwella & Panksepp, 2011)는 전통적 인지신경과학이 신체와 뇌가 세계와 상호작용함으로써 발생하는 많은 긍정적 · 부정적 감정에 대해 크게 침묵하고 있다고 비판하였다. 실제로 유기체가 행동 출력을 촉진하는 생존을 통제하는 데 도움이 되는 많은 독특한 형태의 정동을 논의하거나 변별하는 일에 대해서는 여전히 많은 저항이 따른다. 그들은 행동신경과학자들이 심리학적 개념에 반하는 자신들의 전통적인 경계를 완화시켜야 하며, 독특한 인지적 · 정동적 · 동기적 관점의 혼합과 통합이 없으면 유기체 행위의 두뇌 통제에 대한 일관된 이해를 이끌어 낼 수 없다는 것을 받아들여야 한다고 주장하였다. 공감, 신념, 태도, 자기(self), 이타주의, 창의성, 의사결정, 도덕적 추론을 포함하여 인간 정신생활의 많은 측면은 "인지 영역과 정동 영역의 참된 결합"을 반영한다고 믿어지고 있다(Gray, 2004). 사실상 감정과 정서는 자극 선택과 반응 선택 모두에서 결정적인 기능을 수행한다. 이와 같은 역할은, 각각 인지적(통제적) 과정과 정동적(자동적) 과정에 연루된, 피질 영역과 피질하 영역의 밀접한 상호작용을 나타낸다. 피질하 영역에서 피질 영역으로 향하는 회로는 행동 반응(예: 질주)과 인지 기제(예: 주의)를 모두 촉발하지만 피질 영역에서 두뇌 내부 구조로 향하는 회로는 정서 반응을 억제하거나 증강한다.

알마다와 동료들(Almada, Pereira, & Carrara-Augustenborg, 2013)은 르두와 판크세프가 개척한 정동신경과학의 업적을 토대로 2개의 두뇌 회로가 상호작용한다고 제안하였다. 하나는 인지 과정을 담당하고, 다른 하나는 인지 내용에 대한 느낌을 매개한다. 두 회로의 결합은 의식적 과정을 지지하는 내생적 피드백(endogenous feedback)을 촉진한다. 그들은 상당한 양의 정보 통합이 식역 아래에서 이루어지며 무엇보다 이 같은 정보가 광범위한 인지 과정 내에서 융통성 있고 전략적으로 전개될 수 있음을 인정한다. 그들은 의식이란 감각 자극의 탐지 및 처리에 의해 촉발되는 신경 변화의 전체적인 전파라고 개념화하였다. 이 같은 의미에서 의식은 주의 기제와는 별개로 펼쳐지는 지속적인 정보 흐름으로서 정동 반응을 조절하는 신경 통로에 의해 수행되는 계산을 포함한다.

이와 같이 체화된 인지와 정동신경과학의 담론은 데카르트적 이원론에 갇혀 있던 전통적인 인지과학과는 대조적으로 '몸(즉, 신체 운동 또는 정서)이 맘(즉, 이성 또는 사고)을 지배한다.'고 하는 인식을 확산시킴으로써 마음챙김과 자기표현성을 촉진하는 감성 교육과 사회정서 학습의 중요성을 크게 부각시키고 있다. 미래의 학습은 복잡한 지식 체계에 기초한 논리적 문제해결보다는 생태적 체험을 바탕으로 하는 자기 성찰 학습과 자기 훈육을 위한 품성 교육에 더욱 중점을 두어야 할 것이다. 학습 활동은 과학적 탐구에 의해 축적된 지식 체계보다는 주변에서 흔히 경험할 수 있는 대상(예: 생명의 나무)이나 사건(예: 인생 스포츠)을 소재로 은유적으로 활용하여 주변에서 일어나는 다양한 사태에 임하는 삶의 문제를 영위하는 자세와 방식을 점검하고 개선하도록 안내되어야 한다(송재홍, 2016). 1장에서 언급했듯이, 읽기와 쓰기를 목표로 하는 학문적 교과 학습만으로는 학교 교육이 추구하는 목표에 도달하기 어렵고 존중과 문제해결을 목표로 하는 감성적 관계 학습을 교육의 또 다른 중심축으로 설정해야 한다는 주장(신현숙, 2011, 2013; 신현숙 외, 2015; 이보경, 2017; 차성현, 곽윤정, 박종효, 최지영, 2012; Brown, Jones, LaRusso, & Aber, 2010; Jones, Brown, & Aber, 2011; Merrell & Gueldner, 2011)은 강한 설득력을 갖게 된다.

양자 인지와 내러티브 사고의 확산: 이야기가 답이다

심리학 3.0을 특징짓는 또 다른 담론은 양자 인지와 내러티브 사고의 확산이다. 이 두 가지 담론은 반대성의 통합 원리를 제안하여 꿈과 이상을 실현하고 이야기를 통한 공감적 상호작용의 중요성을 부각시켜 대인 갈등의 해결책을 모색하는 데 결정적인 시사점을 제공하고 있다.

양자 인지

최근에는 양자 마음 또는 양자 인지에 대한 연구결과에 의해서 물리학과 심리학의 간극이 점점 더 좁혀지고 있다. 즉, 심리학은 물리학의 역학 개념을 향해 움직이고 있고 반면에 물리학 그 자체는 그 반대 방향으로 나아가고 있다(Stapp, 2003, 2014). 과학적 심리학의 경계 안으로 완전하게 들어온 것은 아니지만, 인간의 인지에 대한 양자 이론의 적용은 성공적인 과학 이론의 단순한 확장이 아니다. 심리학 문헌에 등장하는 수많은 수수께끼 같은 연구결과와 완강한 도전들, 양자 이론의 기본 관점과 심리학적 개념 및 직관의 깊은 공명, 그리고 인지 연구에 등장하는 퍼즐과 도전을 일관되고 수학적으로 절조 있게 설명할 수 있는 이론적 잠재력은 양자 인지에 대한 연구를 강력하게 견인하고 있다(Busemeyer & Bruza, 2012).

왕과 동료들(Wang, Busemeyer, Atmanspacher, & Pothos, 2013)은 양자 이론의 추상적이고 수학적인 원리들을 인지과학의 탐구에 적용하고자 하였다. 인지과학 분야에서 엄청난 진전이 이루어졌음에도 고전적인 확률 이론의 작업 틀 내에서는 수수께끼 같은 경험적 연구결과가 누적되어 왔다. 예를 들어, 의사결정 연구자들은 제반 결정 허구와 편향을 설명하려면 다양한 발견법 틀이 고전적인 이론적 틀을 우회하거나 수정해야 한다고 제안해 왔다(Gigerenzer & Todd, 1999). 갈등, 애매성, 불확실성 등의 심리학적 개념들, 인지 체계의 측정 민감성, 인지 측정의 서열 효과를 공식화하라는 요구, 그리고 인지 및 결정 연구에서 고전적인 확률 법칙의 위반과 인지의 비분해성(non-decomposability)을 이해하라는 도전은 양자 이론에 기초한 새로운 관점에서 인지의 모델화를 재검토할 것을 요구한다. 부세마이어와 브루자(Busemeyer & Bruza, 2012)는 양자 이론이 이와 같이 역설적인 연구결과를 해명하는 하나의 통일되고 절조 있는 이론적 틀을 제공한다고 보았다.

양자 인지 모델링이 전통적인 인지 모델링과 구별되는 핵심 개념과 원리는 다음과 같다(Wang et al., 2013). 첫째, 양자 확률에 대한 규칙은 고전적인 확률에 대한 규칙과 다르다. 그것은 비가법적 성질을 지니며, 따라서 상태 전환에서 양자 확률은 이전의 측정에 결정적으로 의존한다. 둘째, 특수한 형태의 양자 중첩은 양자 얽힘(Schrodinger, 1935)으로 알려져 있다. 양자 이론의 근간을 이루는 양자 얽힘은 도처에 편재해 있다. 그것은 양자 시스템을 이해하는 방법에 대한 하나의 핵심 도전이 구성요소들을 조립하는 것보다는 오히려 그 구성요소들을 하위체계들로 분해하는 것이다. 얽힌 시스템의 분해는 '비국소적'으로 상관되는 하위체계들로 이어진다. 셋째, 양자 시스템은 통근 관찰변수(예: 질량과 전하량)와 비통근 관찰변수(예: 위치와 운동량)를 모두 가질 수 있으며, 양립 불가능한 관찰변수끼리 상보성(Bohr, 1928)을 유지한다. 끝으로, 양자 논리는 고전 논리학의 파괴를 필요로 한다. 양자 명제의 여집합은 일반적으로 그것의 반증이 아니다. 제임스(2005)의 표현을 빌리면, 신념의 진정한 반대는 불신이 아니라 의문과 탐문이다. 2개의 명제 A와 B 그리고 A의 여집합(A′로 표기됨)에 대해서, 분산적 불균등은 $B \wedge (A \vee A') \neq (B \wedge A')$로 읽힌다. 비고전 논리학에서 여집합 개념의 유의미성은 상보성의 양자 개념에 대한 그것의 견고한 관계에 방점을 찍는다.

이와 같이 양자심리학이 등장하면서 물리학과 심리학뿐만 아니라 심리학 내에서조차 의식과 무의식, 꿈과 현실을 연결하려는 시도가 이어지고 있다. 예를 들어, 민델(Mindel, 2011)은 복소수의 켤레화 현상[7]을 심리적 과정에 접목하여 마음이 사건을 증폭하고 확대하며 미학적 경험을 펼치는 현상을 표현하고자 하였다. 즉, 인간은 잠에서 깨어날 때 간밤의 꿈꾸기가 어떻게 반영되는지를 알아차리고, 꿈의 경험이 '자가 증폭'을 하는 과정을 따라가면서 '스스로 제곱'하여 일상생활의 영역을 창조하는 과정을 지켜봄으로써 꿈으로만 보이던 것의 실체적 의미를 발견할 수 있다. 이처럼 일상의 실재에서 선명한 꿈꾸기를 통해서 꿈 또는 이상을 현실화할 수 있다. 선명한 꿈꾸기는 일상적인 꿈을 증폭하고 무의식적인 행동을 의식적인 것으로 바꾼다. 따라서 선명한 꿈꾸기는 비일상적인 실재의 과정을 펼치기 위한 심리적 도구인 켤레화의 형태다. 이처럼 복소수의 켤레화는 의식되지 않은 비일상적 실재를 반영하고 증폭하여 일상적 실재로 구상화함으로써 정신세계와 물질세계를 가교하는 유용한 심리적 도구다. 송재홍(2011)은 이러한 심리적 도구를 통해서 자아 탐색과 자기 발견을 위한 자기 성찰을 은유적으로 견인한다고 보았다.

이처럼 양자 인지의 담론은 고전 확률 이론에 기초하여 인간 행동을 고정적이고 모순된 현상으로 바라보던 시각에 변화를 요구한다. 그것은 또한 꿈과 이상을 현실화하고 외견상 양립 불가능한 것으로 보이는 정신세계의 모

7) 복소수는 실수와 허수의 조합으로 구성되며, 일반적으로 $a+ib$로 표기한다. 켤레는 복소수의 거울상으로 하나의 복소수($a+ib$)는 다른 복소수($a-ib$)를 반영한다. 실재에서는 허수가 보이지 않지만, 허수는 스스로를 제곱함으로써 실수가 된다. 즉, $i^2=-1$이다. 복소수는 켤레화(conjugation)에 의해 허수 부분이 제거되고 실수로 전환된다. 즉, $(a+ib)(a-ib)=a^2-b^2$이다. 켤레화 과정에서 허수 부분은 떨어져 나가고 실수로 변한다(송재홍, 2011).

순을 새롭게 인식하고 통합할 수 있는 이론적 근거를 제공한다. 양자 인지의 관점에서 보면, 관계의 본질에 대해 새로운 해석이 가능하고 양립 불가능한 현실이 상보적으로 통합될 수 있다. 그것은 또한 가시적인 물질세계와 비가시적인 정신세계의 교환 가능성을 강하게 시사한다.

내러티브 사고의 확산

마지막으로, 심리학에서 담론의 전환은 맥락주의 은유에 기초한 내러티브 사고의 확산을 들 수 있다. 양자 이론과 마찬가지로, 맥락주의는 심리적 사건의 비일상적인 측면을 적극적으로 반영하여 삶의 문제를 해결하기 위한 자원으로 활용할 것을 촉구한다(Lyddon, 1989, 1995; Sarbin, 1986). 그것은 특히 시간의 경과와 함께 인간의 삶이 반드시 예측할 수만은 없는 방향으로 변화하여 간다는 점을 강조하고 예측이 가능하지 않은 비일상적 사건에 대해서도 민감하게 반응한다(송재홍, 2011).

맥락주의에서는 또한 내러티브가 인간의 학습과 심리적 문제해결에 적극적으로 활용된다. 내러티브[8]는 학자에 따라 다양한 의미로 정의된다. 한승희(2006)는 내러티브란 시간적 흐름에 따라 순차적으로 전개되는 일련의 사건이라고 규정했고, 클랜디닌과 코넬리(Clandinin & Connelly, 1990)는 내러티브란 긴 시간에 걸쳐 일어나는 삶의 사건들을 의미한다고 하여 구체적인 상황에 대한 일화를 뜻하는 이야기와 구분하였다. 랭킨(Rankin, 2002)은 내러티브의 세 가지 특징을 구분하여 설명하고 있다. 첫째, 내러티브는 가상적인 이야기 또는 사실을 바탕으로 구성된 이야기다. 화이트(White, 1987)는 내러티브를 은유적 설명에 의한 문학적 인공물로 보았다. 둘째, 내러티브는 일관성과 관련성이 없어 보이는 과거의 사건, 인물, 행위, 상황을 서로 관련짓

8) 내러티브는 문맥에 따라 서사, 이야기, 담론, 담화 등 다양한 의미로 번역될 수 있으며, 다양하게 정의되고 있다. 여기서 내러티브라는 용어는 단순한 이야기와의 의미 혼란을 구분하기 위해 사용된다.

고 조직화하며 구조화하면서 질서와 형상을 부여하는 사고양식이다. 리쾨르(Ricoeur, 1991)는 내러티브를 단순한 설명양식이 아니라 사건을 상징화하는 수단으로 보았다. 끝으로, 내러티브는 텍스트를 매개로 일어나는 저자, 텍스트, 청중의 의사소통 과정이다. 리쾨르(1991)는 하나의 내러티브는 텍스트가 아니라 청중을 통해서 비로소 완성되는 것이라고 말했다. 그것은 저자, 작품, 청중 사이의 관계적 결합을 통한 간주관적 상호작용을 가능하게 한다. 따라서 내러티브는 이야기와 사고양식 및 의사소통이 하나로 어우러진 활동이다(박민정, 2006). 즉, 내러티브 사고를 통하여 이야기가 구성되며 내러티브 사고에 수반된 이야기를 매개로 작가, 이야기, 청중의 의사소통이 일어난다.

내러티브는 우리 삶과 문화 어디에나 존재한다. 의식하든 의식하지 못하든 우리는 내러티브와 더불어 살아가고 있으며 이를 매개로 자신의 존재 가치를 찾고 타인과 소통하며 세계를 이해하고 구성한다(조인숙, 강현석, 2016). 내러티브는 인간이 살아가는 문화, 사용하는 언어, 지능, 성별과 연령, 삶의 조건 등과 상관없이 모든 사람들에게 작용하는 인간의 보편적인 특성이다. 사빈(1986)은 인간을 동기화된 이야기꾼으로 가정한다. 인간은 이야기를 하는 사람, 즉 '호모 나랜스'(Niles, 1999)로 불리며, 이야기를 하는 본능을 가지고 이야기를 통해 자신들의 경험과 삶을 이해한다(Amsterdam & Bruner, 2000). 인간은 지속적인 대화를 통해 자신에 대해 갖고 있는 자신의 생각과 다른 사람의 생각을 조화롭게 엮음으로써 자신의 진정한 모습을 깨달을 수 있으며 비로소 자아를 온전하게 형성할 수 있다. 따라서 내러티브를 읽는 것은 단순히 언어를 매개로 재현된 경험세상을 경험하는 것이 아니라 내러티브의 세상과 자신의 세상을 관계 짓는 작업이다.

내러티브 사고는 인간의 삶에 내재된 의미에 관심을 둠으로써 인간 세상의 다원성과 복잡성을 이해할 수 있는 해석적 안경을 제공하며 반대성에 대한 이분법적 대립관계를 통합적 관점에서 새롭게 접근하도록 허용한다(박민정, 2006). 그것은 또한 인간의 문제해결에 도움이 될 만한 예외적 사건에 주목하여 비일상적 실재를 일상적 실재로 전환함으로써 심리적 문제해결을 위한 지원을 극대화하려 한다(Morgan, 2003; Sarbin, 1986; White & Epston, 1990). 이런 이유로 내러티브 접근은 인간의 학습과 심리적 문제해결에 적극적으로 활용된다(송재홍, 2011, 2014, 2016; 안윤조, 안혜리, 2013; 조인숙, 강현석, 2016; Burns, 2011; Szurmak & Thuna, 2013; White & Epston, 1990). 특히 이야기 치료자들은 다양한 형태의 치료적 은유를 활용하여 내담자가 자신의 문제를 자각하고 극복할 수 있도록 조력한다(송재홍, 2014, 2016; Burns, 2011; Denborough, 2008). 그들은 삶의 구성에 함께 참여하는 공동 저자로서 서로의 존재를 공유하며 내러티브의 구성을 통해 타인의 의식과 관계를 맺으면서 자신의 의식을 발전 · 확장시킨다. 이런 의미에서 내러티브를 구성하고 공유하는 과정 자체가 곧 학습의 한 과정이라 할 수 있다. 미래 학습은 자신의 삶을 회고하면서 단순히 과거의 사건을 확인하는 데 그치는 것이 아니라 내러티브의 구성을 통해 타인들과 자신의 경험세계를 공유하고 그 의미를 함께 탐색할 수 있는 관계 학습의 기회를 확대해야 한다.

미래 학습의 방향과 과제

이차적인 인지 혁명의 결과로 새롭게 탄생한 후기과학주의 심리학은 데카르트의 심신이원론을 부정하고 체화된 인지와 상황적 맥락주의에 기초하여 내러티브 접근을 강조하는 담론심리학이다. 내러티브 접근은 인간 행동에 대한 보편적인 원리를 탐구하는 대신에 맥락의 다양성에 기초하여 관계 형성과 유지를 위한 협력적인 의사소통을 강조한다. 담론심리학은 내러티브 접근을 채택하여 행동주의와 정보처리 모형에 기초한 20세기 근대 심리학의 패러다임 접근이 갖는 한계를 근본적으로 극복하고자 한다. 그것은 실험심리학의 지평을 확대하여 체화된 인지와 상황적 맥락주의 관점에서 세 번째 심리학을 탄생시켜 과학적 심리학의 새로운 담론을 형성하고 있다. 이러한 담론에는 연결주의와 분산 인지에 기초한 창의적 집단 지성의 개발, 체화된 인지와 정동신경과학에 기초한 사회정서 학습의 촉진, 양자 인지와 내러티브 사고에 기초한 다양성의 수용과 의미의 재발견이 포함된다.

이 장에서는 21세기 후기과학주의 심리학의 담론 전환 과정에서 등장하는 다양한 지배 담론을 통칭하여 '심리학 3.0'으로 명명하였다. 각각의 담론은 교실 수업의 이론과 실제에 의미심장한 변화를 요구하며 미래 학습의 전개 방향에 대하여 다양한 시사점을 던져 주고 있다. 연결주의의 등장과 분산 인지에 의한 지능 개념의 확장은 창의성의 원천으로서 실수에 대한 새로운 해석과 집단 지성을 창출하기 위한 협력 학습의 근거를 제공하고, 확장된 인지과학의 핵심 개념인 '체화된 인지'와 정동신경과학의 발흥은 두뇌 속에 숨겨진 마음의 비밀을 푸는 열쇠와 사회정서 학습을 촉진하기 위한 신경과학적 근거를 마련해 주며, 양자 인지의 출현과 내러티브 사고의 확산은 이원론에 기초한 패러다임 사고를 극복하고 이상과 현실을 조화시키며 정신세계의 다양성을 수용하고 통합하기 위한 다원주의적 일원론에 기초한 융합적 관점을 지지하고 있다.

이처럼 후기과학주의 심리학의 담론 전환은 미래 학습이 읽기와 쓰기 중심의 교과 학습에서 벗어나 존중과 갈등해결 중심의 관계 학습으로 전환할 것을 강하게 시사하고 있다. 이미 일부 학자들은 학교 교육이 읽기(Reading)와 쓰기(wRiting) 중심의 학문 학습(academic learning)만으로는 소기의 목적을 달성할 수 없음을 지적하고 존중(Respect)과 갈등해결(Resolution) 중심의 창의적인 학습을 보완하여 통합교육을 강화하는 방향으로 교육 프로그램의 대개혁을 요구해 왔다(Brown et al., 2010; Jones, Brown, & Aber, 2011). 이러한 움직임은 학자들에 따라 다양한 형태로 나타나고 있다. 일부 학자들은 지능 교육에 대비되는 개념으로 정서지능 교육을 강조하고(곽윤정, 2005; 문용린, 1999; 이보경, 2017; Mayer & Salovey, 1997; Mayer, Salovey, & Caruso, 2004), 다른 이들은 '정서유능성(emotional competences)'(Saarni, 1999, 2007)이라는 용어를 채택하여 정서 능력이 지적 능력과 마찬가지로 학습된 기술이라는 점을 강조하고 증진 프로그램을 개발하여 보급하고 있다(송재홍, 2016). 다른 학자들은 학문 학습(academic learning)에 대비되는 개념으로 사회정서 학습(social and emotional learning)이라는 용어를 채택하고 있다(신현숙, 2011, 2013; 신현숙 외, 2015; 차성현 외, 2012; Merrell & Gueldner, 2011). 우리나라에서는 바른 인성을 지닌 창의 · 융합형 인재를 육성하기 위해 핵심 역량을 제시한 '2015 개정 교육과정'(교육부, 2015)과 개인적 및 관계적 차원에서 핵심 덕목을 제시한 「인성교육진흥법」을 통해서 '창의 · 인성 교육'이라는 표현이 보편적인 용어로 자리를 잡아 가고 있다. 학자들이 채택하고 있는 용어의 다양성에도 불구하고, 미래의 학습은 읽기와 쓰기 중심의 전통적인 교과 학습만으로는 한계가 있으며 존중과 갈등해결 같은 감성을 개발하고 관계를 증진하기 위한 창의적인 학습을 필요로 한다.

교과 학습에서 관계 학습으로

심리학의 학문적 진화와 새로운 인공물의 발명은 학습 환경에 많은 변화를 초래하고 있으며 학습의 본질과 방법 면에서 근본적인 혁신을 요구하고 있다. 교실 없는 강의(예: 무크)와 캠퍼스 없는 학교(예: 미네르바)가 등장하면서 전통적인 학습 공간이 해체되고 학습 방식과 교수자 및 학습자의 역할 역시 전통적인 틀에서 자유로워질 것을 강하게 요구한다. 지금까지 우리 교육은 패러다임 사고 중심으로 편향되어 과학적 탐구 방법에 의한 지식 획득을 지나치게 강조하여 왔다. 그러나 포스트모더니즘과 구성주의의 출현은 '의미 만들기'와 '자아 구성'의 해석적 순환관계를 강조하는 내러티브 사고 중심으로 관점을 전환하고 있다(박민정, 2006). 포스트모더니즘은 하나의 담론에 절대적 의미를 부여하기보다는 다양한 관점의 세상 읽기를 통한 자아 확장과 자기 성장을 중요하게 생각한다. 그것은 총체적 현상을 설명하기 위한 추상적 이론보다는 그 현상을 구성하고 있는 다양한 내러티브를 통해서 현상에 대해 깊이 있고 폭넓게 이해할 수 있다는 점을 강조한다.

이제 우리는 학습의 본질에 대한 깊은 성찰을 통해 학습의 의미를 근본적으로 새롭게 정의할 필요가 있다. 전통적인 교과 학습은 읽기와 쓰기를 중심으로 하는 지식 획득을 주요 목표로 설정해 왔다. 그러나 새로운 학습은 학습 공동체를 구성하고 있는 학습자의 상호 존중과 협력에 기초하여 다양한 관계의 문제에 초점을 맞추어야 한다. 이 장에서 고찰한 후기과학주의 심리학의 담론 전환은 미래 학습이 학문 중심의 교과 학습 일변도에서 탈피하여 감성 중심의 관계 학습으로 전환해야 한다는 주장을 강력하게 지지하고 있다. 관계 학습은 다양한 측면에서 교과 학습과 대비된다. 〈표 5-1〉은 전통적인 교과 학습과 관계 학습의 주요 특징을 비교한 것이다.

〈표 5-1〉 교과 학습과 관계 학습의 대비

교과 학습 (K-type Learning)	관계 학습 (R-type Learning)
• 패러다임 사고 - 기계론적 합리주의(지성 개발) • 학문 학습(academic learning) - 지적 유능성 증진(성공과 경쟁) • 앎과 작업을 위한 학습 - 읽기 → 사고 능력 → 쓰기 • 수동적 학습(passive learning) - 정태적/소극적/분석적/평가적 • 투입-산출 지향(★→★) - 절대적/탈맥락적/객관적/효과성	• 내러티브 사고 - 상황론적 맥락주의(감성 훈련) • 사회정서 학습(social and emotive learning) - 사회정서 유능성 증진(행복과 협력) • 삶과 사랑을 위한 학습 - 존중 ← 소통 능력 → 갈등해결 • 능동적 학습(active learning) - 역동적/적극적/통합적/성찰적 • 상호작용 지향(★⇄★) - 상대적/맥락적/간주관적/균형성

학문 중심의 교과 학습은 기계론적 합리주의와 패러다임 사고를 기반으로 하고 있으며 학습의 궁극적인 목적을 합리적 지성의 개발에 두고 지적 유능성 향상을 위한 체계적인 지식 습득을 강조한다. 반면에 관계 학습은 상황론적 맥락주의와 내러티브 사고를 기반으로 하고 있으며 학습의 궁극적 목적을 포용적 감성의 계발에 두고 사회정서 유능성 증진을 위한 내면세계의 도덕적 성찰을 강조한다. 또한 전통적인 교과 학습은 직업 세계에서 대비하기 위하여 경쟁적 상황에서 성공적인 문제해결 능력을 육성하는 것을 학습의

일차적 목적으로 강조하며 학습 활동 역시 읽기와 쓰기를 중심으로 한 사고 능력 향상에 중점을 두고 전개된다. 반면에 관계 학습에서는 진정한 인간관계, 곧 사랑을 실천하기 위하여 공동체적인 상황에서 행복 나눔을 체험하는 것을 학습의 일차적인 목적으로 강조하며 학습 활동 역시 존중과 화해를 중심으로 한 소통 능력 향상에 중점을 두고 전개된다. 한마디로 요약하면, 교과 학습이 성공적인 앎과 일을 준비하는 과정이라면 관계 학습은 풍요로운 삶과 사랑을 준비하는 과정이다. 심리적으로 건강한 사람은 이 가운데 어느 한쪽을 포기하지 않고 양자가 적절히 균형과 조화를 이루도록 노력한다.

뿐만 아니라 교수자의 안내에 따라 전개되는 정적이고 소극적인 수동적 학습을 통해 객관적이고 절대적이며 탈맥락적인 형식 논리와 분석적이고 평가적이며 이성적인 판단이 강조되는 교과 학습과는 달리, 관계 학습은 다양한 구성원 간의 상호작용에 의해 전개되는 역동적이고 적극적인 능동적 학습을 통해 간주관적이고 상대적이며 맥락적인 상황 인식과 통합적이고 성찰적이며 감성적인 소통을 강조한다. 교과 학습에서는 투입-산출 지향의 효과성과 성과가 중시된다면, 관계 학습에서는 상호작용 지향의 균형성과 조화가 중시된다.

요컨대, 미래 학습은 읽기와 쓰기에 집중된 학문 중심의 교과 학습에서 좀 더 자유로워질 필요가 있으며, 그 대신 존중과 화해를 위한 사회정서 유능성의 향상을 목표로 하는 관계 학습으로 전환이 요구된다. 교과 학습에서는 읽기와 쓰기를 매개하는 사고 능력의 개발이 강조되는 반면, 관계 학습에서는 존중과 화해를 이어 주는 소통 기술의 개선이 강조된다. 이 책의 서두에서 언급했듯이, 인간 학습의 터전이 거칠고 메말라 버린 채 생명력을 잃어 가고 있는 것은 학문 중심의 무미건조한 교육과정 운영으로 인해 학습 환경의 사막화가 가속화되었기 때문일 수도 있다. 교과 학습을 통해 개발되는 합리적 지성이 생산 활동을 위한 자양분이라면 관계 학습을 통해 개발되어야 할 포용적 감성은 자양분을 나르는 수분과도 같다. 이제 인간 정신이 메마르지 않도록 수분을 보충하려면 감성 중심의 관계 학습을 더욱 확산시킬 필요가 있다. 이는 곧 미래의 교육 프로그램이 교수 활동 중심의 교과 교육에 의거한 학문 학습에서 상담 활동 중심의 감성 교육에 의거한 관계 학습으로 전환되어야 함을 의미한다.

관계 학습의 세 가지 요체

관계 학습은 무미건조한 교육과정 운영으로 위기에 몰린 교수 활동 중심의 학문 학습을 위한 전통적인 교육을 대신하여 상담 활동 중심의 감성 학습을 위한 새로운 교육의 길을 모색함에 있어서 중요한 이정표가 될 수 있다. 관계 학습의 중심 목표 또는 핵심 요소에 대해서는 다양한 견해가 존재할 수 있다. 정서지능의 관점에서 보면 대인 기술(주장성), 리더십(위로, 공감, 의사결정), 자기 관리(추동, 시간관리, 헌신), 개인 기술(자아존중, 스트레스 관리) 등 감성적 수월성을 증진하는 것을 핵심 목표로 삼을 수도 있고(Nelson & Low, 2011), 사회정서 학습의 관점에서 보면 자기 인식, 사회적 인식, 책임 있는 의사결정, 자기 관리, 관계 관리 등 사회정서 유능성을 향상시키는 것을 중심 목표로 제시할 수 있다(Merrell & Gueldner, 2011). 또는 관계 학습의 핵심 요소로 지식과 지혜(호기심, 학구열, 창의성, 개방성, 예측력), 용기(진실성, 용감, 끈기, 열정), 자애(친절성, 사랑, 사회지능), 정의(공정성, 리더십, 팀워크), 절제(자기조절, 신중, 겸손, 용서), 초월(감상력, 감사, 낙관성, 영성, 유머감각) 등과 같이 긍정심리학의 관점에서 제시하고 있는 성격 강점 요인을 포함하거나(Peterson & Seligman, 2004), 예(禮), 효(孝), 정직, 책임, 존중, 배려, 소통, 협동 등과 같이 「인성교육진흥법」에서 제시한 핵심 가치 덕목을 포함할 수도 있다. 그러나 관계 학습의 핵심 원리는 존중, 소통, 화해의 세 가지 요체를 기본으로 성립될 수 있다.

◉ 존중(Respect)

관계 학습의 첫 번째 요체는 존중이다. 존중은 무엇인가를 귀하게 여기고 소중히 대하는 태도를 말한다. 그것은 무엇인가를 향해서 귀를 기울이는 마음가짐이다. 사람은 말할 것도 없고 사물과 자연 그리고 우주에 대한 존중은 근원적인 도덕적 가치이며, 신뢰 구축을 위한 전제조건이다. 자신과 타인에 대한 존중이 결여된 상태에서 진정한 관계는 유지될 수 없다. 또한 우리가 공동체, 자연 또는 우주와의 관계를 회복하고자 한다면 진정으로 그러한 것들의 질서에 경외심을 갖고 귀를 기울여야 한다. 이 모든 것은 결국 나의 생존과 안위를 살피는 일이다. 따라서 존중의 대상은 타인이나 더 넓은 세계로 무한히 확장될 수 있지만, 그 출발은 자기에 대한 존중인 것이다.

자기존중(self-esteem)은 자기 자신을 긍정적이고 유능하며 성공적인 존재로 바라보는 능력이다. 그것은 진솔한 자신감(self-confidence), 자신과 타인에 대한 존경(regard), 자부심(self-worth) 등으로 반영되어 나타난다. 긍정적 자기존중은 성공을 위한 기초가 되며 보편적인 안녕(well-being)이다. 그것은 자기, 개인적 유능성, 자기가치 등에 관한 하나의 강력한 개인적 신념 체계를 포함한다. 자기존중은 우리 자신이 자기와 타인들 그리고 삶의 요구를 효과적으로 다루어 성공을 경험할 때 발달되고 유지된다. 그것은 인생의 모든 측면에서 자기 자신을 학습하고 개발하는 데 하나의 본질적인 정서 기술이다(Nelson & Low, 2011).

그러나 생명의 주체로서 '나'라는 존재는 시간적인 탄생의 과정과 공간적인 삶의 터전이 있기에 가능한 것이다. 그러므로 자기에 대한 존중은 생명의 주체인 '나' 자신은 물론 생명의 원천으로서 시간적 관계와 생활의 터전으로서 공간적 관계를 귀하게 여기며 소중히 대하는 것을 포함한다. 건강하고 행복한 사람은 자신을 낳아 준 부모와 삶의 터전이 되는 가족공동체에 진심으로 감사하며 존중할 것이다. 나아가서는 시간적으로 생물학적 탄생은 물론 사회적 탄생과 정신적 탄생 그리고 진화론적으로 생명 그 자체의 탄생을 선물한 일체의 선생(先生)에 대해서 감사함과 존중의 마음가짐을 갖고, 공간적으로도 가정, 학교, 직장은 물론 지역사회와 국가, 지구촌과 우주 등 모든 삶의 터전에 대해서 경이로움과 존중의 마음가짐을 견지할 것이다. 이처럼 새로운 생명의 시작을 알리고 생활의 유지를 가능하게 하는 모든 것을 존중하고 보살피는 것은 바로 생명의 주체로서 나 자신을 존중하고 보살피는 일인 것이다. 따라서 존중은 자신을 귀하게 여기고 소중히 대하는 마음가짐에서 비롯되며 심리적으로 건강한 사람들이 공통적으로 갖추고 있는 기본적인 성향이라 할 수 있다.

존중의 관점에서 효(孝)와 충(忠)은 새롭게 해석될 수 있다. 한자어 효(孝)는 늙은 어버이(老)를 업고 있는 자식(子)의 상형이다(김언종, 2003). 그러나 그것은 단지 부모를 봉양하고 보살피는 일에 국한되는 것이 아니며, 시간적으로 새로운 삶의 탄생을 가능하게 하는 모든 이에게 향하는 존중의 마음가짐을 반영할 필요가 있다. 마찬가지로 한자어 충(忠)은 가운데 중(中)과 마음 심(心)을 합한 상형으로서, 어떤 것을 마음의 중심에 두고 진심을 다하여 보살피는 것을 뜻한다(김언종, 2003). 우리는 집 밖을 전전하는 홈리스나 국적 없이 떠도는 난민들이 당하는 끔찍하고 처참한 수난의 역사로부터 방위공동체의 소중함을 잘 알고 있다. 대기오염이나 온난화와 같은 심각한 환경 파괴는 가뭄이나 화재, 홍수, 폭설 등을 몰고 와서 한순간에 삶의 터전을 빼앗아 갈 수도 있다. 그러므로 우리는 삶의 터전으로서 다양한 형태의 공간을 마음의 중심에 두고 진심을 다하여 살피면서 자신의 안위를 가늠할 수 있어야 한다. 따라서 효(孝)와 충(忠)은 '나' 자신의 시간 관계와 공간 관계에 대한 존중의 의미를 내포하며 결국 '나' 자신에 대한 존중과 더불어 자기존중의 삼위일체를 이룬다.

우리는 어떻게 존중을 실천할 수 있는가? 존중은 무엇인가를 귀하게 여기고 소중히 대하며 그것을 향하여 귀 기울이는 마음가짐이다. 이러한 마음가짐은 자기 자신의 처지를 내려놓을 때 가능하다. 존중의 마음가짐은 관심 기울이기, 개방하기, 수용하기를 통해서 구체적으로 드러날 수 있다. 관심은 특정 사람 또는 사물을 향해 주의를 기울이거나 흥미를 보이는 마음의 상태를 말한다. 무엇인가에 건강한 관심을 보이는 것은 존중의 일차적 표현이다. 모든 관계는 관심에서 시작되고 지속적인 관심을 통해 계속 유지될 수 있다.

지나친 관심은 관계를 해칠 수도 있으나 관심이 없으면 존중 그 자체가 불가능하다. 건강한 관심은 낙관주의와 호기심 그리고 인내심을 필요로 한다. 낙관주의에 기초한 긍정적 관심은 사람의 마음을 이완하여 넉넉하게 하고 자신과 타인 그리고 세상을 향해 마음을 개방한다. 그것은 절망의 삶을 희망의 삶으로 인도한다. 호기심과 인내심은 자연스럽게 무엇인가를 향해 나아가도록 유도한다.

개방하기는 마음의 문을 열어 놓는 것을 뜻한다. 그것은 자신과 타인들에게 진솔함과 배려를 표출하는 행위다. 배려는 사회 공동체 속에 살아가는 사람들 사이에 상대방을 이해하고 보살펴 주는 것을 말한다. 상대방을 배려하는 마음가짐이 앞설 때 우리는 마음의 빗장을 풀고 그에게 다가설 수 있다.

수용하기는 무조건적이고 긍정적으로 존중의 마음가짐을 실천하는 것이다. 수용적인 사람은 섣부르게 옳고 그름을 판단하지 않으며 긍정적인 관점에서 상대방을 이해하고 '있는 그대로' 받아들이려고 노력한다. '나지사' 기법을 통하여 '~구나.' '~겠지.' '~감사.'와 같은 수용적 언어 표현은 관계에서 신뢰감을 구축하고 소통을 촉진한다. 존중은 자신과 타인 그리고 세상을 향한 무한한 신뢰와 수용이라고 할 수 있다. 인간은 누군가에게 수용되고 신뢰를 받는다고 느낄 때 진정한 행복을 느낀다. 개인은 누구보다도 자기 자신을 신뢰하고 받아들일 때 능동적이고 진취적인 삶을 영위할 수 있다. 역설적으로 개인은 자신과 타인 그리고 세상을 받아들이고 신뢰할 수 있을 때 그것들 역시 자신에게로 다가오는 것이다. 이와 같이 존중은 일방적인 것이 아니라 쌍방적이고 상호적인 것이다. 따라서 자신이 타인이나 세상으로부터 존중받지 못한다고 느끼면 존중에 대한 자신의 마음가짐을 되돌아보는 것이 필요하다.

⊙ 소통(Transaction)

관계 학습의 두 번째 요체는 소통이다. 소통은 '막힘없이 잘 통함'을 뜻한다. 서로 간에 의견이나 의사 따위가 잘 이해되어 흐릿한 점이나 오해가 없이 잘 통하는 것을 말한다. 사회 공동체에서 모든 사람들은 쉴 새 없이 자기의 생각과 의견을 표출하고 받아들인다. 이러한 의사표현은 상대방의 수용 여부에 따라 이해와 오해, 화합과 불화, 평화와 전쟁 등 극단적 결과를 낳기도 한다. 그렇기에 더불어 살아가는 공동체에서 소통은 관계 학습의 핵심 요소인 것이다.

소통은 존중을 바탕으로 서로의 입장과 요구를 확인하고 조율하는 협력적 대화의 과정이다. 대화에 참여하는 사람은 들을 때와 말할 때를 적절히 알아채고 그에 따라 역할을 교대하며, 질문을 받으면 대답을 하고 청탁을 받으면 수용하거나 거부하는 것과 같이 적절한 대응을 이루어야 한다(박성희, 이동렬, 2003). 또한 대화에는 온도와 향기가 있게 마련이다. 원활한 소통을 위해서는 대화의 형식과 내용도 중요하지만 맥락과 분위기도 매우 중요하다. 때로는 말의 강세, 어조, 억양이나 몸짓, 표정 등 말하는 이의 태도에서 우러나오는 메타메시지가 소통의 흐름에 많은 영향을 미친다. 그러나 대화에서 무엇보다 중요한 것은 협력하는 자세다. 협력은 더불어 살아가는 사회에서 아주 중요하고 필수적인 덕목이다. 소통은 함께 살아가는 삶의 방식을 탐구하는 협력의 열쇠다.

인간은 소통을 통해 자신의 경험을 이야기 형태로 구조화하면서 삶을 돌아보고 의미를 생성한다. 곧 소통은 자기 성찰의 과정인 것이다. 그것은 단순히 언어를 매개로 세상을 경험하는 것이 아니라 대화 중에 자아 모습을 탐구하고 타인의 관점에서 삶을 성찰하면서 좀 더 성숙한 모습을 가꾸는 것이다. 학습은 자신의 삶을 회고하면서 단순히 과거의 사건을 확인하는 데 그치는 것이 아니라 이야기 구성을 통해 타인들과 자신의 경험세계를 공유하고 그 의미를 함께 탐색할 수 있는 기회를 필요로 한다. 이를 통해 개인은 타인의 경험세계와 자신의 경험세계를 관련짓고 '자기 세계'를 구성하는 삶의 주체로 성장할 수 있다. 말하자면, 개인은 타인과 소통하면서 자신이 경험하거나 이미 알고 있는 것을 재구성하고 새로운 이야기를 엮어 낸다.

우리는 어떻게 소통을 실천할 수 있는가? 소통은 존중을 바탕으로 서로의 입장과 요구를 확인하고 조율하는 협력적 대화의 과정이다. 소통을 가능하게 하는 것은 적극적으로 경청하기, 주장하기, 공감하기다. 소통에서 가장 중요한 것은 상대방이 말하지 않은 소리를 듣는 것이다. 적극적 경청(active listening)은 존중의 마음가짐에서 출발하며 그것을 구체적으로 드러내는 행위 예술이다. 경청하기는 귀를 기울이고 주의해서 듣는 것을 뜻한다. 어떤 의미에서 경청은 "알지 못함(not-knowing)"(Anderson, 1990; Anderson & Goolishian, 2004) 또는 "고의적 무지(deliberate ignorance)"(Hoffman, 1992)의 태도를 내포한다. 우리가 무엇인가를 알고 있다고 생각할 때는 자꾸 말하고 싶어진다. 이는 자신과 타인 그리고 세상을 향해 귀를 기울이는 것을 방해한다. '알지 못함' 또는 '고의적 무지'의 태도는 경청을 촉진한다. 갈등적인 상황에서 '나는 알고 있다.'는 식의 태도를 잠시 내려놓고 "당신의 생각/감정/욕구는 무엇인가요?"라고 말할 수 있을 때 상대방은 존중받는 느낌을 몸소 체험할 수 있다. 이는 생존 위협에 의해 지나치게 활성화된 감성 회로를 진정시키고 인지 회로를 작동함으로써 갈등적인 대치 국면을 협력적인 대화 국면으로 전환하는 계기를 마련할 수 있다. 적극적으로 경청하기는 또한 일종의 추임새를 불어넣어 상대방의 표현을 독려할 뿐만 아니라 그것을 적극적으로 정당화하고 "수인화(validation)"(Linnehan, 1997)함으로써 상대방의 마음을 개방하고 소통을 좀 더 원활하게 하며 협력적인 대화를 가능하게 한다.

주장성(assertion)은 개인적인 생각과 감정을 다른 사람에게 편안하고 직접적이며 적절하고 단도직입적인 방식으로 분명하고 정직하게 의사소통하는 능력이다. 주장하기는 합리적인 자기 인식을 바탕으로 상대방에게 자신의 욕구와 입장을 명확히 표현하고 전달함으로써 비현실적인 기대를 갖지 않도록 설득하는 힘이다. 소통은 스트레스 상황에서 특히 어렵다. 이러한 상황에서 의사교류는 자칫 공격적으로 흘러 상대방의 생각, 감정, 행동을 제압하여 파괴하거나 굴종의 자세로 인해 자신의 생각, 감정, 행동을 억압하여 무력하게 될 수 있다. 진실로 주장적인 사람은 상대방의 권리를 존중하고 자기나 타인의 마음을 아프게 하지 않는다. 주장하기는 좀 더 효과적으로 정직하고 적절하게 의사소통하고 신뢰를 쌓는 데 도움이 되는 강력한 정서 기술이다 (Nelson & Low, 2011).

공감(empathy)은 의사교류에서 상대방이 표출한 감정, 생각, 행동, 욕구 등을 정확하게 이해하고 건설적으로 반응하는 능력이다. 공감하기는 진솔한 사회적 인식을 바탕으로 가능하다. 공감하는 사람은 의사교류에서 섣불리 판단하지 않고 인내하며 온정적인 자세로 대화에 임하고 상대방에게 한 인간으로서 귀 기울여 주고 이해하며 마음을 읽어 줄 수 있다. 공감적 이해를 통해서 사람들은 보호하고 진실하며 신뢰할 만한 가치가 있는 존재로 바라볼 수 있다. 그것은 타인들과 긍정적인 관계를 형성하고 발전시키는 데 있어서 본질적인 정서 기술이다(Nelson & Low, 2011). 공감하기는 상대방의 입장과 욕구를 확인하고 공유된 감정을 전달함으로써 신뢰감을 구축하고 작업동맹을 형성하는 데 기여한다. 상호작용 과정에서는 사람들의 이해 상충과 감정 대립으로 충돌이 발생할 수 있다. 공감하기는 이러한 충돌 가능성을 제어하며 양보와 타협에 기초한 합리적인 의사결정을 가능하게 한다.

⦿ 화해(Resolution)

관계 학습의 세 번째 요체는 갈등을 해결하고 화합을 이루어 공동체 정신을 회복하는 것이다. 화해는 다툼을 그치고 매듭을 푸는 것을 뜻한다. 그것은 화합으로 나아가는 길목이다. 화합은 화목하게 어울리는 것을 뜻한다. 화합에는 또 다른 뜻이 있다. 둘 이상의 물질 또는 원소가 화학적으로 결합하여 다른 물질을 생성하는 일이다. 이는 때로 연금술에 비유되기도 한다. 화해는 사람들이 존중의 마음가짐과 소통의 실천을 통해 구축된 작업동맹을 토대로 갈등관계를 해소하고 협력적 관계를 회복하며 공동의 문제해결을 위해 함께 노력하는 과정이다. 전통적인 학습 환경은 학생들의 의견이 충돌하는 것을 원천적으로 차단하여 그들에게 갈등 상황을 경험하고 화해를 모색할 수 있는 학습 기회를 좀처럼 허용하지 않았다. 그러나 다양한 배경과 상이한 욕구를 지닌 사람들이 한 공간 안에 머물게 되면 갈등은 하나의 필연적인 귀결일 수밖에 없다. 삶의 과제는 어떻게 서로 충돌하는 욕구를 조율하고 화해를 이룰 것인가이다. 따라서 학생들에게 어느 정도 갈등을 허용하고 화해를 모색하도록 조력하는 것은 관계 학습의 요체다. 화해는 힘의 논리에 의해 승자와 패자를 가르는 것이 아니라 상호 이익의 원칙에 따라 참여자 모두에게 이로운 결과를 안겨 주는 '승자-승자' 식의 문제해결 접근이다. 사람들은 화해를 통해 도구적 대립 관계를 청산하고 공동체적 상생 관계를 회복하게 된다.

협력적 대화와 더불어 정직과 책임은 갈등을 해소하고 화해와 화합을 이루어내는 데 핵심 요소다. 정직은 신뢰와 직결된다. 갈등 관계는 대부분 불신과 불안감에서 비롯된다. 최소한 서로 속고 속이는 불안감에서 벗어날 수 있다는 것만으로도 사람들은 안심하고 자신 있게 상호작용하고 갈등 관계에서 벗어날 수 있다. 따라서 정직은 협력적 대화의 바탕이며 화해와 화합을 위한 상생적인 관계의 전제조건이다.

책임 또한 협력적 대화를 이끌어 내고 화해와 화합을 이루는 일에서 빠질 수 없다. 사람들이 책임을 회피하고 전가할 때 갈등 관계는 증폭된다. 책임 공유는 책임 전가와 대비되는 개념이다. 그것은 화해와 화합을 이루기 위한 공동 관심, 공동 학습, 공동 참여를 가능하게 한다. 사람들이 공통된 욕구와 관심사를 찾아서 공동의 목표를 개발하는 일은 관계 형성의 첫 관문이다. 사람들은 생리적으로는 물론 심리적으로 기본 욕구를 지니고 있으며, 비슷한 욕구와 관심사를 지닌 사람들은 자발적인 집단을 구성하여 함께 협력할 수 있다. "관심 공동체(community of concern)"(Winslade & Monk, 2007)에서는 사람들이 서로 자원과 강점을 확인하고 공유하는 과정을 통해 적극적인 성장을 도모하며, 이는 자연스럽게 학습 공동체로 발전한다. 사람들은 낯선 학습 상황에 저항할 수 있으며, 이는 또 다른 갈등의 불씨가 되기도 한다. 학습 공동체는 학습 과정에서 발생하는 갈등을 극복하고 공동의 관심사와 목표를 위해 협력적 대화를 지속하게 한다. 그것은 사람들이 폭력, 중독, 실업, 차별, 오염, 파괴 등 개인의 안녕과 공동체 번영을 파괴하는 다양한 문제를 해결하는 일에 참여하도록 기회를 확대한다. 따라서 참여 공동체를 육성하는 것이 관계 학습의 궁극적인 과제다. 책임의 공유는 또한 자비와 인간애의 실천을 가능하게 한다. 그것은 공동체 구성원의 실수와 허물을 감싸서 보듬어 주고 새로운 질서 회복을 가능하게 한다.

우리는 어떻게 화해를 이루어 갈등을 해결하고 화합을 도모할 수 있는가? 화해는 사람들이 존중의 마음가짐과 소통의 실천을 통해 구축된 작업동맹을 토대로 갈등 관계를 해소하고 문제해결을 위해 공동 노력하는 과정이다. 갈등을 해결하고 공동체의 화합을 이루기 위해서는 자기 관리 역량, 의사결정 기술, 리더십이 필요하다. 일체의 관계는 어느 정도 스트레스를 유발하며 갈등 관계에서는 불안, 분노와 같은 부정적 정서를 야기하여 삶의 효율성이 저하된다. 따라서 스트레스를 비롯한 심리적 갈등을 해소하고 내부 자원을 적절히 동원하여 화해를 이루고 화합을 모색하기 위해서는 무엇보다 자기 관리가 중요하다.

첫 번째 실천 과제인 자기 관리는 스트레스와 불안, 분노 등 부정적 정서를 관리함으로써 심리적 안녕을 도모하고 효과적인 시간 사용과 자원 활용을 통하여 긍정적인 변화를 가져오기 위한 역량을 극대화하는 일이다. 건강한 사람은 개인적 동력을 효과적으로 지휘하고 어려운 여건에서조차 과제에 헌신하며 시간과 자원을 생산적으로 관리하여 과제를 완수하고 인생 목표를 성취하기 위해 지속적으로 긍정적인 변화를 지향한다. 이와 같이 심리적 안녕을 회복하고 긍정적인 변화를 지향하는 일은 갈등 관계에서 과도하게 활성화된 감성 회로를 안정화시켜 적대적이고 전투적인 자세를 거둬들이고 그 대신 차가운 인지 회로를 좀 더 활성화하여 협력적인 대화와 합리적인 문제해결을 모색하도록 하는 전기를 마련할 수 있다. 자기 관리는 효과적인 의사결정과 리더십에 본질적인 요소다. 갈등 상황에 처해서 쉽게 결정을 내릴 수 없을 때에는 정서에 주의를 기울여 신경 회로의 흐름을 조정하거나 털어놓고 전문적인 도움을 청할 수 있어야 한다.

화해를 이루고 화합을 모도하기 위해 학습해야 하는 두 번째 실천 과제는 갈등을 일으키는 문제를 찾아서 합리적인 해결책을 모색하기 위해 의사결정 기술을 학습하고 적용하는 일이다. 의사결정은 갈등 상황에서 문제를 해결하거나 결정을 내릴 때 체계적인 접근을 사용하는 능력이다(Nelson & Low, 2011). 갈등하는 문제를 해결하기 위해서는 때로 특정한 영역의 지식이 동원되기도 하지만, 관계 상황에서는 문제를 제대로 인식하지 못하거나 상황을 왜곡함으로써 대안을 찾지 못하는 경우가 종종 있다. 이 경우 문제해결을 위한 초인지(metacognition)를 작동하여 창의적인 문제해결 전략을 적용하는 것이 도움이 될 수 있다. 한 가지 구체적인 전략은 우선 개인 또는 집단이 문제를 외면하고 있는 것은 아닌지 면밀히 살펴보고 문제 정의하기, 가능한 대안을 찾아서 우선순위 정하기, 첫 번째 대안을 실행에 옮기기, 실행 결과를 평가하고 조정하기 등의 단계를 따라 체계적인 사고를 전개하는 것이다. 문제해결은 어느 정도 의사결정 과정을 수반한다. 그것은 문제 또는 갈등 상황에서 선택할 수 있는 해결 대안을 공식화하고 승인하며 갈등을 해결하는 과정에 타인들을 참여시키는 데 하나의 본질적인 정서 기술이다.

화해를 이루고 화합을 도모하기 위해 학습해야 하는 세 번째 실천 과제는 긍정적인 리더십을 발휘하는 것이다. 리더십(leadership)은 공동의 목표 달성을 위해 한 사람이 다른 사람들에게 지지와 도움을 얻도록 사회적 영향을 미치는 과정을 말한다(Chemers, 2002). 훌륭한 리더십은 건전한 사회적 인식을 바탕으로 사람들에게 긍정적인 변화를 이끌어 내는 힘이다(Nelson & Low, 2011). 그것은 사람 중심적이며 타인들에게 긍정적으로 영향을 주며 신중하고 설득력이 있다는 것을 의미한다. 훌륭한 지도자는 사려 깊고 강직하지만 공명정대하며 구성원이 다 같이 참여할 수 있도록 설득하고 협조를 구한다. 이것은 타인들과 함께 작업할 때 탄력과 합의를 이끌어 내는 일련의 사적이고 목표지향적인 활동을 요구한다. 훌륭한 리더십은 또한 함께 관계하는 사람들의 신체적 · 정서적 · 사회적 욕구에 민감하고 그들에게 긍정적으로 영향을 미치는 사회적 인식 능력을 포함한다. 유능한 지도자는 타인들의 욕구, 인격, 가치, 목표 등을 인식하고 이해하며 존중한다. 그는 또한 타인들에게 존재하는 다름을 진실로 존중하고 다른 관점을 정확하게 이해하고 소통하려고 노력한다. 이런 노력은 사람들에게 편안하고 존중 받는 느낌을 갖게 하며 자발적인 참여를 유도하고 긍정적인 변화를 이끌어 내는 데 기여한다. 위대한 지도자는 사람들을 이끌 뿐만 아니라 추종하는 방법을 알고 행한다 (Nelson & Low, 2011).

요약하면, 관계 학습은 존중, 소통, 화해의 세 가지 요체를 학습의 기본 목표로 삼고 각각의 요체는 다시 세 가지 실천 과제를 통해 구현될 수 있다. 미래 학습은 이 관계 학습의 3×3 원리를 구현하는 방식으로 전환되어야 한다. 여기서 앞의 숫자 3은 관계 학습의 세 가지 기본 목표를 나타내고 뒤의 숫자 3은 각 목표의 실천 과제를 나타낸다. 이를 간단하게 도식화하면 [그림 5-3]과 같다.

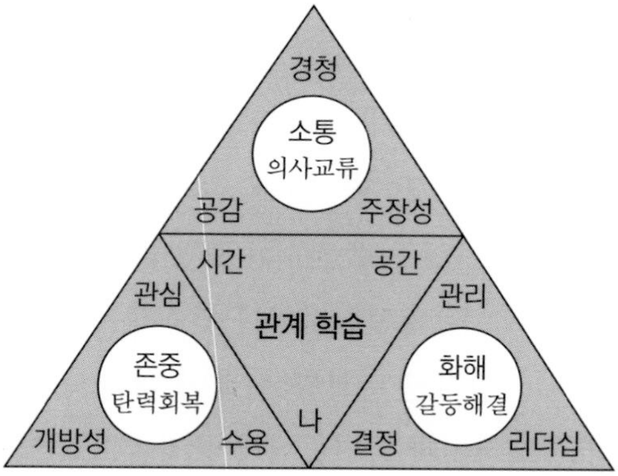

[그림 5-3] 관계 학습의 3×3 원리 모형도

의미심장한 관계는 억지로 찾는다고 찾아지는 것이 아니며 마냥 기다린다고 나타나는 것도 아니다. 타인들과 건강하고 지지적인 연결이 이루어지지 않는 한 스트레스가 높을 때 개인적 자원은 턱없이 부족할 수 있다. 자신의 성공에 진심으로 관심을 갖고 귀를 기울이는 사람들과 관계를 맺고 원만하게 소통하면서 화해를 도모한다면 진정 도움이 필요할 때 외롭지 않을 것이다.

끝으로, 주목해야 할 점은 관계 학습에 대한 강조가 교과 학습의 무용론을 의미하는 것으로 오인되어서는 안 된다. 건강한 사람에게서는 일과 삶이 적절히 조화를 이루는 것을 볼 수 있다. 이는 학습 활동이 교과 학습과 관계 학습의 어느 한쪽으로 치우쳐서는 안 되며 적절히 균형을 유지해야 함을 시사한다. 편도체에 이르는 2개의 신경 회로에 대한 르두(2000, 2006)의 발견 역시 교과 학습과 관계 학습의 신경과학적 기반을 제공한다고 볼 수 있다. 이성 개발과 감성 계발이 적절히 균형을 유지할 필요가 있다. 전통적으로 관계 학습의 목표는 일상생활에서 다양한 놀이를 통해 자연스럽게 개발될 수 있었다. 그러나 현대의 학습 환경은 주지주의 물결에 함몰되어 있으며 심지어 놀이 프로그램(예: 게임)조차도 이성의 논리적 힘에 강하게 의존하고 있어서 상호작용하는 동안 자신의 내면세계를 성찰하고 격앙된 감정을 다스리기 위한 사회정서 학습의 기회가 제공되지 않고 있다. 존중과 소통 그리고 화해를 위한 사회정서적 역량을 기르려면 형식적인 교육과정에서 다양한 형태의 관계 학습 프로그램이 개발되어 적용되어야 한다.

또한 교과 학습과 관계 학습은 반드시 독립된 프로그램으로 조직되어 운영되어야 하는 것도 아니다. 이 두 가지 유형의 학습은 어느 정도 독립적인 학습 기제를 갖고 있지만 상호 영향을 주고받는다. 따라서 기존의 교과 학습 프로그램은 얼마든지 관계 학습을 위한 통합적인 학습 프로그램으로 재구성될 수 있다. 교사는 교육과정 재구성을 통해 교과 학습 안에서 자기 성찰을 촉진하는 무지개 학습을 전개하고 내러티브 구성을 촉진하여 관계 학습을 구현할 수 있다(송재홍, 2006, 2007).

더욱이 명심해야 할 점은 사회정서 유능성을 증진하기 위한 관계 학습 프로그램이 특정 집단의 도덕적 규범을 일방적으로 주입하기 위한 도덕 교육과 차별화되어야 한다는 것이다. 관계 학습의 요체인 존중, 소통, 화해가 자칫 도덕 교육에서 강조하는 인성 덕목과 상당 부분 일치한다고 해서 관계 학습과 도덕 교육을 동일시해서는 안 된다. 관계 학습은 어디까지나 생태적 체험을 바탕으로 한 자기 성찰과 자기 훈육에 기초를 두어야 한다. 존중, 소통,

화해 역량은 도덕적 슬로건이나 집단 교시에 의해 강제될 수 있는 것이 아니며 마음챙김과 자기 성찰을 통한 깊은 깨달음이 전제되어야 한다. 따라서 미래의 학습 환경은 관계 학습의 요체인 존중, 소통, 화해를 도모하는 내러티브 구성과 강화 시스템을 구축해야 한다.

진정한 학습자로 거듭나기

심리학에서 학습이라는 말은 단순히 '배우고 익힌다'고 하는 사전적 의미를 초월한다. 학습은 심리학에서 행동주의가 등장하여 기억을 대신하여 관찰 가능한 행동을 연구 주제로 전환하면서 등장한 개념이지만, 몇 차례 혁명적인 변화의 물결을 거치면서 다양한 의미로 진화하였다. 최근에 등장한 구성주의의 관점에서 보면, 학습은 "사전학습에 기초하여 지식을 창조하고 재창조하는 구성적 과정"으로 정의된다(Bruning, Schraw, & Norby, 2011). 구성주의에 의하면, 지식이란 개인이 인지 작용을 통해서 경험한 현상에 대한 개별적인 의미를 부여하는 것이다. 따라서 지식은 어떤 절대적인 가치와 의미를 지니는 것이 아니라 다양성, 개별성, 상대성을 지니게 된다. 그러나 사회 구성원으로서의 개인이 현실적으로 구성하게 되는 지식은 다른 사람과 더불어 살아갈 수 있고 살아가는 데 유용하며 공동체로부터 유용성을 인정받고 공유되는 지식이다. 이렇게 보면, 학습이란 맥락에 기초해서 전개되는 개별적 지식의 집단적 구성인 것이다.

이제 우리는 좀 더 색다른 관점에서 학습을 바라보고 접근할 필요가 있다. 학문 중심의 학습에 대한 편향과 빈틈없는 교육과정으로 인해 건조한 교실 환경을 조장하고 다양한 개인적 문제와 사회적 갈등을 초래한다는 비판이 제기되었고, 최근에는 사회정서 유능성의 중요성이 새롭게 인식되면서 존중, 화해 같은 새로운 학습목표가 강조되고 있다(Brown et al., 2010). 더욱이 분산 지능(distributed intelligence)의 개념이 등장하면서 개인의 유능성에 대한 인식이 변화되고 있다(Pea, 1993; Perkins, 1993; Salomon, 1993). 즉, 사람들은 자신들의 물리적 · 문화적 · 사회적 환경으로부터 도움을 받을 때 훨씬 더 지능적으로 생각하고 행동하는 경향이 있다. 이 관점에 따르면, 한 개인의 유능성은 그 자신의 지적 역량에 국한되지 않으며, 네트워킹을 통해서 구축된 물적 및 인적 자원의 적절한 이해와 활용에 의해서 무한정 확대될 수 있는 것으로 인식된다(Ormrod, 2011). 분산 지능의 관점은 사실상 모든 학생이 자신의 노력을 지원할 도구, 상징체계, 사회집단이 있을 때 좀 더 유능하게 행동할 수 있음을 시사한다(Rhodes, 2007; Salomon, 1993; Sfard, 1998). 따라서 협력적인 학습을 통해 삶의 공통된 문제를 해결하기 위한 학습 공동체의 육성이 더욱 중요시되고 있으며, 개인의 유능성을 극대화하기 위해서 타인과 협력적인 관계를 형성하고 유지하려는 태도와 기능이 중요한 개인적 자원으로 강조되고 있다. 곧 유능한 학습자는 학문적인 면에서 지성(知)을 갖추어야 할 뿐만 아니라 사회정서적인 면에서 자신과 타인을 존중하고 사회적 갈등을 합리적으로 해결하는 덕성(仁)과 체성(勇)을 겸비해야 한다(송재홍, 2016).

따라서 참된 학습은 지적 능력의 증대만 아니라 지성과 덕성을 겸비한 진정한 '사람됨'을 추구하는 과정이며, 이는 학문의 근본이 되는 격물치지에 근거하되 자기 성찰과 자기 수양의 과정을 통해서 자신의 내면을 자각하고 새로운 변화 가능성을 발견하여 체화함으로써 도달될 수 있다(송재홍, 2006). 부연하면, 개인은 격물치지와 자기 성찰의 과정을 통해서 자신의 한계를 인식하고 변화를 시도함으로써 날마다 거듭나고 새로운 모습으로 세상과 소통하며, 그렇게 변화하는 자기 모습에서 긍정적 미래 가치를 발견하게 된다. 『맹자(孟子)』「진심장구(盡心章句)」 편에는 "즐겁고 바른 사람은 누구인가?(樂正者 何人也)"라고 묻자 "착하고 듬직한 사람이다(善人也 信人也)."라고 답하고, 다시 "착한 것은 무엇이고 듬직한 것은 무엇인가?(何謂善 何謂信)"라고 묻자 "알고자 하면 착한 것이고 갖추어져 있으면 듬직한 것이며, 충만하고 튼실하면 아름다운 것이다(可欲之謂善 有諸己之謂信 充實之謂美)."라고 답한다(차주환 역, 1964). 이 구절은 본래 '사람됨(humanity)'의 그릇, 곧 인격적 성숙의 과정을 묘사하기 위해서 제시된 하나의 은유다. 하지만 그것은 학문적 지식은 물론 실용적 기술을 배우고 익히는 과정에도 그대로 적용될 수 있다. 한 인간이 지식이나 기술을 터득하는 과정을 자세히 관찰해 보면, 그는 자신이 '모른다/못한다'는 것조차 알지 못하는 무지의 상태에서 '모른다/못한다'는 것을 알게 되는 자각의 상태로 전환함으로써 배우고자 하는 호기심으로 가득한 착한 사람의 모습을 갖추게 되며, 의식적인 노력을 통해 '안다'는 인식을 갖춤으로써 어떤 일을 처리할 수 있는 믿음직한 사람의 모습으로 거듭난다. 또한 실무자가 되어 어떤 분야에서 어느 정도 경험을 쌓고 나면 더 이상 의식적인 노력 없이도 거의 자동적으로 그 일을 좀 더 충실하고 세련되게 처리할 수 있는 아름다운 사람의 모습으로 변모하며, 종국에는 자신이 갈고 닦은 역량을 후학에게 전수함으로써 공동체 복지에 기여할 수 있는 좀 더 큰 사람, 곧 지도자로서 배움의 여정을 마무리하게 된다. 인지심리학적인 관점에서 간단히 요약하면, 한 개인의 학습 여정은 학습 전 단계와 동기유발 단계에서 의도적 학습 단계와 자동적 학습 단계를 거쳐 종국에는 전문적 지도자의 단계에 이른다.

무엇보다 건강한 학습자는 왕성한 지적 호기심을 갖고 주어진 과제를 거뜬히 수행할 수 있는 착하고 믿음직한 사람이 되려고 열심히 노력하며, 나아가 일을 세련되고 매끄럽게 처리할 수 있는 충실하고 아름다운 사람이 되려고 열정적으로 수행한다. 하지만 성숙한 학습자는 단지 착하고 믿음직한 사람이 되거나 세련되고 아름다운 사람이 되는 일에 머물러서는 안 되고, 이러한 숙련된 기술과 정신을 기꺼이 공유함으로써 공동선을 달성하기 위해 협력하고 안내할 수 있는 진정한 '사람됨'의 존재로 성장하는 데 필요한 감성적 리더십을 갖추기 위해 끊임없이 정진한다. 이렇게 참된 학습(authentic learning)은 지적 능력의 증대뿐만 아니라 지성과 덕성 그리고 체성을 두루 겸비한 진정한 '사람됨'을 추구하는 과정이 되어야 한다. 결국 관계 학습의 참된 목표는 자기와 타인에 대한 존중과 의사소통에 기초한 감성적 리더십과 갈등해결 역량을 갖추는 것이며(Shankman, Allen, & Haber-Curran, 2015),

이는 필연적으로 깊은 자기 성찰과 자기 수양을 요구한다고 볼 수 있다. 『논어』「헌문」편에서 공자는 "옛날의 학자는 자기를 찾기 위해 공부하여 마침내 물성에 이르렀으나 작금의 학자는 세상을 알기 위해 공부하여 마침내 자기를 잃어버리고 말았다(古之學者 爲己 基終至於成物, 今之學者 爲人 基終至於喪己)."라고 탄식하였다(차주환 역, 1964). 참된 학습은 격물치지와 자기 성찰의 과정을 통해 자기 내면의 한계를 자각하고 새로운 변화 가능성을 발견하여 현실화함으로써 진정으로 거듭날 때 구현될 수 있는 것이다(송재홍, 2006). 이처럼 지적 역량과 더불어 덕성과 체성을 겸비한 감성적 리더십을 두루 갖춘 사람은 단지 주어진 일을 처리하는 보통 사람보다 더 크게 보일 것이고 때로는 성스럽고 때로는 신비스럽게 보이기까지 할 것이다. 이렇게 볼 때, 학교 교육은 학습자가 격물치지와 자기 성찰을 통해 지적 역량과 감성적 리더십을 겸비하여 진정한 '사람됨' 또는 '나다움(I-ness)'을 추구하는 건강하고 성숙한 학습자가 되도록 그들의 학습 과정을 심리적으로 조력하는 전문적인 상담 활동이 되어야 한다.

참고문헌

곽유정(2005). 정서지능 교육프로그램 모형 개발 연구. 열린유아교육연구, 10(2), 11-25.

교육부(2015). 초 · 중등학교 교육과정 총론. 세종: 교육부.

김언종(2003). 한자의 뿌리 I · II. 서울: 문학동네.

문용린(1999). 인성교육을 위한 정서지능 개발 프로그램에 관한 연구. 사대논총, 59, 31-98.

박민정(2006). 내러티브란 무엇인가?: 이야기 만들기, 의미구성, 커뮤니케이션의 해석학적 순환. 아시아교육연구, 7(4), 27-47.

박성희, 이동렬(2003). 상담과 상담학 2: 상담의 실제. 서울: 학지사.

송재홍(2006). 가르침과 배움의 여정으로서 자기 성찰: 교과 교육과 상담의 통합 가능성에 대한 검토와 제안. 종합교육연구, 4(1), 1-25.

송재홍(2007). 자아성찰 학습을 위한 교과 교육의 이해와 개발. 종합교육연구, 5(1), 1-24.

송재홍(2011). 양자심리학과 이야기 은유: 교과 기반 자기 성찰학습 프로그램의 개발 논리. 교육심리연구, 25(4), 835-852.

송재홍(2014). 상담에 있어서 맥락주의와 치료적 은유의 활용. 초등상담연구, 13(1), 21-48.

송재홍(2015). 아동 상담에서 정서의 이해와 개입: 인성교육의 실천적 대안. 초등상담연구, 14(4), 467-496.

송재홍(2016). 정서유능성 증진을 위한 은유 활용 프로그램. 초등상담연구, 15(3), 299-328.

송재홍(2018). 심리학 3.0과 미래 학습: 관계 학습의 원리와 실천 전략. 초등상담연구, 17(3), 347-376.

신현숙(2011). 학업수월성 지향 학교에서 사회정서학습의 필요성과 지속가능성에 관한 고찰. 한국심리학회지: 학교, 8(2), 175-197.

신현숙(2013). 교과수업과 연계한 학급단위의 사회정서학습: 사회정서 유능성과 학교 관련 성과에 미치는 효과. 한국심리학회지: 학교, 10(1), 83-110.

신현숙, 류정희, 박주희, 이은정, 김선미, 배민영, 윤숙영, 강금주(2015). 중학생을 위한 사회정서학습 프로그램. 서울: 학지사.

안윤조, 안혜리(2013). '체화된 인지'로서의 시각적 은유와 내러티브 사고에 기반한 초등학교 사진수업 사례. 조형교육, 48, 257-288.

이보경(2017). 초등 우리 아이 정서교육. 서울: 학지사.

이영의(2008). 분산된 인지와 마음. 철학연구, 35(2), 3-30.

이영의(2012). 확장된 마음 이론의 쟁점들. 철학논집, 31, 29-54.

이영의(2015). 체화된 인지의 개념 지도: 두뇌의 경계를 넘어서. *Trans-Humanities, 8*(2), 101-139.

이정모(2010). '체화된 인지(Embodied Cognition)' 접근과 학문간 융합: 인지과학 새 패러다임과 철학의 연결이 주는 시사. 철학사상, 38, 28-66.

조인숙, 강현석(2016). 내러티브의 두 가지 이론과 교육에의 시사점 탐구. 교육철학, 60(1), 165-191.

차성현, 곽윤정, 박종효, 최지영(2012). 사회성 및 감성 교육 활성화 방안 연구(연구보고 RR2012-13). 충북: 한국교육개발원.

차주환 역(1964). 동양의 지혜: 논어 · 맹자 · 중용 · 대학. 서울: 을유문화사.

한승희(2006). 내러티브 사고의 장르적 특징에 관한 고찰. 교육과정연구, 24(2), 135-158.

Almada, L. F., Pereira, A., Jr., & Carrara-Augustenborg, C. (2013). What affective neuroscience mean for science of consciousness. *Consciousness Studies, 11,* 253-273.

Amsterdam, A. G., & Bruner, J. S. (2000). *Minding the law.* Cambridge, MA: Havard University Press.

Anderson, H. (1990). Then and now: A journey from "knowing" to "not knowing". *Contemporary Family Therapy, 12,* 193-197.

Anderson, H., & Goolishian, H. (2004). 전문가인 내담자: 치료에서 "알지 못한다"는 자세(The client is the expert: A not-knowing approach to therapy). In S. McNamee, & K. J. Park (Eds.), 심리치료와 사회구성주의(*Therapy as social construction*). (김유숙 역). (pp. 57-82). 서울: 학지사. (원서 1992년 출판).

Baars, B. J. (1986). *The cognitive revolution in psychology*. New York: The Guilford Press.

Bandura, A. (1989). Human agency in social cognitive theory. *American Psychologist, 44,* 1175-1184.

Barsalou, L. W. (2008). Grounded Cognition. *Annual Review of Psychology, 59,* 617-645.

Barsalou, L. W. (2010). Grounded cognition: Past, present, and future. *Topics in Cognitive Science, 2,* 716-724.

Barsalou, L. W., Breazeal, C., & Smith, L. B. (2007). Cognition as coordinated non-cognition. *Cognitive Processing, 8,* 79-91.

Barsalou, L. W., Simmons, W. K., Barbey, A. K., & Wilson, C. D. (2003). Grounding conceptual knowledge in modality-specific systems. *Trends in Cognitive Sciences, 7,* 84-91.

Baumgartner, H. (1992). Remembrance of things past: Music, autobiographical memory, and emotion. *Advances in Consumer Research, 19,* 613-620.

Bechara, A. (2004). The role of emotion in decision-making: Evidence from neurological patients with orbito-frontal damage. *Brain and Cognition, 55,* 30-40.

Bickhard, M. H. (2008). Is embodiment necessary? In P. Calvo, & A. Gomila (Eds.), *Handbook of cognitive science: An embodied approach* (pp. 29-40). San Diego, CA: Elsevier.

Bohr, N. (1928). The quantum postulate and the recent development of atomic theory. *Nature(Supplement), 121,* 580-590.

Boncoddo, R., Dixon, J. A., & Kelley, E. (2010). The emergence of a novel representation from action: Evidence from preschoolers. *Developmental Science, 13,* 370-377.

Brown, J. L., Jones, S. M., LaRusso, M. D., & Aber, J. L. (2010). Improving classroom quality: Teacher influences and experimental impacts of the 4Rs program. *Journal of Educational Psychology, 102,* 153-167.

Bruner, J. S. (1990). *Acts of meaning*. Cambridge, MA: Harvard University Press.

Bruning, R. H., Schraw, G. J., & Norby, M. M. (2011). *Cognitive psychology and instruction* (5th ed.). Boston, MA: Allyn & Bacon.

Burns, G. W. (Ed.) (2011). 이야기로 치유하기: 치료적 은유 활용 사례집(*Healing with stories: Your casebook collection for using therapeutic metaphors*). (김춘경, 배윤선 공역). 서울: 학지사. (원서 2007년 출판).

Burns, K., & Bechara, A. (2007). Decision making and free will: A neuroscience perspective. *Behavioral Science and Law, 25,* 263-280.

Busemeyer, J. R., & Bruza, P. D. (2012). *Quantum models of cognition and decision*. Cambridge, England: Cambridge University Press.

Buss, A. R. (1978). The structure of psychological revolutions. *Journal of the History of the Behavioral Sciences, 14,* 57-64.

Chemers, M. M. (2002). Metacognitive, social, and emotional intelligence of transformational leadership: Efficacy and effectiveness. In R. E. Riggio, S. E. Murphy, & F. J. Pirzzolo (Eds.), *Multiple intelligence and leadership* (pp. 139-160). Mahwah, NJ: Lawrence Erlbaum Associates.

Chomsky, N. (1959). Review of B. F. Skinner's verbal behavior. *Language, 35,* 26-58.

Clandinin, D. J., & Connelly, F. M. (1990). Stories of experience and narrative inquiry. *Educational Researcher, 19,* 2-14.

Clark, A. (2011). *Supersizing the mind: Embodiment, action, and cognitive extension*. New York: Oxford University Press.

Cohen, I. B. (1985). *Revolution in science*. Cambridge, MA: Belknap Press.

Cole, M., & Engestrom, Y. (1993). A cultural-historical approach to distributed cognition. In G. Salomon (Ed.), *Distributed cognitions: Psychological and educational considerations* (pp. 1-46). New York: Cambridge University Press.

Cook, S. W., & Goldin-Meadow, S. (2006). The role of gesture in learning: Do children use their hands to change their minds? *Journal of Cognition and Development, 7,* 211-232.

Cook, S. W., Mitchell, Z., & Goldin-Meadow, S. (2008). Gesturing makes learning last. *Cognition, 106,* 1047-1058.

Cromwella, H. C., & Panksepp, J. (2011). Rethinking the cognitive revolution from a neural perspective: How overuse/misuse of the term 'cognition' and the neglect of affective controls in behavioral neuroscience could be delaying progress in understanding the BrainMind. *Neuroscience and Biobehaviroral Reviews, 35,* 2026-2035.

Csikszentmihalyi, M. (2003). 창의성의 즐거움(*Creativity: Flow and the psychology of discovery and invention*). (노혜숙 역). 서울: 북-로드. (원서 1996년 출판).

Damasio, A. R. (1999a). *The feeling of what happens: Body and emotion in the making of consciousness*. New York: Houghton Mifflin Harcourt.

Damasio, A. R. (1999b). 데카르트의 오류(*Decartes' error: Emotion, reason, and the human brain*). (김린 역). 서울: 중앙문화사. (원서 1995년 출판).

Damasio, A. R. (2000). A second chance for emotions. In R. Lane, & L. Nadel (Eds.) *Cognitive neuroscience for emotion* (pp. 12-23). New York: Oxford Books.

Damasio, A. R. (2007). 스피노자의 뇌: 기쁨, 슬픔, 느낌의 뇌 과학(*Looking for Spinoza; Joy, sorrow, and the feeling brain*). (임지원 역). 서울: 사이언스북스. (원서 2003년 출판).

Davidson, R. J., & Suton, S. K. (1995). Affective neuroscience: The emergence of a discipline. *Current Opinion of Neurobiology, 5*, 217-224.

Dawson, M. R. W. (1998). *Understanding cognitive science*. Malden, MA: Blackwell.

Denborough, D. (Ed.) (2008). *Collective narrative practice: Responding to individuals, groups, and communities who have experienced trauma*. Adelaide, Australia: The Dulwich Centre Publication.

Dubois, D. M. (2010). Breakthrough in the human decision making based on an unconscious origin of free will. *Acta System, 10*, 13-18.

Feldman, J. A., & Ballard, D. H. (1982). Connectionist models and their properties. *Cognitive Science, 6*, 205-254.

Fischer, G. (2004). Social creativity: Turning barriers into opportunities for collaborative design. In F. DeCindio, & D. Schuler (Eds.), *Proceedings of the Participatory Design Conference (PDC'04)* (pp. 152-161). Palo Alto, CA: University of Toronto, Canada.

Fischer, G. (2005). Distances and diversity: Sources for social creativity.

Proceedings of Creativity & Cognition (pp. 128–136). London, UK.

Fischer, G., Giaccardi, E., Eden, H., Sugimoto, M., & Ye, Y. (2005). Beyond binary choices: Integrating individual and social creativity. In E. A. Edmonds, & L. Candy (Eds.), *International Journal of Human-Computer Studies (IJHCS) Special Issue on Computer Support for Creativity, 63*, 482–512.

Gardner, H. (1987). *The mind's new science: A history of the cognitive revolution*. New York: Basic Books.

Gigerenzer, G., & Todd, P. M. (1999). *Simple heuristics that make us smart*. New York: Oxford University Press.

Glenberg, A. M. (2008). Embodiment as a unifying perspective for psychology, *Advanced Review, 1,* 586–596.

Glenberg, A. M., Sato, M., Cattaneo, L., Riggio, L., Palumbo, D., & Buccino, G. (2008). Processing abstract language modulates motor system activity. *The Quaterly Journal of Experimental Psychology, 61,* 905–919.

Glenberg, A. M., Witt, J. K., & Metcalfe, J. (2013). From the revolution to embodiment: 25 years of cognitive psychology. *Perspectives on Psychological Science, 8,* 573–585.

Goldin-Meadow, S., Cook, S. W., & Mitchell, Z. A. (2009). Gesturing gives children new ideas about math. *Psychological Science, 20,* 267–272.

Gray, J. R. (2004). Integration of emotion and cognitive control. *Current Directions in Psychological Science, 13,* 46–48.

Greeno, J., & Moore, J. L. (1993). Situativity and symbols: Response to Vera and Simon. *Cognitive Science, 17,* 49–59.

Greenwood, J. D. (1999). Understanding the "cognitive revolution" in psychology. *Journal of the History of the Behavioral Sciences, 35,* 1–22.

Harre, R. (1994). Emotion and memory: The second cognitive revolution. In A. P. Griffiths (Ed.), *Philosophy, psychology, and psychiatry* (pp. 25–40). Melbourne, Australia: Cambridge University Press.

Hoffman, L. (1992). A reflexive stance for family therapy. In S. McNamee, & K. Gergen (Eds.), *Therapy as social construction* (pp. 7–24). Thousand Oaks, CA: Sage.

Hollan, J., Hutchins, E., & Kirsh, D. (2001). Distributed cognition: Toward a new foundation for human-computer interaction research. In J. M. Carroll (Ed.), *Human-computer interaction in the new millennium* (pp. 75-94). New York: ACM Press.

Hull, C. L. (1943). The problem of intervening variables in molar behavior theory. *Psychological Review, 50,* 273-288.

Hutchins, E. (1995). *Cognition in the wild.* Cambridge, MA: MIT Press.

Hutchins, E., & Klausen, T. (1998). Distributed cognition in an airline cockpit. In Y. Engestrom, & D. Middleton (Eds.), *Cognition and communication at work* (pp. 15-34). New York: Cambridge University Press.

IJzerman, H., & Semin, G. R. (2009). The thermometer of social relations: Mapping social proximity on temperature. *Psychological Science, 20,* 1214-1220.

Ionescu, T., & Vasc, D. (2014). Embodied cognition: Challenges for psychology and education. *Procedia: Social and Behavioral Sciences, 128,* 275-280.

James, W. (2005). 심리학의 원리(*Principles of psychology*). (정양은 역). 서울: 아카넷. (원서 1890년 출판).

Jones, S. M., Brown, J. L., & Aber, J. L. (2011). Two-year impacts of a universal school-based social-emotional and literacy intervention: An experiment in translational developmental research. *Child Development, 82,* 533-554.

Karasavvidis, I. (2002). Distributed cognition and educational practice. *Journal of Interactive Learning Research, 13,* 11-29.

Kiefer, M., & Trumpp, N. M. (2012). Embodiment theory and education: The foundations of cognition in perception and action. *Trends in Neuroscience and Education, 1,* 15-20.

Kille, D. R., Forest, A. L., & Wood, J. V. (2013). Talk, dark, and stable: Embodiment motivates mate selection preferences. *Psychological Science, 24,* 112-114.

Koch, S., Holland, R. W., Hengstler, M., & van Knippenberg, A. (2009). Body locomotion as regulary process stepping backward enhances cognitive control. *Psychological Sciences, 20,* 549-550.

Kontra, C., Goldin-Meadow, S., & Beilock, S. L. (2012). Embodied learning across the life span. *Topics in Cognitive Science, 4,* 731-739.

Kuhn, T. S. (1981). 과학혁명의 구조(*The structure of scientific revolutions*). (김명자 역). 서울: 정음사. (원서 1970년도 출판).

Lachman, R., Lachman, J. R., & Butterfield, E. C. (1979). *Cognitive psychology and information processing: An introduction*. Hillsdale, NJ: Lawrence Erlbaum Associates.

Leahey, T. H. (1992). The mythical revolutions of American psychology. *American Psychologist, 47,* 308-318.

LeDoux, J. E. (1998). Fear and the brain: Where have we been, and where are we going? *Biological Psychiatry, 44,* 1229-1238.

LeDoux, J. E. (2000). Emotion circuits in the brain. *Annual Review of Neuroscience, 23,* 155-184.

LeDoux, J. E. (2006). 느끼는 뇌(*The emotional brain*). (최준식 역). 서울: 학지사. (원서 1996년 출판).

Linnehan, M. M. (1997). Validation and psychotherapy. In A. Bohart, & L. Greenberg (Eds.), *Empathy reconsidered: New directions in psychotherapy* (pp. 353-392). Washington, DC: American Psychological Association.

Lyddon, W. J. (1989). Root metaphor theory: A philosophical framework for counseling and psychotherapy. *Journal of Counseling and Development, 67,* 442-448.

Lyddon, W. J. (1995). Forms and facets of constructivist psychology. In R. A. Neimeyer, & M. J. Mahoney (Eds.), *Constructivism in psychotherapy* (pp. 69-92). Washington, DC: American Psychological Association.

MacLean, P. D. (1970). The triune brain, emotion, and scientific bias. In F. O. Schmitt (Ed.), *The neurosciences: Second study program* (pp. 336-349). New York: The Rockefeller University Press.

MacLean, P. D. (1990). *The triune brain in evolution: Role in paleocerebral functions*. New York: Plenum.

Mayer, J. D., & Salovey, P. (1997). What is emotional intelligence? In P. Salovey, & D. J. Sluyter (Eds.), *Emotional development and emotional intelligence: Educational implications* (pp. 3-34). New York: Basic.

Mayer, J. D., Salovey, P., & Caruso, D. R. (2004). Emotional intelligence: Theories, findings, and implications. *Psychological Inquiry, 15,* 197-215.

McClelland, J. L. (1988). Connectionist models and psychological evidence. *Journal of Memory and Language, 27,* 107-123.

Merrell, K. W., & Gueldner, B. A. (2011). 사회정서학습: 정신건강과 학업적 성공의 증진(*Social and emotional learning in the classroom: Promoting mental health and academic success*). (신현숙 역). 서울: 학지사. (원서 2010년 출판).

Miller, G. A. (2003). The cognitive revolution: A historical perspective. *TRENDS in Cognitive Sciences, 7,* 141-144.

Mindel, A. (2011). 양자심리학(*Quantum mind: The edge between physics and psychology*). (양명숙, 이규환 공역). 서울: 학지사. (원서 2000년 출판).

Morgan, A. (2003). 이야기치료란 무엇인가?(*What is narrative?: An easy-to-read introduction*). (고미영 역). 서울: 청목출판사. (원서 2000년 출판).

Neisser, U. (1967). *Cognitive psychology.* New York: Appleton-Century-Crafts.

Nelson, D. B., & Low, G. R. (2011). *Emotional intelligence: Achieving academic and career excellence* (2nd ed.). Boston, MA: Prentice Hall.

Newell, A., & Simon, H. A. (1976). Computer science as empirical enquiry: Symbols and search? *Communications of the ACM, 19,* 113-126.

Niles, J. D. (1999). *Homo Narrans: The poetics and anthropology of oral literature.* Philadelphia, PA: University of Pennsylvania Press.

Novo, M-L., Alsina, A., Marban, J-M., & Berciano, A. (2017). Connective intelligence for childhood mathematics education. *Comunicar, Media Education Research Journal, 25,* 29-39.

Oppenheimer, D. M., & Trail, T. E. (2010). Why learning to the left makes you learn to the left: Effects of spatial orientation on political attitudes. *Social Cognition, 28,* 651-661.

Ormrod, J. E. (2011). 교육심리학(*Educational psychology: Developing learner*). (강영하, 송재홍, 이명숙, 임진영, 최병연 공역). 서울: 아카데미프레스. (원서 2011년 출판).

Panksepp, J. (1998). *Affective neuroscience: The foundations of human and animal emotions.* New York: Oxford University Press.

Panksepp, J. (2001). The neuro-evolutionary cusp between emotions and cognitions: Implications for understanding consciousness and the emergence of a unified mind science. *Evolution and Cognition, 7,* 141-163.

Panksepp, J. (2003). At the interface of affective, behavioral and cognitive neurosciences: Decoding the emotional feelings of the brain. *Brain and Cognition, 52,* 4-14.

Panksepp, J. (2005). Affective consciousness: Core emotional feelings in animals and humans. *Consciousness and Cognition, 14,* 30-80.

Pea, R. D. (1993). Practices of distributed intelligence and designs for education. In G. Salomon (Ed.), *Distributed cognitions: Psychological and educational considerations* (pp. 47-87). New York: Cambridge University Press.

Perkins, D. N. (1993). Person-plus: A distributed view of thinking and learning. In G. Salomon (Ed.), *Distributed cognitions: Psychological and educational considerations* (pp. 88-110). New York: Cambridge University Press.

Peterson, C., & Seligman, M. E. P. (2004). *Character strength and virtues: A handbook and classification*. New York: Oxford University Press.

Rankin, J. (2002). What is narrative? Ricoeur, Bakhtin, and process approaches. *Concrescence: The Australasian Journal of Process Thought, 3,* 1-12.

Rhodes, R. A. W. (2007). Understanding governance: Ten years on. *Organization Studies, 28,* 1243-1264.

Ricoeur, P. (1991). What is a text? In M. J. Valdes (Ed.), *A Ricoeur reader: Reflection and imagination* (pp. 43-64). Toronto, Canada: University of Toronto Press.

Rumelhart, D. E. (1989). The architecture of mind: A connectionist approach. In M. I. Posner (Ed.), *Foundations of cognitive science* (pp. 135-159). Cambridge, MA: Bradford Books.

Rumelhart, D. E., McClelland, J. L., & PDP Research Group. (Eds.) (1986). *Parallel distributed processing: Explorations in the microstructure of cognition (vol. 1): Foundations*. Cambridge, MA: MIT Press.

Saarni, C. (1999). *The development of emotional competence*. New York: The Guilford Press.

Saarni, C. (2007). The development of emotional competence: Pathways for helping children to become emotionally intelligent. In R. Bar-On, J. G. Maree, & M. J. Elias (Eds.), *Educating people to be emotionally intelligence* (pp. 15-48). Westport, CT: Praeger Publishers.

Salomon, G. (Ed.) (1993). *Distributed cognitions: Psychological and educational considerations*. New York: Cambridge University Press.

Sarbin, T. R. (1986). *Narrative psychology: The storied nature of human conduct*. New York: Praeger Publishers.

Schrodinger, E. (1935). Discussion of probability relations between separated systems. *Proceedings of the Cambridge Philosophical Society, 31,* 555-563.

Sfard, A. (1998). On two metaphors for learning and the dangers of choosing just one. *Educational Researcher, 27,* 4-13.

Shankman, M. L., Allen, S. J., & Haber-Curran, P. (2015). *Emotionally intelligent leaders: A guide for students* (2nd ed.). San Francisco, CA: Jossey-Bass.

Shneiderman, B. (2002). *Leonardo's laptop: Human needs and the new computing technologies*. Cambridge, MA: MIT Press.

Slepian, M. L., Rule, N. O., & Ambady, N. (2012). Proprioception and person perception: Politicians and professors. *Personality and Social Psychology Bulletin, 38,* 1621-1628.

Stapleton, M. (2013). Steps to a 'Properly Embodied' cognitive science. *Cognitive Systems Research, 22-23,* 1-11.

Stapp, H. P. (2003). *Mind, matter, and quantum mechanics*. New York: Springer.

Stapp, H. P. (2014). Mind, brain, and neuroscience. *Cosmos and History: The Journal of Natural and Social Philosophy, 10,* 227-231.

Storbeck, J., & Clore, G. L. (2005). With sadness comes accuracy; with happiness, false memory: Mood and the false memory effect. *Psychological Science, 16,* 785-791.

Szurmak, J., & Thuna, M. (2013). Tell me a story: The use of narrative as a tool for instruction. *Proceedings of ACRL 2013 Conference*, Indianapolis, 546-552.

Tolman, E. C. (1948). Cognitive maps in rats and men. *Psychological Review, 55,* 189-209.

Vankov, I., & Kokinov, B. (2013). The role of the motor system in conceptual processing: Effects of object affordances beyond response interference. *Acta Psychologica, 143,* 52-57.

Vygotsky, L. S. (1994). 사회 속의 정신: 고등 심리 과정의 발달(*Mind in society: The development of higher psychological processes*). (Eds. & Trans. by M. Cole, V. John-Steiner, S. Scribner, & E. Souberman). (조희숙, 황해익, 허정선, 김선옥 공역). 서울: 성원사. (원서 1978년 출판).

Wang, Z., Busemeyer, J. R., Atmanspacher, H., & Pothos, E. M. (2013). The potential of using quantum theory to build models of cognition. *Topics in Cognitive Sciences, 5,* 672-688.

Watson, J. B. (1913). Psychology as the behaviorist views it. *Psychological Review, 20,* 158-177.

Wertsch, J. V. (1991). *Voices of the mind: A sociocultural approach to mediated action*. London, UK: Harverster-Wheatsheaf.

White, H. (1987). *The content of the form: Narrative discourse and historical representation*. Baltimore, MD: Johns Hopkins University Press.

White, M., & Epston, D. (1990). *Narrative means to therapeutic ends*. New York: Norton.

Williams, L. E., & Bargh, J. A. (2008). Experiencing physical warmth promote interpersonal warmth. *Science, 322,* 606-607.

Winslade, J. M., & Monk, G. D. (2007). *Narrative counseling in schools* (2nd ed.). Thousand Oaks, CA: Corwin Press.

Zhang, J., & Norman, D. A. (1994). Representations in distributed cognitive tasks. *Cognitive Science, 18,* 87-122.

Zhong, C-B., & Leonardelli, G. J. (2008). Cold and lonely: Does social exclusion literally feel cold? *Psychological Science, 19,* 838-842.

연습 과제 생각 나누기 2

글쓰기는 사실, 의견 등 정보 전달을 목적으로 문장을 정리하여 글을 지어 나가는 행위를 말한다. 글쓰기 능력은 기초적인 학습 기능으로, 논리적인 사고를 전개하는 데 필수적인 능력으로 알려져 있다. 때로는 자신의 정서적 경험을 글로 쓰는 것이 정서의 이해와 조절에 도움이 되기도 한다. 이런 이유로 최근 상담 접근에서는 개인의 심리적 문제해결을 돕기 위해 글쓰기를 활용하는 사례가 증가하고 있다.

최근에 불안, 우울, 분노 등과 같이 강렬한 정서를 경험했던 특정한 사건을 떠올려서 감정 일기를 작성하고, 새롭게 깨달은 점에 대해서 가까운 사람과 대화를 나누시오.

연습 과제의 정답 및 해설

❑ 1장

1. 루빈의 컵

'우승컵' 아니면 '연인들'로 보일 수 있으며, 가치 지향성(과업-관계)을 반영한다.

2. 두 여인

'여인' 아니면 '노파'로 보일 수 있으며, 시간 지향성(현재-과거)을 반영한다.

3-1. 만다라

'천사(나비)' 아니면 '악마(박쥐)'로 보일 수 있으며, 도덕 지향성(선-악)을 반영한다.

3-2. 동물

'토끼' 아니면 '오리'로 보일 수 있으며, 공간 지향성(좌-우)을 반영한다.

3-3. 심연

'새 떼' 아니면 '물고기 떼'로 보일 수 있으며, 공간 지향성(상-하)을 반영한다.

❑ 2장

1. 9개의 점(Nine Dots) 문제

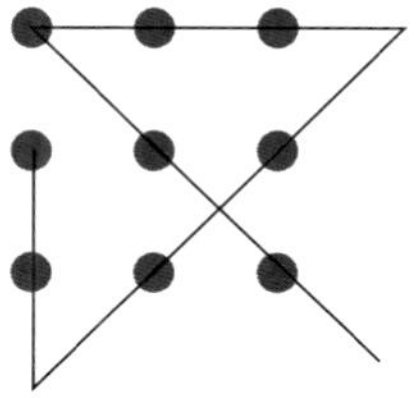

2. 문자 산수(Crypt-arithmetic) 문제

	5	2	6	4	8	5
+	1	9	7	4	8	5
	7	2	3	9	7	0

숫자	0	1	2	3	4	5	6	7	8	9
문자	T	G	O	B	A	D	N	R	L	E

3. 하노이 탑(Tower of Hanoi) 문제

Step 1. 먼저 맨 위의 가장 작은 원반을 A에서 C로 옮긴다.

Step 2. 두 번째 큰 원반을 A에서 B로 옮긴다.

Step 3. 가장 작은 원반을 C에서 B로 옮긴다.

Step 4. 가장 큰 원반을 A에서 C로 옮긴다.

Step 5. 가장 작은 원반을 B에서 A로 옮긴다.

Step 6. 두 번째 원반을 B에서 C로 옮긴다.

Step 7. 가장 작은 원반을 A에서 C로 옮긴다.

❑ 3장

숨겨진 얼굴의 수: 12개

❑ 4장

제시된 동물들은 인생에서 추구하는 삶의 일면을 상징적으로 표현할 수 있다. 예를 들면, 소는 재물, 말은 권력, 양은 자식, 사자는 명예, 원숭이는 배우자 등이다.

찾아보기

인명

내용

저자 소개

송재홍(Song Jaehong)

교육학박사(교육심리 및 상담 전공)
현 제주대학교 초등교육학과 교수

〈주요 저서〉

학교상담: 개념, 원리, 적용(학지사, 2021)
교육학의 이해(제2판, 공저, 아카데미프레스, 2019)
학습컨설팅 사례분석 및 지도: 학습부진, 학습장애, 다문화(공저, 박영스토리, 2018)
아동과 청소년 인성교육의 실제(공저, 학지사, 2017)
학교폭력의 예방과 상담: 이론과 실제(2판, 공저, 학지사, 2016)

학습의 진화와 교사의 전문성
Evolution of Learning and Professional Teachers

2021년 5월 10일 1판 1쇄 인쇄
2021년 5월 20일 1판 1쇄 발행

지은이 • 송재홍
펴낸이 • 김진환
펴낸곳 • (주) 학지사
04031 서울특별시 마포구 양화로 15길 20 마인드월드빌딩
대표전화 • 02)330-5114 팩스 • 02)324-2345
등록번호 • 제313-2006-000265호

홈페이지 • http://www.hakjisa.co.kr
페이스북 • https://www.facebook.com/hakjisa

ISBN 978-89-997-2415-2 93370

정가 18,000원